中国社会科学院老年科研基金资助

中国社会科学院老学者文库

传统史学与20世纪史学

谢保成◎著

中国社会科学出版社

图书在版编目（CIP）数据

传统史学与20世纪史学／谢保成著．—北京：
中国社会科学出版社，2016.7
ISBN 978 - 7 - 5161 - 8057 - 0

Ⅰ. ①传⋯　Ⅱ. ①谢⋯　Ⅲ. ①史学—中国—文集
Ⅳ. ①K207 - 53

中国版本图书馆 CIP 数据核字 (2016) 第 084376 号

出 版 人	赵剑英
责任编辑	宋燕鹏
责任校对	王佳玉
责任印制	戴　宽

出　　　版	中国社会科学出版社
社　　　址	北京鼓楼西大街甲 158 号
邮　　　编	100720
网　　　址	http：//www.csspw.cn
发 行 部	010 - 84083685
门 市 部	010 - 84029450
经　　　销	新华书店及其他书店

印刷装订	三河市君旺印务有限公司
版　　　次	2016 年 7 月第 1 版
印　　　次	2016 年 7 月第 1 次印刷

开　　　本	710×1000　1/16
印　　　张	30
插　　　页	2
字　　　数	393 千字
定　　　价	109.00 元

目　　录

关于中国史学的基本认识

中华民族有着自己独特而丰富的文化遗产，并以史学的发达和文献的浩瀚著称于世。史学，是中华文明的重要组成部分。文献，是反映中华文明的物质宝库。二者互为表里，拓印下中华民族不断前进的艰难步履和为人类做出贡献的辉煌足迹。

一　历史·史学·史学史

恩格斯多次论述过这样一个观点：

当我们深思熟虑地考察自然界或人类历史或我们自己的精神活动的时候，首先呈现在我们眼前的，是一幅由种种联系和相互作用无穷无尽地交织起来的画面，其中没有任何东西是不动的和不变的，而是一切都在运动、变化、产生和消失。……但是，这种观点虽然正确地把握了现象的总画面的一般性质，却不足以说明构成这幅总画面的各个细节；而我们要是不知道这些细节，就看不清总画面。为了认识这些细节，我们不得不把它们从自然的或历史的联系中抽出来，从它们的特性、它们的特殊的原因和结果等等来逐个地加以研究。这首先是自然科学和历史研究的任务。①

这段论述，非常清楚地表达出历史、史学的关系。

（一）历史，人类社会演进的客观过程

这一过程的特点之一：由种种联系和相互作用无穷无尽地交织起来。

这一过程的特点之二：没有任何东西是不动的和不变的，而是一切都在运动、变化、产生和消失。

这一过程的特点之三：包括人类自己的精神活动。

这一过程的特点之四：正确地把握了现象的一般性质，却不足以说明其构成的各个细节；为了认识这些细节，不得不把它们从历史的联系中抽出来，从它们的特性、它们的特殊的原因和结果等来逐个地加以研究。因此，围绕历史演进的"总画面"弄清其构成的"各个细节"，便成为历史研究的基本任务。

这一过程的特点之五：不可复制、不能还原。仅有"科学的搜集与整理"，"虽极精确，亦不成史。即便经科学的综合，亦不成史"，而"感情、生命、神采，有待于直观的认取，与艺术的表现"。

人们对于这一过程的了解和认识是间接的，是掺杂进后人种种主观因素的。

历史本身是客观存在，人类所了解的历史并不完全客观。

（二）史学，记述和研究历史演进以展示未来的学科

历史记述，受主客观条件局限，不可能完整、全面，还往往被扭曲或伪造。

---

① 恩格斯：《反杜林论》《社会主义从空想到科学的发展》，《马克思恩格斯选集》第 3 卷，人民出版社 1972 年版，第 60、417 页。

不具备记述条件，往事靠口耳相接流传下来，不知夹杂了多少口传者和听受者的主观色彩。现今一件事几经辗转相传必定走样的实例比比皆是，何况古代，一传就是数十年、上百年、上千年，怎么可能保留"原汁原味"，更不要说一件事被无意曲解或有意歪曲传播了。

具备记述条件，如唐宋以下设置史馆专门搜集各项史料，形成编纂《日历》《时政记》《实录》《国史》的制度，仍然不可能记述完整、全面。一是搜集史料的制度有局限，记述范围不可能面面俱到。二是专司记录之人，居庙堂之高则不详知江湖之事，居江湖之远则更无法了解庙堂之事。三是精神活动，诸如感情、生命、神采以及融入社会生活的思想、风尚、习俗等，更非笔录、言传所能完全准确表述。四是随着史学功用的政治化、史学思想的伦理化、修史制度的程式化，修史中的主体意识越来越强，政治思想决定修史的主导思想，主流思潮决定修史者的基本意识，修史制度局限史书的记述范围，以及修史者个人的"任情褒贬""爱憎由己"。记述历史演进过程，往往出现三种情况：一是客观上造成史有佚文，特别是古人的心理，史书多缺而不传；二是主观上"高下在心"，或"为尊（亲）者讳"，或"爱之欲其生，恶之欲其死"，歪曲史实；三是为"利禄""形势"驱使，编造伪书、渲染伪史。

由于上述种种原因，人们所见历史记述，已不是"纯粹"的人类社会演进的客观过程，因此需要对所见各种历史记述进行认真地研究，目的不外有二：一是弄清真相，二是进行诠释。弄清真相，分辨客观实际与主观掺杂，剔除虚假，弄清组成历史总画面的"各个细节"，还其本来面貌。进行诠释，是以各个不同时代的观念认识和解释历史，用以展示未来。因而，不同时代有不同时代的史学，对于同一史事可能会有不同的认识。弄清真相是前提，进行诠释是使命。史学就是在弄清真相与进行诠释的交织当中不断形成一门学科的。

(三) 史学史，史学的学科史

史学史作为史学的学科史，不同国家因各自的历史道路与史学遗产情况各异，便有着不完全相同的界定。中国关于史学史的认识，基本来自两个方面。一是 20 世纪 20 年代末 30 年代初梁启超的说法和影响，二是 20 世纪 50 年代末 60 年代初受苏联思想观念影响形成的一些说法和认识。

梁启超《中国历史研究法补编》明确提出："中国史学史，最少应对于下列各部分特别注意：一、史官；二、史家；三、史学的成立及发展；四、最近史学的趋势。"至 20 世纪 40 年代，先后正式出版的中国史学史有 10 余种，以金毓黻著《中国史学史》（商务印书馆 1944 年版）为代表，自"创造期之史学"至"革新期之史学"，下限至"现代三四十年间"。

20 世纪 60 年代初，出现过一次关于史学史的讨论，基本是史学史学科自身的问题，诸如研究对象、任务、中国史学分期、规律等，虽然延续至 20 世纪 80 年代，却没有形成较为一致的认识。或以史学史要"把历史编纂学的发展史写出来"，"把历史家的历史哲学系统介绍出来"，或探索"中国历史学的起源、发展，直至逐步形成为一门科学的基本过程和规律"，以对"史学遗产进行批评、总结"为任务，包括"史学跟其他学科关系的研究以及史学发展所受社会条件的制约和它对社会的反作用"，或将史学史研究范围确定为历史理论、历史教育、历史文献学、历史编纂学。虽然大都认为史学史是研究史学发生、发展、演变的学科，都是在专门史层面上认识这一学科，忽略了其更本质的一面——学科史。

作为专门史，史学史同政治制度史、土地制度史、社会生活史、思想文化史等，都是以过往社会中这些领域的具体发展演变过程为研究对象。但史学史并不完全等同于这些专门史，还有着同哲学、文学以及自然科学中数学、化学等学科相同的一方面，是一门学科史。而上述的那些专门史，则非学科史。学科史既包括作为专门史的一方面，又包括学科自身发展的一方面，二者既相联系又相区别，这是史学史作为历史学二级学科不容忽视的根本原因所在。

由于史学史仅仅被当作专门史，基本沿袭 20 世纪 60 年代的这一认识："史学史是研究人类全部历史思想的"，"是社会思想史的一部分"。以"历史理论"居研究之首，使史学史与历史理论交叉。20 世纪 80 年代，对什么是"历史理论""史学理论"逐渐有所区分：以认识和解释过往社会（即客观历史）的理论，叫作历史理论，或广义史学理论；以关于史学这一学科的理论，叫作史学理论，或狭义史学理论。然而，在实际上仍然只谈历史理论而忽略学科自身的理论。随着改革开放的推进和市场经济的发展，引进国外历史理论成为史学理论研究的重要内容。但这种引进基本处于介绍状态，并未见切实地运用到对中国历史实际的研究之中。只有外国历史理论的介绍，没有结合中国历史实际的研究，难免使从事中国史研究的同行误以为史学史研究就是史学理论的介绍和检讨，这种状况几乎取代了作为学科史的史学史研究。与此同时，以现有的认识进行的史学史研究，又差不多以史学思想研究为基本内容，且有网罗"全部历史思想、社会思想"之势。这种研究，往往以相当篇幅论述、解读子部书中某些并无实际影响但被理想化了的历史认识或历史观，反而遗弃史部书中对当时乃至整个中国史学、史书编纂影响深远的历史认识或历史观。仅有思辨而无史实，既没有客观历史实际，也没有史学演进实际，不是史学，也不是史学史的研究对象。

同样，由于缺乏对史学史作为学科史的认识，将两个二级学科混在一起，以史学史研究包括历史文献学研究，造成对两个学科认识的混乱，以致两个学科的区分与联系无人问津。这使得不少从事中国史和历史文献研究的同仁误以为史学史只是史学理论、史学思想研究，对于史书的研究只不过史学批评而已。

史学发展到 21 世纪，中国的世界史研究及其分支学科研究，中外史学交往的研究，中国史研究与诸多专门史的关系，诸如政治制度史、军事史、法制史、经济史、宗教史、民俗史，究竟属于政治学、军事学、法学、经济学、宗教学、民俗学各个学科的分支，还是属于历史学的分支。凡此种种，既是 21 世纪史学面临的"前沿"问题，也是写 21 世纪中国史学史必须认真面对的问题。

作为一门学科，自身的形成、发展、演变趋势及其深刻的内涵，在相关学科发展中的位置，与相关学科的关系，都是必不可少的内容。一部完整的中国史学史，应当包括中国史学自身全方位的发展，所反映的时代特点，与相关学科的关系，不仅包括中国古代史学的全方位发展，还包括中国史学的近代化历程，也需要认真总结现当代史学的发展，既要"纵通"，又要"横通"。

具体来说，中国史学史至少应该包括下面六个方面的基本内容：史家、史书、史学、史法、趋势以及制度。

史家，是史学的主体。史家的活动，特别史家的群体活动，可见其所处时代意识、普遍关注的史学问题、相互间的吸收借鉴或批驳责难，据以探知此时代史学与社会的关系，史学发展演进的总体态势。

史书，是史学成就的集中体现，综合了史家活动、思想意识、所记史事、取材范围、编纂体例、研究方法、传布影响，以及个人才识与"心术"，甚至可以窥其心路乃至某些"潜台词"的隐喻。

史学，是"史"之成学的历程，包括起源、演进、阶段划分、范围拓展、分支出现、与相关学科关系以及结合中国历史实际形成的历史认识或历史观念的演变等。近代以来中外对于"史学"

的界定并不完全相同，需要仔细区分，不可笼统地以异域的"史学"概念来"界定"中国的史学。

史法，是史学得以形成、发展的方法，包括历史编纂法和历史研究法两大基本方面。史法的不断进步，推动着史学的形成与发展。没有历史编纂法和历史研究法，就没有系统的史书编纂和系统的历史研究。面对杂乱无章、零散无序的历史遗存，如自宋以来至20世纪初的上千件彝器，除了当古玩鉴赏，对于认识历史几无所用。但当两周金文辞编排成大系、"二重证据法"广泛运用后，这些历史遗存便成为认识和研究古史的必不可少的依据。

趋势，既包括各发展阶段史学演变趋势，又包括梁启超所说"最近史学的趋势"或时下所云"史学前沿"，更包括某些具体史学现象或问题的趋势，如修史思想的演变、史志编纂的因革、史学分支的发展、疑古与辨伪的同步等。

制度，主要指修史制度，这是中国史学的独特处，确保了中国历史资料积累、史书编纂的经久不衰、前后衔接。

二　如何认识中国史学

中国史学源远流长，形成诸多特征与传统，但又利弊交织、错综纷杂。在系统追踪中国史学发展历程之前，先对这些基本问题做一简要说明，以期有一个总体性的把握。

（一）史学发展基本线索

中国史学的发展，大体与中国社会的发展相一致。一方面，史学随着社会的进步而相应发展；另外，史学自身又有一个认识上和技术上的准备过程，往往滞后于社会的发展。鉴于如此客观实际，在认识中国史学发展阶段时，就不能不突破历史朝代的界限，探寻出其自身发展的基本线索。

中国史学发展阶段的划分，历来就有不同的认识。综合多年研究所得，本书将 20 世纪中期以前的中国史学发展划分为四个时期：秦以前为史学形成期，汉初至唐前期为史学确立期，中唐至清中期为史学发展期，清中期以来为史学变革期。变革期，新旧、中外史学碰撞，又分三小段：增其新而不变旧（19 世纪中至 19 世纪末）、新史学兴起（20 世纪初至 20 年代末）、渐露新格局（20 世纪 20 年代末至 40 年代末）。前三个时期已成"过去时"，第四个时期尚在"进行时"。

中国史学的起源，经过漫长的岁月。殷商以前的传说时代，产生了原始的历史意识。自商代至春秋时期，经历了口述传说与成文记事的并驾齐驱和"史"向"史官""史书"的演进。春秋后期至战国末年，自按年编纂的《春秋》问世到编年体史书《左传》诞生，标志着中国史学逐渐形成。

汉初至唐前期史学地位得到巩固确立，是通过三个方面来实现的。其一，随着《史记》《汉书》相继出现，纪传体史书逐渐取得"独尊"的地位。在断代编年史与断代纪传史"角力争先"的进程中，史学范围第一次得到拓展，门类增加，最终使史学从经学的附庸地位中独立出来，并取得仅次于经学的巩固地位。反映社会风貌的史著与少数民族史学的瞩目成就，为此间史学成长增添了丰富多彩的绚丽画卷。其二，史学的鉴戒功用经过汉初的"过秦"和东汉末的"君子有三鉴"，到唐初达到了前所未有的高度。修史、取鉴与资治三者融为一体，取得了空前的社会效应，推动了史学的健康发展。其三，反思自身历程，《史通》的问世标志着这一阶段的终结。

中唐至清中期，是史学分支发展、古典史学终结阶段。旨在认识社会结构的《通典》与"三通"系列的形成，侧重治乱兴衰之迹的《资治通鉴》及其流变，连同已然程式化的各皇朝纪传体"正史"，构成了中国史学的三大主干。自《元和郡县图志》始，至元、明、清修"一统志"，形成一个相对独立的总志系列，与各"正史"地理志构成中国方域史的基本骨干，展示着华夏民族"大一统"的风采。分述一方之志，自宋代开始发达起来，至明、清逐渐深入社会，省、府、州、县志的续修，成为史部分类中最大的一个门类。视野不断拓展的记域外之作，反映出中华帝国认识外部世界的艰难历程。史学方法不断进步，考异、金石、辨伪等逐渐成为史学的重要分支。各类反映社会风貌、记述专门之学的史著应运而生，更进一步扩大了史学的范围。史家主体意识不断增强，出现"以心不以迹"的说法，强调褒贬义例，逐渐形成"凡秉史笔者，皆准《春秋》，专事褒贬"的趋势，史评更趋伦理化。同时，出现另一种倾向——史学的通俗化和平民化趋势。以记述琐闻逸事为主的历史笔记大量涌现，以话说故事为主的历史小说接连问世，是史学从殿堂走向市井的必然产物。被皇家修史排斥的佛教传播史出现系列——高僧传，既为中国史学的一种奇特现象，又为世界佛教史学中的一枝独秀。明末清初的社会变动激起"经世"思想，影响清前期的风气，一项"稽古右文"之策遏制了"经世"思想的扩展。皇家纂修史书大大超过以往任何一个朝代，覆盖了史部各个主要门类，显示出乾嘉时期史学的辉煌。朝廷留给读书人一条狭窄的"做学问"之路，便有了"乾嘉考史"的繁兴。不应忘记的是，乾嘉时期还有一部"不以风气为轻重"的《文史通义》，不仅对古典史学进行全面总结，更预示着其后的"思想解放"，成为中国史学的一个划时代标志。

19世纪中叶，东方古国紧闭的大门被西方列强的洋枪洋炮轰开，中国社会开始发生从未有过的巨变，古典史学受到前所未有的冲击，开始突破昔日的格局，跨出变革的步伐。最初60年，增其新而不变旧，是一个短暂的过渡阶段。20世纪初始，出现猛烈抨击传统史学、提倡"史界革命"的新潮，兴起发掘本土文化遗存、运用科学方法进行研究的潮流，推动中国史学第一次发生飞跃，迈开近代化的步履。20 世纪 20 年代末至 40 年代末，形成以两大史学主干——马克思主义史学团队和历史语言研究所为代表的研究群体，展示出后来史学的基本走势。

（二）传统史学基本特征

作为人类文明的四大摇篮之一，中国与埃及、巴比伦和印度相比，为时稍晚。史学的萌芽和早期发展，大约与希腊、罗马的古代文明同步，而且中外各国所经历程大体一致：自有人类社会起，就产生了最初的历史意识；人们对于过往的大事，通过口耳相传，辅以象形文字帮助记忆，形成关于远古的传说；这种原始的历史观念和流传方式，便成为历史记录的前提。随后，人们渐渐能够以文字将头脑中的印象用书面形式表述出来，进而将杂乱无章的思想发展成为理性思维，出现了史著。《春秋》《左传》对中国史学固然影响巨大，但仅仅是中国史学起源阶段的最高成就，尚不足以完全代表中国的传统史学。从《史记》《汉书》起，中国史学延绵不绝，形成独具一格的传统，一直延续了两千多年。

在这一漫长的历程中，中国史学形成自己诸多的特征。功用趋于政治化、思想日益伦理化、史料积累制度化、皇家修史程式化、史书形式多样化，是中国传统史学的最基本表征。

1. 功用趋于政治化

史学功用，实际是治史宗旨，逐渐被单一化为政治功用。

早在商周之际，就有"殷鉴不远，在夏后之世"的名句出现。孔孟时代，出现所谓"春秋大义""春秋笔法"。但以史学著作系统而完整地表达史学功用的是司马迁，这就是人们经常引用的《报任少卿书》中的那段话：

　　网罗天下放失旧闻，考之行事，稽其成败兴坏之理，凡百三十篇，亦欲以究天人之际，通古今之变，成一家之言。①

完整地理解这段话，至少包括下述五个方面的意思：

其一，广泛搜集、精审考辨史料，保证叙事翔实准确，既不夸大其词，又要揭出真相，如班固称赞司马迁那样，"其事核，不虚美，不隐恶"。

其二，在搜集、考辨史料的基础上，"稽其成败兴坏之理"，这是司马迁作《史记》的目的之一。"成败兴坏"是中国古代政治的基本内容，"稽其理"，即不仅叙述"成败兴坏"的现象，还要探寻"成败兴坏"的原因。具体来讲，从《史记》各篇叙述中可分作四点。第一点，"辨是非，故长于治人"②，通过历史辨明是非，进行长久统治。第二点，"居今之世，志古之道，所以自镜也"③，以古鉴今，是为了"自镜"。第三点，宣"明主"，载"圣德"，述"功臣世家贤大夫之业"④。第四点，"有史以纪事，民多化者"⑤，进行教化。

其三，探讨天和人的关系、天道与人事的关系，清理被神化的上古史，清理附会或渗透到人类社会各个方面的神意。

其四，"述往事，思来者"，通过历史演变之迹，探寻历史发展趋势。要"综其终始"，"原始察终，见盛观衰"，"承弊通变"，全面考察历史全过程。不沾沾自喜于所谓"盛世"，要"盛中观衰"，从社会弊端中预见其变化趋势。

其五，"成一家之言"，在继承的基础上有创新，开出史学乃至学术文化新局面。

司马迁之后，搜集和考辨史料，作为一种治史的基础，为绝

---

① 《汉书》卷62《司马迁传》。
② 《史记》卷130《太史公自序》。
③ 《史记》卷18《高祖功臣侯者年表》。
④ 《史记》卷130《太史公自序》。
⑤ 《史记》卷5《秦本纪》。

大多数史家所继承，并逐渐形成考据之学，成为中国史学进程中最优良的传统之一。天人问题、古今问题虽然仍是其后史学的重要内容，集中在各史志天、志地、志人当中，却很少被作为治史目的提出来认真考察。"成一家之言"，几乎只是后来史家的一种意愿而已。就史学功用而言，主要集中在"成败兴坏"方面，多注意为政得失。东汉以降，史学在"成败兴坏"、为政得失方面的功用，分别朝着三个方面凸显起来。

"居今之世，志古之道，所以自镜也"的以古鉴今功用，在唐前期得到充分发挥。东汉末年，荀悦提出"君子有三鉴"：鉴前惟顺，鉴人惟贤，鉴镜惟明，并著《汉纪》以西汉一代"明主贤臣，规模法则，得失之轨"为当权者提供鉴戒。唐初魏徵主持修史，明确提出"取鉴于亡国"，要从前代"危""乱""亡"的教训中求得本朝的"安""治""存"，把中国古代史学的鉴戒功用推向高峰。《资治通鉴》虽然提出"鉴前世之兴衰，考当今之得失"，宋代以后各朝各代修史尽管强调"善吾师，恶亦吾师"，但司马迁提出的以史"自镜"的情况见不到了，人们看到的却是强调"绍明世""载盛德"和以史"治心"、以史"化民"。

班固认为《史记》把西汉一代历史"编于百王之末，厕于秦项之列"不能"宣汉"之美，为申述"汉绍尧运"，"追述功德"而著《汉书》，完全改变了司马迁修史的宗旨。其后，割据政权"缀述国史"，是为了"推奉正朔""假名窃号"，以表各自的正统地位。大一统皇权下的修史，强调"盛业宏勋，咸使详备"①，即所谓"盛世修史"。所修乃"国史"，而非前代史。北宋中期以后，"正统"问题日益成为修史中一个瞩目的论题。到了元代，"正统"的争论超过以往任何一代。明修《元史》，开始为所灭皇朝哀唱挽歌，"实既亡而名亦随亡，独谓国可灭而史

---

① 《唐会要》卷63《修国史》。

不当灭"。清修《明史》同样含有"国可灭，其史不可灭"的浓厚情怀。

中唐以后，随着盛世成为过去，与"绍明世""载盛德"这一功用相辅相成，以史治心的功用被强化起来。此后，修史的目的被简单化为"正天下之位，一天下之心"[1]，史学随之逐渐转向注重伦理道德的修养。

2. 思想日益伦理化

贯穿中国古代社会的，先是以氏族血缘为纽带，后是以家族血缘为纽带的宗法制度，以及由此产生的宗法观念。这不仅对古代哲学思想有着明显和直接的影响，而且深深地渗透到史学领域的诸多方面。

《春秋》作为"礼仪之大宗"，企图遏止"君不君、臣不臣"的膨胀趋势。《左传》虽"以周礼为本"，却在天子、诸侯、卿大夫关系中取折中态度。真正把"君君、臣臣"同"父父、子子"结合起来，用伦理道德的形式使"封建等级"和"人身依附"关系固定下来，作为解决社会矛盾的最高道德标准，始于西汉。尽管此时"论大道"可以"先黄老而后六经"，但司马氏父子都认为"列君臣父子之礼，序夫妇长幼之别，虽百家弗能易也"。司马迁进一步论道，"不通礼仪之旨，至于君不君，臣不臣，父不父，子不子"，"君不君则犯，臣不臣则诛，父不父则无道，子不子则不孝。此四行者，天下之大过也"[2]。随着统治思想的确定，儒学被推到"独尊"的地位。待到东汉，班固更以"六经"为"王教之典籍"，"先圣所以明天道、正人伦、至致治之成法"[3]，《汉书》"旁贯五经"，把伦理思想贯透到修史之中。两晋以下，发扬伦理纲常被视为史学的基本任务。袁宏提出"史传之兴，所以通古今

---

① 皇甫湜：《东晋元魏正闰论》，《全唐文》卷 686。
② 《史记》卷 130《太史公自序》。
③ 《汉书》卷 88《儒林传》。

而笃名教",强调"君臣、父子,名教之本"①。中唐以后,新起
《春秋》学与道学先驱提出的"道统"说合流,极大地影响着后
来的史学。北宋的官私修史,已在强调"一本于道德"②,有所谓
"善化天下者,止于尽道而已;善教天下者,止于尽德而已;善劝
天下者,止于尽功而已;善率天下者,止于尽力而已"③之论。
理学形成,使史学思想趋于伦理化。理学一统地位确立,史学开
始踏上理学化的道路。在元代辨正统的论争中,更有以"天理人
心之正"为划分正闰的主要标准,甚至认为"道统者,治统之所
在也"④。由此,元修《宋史》"大旨以表彰道学为宗,余事皆不
甚措意",并在《儒学传》之外另立《道学传》"推崇程朱之学",
发扬"父子君臣,天下之定理"。明修《元史》,竭力宣扬元代诸
帝"通达儒术",强调"修身治国,儒道为切","儒者可尚,以
能维持三纲五常之道"⑤。清修《明史》,更把"忠孝义烈之行"
视为"扶植名教","敦厉末俗",维持纲常,系于王政之首务。
史学思想日益伦理化,导致某些史家、史评多"空言义理","舍
人事而言性天"⑥。

　　史学思想伦理化与以史治心功用的强化,相互为用,使中国
史学随着专制制度的强化,更趋服务于帝王、服务于权势,渐渐
成为权势争斗的附庸而存在。这一特点,在皇家修史中尤为突出。

　　3. 史料积累制度化

　　史料是修史的最基本要素,没有史料不能成其为史书。史料
积累制度化是中国史学的一个显著特点。

　　起初无修史观念,只有作为文书、档案的分工管理,所谓

---

①　《后汉纪》卷 26 "袁宏曰"。

②　《新五代史》卷 60《职官考》。

③　邵雍:《皇极经世》卷 11《观物篇五十五》。

④　杨维祯:《三史正统辨》,见陶宗仪《辍耕录》卷 3《正统辨》。

⑤　《元史》卷 26《仁宗纪三》。

⑥　《文史通义》卷 5《浙东学术》。

"古之王者，世有史官，君举必书"，目的是给王者提供借鉴：
"所以慎言行，昭法式也"，因而有"左史记言，右史记事"的分
工。① 设官分职亦如此，《周礼·春官》大史"掌建邦之六典"，
小史"掌邦国之《志》"，外史"掌四方之《志》，掌三皇五帝之
书"，表明文书、档案保管与积累已有细致的分工。

　　基于设官分职系统的传承，职官部门大都有记录时事、保管
文书的职责，如太史令"凡国有瑞应、灾异，掌记之"②。再如官
员考核，"每岁，尚书省诸司具州牧、刺史、县令殊功异行，灾蝗
祥瑞，户口赋税增减，盗贼多少，皆上于考司"，等等。此外，另
有征集某一方面时事的临时性措施，如隋炀帝"普诏天下诸郡，
条其风俗、物产、地图，上于尚书"③。

　　司马迁所说"金匮、石室"、两汉的"东观、兰台"，作为
藏书和档案保管之所，开始与《史记》《东观汉记》的纂修联系
在一起。"天下遗文古事靡不毕集太史公"，第一次直白地表明
"遗文古事"与修史的密切关系。由于两汉是"以别职来知史
务"，"遗文古事"的积累在实际上属于文书、档案保管性质。

　　魏明帝太和年间，诏置著作郎，始有专职修史官。从这时起，
设官修史与为修史积累史料得以齐头并进。著作官主要职责在集
注起居、撰修国史，基本分工是"佐郎职知博采，正郎资以草
传"，史料采集和整理主要由著作佐郎承担。从设官体系看，著作
官系统隶属秘书省（监），与图书、档案收集、保管属于同一系
统，史料积累与皇家藏书、档案保管密不可分。著作佐郎以职责
所在，主要精力在"博采"，但"博采"范围、"博采"程度如
何，全凭其个人资质和能力。

---

　　① 《汉书》卷30《艺文志》"春秋家"后序。《礼记·玉藻》作"动则左史书之，
言则右史书之"。
　　② 《后汉书志》第25《百官二》。
　　③ 《隋书》卷33《经籍二》。

唐初确立纂修国史和前代史两项基本制度之际，史料的搜集、整理尚无制度保证，一度采取临时性征集措施。唐玄宗开元年间，逐渐形成一套较为完备的条规——《诸司应送史馆事例》，规定需要"勘报"史馆以备"修入国史"的各具体事项以及如何"勘报"：（1）祥瑞，礼部每季具录送。（2）天文祥异，太史每季并占候祥验同报。（3）藩国朝贡，每使至，鸿胪勘问土地、风俗、衣服、贡献、道里远近，并其主名字报。（4）蕃夷入寇及来降，表状，中书录报；露布，兵部录报；军还日，军将具录陷破城堡、伤杀吏人、掠虏畜产，并报。（5）变改音律及新造曲调，太常寺具所由及乐词报。（6）州县废置及孝义旌表，户部有即报。（7）法令变改，断狱新议，刑部有即报。（8）有年及饥，并水、旱、虫、霜、风、雹及地震、流水泛滥，户部及州县，每有即勘其年月日及赈贷存恤同报。（9）诸色封建，司府勘报。（10）京诸司长官及刺史、都督、都护、行军大总管、副总管除授，并录制词，文官吏部送，武官兵部送。（11）刺史、县令善政、异迹有灼然者，本州录附考使送。（12）硕学、异能、高人、逸义、节妇，州县有此色，不限高品，勘知确实，每年录附考使送。（13）京诸司长官薨卒，本司责由历状送。（14）刺史、都督、都护及行军副大总管以下薨，本州本军责由历状，附便使送。（15）公主百官定谥，考绩录行状、谥议同送。（16）诸王来朝，宗正寺勘报。在这 16 项之外，遇有"不与前件色同"而"堪入史者"，另有史官自行采访之规："任直牒索，承牒之处，即依状勘，并限一月内报。"① 五代时期修史的史料搜集和积累，在唐代的 16 项条规之外，又增起居注与时政记、历代典籍。

宋元以下，大体遵循唐、五代以来的成规，根据客观实际而

---

① 《唐会要》卷 63《诸司应送史馆事例》。

有所增益，如北宋三司政务繁剧，多涉朝政，故确定"三司奏事有可纪者"，"令逐季录送"史馆。① 清又以六科监察六部，以民奏、批答可"垂法戒、备章程"，遂"令六科每月录送史馆，付翰林官分任编纂"②。

起居注、时政记（或圣政纪）、玉牒、日历、会要等，均为修国史不同阶段的史料积累形式，或编年，或分类，直至《实录》成为一个皇帝在位年间史料积累的总汇。

修皇朝史史料积累自唐开始制度化，但 16 项条规中关于纂修地理总志的史料搜集和积累还很简单。经宋、元至明，不仅范围日益扩大，而且形成制度。明成祖诏修天下郡县志书，永乐十年（1412）颁《纂修志书凡例》，包括建置沿革、分野疆域、城池、山川、坊郭、镇市、土产贡赋、风俗形式、户口、学校、军卫、郡县廨舍、寺观、祠庙、桥梁、古迹、宦迹、人物、仙释、杂志、诗文等 21 个门类。各个门类，均有明确具体的规定。③ 不仅确定了总志的基本体例，而且规定了总志的史料征集范围。此后的总志、方志，体例和史料范围均在此基础上不断完善和扩充。

另有一项越来越重要的史料积累，就是出使纪行。上述唐代规定的 16 条中第 4 条，是沿袭设官分职而来。《新唐书·百官志一》鸿胪寺和兵部职方的职掌之一："蕃客至，鸿胪讯其国山川、风土，为图奏之，副上于职方；殊俗入朝者，图其容状、衣服以闻。"这是通过朝贡使节了解边地及外部世界。自宋开始，通过出使了解外部世界，但尚未形成定制。明设行人司"职专捧节、奉使之事"④ 以后，行人撰述出使纪行渐成一种趋势，直至清末不

---

① 《续资治通鉴长编》卷 53 真宗咸平五年十月己巳。
② 《清世祖实录》卷 42 顺治六年二月丁酉。
③ 嘉靖《寿昌县志》卷首。
④ 《明史》卷 74《职官三》。

衰。其中，不乏名篇，如《真腊风土记》《岛夷志略》《瀛涯胜览》《西洋番国志》《星槎胜览》等，已成为今天了解当时外部世界不可多得的原始素材和专门著述。

4. 皇家修史程式化

中国古代修史制度，即皇家修史制度日益完备，进而程式化，与世界各国史学相比，是绝无仅有的。因此，中国传统史学的主流也最具御用性。

人类社会初始，在一些文明古国都出现过充当神、人媒介的"巫""瞽"等，被称作"史"或"史官"。其后，随着史的政治功用的加强，史官制度开始显现出特有的趋势。春秋以前，周王室设立职掌不同的"史"官，协助政务、起草公文、奉命出使、掌管文书等。直到东汉，东观这个藏书、校书的场所才成为皇家修国史的地方，但尚非专司修史机构。魏晋开始置著作郎，有了正式修史的专职官员。南北朝时期，出现修史局和公卿宰相监领国史的情况。

东汉皇家修《东观汉记》，已具备后来皇家修史制度化的雏形。自东汉明帝永平五年始，经历140余年，前后五次纂修，20名学者参预，续为143卷，起世祖，至灵帝。但魏晋南北朝的皇家修史，未能效法东汉的既成制度。

自唐代始，确立起纂修前代史和国史的两项制度。修前代史，自班固始，《汉书》《宋书》《魏书》等都是奉诏修撰，《三国志》《后汉书》为私修，《南齐书》是启准私修。唐初诏修梁、陈、北齐、周、隋五代史，组成修史班子，由宰相总领监修、副相"总加撰定"，名家对各史"总知类会"，完成由私修向皇家修史的过渡。从此，各朝各代在建立政治统治之后都要修前一代或数代之史，皇帝颁诏，宰相监修，著名史家集体修撰，形成"国灭史不灭"的传统。

在建立皇家修前代史制度的同时，唐初还"别置史馆，专掌国史"①。史馆置于宫禁之中，由宰相一人或数人监修，组织包括修撰、直馆及各类辅助人员的常设班子。宋代有起居院、日历所、实录院、国史院、会要所、玉牒所，机构分工更加明细。元代始有翰林国史院之称，开明、清两代翰林院修国史之制。

从唐代开始，纂修国史逐渐形成一定程式，皇帝在位时依据起居注、时政记等编成日历，皇帝死后即依据日历及史馆各项资料编成"实录"，以后再根据"实录"等纂修成本朝"国史"。搜集史料、记述史事、编纂实录，自唐至清，成为定制。每一个皇帝一部《实录》，接续不断，成为一个最基本的史料系列。完整保存至今者，仅有《明实录》和《清实录》。

"国史"的纂修，唐后期由纪传体变为编年体，没有能够形成一部完备的纪传体"国史"。宋代修"国史"，情况与东汉修"国史"情况几乎完全相同，自真宗景德四年，终理宗宝祐五年，凡五修，纂成十三朝国史，起太祖，止宁宗。辽、金时修时辍，没有能够形成一部完备的"国史"。元、明两代，只有实录而无"国史"。清虽有修"国史"之举，却无完备的"国史"纂成，仅留下诸多副产品。

以上两项基本修史制度配合，自五代起，每一新建皇朝都充分利用前代各帝《实录》、前代"国史"、会要等诸多史料，修撰其前代史，先后撰成《旧唐书》《旧五代史》《新唐书》《辽史》《宋史》《金史》《元史》《明史》以及《清史稿》，使中国在世界史坛上独具一套前后相续的"正史"系列。

在纂修实录、"国史"之外，元、明、清形成纂修省、府、州、县志的制度。这是修史由朝廷向地方延伸的一项制度，使中国不仅独具前后相续的"正史"系列，还有遍布华夏大地的各地方志书系列。由于"正史"与"方志"纂修的程式化，才得以全

① 宋敏求：《长安志》卷6《史馆》。

方位地展现出文明古国的独特风采。

5. 史书形式多样化

各国史学早期的著作基本都是记言和编年两种形式，中国也不例外。其后，中国同西方文明古国先后出现通史著作——司马迁的《史记》、李维的《罗马史》。《罗马史》是一部古代罗马的编年体通史，《史记》是一部古代中国的纪传体通史。《史记》《汉书》之后，中国史学出现了编年、纪传二体"角力争先"的局面，这是西方史学不曾有的现象。经魏晋南北朝，不仅史学范围愈益扩大，成为一门独立的学科，与儒、玄、文三科并列①，而且史书取得仅次于经典而居第二的地位。唐初魏徵修《隋书·经籍志》，将史书分为13类，大体为后世沿袭。除纪传、编年两种体裁外，有杂史、霸史、起居注、旧事、职官、仪注、刑法、杂传、地理、谱系、簿录（目录）等。及至宋代，典志、实录、诏令、史评等逐渐形成类目，并出现纪事本末、纲目等体裁。清初，有学案等形式的学术史。《四库全书总目》分史部为15类，类下又分属。

正史，以纪传体记述各朝各代"正统"地位，是研究中国历代政权的最基本史书系列。

编年，以年代顺序记述史事，《资治通鉴》为其杰出代表，形成一个贯通前后的基本系列。

纪事本末，以纪历史事件始末为编写原则，或一书具诸事始末，或一书仅记一事始末。按朝代记述重大事件始末者，形成一个从春秋战国至清的系列。

别史，有别于正史与杂史，不以体裁划分，"包罗既广，六体兼存"。私修而未能入正史者，亦入别史。

杂史，尤为庞杂，主要指"事系庙堂，语关军国"，"足以存

---

① 《宋书》卷93《雷次宗传》："元嘉十五年"，儒学之外立玄、史、文学，"凡四学并建"。

掌故、资考证"的"非一代之全编""只一家之私记"①,与别史、传记、纪事本末乃至小说家言颇有牵连难分之处。

诏令奏议,为诏令专集、奏议专集。奏议编入本人文集者,不入本类。

传记,记述各类人物,叙一人始末者称为传,记其人一事始末者称为记。有圣贤、名臣、名人、杂录等区分。"合众人之事为一书"者谓之"传类",亦称总录。

史钞,史部书摘抄,有专抄一史的,有合抄众史的,有离析而编纂的,有简汰而刊削的,有采摭文句的,形式多样。

载记,记述割据一方政权,有偏霸政权、少数族政权、农民起义所建政权,也有属于地方志书性质者。

时令,记录时令节序,多属今天的农业气象学范围。

地理,包括宫殿、总志、方志、河渠、边防、山川、古迹、杂记、游记、外记等。

职官,记载职官、官佐,包括讲为官之道者。

政书,记载典章制度,将先前的旧事、仪注、刑法等纳入,增邦计,即财政、交通、盐法、钱法、冶炼、关税、救荒、垦荒以及保甲法等事关国计民生者。军政,为养兵之书;论用兵之书,入子部兵家。法令,为律令;论法治之书,入子部法家。

目录,反映古代图书的官私著录,包括金石考古。

史评,评论史事和评论史书。

史籍分类繁杂和形式多样,既反映中国史书编纂体例日趋严谨,又表现出史家治史的愈益精细。

上述五项基本特征相互作用,造成中国传统史学发展的一种畸形趋势,即史书形式日渐增多,而史学思想日趋僵化。

---

① 《四库全书总目》卷51《杂史类》序。

（三）史学传统利弊交织

中国史学在漫长的发展历程中，形成许多传统。强调继承和发扬者，多谈优良传统，忽视改造革新；偏于批判和扬弃者，又多所否定，意欲另建"新史学"。其实，事情并不那么简单。20世纪初，梁启超疾呼"史界革命"，全面清算"旧史学"，所指"四弊二病"不谓不深刻，表明"旧史学"中成传统者并非全都优良。另一方面，中国史学发展中有不少优良的成分，却很难顺利地形成传统。即使成为传统，也是在漫长岁月中，在错综交织下，艰难形成的。

1. "实录"理论与修史实践的矛盾

"实录"论是中国古代史学的一个基本理论。作为对史家、史书的评价，称某史为"实录"，可谓是最高评价了。班固承袭刘向、扬雄称赞司马迁与《史记》的说法，提出"实录"的概念：

> 迁有良史之材，服其善序事理，辨而不华，质而不俚，其文质，其事核，不虚美，不隐恶，故谓之实录。①

这一最早对于"实录"论的概括，简明而系统地道出对史学基本要素——事、文、义三者的基本要求：记事翔核，行文质实，旨意合理。在其后上千年的修史实践中，"实录""良史""直笔"几乎成了史家的口头禅，似乎成为一种传统。然而，对于这样一个基本而又重要的问题，班固以后进一步从理论上阐发者实在有限！刘知幾《史通》算是提得较多，但主要用于史学批评。章学诚《文史通义》虽然对史学中事、文、义三者关系作有深入阐发，将史学比作为人之身体，"事者其骨，文者其肤，义者其精神"②，

① 《汉书》卷 62《司马迁传》"赞曰"。
② 《文史通义》卷 6《方志立三书议》。

强调"史所贵者，义也；而所具者，事也；所凭者，文也"①，但并非以"实录论"为出发点展开论证。重要的史学问题，却未受到应有的重视，这本身就是中国史学中的一对矛盾。

另外，自班固提出"实录"的概念之后，出现不少以"实录"二字命名的史书，其中最大量的便是自唐代开始系统修纂的各朝皇帝《实录》。《实录》的修纂与"实录"论的矛盾，可以说自有皇帝《实录》就贯穿始终。"《实录》不实"这句话，反倒成了对中国史学有"直书实录"优良传统说法的一种"传统"的批评了。"自古人君皆不自阅史"，如果说唐以前还基本恪守，是一种传统的话，那么到了宋代就被彻底改变，"撰述既成，必录本进呈，则事有回避"②，这反倒成了"传统"。皇帝《实录》屡易其稿，以致南宋孝宗时对北宋史事"各传所信，不考诸实录、正史，纷错难信"，特别是一些重大事件"家自为说"，成为"千古之谜"③。及至明代，张岱更有"国史失诬，家史失谀，野史失臆，故以二百八十二年总成一诬妄之世界"④ 的说法。此说虽有夸大，但其对国史、家史、野史的基本评价，与王世贞、黄宗羲等人的认识大体相仿。⑤

重要的理论、良好的意愿与残酷的实际，就是如此矛盾！恰恰在这一对立中，中国的史学缓慢演进着。在众多"失诬""失谀""失臆"的史书中，一些以史学为己任的史家，坚持实录精神，抱着直笔意愿，进行辛勤耕耘，才使"中国的脊梁"的"光耀"没有被完全"掩住"。以班固的"实录"论衡量，《史记》之

---

① 《文史通义》卷 3《史德》。

② 《欧阳文忠集》卷 108《论史馆日历状》。

③ 李焘：《进长编奏状》（隆兴元年），《文献通考》卷 193《续通鉴长编举要》引。

④ 《琅嬛文集》卷 1《石匮书自序》。

⑤ 王世贞《皇明名臣琬琰录小序》云："国史，人恣而善蔽真"；"野史，人臆而善失真"；"家史，人谀而善溢真"。然而，"叙典章""征是非""缀宗阀"，又"不可废"。

后当得起"实录"评价的，只有杜佑《通典》、司马光《资治通鉴》、马端临《文献通考》等少数几部巨著。就史学形式而言，司马光修纂《资治通鉴》大不同于司马迁发愤著《史记》之时。司马迁只嫌文献不足征，要实地采访；司马光则嫌史籍太过，且往往失实，要进行精审考异，所谓"实录、正史未必皆可据，杂史、小说未必皆无凭，在高鉴择之"①。钱大昕以"昔人所言，事增于前，文省于旧，唯《通鉴》可以当之"②，实际是在以班固的"实录"论称赞司马光。其后，仿效两"司马"、杜佑、马端临者不计其数，恪守"实录"论与实录意愿，的确成为一种传统，而做出巨大成绩者则甚微，这不能不是一个值得深思的问题。要使"实录"论与实录愿望真正成为史学实践和优良传统，需要以史学为己任的史家世世努力追求、代代艰辛耕耘！

2. "经世""通变"与"鉴戒""垂训"的差异

这都是涉及史学功用的问题。前面已提出史学功用政治化的特点，这确实是中国史学的一项传统。但其表现形式又各有不同，因而在谈论继承时不应等量齐观。

鉴戒史学，作为传统史学功用的主体，以帝王为劝诫对象。在集权专制的社会里，帝王作为很大程度上决定着为政兴衰，劝诫帝王可以说的确触及政治统治的关键。然而，由于注重帝王个人的作为，"多主规谏而略于体要"，即对帝王个人多所劝诫，因而具有很大的局限。更为关键的是，只有像唐太宗那样自觉以前王得失为"在身之龟镜"，才能真正产生社会效应。倘若修史只是写给别人看，王者并不为"在身"行为鉴，史学的鉴戒功用也就失去实际效应。强调"以史为鉴"，关键在"自镜"、为"在身"鉴！

垂训，如果说本意是把历史作为训导和宣传的工具，给人以

---

① 《传家集》卷 63《答范梦得》。
② 《潜研堂文集》28《跋柯维骐宋史新编》。

历史教育，包括历史形势教育、历史知识教育和伦理道德教育的话，那么随着以心治史功用的强化和史学思想的伦理化，垂训往往把历史作为伦理说教的工具，渲染愚忠、愚孝，使人愚昧。

两项功用，在中国古代，越到后来结合越紧密。前者以史戒君，后者以史愚民。戒君者，未必有实效；愚民者，却贻害不小。

以史经世，一般认为是明清之际针对宋明理学谈心说性，"不考百王之典，不综当代之务"①而出现的。其实，中唐前后便产生了与明清之际内涵基本相同的以史经世的主张和实践。安史之乱后，唐代社会由盛转衰，形成"言理道者众"的风气。杜佑纂修《通典》言"理道"，有如下鲜明特点：其一，从"探讨礼法刑政"入手，"不录"儒家经典和历代众贤著论的"空言"。其二，旨在"体要"而不在"规谏"，从历史过程本身和反映体制的社会结构变革中探寻为政之道，不仅对如何探究"政理"是一个重大突破，而且使史学功用起了新的变化。鉴戒功用建立在总结前代亡国教训的基础上，以求新政权的"长治久安"。垂训功用建立在伦理说教的基础上，以历史附会儒家经典、历代众贤论著进行训导。《通典》所显示出的功用，与鉴戒、垂训不同，强调从历史过程本身或现存体制中探寻为政救弊之道，显然在认识上要深刻得多。因此，当时就有人称《通典》"警学者之群迷"之处是"以为君子致用在乎经邦"，肯定其书"错综古今，经代（世）立言之旨备焉"②。但这种以史经世，是社会流弊日积、政治危难当头的产物，所以明清之际"天崩地解"、清末民初新旧碰撞，以史经世的主张和呼声适应"救弊"需要，才一而再、再而三地高涨起来。不过，这种"以史经世"，以谁之"史""经"谁之"世"，所"经"之"世"是"来世"（新朝）还是"绝世"（旧

---

① 顾炎武：《日知录》卷 7《夫子之言性与天道》。

② 李翰：《通典序》，《通典》卷首；权德舆：《岐国公杜公墓志铭》，《全唐文》卷 505。

朝），应该分别清楚。

通变，即"通古今之变"，从古今变化中了解和掌握历史趋势。司马迁提出史学的这一重要命题时强调"承弊通变"，是说历史在其进程中必然有"弊"，有"弊"就有变；对于历史事变，可以通识其轨迹，在现实中适应其变化。中唐以后，整个社会开始走下坡路，流弊日积，通变成为数百年间史学的热门议题。杜佑以"酌古之要，通今之宜，既弊而思变，乃泽流无竭"纂成《通典》，司马光"穷治乱之迹"而成《资治通鉴》，郑樵用《通志》"极古今之变"，马端临《文献通考》着眼于"推寻变通张弛之故"。这些以"通"字名其书者，几乎都是具有时代意义的史学名著。通变，是一种从体制入手向前看的历史进化观念，明确提出"势""形势"和"事理"等概念，强调"欲行古道，势莫能遵""事理不得不然"①。鉴戒、垂训，是一种以往昔哲人和帝王言行为标准的往回看的历史观念。经世兼而有之，一方面希望救弊；另一方面又不希望除旧更新，需加仔细区分。

由于通变往往与救弊联系在一起，注意从历史过程本身或社会结构入手考察演变之迹，寻找救弊之道，比起鉴戒、垂训，更具积极的意义。然而，认识积弊相对容易，实行救弊、变革却往往艰难！

3. 史志纂修与天地人文的错综

史志纂修，最大限度地表现出对天人关系、疆域风物、社会基本构成和思想文化的重视，但同时也最大限度地反映出客观纪实与主观诠释的种种错综。

（1）从不同角度反映天人关系的史志，主要有天文、祭祀、五行、符瑞、灾异五志，而以天文、五行（灾异）二志所记集中反映各个时代的认识水平和应对思维。

---

① 《通典》卷 31《王侯总叙》、卷 148《兵》序。

"二十六史"中有天文（天官、天象、司天）者18史，实际无者仅2史：《三国志》《辽史》。

"二十六史"中有五行（灾异）者15史，实际无者5史：《史记》《三国志》《魏书》《新五代史》《辽史》。

史志反映的天人关系具有两重性：一方面客观记录天文实际，具有科学价值，反映史家、史志、史学的基本职责——纪实；一方面关注天人响应，或祥瑞报喜，或灾异预警，反映史家、史志、史学的社会功用——以主流意识诠释天文现象，达到资治施政的目的。《汉书》发挥《尚书·洪范》"五行"说创立《五行志》，影响整个皇家修史思想和体例将近两千年。其中，包含的天文学、地学、气象学、生命科学、物候学、科学史等多方面的内容，已经不断为这些学科揭示出来，如其下之下篇所记西汉成帝河平元年（前28）"三月乙未，日出黄，有黑气大如钱，居日中央"，是举世公认的关于太阳黑子的最早记述。而其"五行者，五常之形气也"① 的解释，表明当时已经认识到人们生存环境的物质形态均有各自运行的常规或习性，同时十分清楚"得其性"与"失其性"的不同后果："得其性"，即顺应其"常"或本性，合理利用，可见"休征"（好征兆）、带来福祉；"失其性"，即背离其"常"或本性，追逐利欲，则见"咎征"（坏征兆）、遭受灾害。各史志详细、系统记录当时可知的灾异，出发点在天人响应："综而为言，凡有三术：其一曰，君治以道，臣辅克忠，万物咸遂其性，则和气应，休征效，国以安。二曰，君违其道，小人在位，众庶失常，则乖气应，咎征效，国以亡。三曰，人君、大臣见灾异，退而自省，责躬修德，共御补过，则消祸而福至。"② 历代承传，接续纂修，保存下系统的自然灾害史素材，这不能不说是中国史学值得大书特书的一个传统。然而，这一传统却是掩盖在维

---

① 《汉书》卷30《艺文志》"五行家"后序。
② 《晋书》卷27《五行上》序。

护专制皇权的政治阴影下的。客观的科学纪实是优良传统，人为的主观诠释往往并不优良。客观纪实与主观诠释，就在这种状态下互为依存而延续下来。

（2）对疆域与风物的重视，主要集中在地理、河渠二志。

"二十六史"中有地理（郡国、州郡、地形、郡县、职方）者 18 史，实际无者 2 史：《史记》《三国志》。

"二十六史"有河渠（沟洫）者 8 史：《史记》《汉书》《金史》《宋史》《元史》《新元史》《明史》《清史稿》。

《尚书·禹贡》为中国系统记载地理、河渠之先导，不仅包含着中国古代地理学的基本思想，又为中国历代地理书编纂确定了基本范例。《史记》因以创《河渠书》、《汉书》因以创《地理志》，同样影响整个皇家修史思想和体例长达两千余年。一则表明自古以来的"用事者"充分认识"甚哉，水之为利害也"，故"争言水利"① 的客观实际，越到后来"用事者"越加重视水利；一则反映"大一统"皇朝"分州域，物土疆"的盛况，包括疆域、州县建置、历史、地貌、环境、人户、民生、风俗、特产、交通等，大体勾勒出每一皇朝的社会概况。

一面以"水失其性，雾水暴出，百川逆溢，坏乡邑、溺人民，及淫雨伤稼，是为水不润下"的观念认识水患，一面不断纂修《河渠志》总结"善治水而能通其利者"的业绩，以客观实际矫正陈旧的理念。及至元明之际，形成这样的认识："夫润下，水之性也，而欲为之防，以杀其怒，遏其冲，不亦甚难矣哉！惟能因其势而导之，可蓄则储水以备旱暵之灾，可泄则泻水以防水潦之溢，则水之患息，而于是盖有其无穷之利焉。"②

（3）反映社会基本构成的书志，主要有食货（平准）、礼（礼仪、舆服、车服、仪卫、祭祀）、乐（音乐）、选举、职官

---

① 《史记》卷 29《河渠书》及"太史公曰"。

② 《元史》卷 64《河渠一》序。

（百官、官氏）、兵（卫营、兵卫）、刑法（刑罚）、邦交、交通等志。《史记》创礼、乐、兵、平准四书，《汉书》改立食货志、创刑法志和百官公卿表，《后汉书》改立百官志，《旧五代史》创选举志，《清史稿》改立交通、邦交二志。自汉至清所修史志，对于社会构成的主要方面虽然都已注意到，但关注程度并不相同。深刻的认识，始于专门考察社会结构的典志系列。

杜佑从施政出发，对当时社会结构及内在联系做出第一次完整的论述："教化之本，在乎足衣食。……行教化在乎设职官，设职官在乎审官才，审官才在乎精选举。……职官设然后兴礼乐焉，教化隳然后用刑罚焉。列州郡俾分领焉，置边防遏戎狄焉。"《通典》全书在这一思路下，从经济到体制，从选举到设官、从文教到法制，从中央到地方，从汉族到边族，分别考察食货、选举、职官、礼、乐、兵、刑、州郡、边防的沿革，认识其间的相互联系。即便从"理道之先，在乎行教化。教化之本，在乎足衣食"出发，也是一个全新的认识社会结构的系统：衣食是人生存的基本条件，人是"行教化"的对象，职官是"行教化"的工具，礼乐为"行教化"的内容，选举保证工具的运用，兵、刑辅助礼、乐，州郡、边防乃"行教化"范围的深入和拓展。不仅建立起一个认识社会结构的全新体系，而且成为历史编纂学的一大创举。由《通典》而"三通""九通""十通"，成为独立于二十六史史志的一个专门系列。

（4）对思想文化的关注，主要集中在艺文（经籍）、释老二志。

"二十六史"中有艺文（经籍）者7史：《汉书》《隋书》《旧唐书》《新唐书》《宋史》《明史》《清史稿》。明、清两代只著录本朝，不著录前代。"辨章学术、考镜源流"与以经籍艺文"为治之具也"始终交织一起，使学术与政治难解难分。《艺文（经籍）志》是汉、唐、宋、明、清根据每次大规模收集、整理图书后皇家藏书书目纂修，主观上用作"资治工具"，客观上用表"文化繁盛"。

宋、明、清大规模图书整理的另一成就是类书、丛书的纂辑。北宋前期在编制目录、校刊刻印同时，开始分类保存历史文献，主要有《太平广记》500 卷、《太平御览》1000 卷、《文苑英华》1000 卷、《册府元龟》1000 卷。明初将"书契以来，经史子集，百家之书，至于天文、地志、阴阳、医卜、僧道、技艺之言，备辑为一书，毋厌浩繁"①，纂辑成《永乐大典》，收历代文献七八千种。清朝康雍年间纂辑类书《古今图书集成》10000 卷，乾隆年间纂辑丛书《四库全书》，收四部书 3461 种、存目 6793 种，"违碍""悖逆"书或被芟除，或遭禁毁，比起宋、明的纂辑，是最具狭隘政治偏见的一部丛书，有违整理与保存历史文献的基本宗旨。禁毁的结果，某些带有"民主"色彩和"科学"成分的书籍，大都因掩埋在子部或集部而保留了下来。既要繁荣学术，又要禁毁图书，《艺文志》差不多就是这样的产物。

两部记述少数族入主中原的史书，《魏书》有《释老志》、《元史》有《释老传》。当佛、道被视为"方外之教，圣人之远致也"② 之后，自宋至清，大藏、道藏的纂集、刻印不断，成为与大规模图书整理并驾齐驱的另外两大典籍系列。

4. 考信、辨伪与层垒、编造的纠结

这是中国史学演进历程中长期存在的一对双胞胎，自有史书以来便如孪生，深深影响着史家对客观历史的诸多基本认识。

今天所见中国最早的一批历史文献，其编纂与写定大都是在春秋战国至两汉长达七八个世纪的时间内逐渐完成的。春秋战国，百家争鸣，各家在宣扬各自认识社会和变革社会的主张时，为避免雷同，往往假想或编造与别人说法不同的"古昔先王"事迹，

① 《明太宗实录》卷 21 永乐元年七月丙子。
② 《隋书》卷 35《经籍四》后序。

如《礼记·曲礼上》所总结："毋剿说，毋雷同，必则古昔，称先王。"于是，演绎出"三皇五帝说""传贤禅让说""五德终始说"等关于中国历史起源、演变的种种说法。

面对众说纷纭的古史，司马迁进行了第一次系统的清理——"厥协六经异传、整齐百家杂语"，大致确定了三条标准：其一，"总之不离古文者近是"；其二，"择其言尤雅者"；其三，"疑则传疑"，既表"其慎也"，又带有明显的"疑古"意向。自秦焚书以后，汉代多次开献书之路，至刘向第一次系统整理历史文献，清理出一批伪书，《汉书·艺文志》注有"近世所增""非古语""依托"等语者不下20种。同时，《尚书》不断出现伪书，先是"孔氏有古文《尚书》，而安国以今文读之"，继而张霸伪造《古文尚书》102篇，东汉又有杜林漆书古文《尚书》流行。

东汉以下，层垒不断。三国两晋，皇甫谧《帝王世纪》把古史推至燧人、包羲，唐代马总《通历》"纂太古十七氏、中古五帝三王"，宋代胡宏《皇王大纪》始于盘古、罗泌《路史》起自"初三皇"，元明之际陈桱《通鉴纲目续编》始自盘古，明敕修《历代通鉴纂要》、清《纲鉴易知录》均"起三皇"。北宋刘恕，一面以"司马迁《史记》始于黄帝，而包牺、神农阙而不录"，司马光《资治通鉴》"不始于上古或尧、舜"而补作《资治通鉴外纪》，一面又以"叙包牺、女娲""众说不同，惧后人以疑事为信书，穿凿滋甚"而分别作《疑年录》和《年谱略》。此后，在一人身上往往同时出现层垒与疑古的两重性，以明朝尤为突出。

层垒古史同时，伪书不绝。东晋梅赜献《古文尚书》58篇（西汉今文28篇被分作33篇、伪古文25篇），并在书前伪造孔安国序，另有孔安国传注。讫至明代，造伪几乎成风，"万历间学士多撰伪书以欺世"[1]，甚至出现造伪书的名家丰坊，"高才吊诡，

---

① 王士祯：《居易录》卷6。

《十三经》皆钩新索隐，托名古本，或诈云得之异域。临摹碑刻，撰定书法，以真易赝，人莫能诘"①。

针对层垒、编造，考信、辨伪在中国史学艰难的演进历程中逐渐形成最为优良的传统之一。

疑古、辨伪不仅限于经、史家们，而且被写进家训。《颜氏家训》专有《书证》一篇，考证所见各书中的问题，其中有对于"或问"《山海经》的一则"答曰"，列举了"仲尼修《春秋》而经书'孔子卒'，《世本》左丘明所书而有燕王喜、汉高祖，《汲冢琐语》乃载《秦望碑》，《苍颉篇》李斯所造而云'汉兼天下，海内并厕，豨鲸韩覆，畔讨灭残'，《列仙传》刘向所造而赞云'七十四人出佛经'，《列女传》亦向所造，其子歆又作颂，终于赵悼后，而传有更始韩夫人、明德马后及梁夫人嫕"等疑问之后，得出"皆由后人所羼，非本文也"的结论。南北朝时，佛教典籍出现疑、辨之势，前秦沙门道安撰《综理众经目录》、南齐律师僧祐撰《出三藏集记》均有"疑经录"。唐代西明寺僧道宣撰《大唐内典录》有"历代所出疑伪经论录"，沙门智昇撰《开元释教录》不仅有"疑惑再详录"和"伪妄乱真录"，而且序文强调"夫目录之兴也，盖所以别真伪，明是非"。唐代史家疑古，以刘知幾《史通》和啖助新起《春秋》学开启风气。两宋欧阳修、王安石、司马光、郑樵等一批经史大家均在辨伪之列，朱熹总结辨伪两途，"一则以其义理之所当否而知之，二则以其左验之异同而质之"②。明初宋濂因马端临《文献通考·经籍考》而成《诸子辨》，至明后期胡应麟《四部正讹》总结出伪书 20 种"情状"和"辨伪八法"，第一次把辨伪书上升到系统的、理性的高度。及至清代，古书辨伪以阎若璩《尚书古文疏证》、姚际恒《古今伪书考》为代表，疑古、考信以崔述《考信录》成就最为杰出。

---

① 吴肃公：《明语林》卷 12《诈谲门》。
② 《朱文公文集》卷 38《答袁仲机》。

　　20世纪20—30年代的"古史辨"，是新史学兴起后的一次大规模疑古、辨伪，形成古史"层垒说"、边族古史"逐层向上增建"说，将中外学者发现的这一历史现象理论化，成为符合唯物主义历史观的一个极为重要的卓识。治史者的重要职责之一，被认为是将上古史中"传说与史实混而不分，史实之中固不免有所缘饰"者区分开来，剔除"有所缘饰"者，从观念、史料、方法等诸多方面逐层剥除"后加之虚伪材料"，肯定"得证明者"，从而"略得一近似"之历史真相。历史考据因此提升到方法论的高度，总结出了"二重证据法""长编考异法"等科学方法。①

　　或以历史考据长于个体探讨、微观研究，相对排斥理论分析及概括，因而受非议、遭排斥。但如果从考信、辨伪的角度来认识历史考据，任何抱有历史责任心、希望澄清被"粉饰"、遭篡改的历史，谁又会说不呢？现实中对于恶意造谣，需要大量细致的取证，空讲大道理没有丝毫用处。史学中对于恶意的历史造谣，需要深邃的历史考据，各种历史理论同样显得无能为力。

　　有意造伪，不出三途，或"喜人主之志，以求其欲"，或迎合社会心理，或追逐经济效益，投入成本小，赚取利益大。辨伪则需极大的投入，具备强烈的历史责任心（"公心"或"心术"）的同时，需要历史考据的深厚功力，包括史料、金石、天文、地理、历律、音韵、目录、版本、避讳、校勘等广博的知识，还要有逻辑学修养以及其他相关专业知识，才能做到广集资料，究明正诂，分类归纳，鉴别真伪，求得解释历史的可靠依据。而当取得确凿证据，造伪真相大白之后，造伪者的目的早达到，造成的社会影响却难以挥去，某些历史认识依然不改。尽管考信、辨伪历程十分艰难，甚至受非议、遭排斥，但这是任何层垒、造伪都掩不住"中国的脊梁"的最可贵的史学遗产，中国史学正是在这一纠结中

---

　　①　参见王国维《古史新证》、陈寅恪《彰所知论与蒙古源流》等。

缓慢演进的。

5. "史德"与"史才"的制约

强调史家的自身修养,这是中国史学进程中一致的心声,因而可谓一千古不改的传统。

班固之前,刘向、扬雄皆称司马迁为"良史之才",主要指其记事、行文之才。汉唐之际,一直沿用这一说法,以"良史之才"称赞优秀的史家。唐中宗时,刘知幾提出"史才须有三长"的名论。"三长,谓才也,学也,识也。"① 不具备"三长",就不够史家的资格,也不应担负史官的重任。"史才须有三长"的"史才",指史学人才。"三长"之一的"才",指编纂史事、行文记述的才能。其"学",指史料占有、知识渊博等学问。其"识",指历史认识水平。刘知幾最注重"识",认为才、学都离不开识。中唐"道统"说出现,对"良史"提出新的要求,强调"以心不以迹"②。随着史学思想伦理化趋势的增长,元代史家揭傒斯提出"有学问文章、知史事而心术不正者,不可与"③ 的主张。明代胡应麟以史学人才仅有"三长"不够,还应有"公心""直笔":"才、学、识三长,足尽史乎?未也。有公心焉,直笔焉。"同时认为:"秦汉而下,三长不乏,二善靡闻。"④

清乾嘉时期,章学诚对于这一问题做出更进一步的发挥。首先指出才、学、识三者难兼,但要正确对待:"义理存乎识,辞章存乎才,征实存乎学","一人不能兼,而咨访以为功",相互学习,取长补短,不应以"自擅"为高。同时强调"学问文章,聪明才辨,不足以持世。所以持世者,存乎识也"⑤。突出的是,在"史才须有三长"之外,接过揭傒斯、胡应麟关于"心术""公

---

① 《旧唐书》卷 102《刘子玄传》。
② 皇甫湜:《编年纪传论》,《全唐文》卷 686。
③ 《元史》卷 181《揭傒斯传》。
④ 《少室山房笔丛》卷 13《史书占毕一》。
⑤ 《文史通义》卷 4《说林》。

心"的说法，提出"史德"的理念，认为刘知幾的"史才三长论""犹未足以尽其理"，"能具史识者，必知史德"，即"著书者之心术"。章学诚强调的是：慎辨主观与客观，尊重客观，不以主观强加于客观，即所谓"欲为良史者，当慎辨于天人之际，尽其天而不益以人"。这包含两层意思，一是分清哪些是自己的主观认识，哪些是客观史实，尽量尊重客观史实，不把自己的主观认识掺杂到客观史实中。只要抱着这一态度去努力，虽然不能完全做到，也足以称有"著书者之心术"；二是看到史家对待历史是非不能不动感情，因而特别提醒，要尽量使自己感情符合事理，以理性来约束自己的感情，使主观最大限度地接近客观。不然，"违理以自用"，"泪性以自恣"，必然导致"似公而实逞于私，似天而实蔽于人，发为文辞，至于害义而违道，其人犹不自知"的后果，因此强调"心术不可不慎"。这两层意思，既有思想方法的修养，又有个人品德的修养。如果说才、学、识三长是对史学人才专业修养的要求，那么"史德"则是对史学人才思想修养（包括思想方法和个人品德）的要求。在专业修养方面，识重于才、学，单有生花的妙笔和丰富的知识，若缺少历史观察能力，对历史演变不可能做出正确判断。当然，文字不生动，不能传其史事；史事不丰富，也无从编写。但是，如果"著书者之心术"不正，没有史德，不辨主观客观，便不能如实反映客观历史的本来面貌，难免成为"秽史"。"读其书者，先不信其人"[1]，如何能够取信！

强调史家业务修养和思想修养的愿望形成传统，如何提高史家在这些方面的修养，特别是做到直而不曲、真而不伪，不以主观强加客观，使主观认识符合客观历史实际，坚持史学的科学性、学术性，差距还很大，并未真正形成传统。尤其是在权势、利欲面前，不唯上、不逐利，秉"公心"、述"直笔"，做到"心术"

---

① 《文史通义》卷 3《史德》。

正，坚持"学术之独立"，在史学功用日益政治化、御用化的背景下，只能是一种美好的愿望，难以真正形成传统。于是，转而求其次，如柳宗元答韩愈的"宜守中道，不忘其直"，采用"避其名而逊其辞"的"笔法"。

（2014 年 7 月）

（这是《增订中国史学史——从"史"的起源到 20 世纪中叶》一书"导言"，提前发表，标题为编入本集时所加）

神话传说与历史意识

史学的起源，历来以文字和历法的出现为其先决条件，认为有了文字便能够记录已经发生的事，有了历法即有了明确的时间观念。其实，这只说了客观方面的条件，还必须有具备历史记忆、历史意识的人来运用文字和历法进行时事记录，才有可能出现"史学"。而这一点在随后的中国史学发展中，表现得越来越明显。

那么，人类初始阶段的历史记忆、历史意识是什么样呢？这就需要我们步入千姿百态、异彩纷呈的神话传说世界，经历一番细致的游览，捕捉和分辨文字和历法出现以前先民的历史记忆和原始历史意识。

一 中国神话传说的基本特征及演变趋势

早在文字和历法出现以前，聚居世界各地的人类各·自都有许多关于其先民的神话传说。这些神话传说产生的基本原因，中国、外国并没有多大差别，经典作家早有概括。马克思这样写道：

> 在野蛮时期的低级阶段，人的较高的特性就开始发展起来。……在宗教领域发生了对自然力量的崇拜以及对人格化的神灵和伟大的主宰的模糊观念……想象力，这个十分强烈地促进人类发展的伟大天赋，这时候已经开始创造出了还不

是用文字来记载的神话、传奇和传说的文学，并且给予了人类以强大的影响。①

鲁迅也有同样的论述：

> 昔者初民，见天地万物，变异不常，其诸现象，又出于人力所能以上，则自造众说以解释之：凡所解释，今谓之神话。神话大抵以一"神格"为中枢，又推演为叙说，而于所叙说之神，之事，又从而信仰敬畏之，于是歌颂其威灵，致美于坛庙，久而愈进，文物遂繁。②

中国的神话传说虽然产生很早，但用文字记录下来却很晚；在浩如烟海的文化典籍当中，不仅数量少，而且缺乏系统的专门著述。数千年来流传着的神话传说，基本上凭借着《山海经》《楚辞》以及诸子著述片片断断地保存下来。

不同学科对神话传说的研究，视角各自不同。文学史研究，从故事内容出发，将中国古代的神话传说分为创世神话、自然神话、传奇神话、英雄神话等几种类型。宗教史研究，从天地自然崇拜、动物及图腾崇拜、鬼神与祖先崇拜以及古神（古代英雄）崇拜等若干方面进行考察。相比而言，史学研究的情况较为复杂，史学史研究大都从"史"字入手，只是在谈到原始历史意识时涉及一下历史传说，简单地将神话传说概括为有关各部族始祖降生、有关社会生活、有关与自然灾害斗争获胜、有关部落间战争等几个方面，并分别举出几则突出"英雄"的例子，认为历史家可以从中"找出历史"来，就算是对原始历史意识的分析了。而关于

---

① 马克思：《路易士·亨·摩尔根〈古代社会〉一书摘要》，《马克思恩格斯论艺术》，人民文学出版社1963年版，第5页。
② 鲁迅：《中国小说史略》，人民文学出版社1973年版，第7页。

上古史的研究特别是中国文明起源的研究，引用神话传说的材料，却未注意神话传说的形成与演变，以致将后来形成的神话传说当成远古就已存在的真实，有意无意地接受和传播着经后人加工改造过的说法，不仅说不清神话传说中包含着的"史影"，更分辨不出后人掺杂到神话传说中的种种历史观点。考察神话传说的形成与演变，找出神话传说中所包含的"史影"，分辨神话传说中所掺杂的后人的各种历史观点，应当是考察中国史学起源和研究中国文明起源的共同的课题。

人类神话传说的演变，都是经历了一个从灵性神话传说到神性神话传说再到人性神话传说的历程。由于古代神话传说在流传过程中被传诵者、各家各派学者不断改造，不断加工，以致失去本来面目。就现存的神话传说而论，这种演变已经纠缠不清，难以明确区分与界定。然而，神话传说作为原始意识的一种统一体，包含着哲学、宗教、历史、地理、科学、文艺等种种信息，其演变亦往往趋于多途，最为明显的趋势是：神话传说的宗教化、神话传说的文学化与神话传说的政治化、历史化。

神话传说借助于想象征服或支配自然力，与原始宗教借助于占卜、巫术征服或支配自然力同出一源。神话传说原本含有宗教因素，因而神话传说的宗教化也就是比较自然的事情。中国古代神话传说宗教化，主要表现是神话变为仙话，典型的例子如西王母神话和月亮神话变为仙话。

《山海经》中有三处记述西王母：

> 西王母其状如人，豹尾、虎齿而善啸，蓬发戴胜，是司天之厉及五残。（《西山经》）

> 西王母梯几而戴胜杖，其南有三青鸟，为西王母取食。在昆仑虚北。（《海内北经》）

西海之南，流沙之滨，赤水之后，黑水之前，有大山，名曰昆仑之丘。有神——人面、虎身，有文有尾，皆白——处之。其下有弱水之渊环之，其外有炎火之山，投物辄然。有人，戴胜，虎齿，有豹尾，穴处，名曰西王母。此山万物尽有。（《大荒西经》）

"其状如人，豹尾、虎齿而善啸"，人、兽尚未完全分离；"穴处"，居为洞穴；有"三青鸟"为其"取食"。《穆天子传》作如下描绘：

西王母之山，还归亓□世民作忧以吟曰："比徂西土，爰居其野，虎豹为群，于鹊与处，嘉命不迁。我惟帝天子大命而不可称，顾世民之恩，流涕出隰，吹笙鼓簧，中心翱翔，世民之子，唯天之望。"

其后更进一步被仙化，《庄子·大宗师》及其注疏演变为：

夫道，有情有信，无为无形，可传而不可受，可得而不可见。……西王母得之，坐乎少广；莫知其始，莫知其终。（唐成玄英疏：少广，西极山名也。王母，太阴之精也，豹尾，虎齿，善笑。舜时，王母遣使献玉环；汉武帝时，献青桃。颜容若十六七女子，甚端正，常坐西方少广之山，不复生死，故莫知始终也。唐陆德明《释文》：《汉武内传》云：西王母与上元夫人降帝，美容貌，神仙人也。）

《山海经·大荒西经》"有女子方浴月。帝俊妻常羲，生月十有二，此始浴之。"《淮南子·览冥训》为："羿请不死药于西王母，姮娥窃以奔月。"高诱注："姮娥，羿妻，羿请不死之药于西王母，未及服之，姮娥盗食之，得仙，奔入月中，为月精。"此"生月十二"之月神常羲的神话，演变为嫦娥奔月得仙的仙话。

春秋战国时期，诸子为了宣扬各自的哲学观点、政治主张和伦理观念，往往从神话传说中选取自己需要的内容，进行加工、改造，或以寓言寄托其思想，或以古事寄托其理想。神话传说演变为寓言，是中国古代神话传说文学化的主要形式；神话传说演变为论说古事，是中国古代神话传说政治化、历史化的主要形式。

诸子当中几乎都有将神话传说改造为寓言的故事，尤其以庄子为改造神话传说的高手。例如，河神（河伯）的神话传说被改造为"望洋兴叹"的寓言：

> 秋水时至，百川灌河；泾流之大，两涘渚崖之间，不辩牛马。于是焉河伯欣然自喜，以天下之美为尽在己。顺流而东行，至于北海。东面而视，不见水端。于是焉河伯始旋其面目，望洋向若而叹曰："野语有之曰：'闻道百，以为莫己若'者，我之谓也。"（《庄子·秋水》）

神话传说的历史化，是中国古代神话传说演变的最明显趋势，也是中国古代神话传说最突出的特点。鲁迅有过一段精辟的论述：

> 从神话演进，故事渐进于人性，出现的大抵是"半神"，如说古来建大功的英雄，其才能在凡人以上，由于天授的就是。例如简狄吞燕卵而生商，尧时"十日并出"，尧使羿射之的话，都是和凡人不同的。这些口传，今人谓之"传说"。由此再演进，则正事归为史，逸史即变为小说了。[1]

---

[1] 《中国小说的历史的变迁》，《鲁迅全集》第 9 卷，人民文学出版社 2005 年版，第 312 页。

所谓"正事归为史",就是"古来建大功的英雄"被人为地政治化,并"归为"中国古史的主体。而那些没有被"归为史"的便不成其为历史,只能算作"逸史"或"街谈巷议"的小说家者流了。

二　神话传说中的"史影"

神话传说的历史化,为我们从神话传说中"找出历史"(或曰发现"史影")提供了方便。这一节先考察自然神话和传奇神话,其中差不多包罗了人类起源、野蛮时代乃至母系社会、父系社会的整个客观过程。

《山海经》一书司马迁谓之"所有怪物,余不敢言",就让我们以今传本《山经》五卷、《海经》十三卷的顺序经历一番"游览"①,见识见识其中的"怪物"。

翻开书页,首先映入眼帘的就是那些人面、鸟兽身的"怪物",以及这些"怪物"与龙蛇等厮混一起的画面,在他们的周围还夹杂着形形色色、奇形怪状的生物。仅卷一《南山经》中图画"人面兽身"者有:

亶爰之山的"类",其状如狸而有髦,自为牝牡。

柜山的"鴸",其状如鸱而人手。

尧光之山的"猾裹",其状如人而彘鬣。

浮玉之山的"彘",其状如虎而牛尾。

---

① 《汉书·艺文志》著录《山海经》为 13 篇,刘秀(歆)整理"定为"18 篇,所多为《大荒东经》以下 5 篇。《海经》外、内 8 篇篇末均有"建平元年四月丙戌"等 39 字,为校书款识,而《大荒东经》以下 5 篇则无。又,《海经》外、内 8 篇皆以南西北东为顺序,而《大荒东经》以下却以东南西北为顺序。故后世或以《大荒东经》以下 5 篇为刘秀(歆)校书时"进在外"("逸在外")者,或疑为刘秀(歆)等"所述"。虽然如此,《山海经》所记内容以自然神话与传奇神话为主,因而掺杂的后世的历史意识相对少些,较多地保持着其原始成分。

令丘之山的"颙"，其状如枭，人面四目而有耳。

再仔细察看开篇第一山之首的招摇之山：

> 南山经之首曰鹊山。其首曰招摇之山，临于西海之上，多桂，多金玉。有草焉，其状如韭而青华，其名曰祝余，食之不饥。有木焉，其状如榖而黑理，其华四照，其名曰迷榖，佩之不迷。有兽焉，其状如禺而白耳，伏行人走，其名曰狌狌，食之善走。

在这有水、有草木可食的地方，有一种"伏行人走"之兽——狌狌。"狌狌"即猩猩，不乏于古籍。卷十《海内南经》有"狌狌知人名，其为兽如豕而人面"，《淮南子·氾论训》有"猩猩知往而不知来"，《礼记·曲礼上》亦有"猩猩能言，不离走兽"。从这些关于猩猩的记载中不难看出，中国古代的神话传说已经触及"类人猿"的问题。《山海经》开篇如此，终篇又如何呢？

卷十八《海内经》结尾部分，叙帝俊之后的番禺"始为舟"、吉光"始以木为车"，帝俊生三身、三身生义均：

> 义均是始为巧倕，是始作下民百巧。后稷是播百谷。稷之孙曰叔均，始作牛耕。大比赤阴，是始为国。禹、鲧是始布土，均定九州。

卷终的一段文字是：

> 洪水滔天，鲧窃帝之息壤以堙洪水，不待帝命。帝令祝融杀鲧于羽郊。鲧复生禹。帝乃命禹卒布土以定九州。

以人面兽身的猩猩为起始，以禹治水成功为卷终，不正是让我们经历了一个通常所说从猿到人、由野蛮逐渐进入文明的漫长岁月吗？

粗略游览山海过后，再回过头来考察其中的某些具体细节。

整部《山海经》中，凡有人面、鸟兽身的"怪物"之处，都是与其他各种奇形怪状的"怪物"混杂一起的，表现的正是人类初始阶段，尚未从兽类完全分离出来的实际。《海外西经》有一处"诸夭（沃）之野"："凤皇卵，民食之；甘露，民饮之，所欲自从也。百兽相与群居。在四蛇北，其人两手操卵食之，两鸟居前导之。"

在诸子的著述中，也不乏如此的记述。

《庄子·马蹄》篇有"万物群生，连属其乡，禽兽成群，草木遂长"，"同与禽兽居，族与万物并"，"居不知所为，行不知所之，含哺而熙，鼓腹而游"。

《列子·黄帝》篇有"庖牺氏、女娲氏、神农氏、夏后氏，蛇身人面，牛首虎鼻，此有非人之状"。

《尸子·君治》篇有"禹长颈鸟啄，面貌甚恶矣。"

《史记正义》引《龙鱼河图》有"蚩尤兄弟八十一人，并兽身人语"。

这些人面"怪物"，我们姑且称之为"原始人"，他们的基本生活又是怎样的一种状况呢？《山海经》中有着许多具体的描述。

食的方面，基本上是"山居则食鸟兽，近水则食鱼鳖螺蛤"。《海外南经》有一个谨头国，"其为人人面有翼，鸟喙，方捕鱼"。前面说到的"诸沃之野"民食鸟卵。《大荒南经》盈民之国"有人方食木叶"，不死之国"甘木是食"，而重阴之山"有人食兽"。《大荒东经》则多见以黍为食者，如蒍国、司幽之国、白民之国、黑齿之国、玄股之国"食黍"或"黍食"。《大荒南经》《大荒北经》所见"黍食""食黍"者不下 10 余处，《大荒南经》中的小人焦侥之国更是以"嘉谷是食"。至于《海外东经》的黑齿国，则是"食稻啖蛇"。

　　衣着方面，"禽兽之皮足衣也"。《海外西经》丈夫国"其为人衣冠带剑"，郭璞注："衣木皮。"《海外东经》玄股之国"其为人衣鱼"，郭璞注："以鱼皮为衣也。"《中山经》中次一十一山经宣山，"其上有桑焉，大五十尺，其枝四衢，其叶大尺余，赤理黄华青柎，名曰帝女之桑"。《海外北经》欧丝之野，有"一女子跪据树欧丝"。这正是桑蚕之作出现的记录。

　　居住方面，冬则穴居，夏则巢处。《南山经》尧光之山的"滑裹"，"穴居而冬蛰"。因为普遍以鱼类充饥，所以大都由高地迁居水边，"缘水而居"，如《海外西经》女祭女戚"居两水间"。

　　关于用火，《西山经》西经之首末段，"翰山神也，祠之用烛"，"烛者百草之未灰"，即以火照明。郝懿行笺疏，"此盖古人用烛之始"[1]。《海内南经》有"人面长臂，黑身有毛，反踵，见人笑亦笑"的枭阳国"人"。袁珂案引《神异经·西荒经》这样描述其生活形态："袒身捕虾蟹，……暮依其火以炙虾蟹。"[2] 此即以火熟食。

　　前面已经见识过不断被神话的人物——西王母，"其状如人，豹尾、虎齿而善啸"，人、兽尚未完全分离；"穴处"，居为洞穴；有"三青鸟"为其"取食"。如此一个人、兽尚未完全分离的"西王母"，显然是野蛮时代"西方"某"部族"的一位年长的主事者。

　　《山海经》之外，其他记述更不系统，诸子大都是在论证某一观点或叙述某一事情时引用传说的。如《淮南子·坠形训》为了"穷南北之修，极东西之广，经山陵之形，区川谷之居，明万物之主，知生类之众，列山渊之数，规远近之路"，"使人通回周备，

---

① 袁珂：《山海经校注》引，上海古籍出版社1980年版，第33页。
② 同上书，第272页。

不可动以物，不可惊以怪"，一开头就引录了《山海经·海外南经》的文字："坠形之所载，六合之间，四极之内，照之以日月，经之以星辰，纪之以四时，要之以太岁……"① 又有"凡海外三十六国，自西北至西南方，有修股民、天民、肃慎民、白民、沃民、女子民、丈夫民、奇股民、一臂民、三身民；自西南至东南方，结胸民、羽民、驩头国民、裸国民、三苗民、交股民、不死民、穿胸民、反舌民、豕啄民、凿齿民、三头民、修臂民；自东南至东北方，有大人国、君子国、黑齿民、玄股民、毛民、劳民；自东北至西北方，有跂踵民、句婴民、深目民、无肠民、柔利民、一目民、无继民"。显然与《山海经·海外南经》同出一源，或者就是援引的《山海经·海外南经》的文字。②

诸子的著述中，差不多都有关于原始人基本生活的记载，但都是些条理化了的概括性论述，没有《山海经》的记述生动，也不如《山海经》的记述多存神话传说的原始性。

《庄子·盗跖》篇如此写："古者，禽兽多而人少，于是民皆巢居以避之。昼拾橡栗，暮栖木上，故命之曰有巢氏之民。古者，民不知衣服，夏多积薪，冬则炀之，故命之曰知生之民。神农之世，卧则居居，起则于于。民知其母，不知其父。与麋鹿共处，耕而食，织而衣，无有相害之心。"

《韩非子·五蠹》篇也差不多："上古之世，人民少而禽兽众，人民不胜禽兽虫蛇。有圣人作，搆木为巢，以避群害，而民悦之，使王天下，号之曰有巢氏。民食果蓏蚌蛤，腥臊恶臭，而伤害腹胃，民多疾病。有圣人作，钻燧取火，以化腥臊，而民悦

---

① 《山海经·海外南经》原文为："地之所载，六合之间，四海之内，照之以日月，经之以星辰，纪之以四时，要之以太岁……"

② 二书稍异者：自西北至西南方，《淮南子》多天民，无巫咸国、轩辕国；自西南至东南方，《淮南子》多裸国民、豕啄民、凿齿民，无厌火国、载国、周饶国；自东南至东北方，《淮南子》无青丘国、雨师妾国；自东北至西北方，《淮南子》无聂耳国、夸父国。

之，使王天下，号之曰燧人氏。""古者，丈夫不耕，草木之实足食也。妇人不织，禽兽之皮足衣也。不事力而养足，人民少而财有余，故民不争。是以厚赏不行，重罚不用，而民自治。"

《礼记·礼运》篇这样记："昔者，先王未有宫室，冬则居营窟，夏则居增巢；未有火化，食草木之实、鸟兽之肉，饮其血，茹其毛；未有丝麻，衣其羽皮。"

反映婚嫁的记述，《山海经》中有几条记述，比较简单：

> 帝俊生宴龙，宴龙生司幽，司幽生思士，不妻；（司幽生）思女，不夫。（《大荒东经》）

> 鲧妻士敬，士敬子曰炎融，生驩头。（《大荒南经》）

> （炎帝之孙）伯陵同吴权之妻阿女缘妇，缘妇孕三年，是生鼓、延、殳。（《海内经》）

> 有女子名曰羲和……羲和者，帝俊之妻。（《大荒南经》）

> 帝俊妻常羲。（《大荒西经》）

《大荒东经》的一条，所谓"思士不妻""思女不夫"，是说思士无对偶之妻，思女无对偶之夫，即处于群婚状态。第二条反映的是母系本位时代的状况，但同时又有"丈夫国"存在，似乎表示父系逐渐取代母系的过程。《海内经》《大荒南经》《大荒西经》的几条，说的则是对偶婚的情况。综合这些记述，已足以反映人类婚姻制度演变的三大基本阶段。

诸子中关于原始婚姻状况的记述更为简单，《吕氏春秋·恃君览》这样记群婚杂交："昔太古尝无君矣，其民聚生群处，知母不知父，无亲戚兄弟夫妻男女之别，无上下长幼之道。"《列子·汤问》概括为八个字："男女杂游，不媒不聘。"

值得注意的是，整部《山海经》中出现的"人物"多是神话传说中最熟悉的名字，诸如黄帝、共工、祝融、蚩尤、炎帝、帝喾、帝俊、尧、舜、鲧、禹、羿、后稷等，却见不到有关他们降生的记述。即便在诸子著述中，也少有关于"始祖"们降生的论述。就是说，当时对于母系社会的婚姻状况缺乏记述，或者是在后来的传授过程中被人为地给淡化掉了。

诸子著述中，记载神话传说比较突出的地方，是反映社会进步的一些内容，虽然其目的可能在于神化或宣扬某些"始祖"。《淮南子·氾论训》有这样一段文字：

> 古者，民泽处复穴，冬日则不胜霜雪雾露，夏日则不胜暑热蚊虻，圣人乃作为之，筑土构木，以为宫室。上栋下宇，以蔽风雨，以避寒暑，而百姓安之。伯余之初作衣也，緂麻索缕，手经指挂，其成犹网罗，后世为之，机杼胜复，以便其用，而民得以掩形御寒。古者，剡耜而耕，摩蜃而耨，木钩而樵，抱甄而汲，民劳而利薄。后世为之，耒耜、耰鉬、斧柯而樵，桔槔而汲，民逸而利多焉。

这显然描述的是生产工具进步带来的气象。

三 神话传说的政治化、历史化

前面一节主要说神话传说中反映的原始历史意识，这一节重点考察神话传说中被后人掺入的历史意识。

神话传说的政治化、历史化，主要在祖先崇拜和英雄神话方面，不断将"古来建大功的英雄"朝着政治化的方向加以神化，对于他们的德行和政绩极尽美化，逐步建立起一个古史体系。下面，以禹、黄帝为例，看看关于他们的神话传说是如何被政治化、历史化的。

《山海经》不以记述"建大功的英雄"为主，虽然也掺杂有后人的历史意识，但毕竟较其他记载更具神话传说的原始性。

关于禹的神话传说，《海外北经》《大荒北经》有"禹湮洪水，杀相繇"（共工之臣，或作"相柳"），"其血腥臭，不可生谷，其地多水，不可居也。禹湮之，三仞三沮，乃以为池，群帝因是以为台"；《大荒南经》有"禹攻云雨"，为"禹巫山治水之神话"的"原始状态"；《大荒西经》有"禹攻共工国山"，为"黄炎斗争神话之余绪"，"共工神话之零片散见"①。全书最后，为鲧、禹治水事。从"帝乃命禹卒布土以定九州"看，禹治水也如乃父用堙，《淮南子·坠形训》亦作"禹乃以息土填洪水，以为名山"，并非鲧用堙而禹用疏。

作为神话传说，对于禹的加工朝着两个方面展开：

首先，夸大和神化其治水的事迹。《楚辞·天问》所反映的鲧、禹的神话传说最为详细：

> 不任汩鸿，师何以尚之？佥曰何忧，何不课而行之？鸱龟曳衔，鲧何听焉？顺欲成功，帝何刑焉？永遏在羽山，夫何三年不弛？伯鲧腹禹，夫何以变之？纂就前绪，遂成考功，何续初继业，而厥谋不同？洪泉极深，何以填之？地方九则，何以坟之？应龙何画？河海何历？鲧何所营？禹何所成？②

"应龙何画"，是问应龙怎样用尾巴"画地"教禹疏通九河的？禹治水的神话传说，在屈原《天问》之前，就已经变为堙、

---

① 详见袁珂《山海经校注》，第377、388页。
② 《天问》脱简窜乱，此据闻一多《楚辞校补》。

疏并用了。相比而言，《山海经》《淮南子》较《天问》"更原始，犹存古神话本貌"①。《墨子·兼爱中》又有了禹"凿龙门"的说法：

> 古者，禹治天下，西为西河渔窦，以泄渠孙皇之水，北为防原派，注后之邸，嘑池之窦，洒为底柱，凿为龙门，以利燕代胡貉与西河之民……

《吕氏春秋·恃君览·行论》加工、改造后，则作如是说：

> 尧以天下让舜，鲧为诸侯，怒于尧曰："得天之道者为帝，为帝（得地）之道者为三公。今我得地之道，而不以我为三公。"以尧为失论，欲得三公，怒甚猛兽，欲以为乱。比兽之角，能以为城，举其尾，能以为旌。召之不来，仿佯于野，以患帝舜。于是殛之于羽山，副之以吴刀。禹不敢怨，而反事之，官为司空，以通水潦。颜色黎黑，步不相过。窍气不通，以中帝心。

鲧之被殛，《山海经》中是"窃帝之息壤以堙洪水，不待帝命，帝令祝融杀鲧于羽郊"，至此则被政治化为鲧与舜争天下而被尧所杀，完全丧失了神话传说的精神。

更为主要的一方面，是在夸大禹治水功绩的同时，夸张其治理天下的"政绩"。

作为神话传说中的"英雄"，《诗》《书》中均有禹的记载。

《诗·文王有声》云："丰水东注，维禹之绩。"《长发》有"洪水茫茫，禹敷下土方，外大国是疆。"

---

① 袁珂：《山海经校注》，第475页。

　　《尚书·皋陶谟》记舜与皋陶、禹讨论如何继承尧之德政、治理国家，在最后禹陈述自己治水的功绩时，还不忘提醒舜，苗民尚未完全征服："苗顽弗即工，帝其念哉！"《禹贡》虽然记述的主要是禹治水的事迹，却肆意夸大。一是夸大其治水的地域，让禹的足迹遍及东北、华北、华南，自"冀州"始，行迹及"济河惟兖州""海岱惟青州""海岱及淮惟徐州""淮海惟扬州""荆及衡阳惟荆州""荆河惟豫州""华阳黑水惟梁州""黑水西河惟雍州"。二是夸大其治水工程，即所谓"导九山""导九川"，中国的大山都经过禹的开辟，中国的大河都经过禹的疏浚。由于禹的功劳，中华大地才变成适合安居乐业、财源丰盛的地方："九州攸同，四隩既宅。九山刊旅，九川涤源，九泽既陂。四海会同，六府孔修。庶土交正，底慎财赋，咸则三壤成赋。"《洪范》记述殷商遗老箕子所听到的关于禹的传闻：

　　　我闻在昔，鲧堙洪水，汩陈其五行。帝乃震怒，不畀洪范九畴，彝伦攸斁，鲧则殛死。禹乃嗣兴，天乃锡禹洪范九畴，彝伦攸叙。

　　这里没有说禹如何治水，只是说禹继鲧之后，得到上帝的赐予，不是赐给禹征服洪水的神力，而是赐给他治国安民的要诀——"洪范九畴"。《立政》中周公要成王效法禹治理天下：

　　　其克诘尔戎兵，以陟禹之迹，方行天下，至于海表，罔有不服。以觐文王之耿光，以扬武王之大烈。

　　禹在《尚书》中完全被政治化了，被打扮成治理天下的圣君。司马迁引《禹贡》《皋陶谟》等原文入《史记·夏本纪》，作为对禹的事迹的追述，使禹的神话传说更趋政治化。

　　我们所知关于禹的神话传说最早出现在殷周之际，而我们所知关于"黄帝"的神话传说则要晚到战国时期才出现。

　　现代考古学及殷周甲骨文、金文研究证明：夏、商、周三代并没有崇拜黄帝为祖先神的事实，也即没有关于黄帝的神话传说。

　　《山海经》不以记述"建大功的英雄"为基本内容，书中关于黄帝的记述尚存一定的原始性。《大荒东经》叙东海之渚"有神，人面鸟身，珥两黄蛇，践两黄蛇，名曰禺䝞。黄帝生禺䝞，禺䝞生禺京，禺京处北海，禺䝞处东海，是惟海神"。此处海神禺䝞还是"人面鸟身"，而"黄帝生禺䝞"，黄帝自然也还处在"人面兽身"状态中。《大荒西经》《大荒北经》《海内经》出现的黄帝，颇有部族始祖的意味。《大荒西经》北狄之国，"黄帝之孙曰始均，始均生北狄"。《大荒北经》融父山，"有人名曰犬戎。黄帝生苗龙，苗龙生融吾，融吾生弄明，弄明生白犬，白犬有牝牡，是为犬戎，肉食"。《海内经》朝云之国、司彘之国，"黄帝妻雷祖，生昌意，昌意降处若水，生韩流。韩流擢首、谨耳、人面、豕啄、麟身、渠股、豚止，取淖子曰阿女，生帝颛顼"。《大戴礼记·帝系》却以"黄帝产昌意，昌意产高阳，高阳是为帝颛顼"。《海内经》钉灵之国之后，又有"帝俊生禺䝞，禺䝞生淫梁，淫梁生番禺，是始为舟。番禺生奚仲，奚仲生吉光，吉光是始以木为车"。郝懿行笺疏：《大荒东经》言"黄帝生禺䝞"，即禺号，"禺䝞生禺京"，即淫梁，则"此经帝俊又当为黄帝矣。"[1] 在整个《山海经》中，帝俊或为帝喾，或为颛顼，或为舜，或为黄帝[2]，这从另一个侧面表明关于黄帝的神话传说还没有多少人为的修饰、划一。《大荒北经》中的黄帝战蚩尤，颇具神话传说的原始性。

① 　袁珂：《山海经校注》，第 465 页。
② 　同上书，第 344—345、420、469 页。

> 蚩尤作兵伐黄帝，黄帝乃令应龙攻之冀州之野。应龙畜水，蚩尤请风伯雨师，纵大风雨。黄帝乃下天女曰魃，雨止，遂杀蚩尤。

《史记·黄帝本纪》正义所引《龙鱼河图》黄帝战蚩尤神话，亦不失神话传说本旨：

> 黄帝摄政，有蚩尤兄弟八十一人，并兽身人语，铜头铁额，食沙石子，造立兵仗刀戟大弩，威震天下，诛杀无道，不慈仁。万民欲令黄帝行天子事，黄帝以仁义不能禁止蚩尤，乃仰天而叹。天遣玄女下授黄帝兵信神符，制伏蚩尤，帝因使之主兵，以制八方。蚩尤没后，天下复扰乱，黄帝遂画蚩尤形像以威天下，天下咸谓蚩尤不死，八方万邦皆为弭服。

据袁珂考证，《初学记》引《归藏启筮》《太平御览》引《黄帝玄女战法》、晋虞喜《志林》《通典·乐典》等所载，"俱黄帝与蚩尤战争神话之一节"，但"以俱晚出，受正统思想支配，故不免或状蚩尤而近妖，失古神话本旨矣。然《龙鱼河图》犹谓'黄帝遂画蚩尤形像，以威天下'，知蚩尤在古传说中位望高也"[1]。

战国纷争长达数百年，社会普遍向往太平，诸子纷纷描绘自己的理想社会，极力美化上古社会为理想王国。《荀子·大略》出现"诰誓不及五帝，盟诅不及三王，交质子不及五伯"的说法，但"五帝""三王"，包括"五伯"在内，仅仅是泛指某个历史阶段，并没有拉出5个"人神"来凑"五帝"之数。随着北方民族不断融合，大一统逐渐形成后的中央王朝，需要树立一个在血缘

---

① 　袁珂:《山海经校注》，第432—433页。

上有连带关系的共同的先祖。《礼记·祭法》提出："有虞氏禘黄帝而郊喾，祖颛顼而宗尧；夏后氏亦禘黄帝而郊鲧，祖颛顼而宗禹；殷人禘喾而郊冥，祖契而宗汤；周人禘喾而郊稷，祖文王而宗武王。"夏族崇拜的祖先是黄帝和黄帝的曾孙鲧以及鲧的儿子禹，殷人崇拜的祖先是黄帝的曾孙喾和喾的儿子契以及后代的成汤，周族崇拜的祖先是黄帝的曾孙喾和喾的儿子后稷以及稷的后代文王和武王。夏、商、周三代的祖先，无不出于黄帝和黄帝之后，一下子都变成以黄帝为共同先祖的亲戚。直至"秦之先"，亦是"帝颛顼之苗裔"。黄帝被当作"人神"（天子和诸侯共同崇拜的祖先神）来崇拜，于是各种被神化了的社会力量统统加载到黄帝名下。

《易·系辞下》在叙庖牺氏、神农氏没之后，称黄帝、尧、舜氏作："黄帝、尧、舜垂衣裳而天下治，盖取诸乾坤。刳木为舟，剡木为楫，舟楫之利，以济不通，致远以利天下，盖取诸涣。服牛乘马，引重致远，以利天下，盖取诸随。重门击柝，以待暴客，盖取诸豫。断木为杵，掘地为臼，臼杵之利，万民以济，盖取诸小过。弦木为弧，剡木为矢，弧矢之利，以威天下，盖取诸睽。""黄帝"被神化成为人类生活万物的发明者，因而"垂衣裳而天下治"。此处还没有把用火的发明权赋予黄帝，仍然是"燧人氏钻木取火"，《韩非子》《淮南子》等的记述亦如此。《管子》书中则明言黄帝发明用火，《轻重戊》篇说："黄帝作，钻燧生火，以熟荤臊，民食之无兹胃之病，而天下化之。"其《五行》篇更赋予黄帝王者的权威："昔者，黄帝得蚩尤而明于天道，得大常而察于地利，得奢龙而辩于东方，得祝融而辩于南方，得大封而辩于西方，得后土而辩于北方。黄帝得六相而天地治，神明至。"《大戴礼记·五帝德》中孔子与宰我的一席话，道出黄帝是如何被神化的：

　　宰我问于孔子曰："昔者，予闻诸荣伊令，黄帝三百年。请问黄帝者人邪，抑非人邪？何以至于三百年乎？"孔子曰："予，禹、汤、文、武、成王、周公，可胜观邪。夫黄帝尚矣，女何以为，先生难言之。"

　　……

　　孔子曰："劳心力耳目，节用水火财物，生而民得其利百年，死而民畏其神百年，亡而民用其教百年，故曰三百年也。"

　　"五帝"说自战国期间形成，到司马迁时已经是"学者多称五帝"，出现了多种关于"五帝"的组合。《战国策·赵策二》《易·系辞下》的"五帝"为庖牺、神农、黄帝、尧、舜，《吕氏春秋·十二纪》《礼记·月令》《淮南子·天文训》的"五帝"为太昊、炎帝、黄帝、少昊、颛顼①，《世本》《大戴礼记》的"五帝"组合为黄帝、颛顼、帝喾、帝尧、帝舜，以《古文尚书序》为代表的"五帝"组合为少昊、颛顼、喾、尧、舜，没有黄帝。司马迁之后，王莽时又有用三统说改易的"五帝"组合，喾、尧、舜、禹、汤，也没有黄帝。经今文学的上古史观，"五帝"组合中有黄帝；经古文学的上古史观，"五帝"组合中没有黄帝。这一现象充分说明：战国秦汉时期对于上古社会存在着种种不同的认识，司马迁只不过根据他的历史认识来进行选择、编写而已，这在《史记·五帝本纪》末的"太史公曰"中说得非常明白：

　　① 《吕氏春秋》中多处出现"五帝"的说法，如《孟春纪·重己》有"三皇五帝之德"，《季夏纪·制乐》有"五帝三王之于乐"……整个《十二纪》形成"五帝"的组合：孟春，其帝太昊；孟夏，其帝炎帝；季夏，其帝黄帝；孟秋，其帝少昊；孟冬，其帝颛顼。其《孟夏纪·劝学》更有"神农、黄帝、颛顼、帝喾、帝尧、帝舜、禹、汤、文王、武王"的顺序。《礼记·月令》叙四季十二月较《吕氏春秋·十二纪》为简，或出《吕氏春秋》，或二者同出一源。

学者多称五帝，尚矣。然《尚书》独载尧以来，而百
家言黄帝，其文不雅驯，荐绅先生难言之。孔子所传《宰
予问五帝德》及《帝系姓》，儒者或不传。余尝西至空
桐，北过涿鹿，东渐于海，南浮江淮矣，至长老皆各往往
称黄帝、尧、舜之处，风教固殊焉，总之不离古文者近
是。予观《春秋》、《国语》，其发明《五帝德》、《帝系
姓》章矣，顾弟弗深考，其所表见皆不虚。《书》缺有间
矣，其轶乃时时见于他说。……余并论次，择其言尤雅
者，故著为本纪书首。

这段话告诉我们：（1）当时关于"五帝"的说法很多，流传
很久。（2）最早的文字记载《尚书》只有尧，没有黄帝。（3）百
家所言黄帝，皆非典雅之驯，难登大雅之堂。（上文所引《龙鱼河
图》黄帝战蚩尤的神话，"黄帝以仁义不能禁止蚩尤，乃仰天而
叹"，蚩尤死后，黄帝还要"画蚩尤形像以威天下"，即所谓"其
文不雅驯"者。）（4）孔子所传《宰予问五帝德》及《帝系姓》
并没有流传。（5）司马迁广泛调查的结论是，称颂黄帝、尧、舜
之处，多是风教"固殊"的地方。（6）以《春秋》《国语》验
证，"发明"《五帝德》《帝系姓》发挥得最显著。整段文字告诉
读者一个无可辩驳的事实：《史记·五帝本纪》中关于黄帝的记
述，是司马迁依据《五帝德》《帝系姓》被"发明"最"章著"
之说，以其"所表见皆不虚"，遂"弗深考"，"择其言尤雅者，
著为本纪书首"。这早已不是什么原始历史意识了！其所以影响广
泛、流传久远，并不是因为司马迁经过调查弄清了传说时代的历
史真实，而在于他选择了当时认识上古社会的主流说法。

战国秦汉时期，从神话传说演变来讲，是一个"造神"的时
期；从史学发展来讲，是一个重新认识上古社会的时期。无论研

究神话传说，还是研究上古社会史，引用这一时期形成的文献材料，都不应当忽视当时存在着的这一重大文化现象。

（2002 年 3 月）

（原载《中国社会科学院研究生院学报》2004 年第 3 期，
有副标题"三谈中国史学起源"）

殷周之"史"由不"记事"
到史书编纂

　　凡讲中国史学，无不从"史"字说起，一是援引许慎"史，记事者也。从又持中，中正也"以及江永、吴大澂等"掌文书者谓之史，其字从又从中，又者右手，以手持簿书也"；二是援引《汉书·艺文志》"古之王者世有史官，君举必书"。然而，都没有注意"史"字的出现、演变，却让东汉以及后来的认识替代秦以前的实际，以致上千年来"史"与"史官""史书"的概念长期被混淆在一起。

　　20世纪甲骨卜辞、青铜铭文研究不断深入，对于殷周之"史"提出许多新的解释，并得到公认。可是，直至近一二十年有关中国史学或中国古代史官制度的论著，虽然也片片断断地援引些许甲骨卜辞、殷周金文，但都没有充分利用甲骨文、金文的研究成果，依然因袭着东汉以来那些多带主观成分的臆测。

　　本文借用甲骨文、金文对于"史"的研究成果，结合古代官制的研究，对"史"的出现、"史"向"史官""史书"的演变①，做一较为系统的梳理。

----

① "史"还有"史事""史学"等含义，本文仅就"史官""史书"而言。

一　"史"不从"中正"之"中"

《说文解字》释"史",凭"篆籀古文字体,发明六书之指,因形见义",反映汉代的认识。当时,尚未发现比"篆籀古文"更早的甲骨文,解说"不免穿凿附会"。发现甲骨文之后,释"史"就不能再简单地以《说文解字》的说法为凭据而无视 20 世纪整整一个世纪的甲骨学研究成果了。

考察殷商时代之"史",只能从甲骨文中求证,不能以东汉时的说法为凭据。

甲骨文的"中"字,80 多年前罗振玉已有这样带结论性的论述:

> 《说文解字》中古文𣋈,籀文作𣋈。古金文及卜辞皆作𣐖,或作𣐖,斿或在左或右。斿盖因风而左右偃也,无作𣐖者,斿不能同时既偃于左又偃于右矣。又卜辞凡中正字,皆作中,从口从卜,伯仲字作中,无斿形。𢜔字所从之中作中。三形判然不相淆混。[1]

这已经说得非常清楚,"中"字有几种不同的写法,"中正"之"中"字有斿形,而"伯仲"的"仲"字作"中"无斿形,"史"字所从之"中"的写法也无斿形,与"中正"之"中"不是同一个写法。刘节释史,接受罗振玉关于"中""斿不能同时既偃于左又偃于右"的观点,但不同意罗振玉关于"三形判然不相淆混"的结论,认为"史册的中出于'中旗'之中,伯仲之中出于中央、中正之中,虽然是三个意义,其根源还是一个"[2]。于

---

① 《殷虚文字考释》中,第 14 页。
② 《中国史学史稿》,中州书画社 1982 年版,第 11 页。

省吾在汇集诸家对"中"字的解释之后认为：

> 应当承认卜辞中、仲诸字的用法基本上是有区别的，不能因为个别的例外而否定这一基本上的区别。①

即甲骨文"史"字并不从"中正"之"中"。

1963 年中华书局影印《说文解字》，《前言》特别提醒说：

> 地下陆续出土之甲骨文金文，尤可考订许氏原文之失。故古文字学之研究，以后当续有进展，不能尽信前人之说为定论。

这仿佛预见到会有不少"尽信前人之说为定论"的情况存在。今天是一个"当续有进展"，不应盲目"尽信前人之说为定论"的时代，对"史"的认识尤其应当如此！

二　殷商之"史"非"记事者也"

《说文解字》释"史"："史，记事者也。"《汉书·艺文志》亦以"古之王者世有史官，君举必书"的说法来渲染"史官"的记事功用。对此，需要借助于 20 世纪的古文字研究成果来检验。

首先，对"史"出现之后的情况做一综合考察。

就目前所知，甲骨文"史"字有、、等几种写法，而对其解释有如下四种：

---

① 《甲骨文字诂林》第 4 册，中华书局 1996 年版，第 2943 页。

（一）"史"即"事"

罗振玉："卜辞事从又持简书，执事之象也，与史字同意。"①

王国维："殷人卜辞皆以'史'为'事'，是尚无'事'初字。"②

孙海波："𠭯，乙二七六六。史用为事。其⊔王事。""𠭯，铁一八三·四。卜辞史、事同字，御史亦即御事。"③

饶宗颐："徵之𡨦之卜辞'叶王事'语，省作'叶王中'（戬寿四六·三）以中为事，是又𠭯𠭯二文并即事字之旁证。"④

于省吾："吴（大澂）、江（永）、王（国维）三氏之说都不可信。古文字中与中迥别，中字卜辞屡见，乃𠭯字的省文，与事字通用。……𠭯字的造字本义，系于𠭯字竖划的上端分作两叉形，作为指事字的标志，以别于史，而仍因史字以为声。"⑤

徐中舒："史之本义为事。文史之史，乃引申之义。"⑥

从"史"即"事"这一种解释知道，殷商之时"事"即"史"，"史"即"事"；而"事"系指"时事"，即祭祀与作战，所谓"国之大事，在祀与戎"⑦，并无"往事"的含义。直至周初，"史""事"相通仍然在沿用着，如《矢令殷》"用尊史于皇宗"之"史"即"事"。

"史""事"不分，说明一个非常关键的问题——殷商时代还不懂得将"往事"称为"史"。自东汉以来长期对"史"的误解，其根本原因就在于此！

---

① 《殷虚文字考释》中，第60页上。
② 《观堂集林》卷6《释"史"》。
③ 《甲骨文编》，第3、127页。
④ 《殷代贞卜人物通考》，第575页。
⑤ 《释古文字中附划因声指事字的一例》，收《甲骨文字释林》，中华书局1979年版。
⑥ 《汉语古文字字形表序》，《四川大学学报》（哲学社会科学版）1980年第4期。
⑦ 《左传》成公十三年。

（二）"史"为"使"，受"差遣"之义

郭沫若："晚期的卜辞有祭风的纪录，称风为'帝使'。""于帝史凤，二犬。"①

饶宗颐："按史字有二读，一为事，一为使。""史见于背甲内卜之辞云：'壬辰卜，内：五月，史⏚至。今五月，史亡其至。'（屯乙五三〇二）其同版甲面云：'六月，⏚来曰：𢿙出疾。'（屯乙五三〇一）"②

胡厚宣："史在卜辞又有用为使者，如言'使人于画'，'使人于沚'，'使人于舌'，'使人于茜'。画、沚、舌、茜，皆是地名，使人于某地，亦言因武事而派遣某人使某地之义。""古文字史、事、使三字不分，史从又持干，或又从㫃，象史官奉命出使，所谓'史乃奉使之义'。"③

黎虎："史字在甲骨文中，除作为'使'用外，还用为'事'，用为'吏'。窃以为前者为'史'字之本义，其余均属假借引申之义。""甲骨文凡旌旗之属其杆首上见者均作丫丫火之形。史字所持物之上部，亦由上述诸形所构成。可知其必为旌旗之属，作为使者之凭证或标志。……故'史'之本义当为'使'。凡被派遣、指使去做某件事，完成某种使命，均可曰'史'，故'史'又可借用为'事'，如卜辞常见之'古王事'，即尽力于王之所使。"④

（三）"史"用为"任事者"，指任事之"官"

因"任事"之官被叫作"史"，故被后世称为"史官"，但这

---

①　《卜辞通纂》第 398 片。

②　《殷代贞卜人物通考》，第 402、575 页。

③　《殷代的史为武官说》，《全国商史学术讨论会论文集》，《殷都学刊编辑部》1985 年，第 183 页。

④　《殷代外交制度初探》，《历史研究》1988 年第 5 期。

种"史官"所任为何事呢？

胡厚宣："由甲骨卜辞看来，史官者正是出使的或驻外地的一种武官。"史"在甲骨卜辞中，常担任征伐之事。如武丁时卜辞或称'命我史步伐舌方'"。史担任征伐，"常驻在外，散居东南西北四方，所以武丁时卜辞或称'东史'……或称'西史'"，"又称在某地之史，如武丁时卜辞说在沚史……"其结论是：

> 由甲骨卜辞看来，殷代的史，尚非专门记言记事，掌握国家文书诏令簿书图册的文官，也不是专门担任着王朝钻龟占卜，钻燧取火以及国家庶事的任务，主要是担任国家边防的一种武官。①

"史官"之名，已有大史、小史。武丁时卜辞称大史者，如"辛亥卜，争，贞奴众人立大史于西奠"②，"贞叀大史□令。七月。"③ 廪辛、庚丁时卜辞，则常以大史与小史对称："己卯卜，贞叀大史。""己卯卜，贞小史。"④

此外，还有"大史寮"⑤ 出现，说明商代设官已有"大史寮"系统。"史"即"事"，"大史"即"大事"，"大史"应当是主管"大事"的设官系统。按照"国之大事，在祀与戎"的说法，再从西周设官有"卿事寮"和"大史寮"两大系统推断，则此"大史寮"为主管"祭祀"一类"大事"的系统。"大史""大史寮"，为西周设官所沿袭，亦非专职"记事""记言"之官。

---

① 《殷代的史为武官说》，《全国商史学术讨论会论文集》，第183—195页。
② 《龟卜》2·11·16。
③ 《小屯殷墟文字甲编》3536。
④ 《小屯南地甲骨》2260。
⑤ 《殷虚书契前编》5·39·8。

（四）"史"为贞人名

孙海波："𠂤，《甲》四〇。武丁时贞人。"① 这是说武丁时某贞人名为"史"。从贞人签名来看，武丁时卜辞有贞人签名者共24人，无一称"史"者。廪辛、庚丁签名仅狄一人，而祖庚、祖甲、武乙、文丁、帝乙、帝辛时，则无贞人签名之例。②

在当时签名的众多"贞人"中，仅一贞人名曰"史"，表明"贞人"非"史"。

通过上述对殷商时代"史"的考察，结论应当是：

其一，殷商时代的"贞人"卜辞所记或"记事刻辞"，并非被称作"史"者所为。

其二，整个殷商时代，"史"并不"记事""记言"，更不存在"史学"范畴的任何含义。

再从文献方面来印证。二十八篇《尚书》中的五篇《商书》，《盘庚》而外的四篇时间均有争议，不能断定为殷商之"史"所为。而《盘庚》三篇，司马迁明确写着："百姓思盘庚，乃作《盘庚》三篇。"《尚书》中殷商时代的文字，并非什么"记言"之"史"所记。

顺便说一下"册"字。《尚书·多士》"唯殷先人，有典有册"，应当作何解释？先看原文："惟尔知，惟殷先人有册有典，殷革夏命。今尔又曰：'夏迪简在王庭，有服在百僚。'予一人惟听用德，肆予敢求而于天邑商。予惟率肆矜尔，非予罪，时威天命。"整段文字的意思是说以德选任官吏，如果将"惟殷先人有册有典，殷革夏命"解释为殷先人"有记载历史的典册"，殷才得以"革夏命"，与上下文意不衔接。甲骨文中数见"工典""工册""登册"，"工"乃"贡"之古字，"登册"与"贡典"同义：

---

① 《甲骨文编》，第3页。
② 胡厚宣：《卜辞记事文字史官签名例》，《历史语言研究所集刊》第12本。

"其言贡典，是就祭祀时献其典册，以致其祝告之词也。"① 祭祀时的祝告辞，在"史""事"不分的殷商时代，是不宜赋予后来才有的"史书"的含义的。按照《说文解字》的解释，"册，符命也，诸侯进受于王也"。"作册"是进行册封、册命，不可以简单地理解为"制作典册"或"制作书册"。准此，则"有典有册"一句才能与上下文意一致。至于"作册""作册内史"，下面详述。

这里还要纠正一种说法，即记事"三要素"（时、地、人）的问题，通常认为一条完整的卜辞包括前辞（或称叙辞）、命辞（或称贞辞）、占辞、验辞，已经具备记事的基本要素。有的文章还选取了长达五六十字的卜辞（最长有百余字者）来说明这是殷商时代记事文字的典范，与《春秋》相比有过之无不及，甚至断言"商代卜辞在叙事程式上具备了中国编年史，乃至记言体、纪事本末体的雏形"。

如果深入到殷商时代的占卜制度中，情况并非想象的那么简单。当时的人们面临生老病死、出入征战、立邑任官、畋猎农作、婚丧嫁娶、祀神祭祖……事无巨细，都要占卜预测，定其可否，由此逐渐形成一种制度。这就是：一事数贞，正反对卜，同事异问。不仅同日同时反复卜问，而且还要进行异日异时的因袭占卜，谓之"习卜"。一事数卜、反复占卜，甚至多达七八次、十余次，后来逐渐成为"三卜"。实行"三卜"，是将王卜、"王占"放在举足轻重的位置，贞人占断要与王卜、王占相呼应。有的"验辞"甚至是半年以后的效验②，只不过用来传达"天"的旨意，或检验占卜是否"灵验"。更何况，武丁时不少卜辞已不记"占辞"

---

① 于省吾：《释工》，收《甲骨文字释林》，中华书局1979年版。
② 《卜辞通纂》第788片，郭沫若明确指出："以申日卜，纪其十二日后'未'日之应，称'旬土二日'，与上第530片同。又举'百日又七旬又九'日之应，则应在卜之后半年。"

和"验辞",有些虽有"验辞",既不证实也不否定王的"占辞",有些"验辞"只是对王占做补充修正甚或进行闪烁其词的答复,以期维护商王在占卜上的魅力。再后,商王的占卜,更加不如武丁时代真实,操纵玩弄的痕迹极为明显,甲骨占卜日趋公式化而呈衰落之势。[1]

每一片卜辞书写形式固然完整,但这种占卜制度追逐的只是"天意",验其是否灵验,主观意图根本不是为了载入史册或流传后世。更何况反映在甲骨文中的时间观念还很贫乏,虽然多数"以事系日",也有"以日系月"的情况,却未发现"以月系年"、按年纪事。编年史,既要编纂,更要系年。无年可编,岂能称史!所以说,进行历史编纂,仅仅具备"三要素"还远远不够。甲骨文具备了历史记载最简单的形式,但距离编年史雏形还为时尚早。

三　西周之"史"名目繁多,均非专职 "记言""记事"官

考察西周时期之"史",主要应从金文中求证,参以《周礼》《尚书》《左传》等文献。

进入西周时期,"史"与"事"始别为二字。"史"字的基本含义固定为"任事者",同时还有"使"(差遣)之义,如《大克鼎》"锡汝史小臣霝龠鼓钟"之"史",《禹攸从鼎》"虢旅迺史攸卫牧誓曰"之"史",都是"使"之义。同时,也还有通"事"的情况存在。

《周礼》中,天官之属有"女史",春官之属有"大史""小史""内史""外史""御史"。

据张亚初、刘雨《西周金文官制研究》统计,涉及西周职官

---

① 关于商代占卜制度,参见宋镇豪《夏商社会生活史》,中国社会科学出版社1996年版,第522—528页。

的青铜器约 400 件，铭文有"大史"者 7 条，有"史"者 80 余条，有"内史"（包括"内史尹""作册内史""作命内史""内史友"）者 26 条，"御史" 2 条，其余"右史""中史""省史""书史""戬史""缓史""濒史""佃史"各 1 条，计 130 余条。[①]这些带有"史"字的"任事者"或受"差遣"者，当时并没有被称作什么"史官"，而是到东汉才被笼而统之地称为"史官"的。这种仅仅名称中带有"史"字的"史官"，无一是专职"记言""记事"的史官，上千年来却从未加区分而混为一谈。

下面，对西周时期带"史"字的职官作一简要考察。

（一）大史（亦作"太史"）

《周礼》为春官宗伯之属，下大夫，掌建邦之六典，掌法、掌则以逆官府、都鄙之治。正岁年以序时，颁于官府、都鄙。大祭祀、大会同、朝觐，以书协礼事。大丧执法以莅劝防，小丧赐谥。

西周铭文虽然只有 7 条材料，但早期铭文已有"大史"之职。晚期的《毛公鼎》《番生毁》铭，则以"大史寮"与"卿事寮"相提并论。因此，王国维认为："毛公鼎、番生敦二器'卿事'作'事'，'大史'作'史'，始别为二字。"[②] 郭沫若由此进一步提出："金文于卿士称寮，可知其属不止一人。屡与大史对举，当与大史为同级之官。"[③] 斯维至更加明确地认为："《番生毁》《毛公鼎》均以卿事寮与大史寮并称，余谓西周之时实为两寮共同执政。迄春秋中叶以后，大史终于渐渐沦为闲职，遂造成卿事专权之局面。"[④] 西周早期的《矢令方彝》非常清楚地铸着："王令周公子明保尹三事四方受卿事寮。"据此，则"卿事寮"掌"三事"

---

① 本节所据西周金文官制资料，凡不另注出处者，均引自此书中华书局 1986 年版。

② 《观堂集林》卷 6《释"史"》。

③ 《周官质疑》（1932 年），《金文丛考》，《沫若文集》第 14 卷。

④ 《西周金文所见职官考》，《中国文化研究汇刊》第 7 卷（1947 年 9 月）。

（三事大夫）和"四方"（诸侯方国），领百官，会决政务，类似唐、宋的尚书省。与"卿事寮"对应的"大史寮"则领"三大"（大史、大祝、大卜），掌册命、诏敕、祭祀、礼仪，类似唐、宋的中书省。《周礼》以大史为下大夫，与铭文所反映的实际不符。

以铭文结合文献，所见大史主要职掌：

1. 掌册命、赏赐。《中方鼎》铭："王令大史兄褱土。"又《尚书·顾命》："太史秉书，由宾阶隮，御王册命。"此为大史传达成王遗命予康王，"麻冕彤裳"与太保、太宗同，足见其地位绝非"下大夫"可比。

2. 奉命为使，多是临时差遣。《作册魖卣》铭："佳公大史见服于宗周……公大史咸见服于辟王，辨于多正……公大史在丰……王遣公大史。"铭文虽未说王遣公大史到各处办理何事，但受王差遣却是无疑。

另一条有明确差遣者，则是与内史等共同处理田邑诉讼之事。《鬲从盨》铭："（王）在永师田宫，令小臣成友逆□□内史无貥大史旟曰：章厥嗇夫吒鬲从田……"

3. 掌历法，参与重大仪式。《国语·周语上》周宣王"不籍千亩"，虢文公劝谏说："古者，太史顺时覛土，阳瘅愤盈，土气震发，农祥晨正，日月底于天庙，土乃脉发。先时九日，太史告稷曰……及籍，后稷监之……"这里所谓的"古者"，是指西周初期、中期，表明西周晚期太史之职或不复存在，或日渐低微。

4. 箴王阙。《左传》襄公四年："昔周辛甲之为太史也，命百官，官箴王阙。"这是指周初大史的两项基本职掌，其一为"箴王阙"。

此外，《尚书·立政》"周公若曰：'太史、司寇苏公，式敬尔由狱，以长我王国'"，似乎太史亦参与司法大事。或许《周礼》以太史"掌法以逆官府之治，掌则以逆都鄙之治"，即是据此而衍义。

《史记·周本纪》幽王二年、三年，周太史伯阳（甫）读史记，预见"周将亡"，"祸成矣，无可奈何"。

（二）内史

《周礼》春官宗伯之属，中大夫，掌王之八枋之法，以诏王治。执国法及国令之贰，以考政事，以逆会计。凡命诸侯及孤卿大夫，则策命之。掌书王命，遂贰之。

金文中"内史"称谓最复杂，有"内史尹""内史"，有"作册内史""作命内史"，还有"内史友"。

铭文所见"内史"，以《周公毁》（《井侯毁》）铭、《淓鼎》铭为最早，"内史"一职似在西周昭王前后新设。然《尚书·酒诰》以"太史友"与"内史友"并举，又似周初已有"内史"。

《周礼》以"内史"为中大夫，地位高于下大夫的"太史"。《淓鼎》铭："内史用夐朕天君。"《彧鼎》铭："王即姜使内使友员易彧玄衣、朱襮裣。""天君""王即姜"系指王后，此"内史"及"内史友"是在执行王后使命，"内史"当为"内廷之使"。郑玄注也表明了这一点："太宰既已诏王，内史又居中贰之。"尽管西周尚无"太宰"之职，但金文材料有"宰"一职，掌内廷事务，出纳内廷之命。所谓"内史居中贰之"，显然是指内史为内廷官，以佐"宰"或"太宰"。具体职掌，据金文及文献，大致如下：

1. 掌册命。从金文材料看，基本都是"王乎（呼）内史某册令（命）某"，这与《周礼》内史"凡命诸侯及孤卿大夫，则策命之"完全相符。

2. 奉命为使，多为临时差遣。前引《彧鼎》铭，为王后之使。前引《鬲从盨》铭，则是奉王命与太史共等同处理田邑诉讼之事。另据《裘卫鼎》铭，诸侯亦有"内史"，其僚属"内史友"还奉命参与过裘卫踏勘邦君厉的地界。

在 26 条材料中，称"内史尹"者 5 条，称"内史友"者 2 条，称"作册内史"者 2 条，称"作命内史"者 1 条，其职均为"掌册命"——"王乎作册内史（作命内史）某册令某"，无一例外。

"内史尹"（或作"内史尹氏"），被推测为内史之长，说见《诗·小雅·十月之交》孔颖达《正义》。

在"作册内史"之外，另有称"作册"（或"作册尹"）的 20 条金文材料（包括诸侯"作册"）。"作册"长期不得其解，至孙诒让始疑为内史之异名："内史掌册命之事，或即称为作册。"然而，除了掌册命即"王乎作册某册令某"而外，其职掌还有：

（1）《訇尊》铭："君令余作册訇安夷伯。"《訇卣》铭："王姜令作册訇安夷伯。"出使安抚诸侯。

（2）《折尊》铭："王在斥戊子，令作册折兄望土于相侯。"作册折，掌威仪，详见下文《史墙盘》铭。

（3）《寓鼎》铭："作册寓□□□对王休。"

《訇尊》《訇卣》《折尊》以及《益卣》，均为西周昭王时器。此间，同时有訇、折、益三"作册"，却不见有"作册尹"。中期以后，铭文所见则基本上都是"作册尹"了。

从上述"作册"与"内史"的职掌看，不完全相同。但《吴方鼎》"作册吴"，显然就是《师虎毁》《牧毁》等的"内史吴"，"作册"与"内史"之间似又可以画等号。

仔细考察，二者既有区别，又有联系。

"作册"，不但见于武丁至商末的卜辞，还见于商代后期的《作册般甗》《作册豊鼎》铭文，甚至《帚晨鼎》铭文中还有"作册友史"。《尚书·洛诰》"王命作册逸祝册"。"王命周公后，作册逸诰"，这与金文中"作册"掌册命的情况完全一致。而到西周晚期，不仅金文材料中不见"作册""作册尹"，就是《左传》《国语》等文献，也无"作册""作册尹"而只见"内史"。相反，商代至西周初年不见"内史"，只是到西周昭王以后的《周公殷》（《井侯殷》）、《冰鼎》才出现"内史"，而后"内史"便成为一种常见的官职。26 条金文材料中除《裘卫鼎》之"内史"为诸侯内史外，18 条为西周中期"内史"，7 条为西周晚期"内史"。

由上述金文提供的材料看，"作册"经历殷商后期到西周晚期，逐步过渡为"内史"。最初称"作册"，掌册命，但册命之事不如中后期繁多，往往作为临时差遣。中期以后，适应册命不断增多和内廷出令的需要，设置了内廷之使——"内史"，代宣王命，奉命出使。"作册""内史"，职掌逐渐趋一，同时出现"作册""内史""作册内史""作命内史"等称谓，这是一个并行时期。到了西周晚期，"内史"便完全取代"作册"，不再有"作册"而只有"内史"了。

此外，"作册"与"大史"。《尚书·顾命》以毕公为大史，而《史记·周本纪》称毕公为"作策毕公"，似"大史"亦可称"作册"。这仅仅是就毕公一人而言，还是"大史"原本亦称"作册"，尚待新证。

（三）御史

《周礼》春官内史之属，中士，掌邦国、都鄙及万民之治令，以赞冢宰。凡治者，受法令焉。掌赞书，凡数从政者。

金文材料仅二见：《御史竞殷》和《洀御史罍》铭文。《御史竞殷》仅提到"伯犀父蔑御史竞曆"。据同时出土的《竞卣》铭文，知御史竞随犀父征"南夷"，"竞蔑曆，赏竞章"。此"御史"，非《周礼》之"御史"，为随军御事。《洀御史罍》铭文之"洀御史"，应为洀地诸侯之御史，或为战国时期韩、赵、秦之御史的先声。

（四）右史

《礼记·玉藻》："动则左史书之，言则右史书之。"

西周金文仅一见，即《利毁》铭："王在管师，锡右史利金。"受赏者名利，其职为右史。另有《史利簋》铭："史利作匜。""右史利"与"史利"即便同为一人，也不能确定其为"记言"之"右史"。

（五）史

在冠以各种名目之"史"而外，金文中尚有 80 余条关于"史"（包括诸侯之"史"）的材料。就铭文所记，这些称"史"者的职掌大致有六个方面：

1. 掌宣王命。《中甗》铭："史兒至，以王令曰：……"

2. 掌册命。"王乎史某册某"一类铭文最多，如《作册吴方彝》《望毁》《师西毁》《蔡毁》《此毁》等。其中，有一种情况，即明确写着"史某受王令书，王乎史某册某"，如《趩鼎》铭："史留受王令书，王乎内史留册易趩。"《裘盘》铭："史嗣受王令书，王乎史减册易裘。"需要指出的是，此类铭文都属西周中期以后，早期不见。

3. 代王巡视、安抚地方。《臣辰盉》铭："王令：士上众史寅殷于成周。"有同铭尊、卣各一件。《史颂鼎（二）》铭："王在宗周，令史颂偁苏瀺友里君百生帅偶盭于成周。"《毁（四）》同铭。

4. 参预各种宗教活动、册命仪式。《史懋壶》铭："王在莽京湿宫，亲令史懋路筮。"《屄敖毁》铭："其右子敩史孟，屄敖堇用献于史孟。"

5. 随军从征。《员卣》铭："员从史旂伐会。"再如《夆鼎》铭所记。

6. 临时差遣。《趞曹鼎》铭文："王射于射庐，史趞曹易弓矢……"《史免簠》铭："史免作旅匡，从王征行，用盛稻粱。"《善夫克盨》铭："王令尹氏友史趞典善夫克田人。"其中，也有与"内史"相同者，《免卣》铭："王蔑免暦，令史懋易免载市……"《裘卫殷》铭："王乎内史易卫载市……"

在上述职掌外，还有一项很少被注意的职掌——"司威仪"。《史墙盘》铭文284字，有近半的篇幅叙器主史墙家族来历：烈祖微史，乙祖即《折尊》中的父乙，亚祖辛即史墙之祖作册折，文考乙公即作册折之子丰。裘锡圭结合同窖出土的《㽪殷》铭"皇祖考司威义（仪），用辟先王"等，进行综合考察后认为：自烈祖微史、亚祖作册折，直至史墙、史墙子㽪，世代"在周王朝担任掌管威仪的史官，地位并不很高，但乙公（即丰）和他的儿子墙、孙子㽪却铸造了大量贵重的青铜器，显得跟他们的地位有些不大相称。"①

《史记·周本纪》武王命南宫括、史佚展九鼎保玉。

《史记·鲁周公世家》武王克殷二年，"武王有疾，周公设三坛，戴璧秉圭告于太王、王季、文王。史策祝曰……周公已令史策告太王、王季、文王，欲代武王发，于是乃即三王而卜。卜人皆曰吉，发书视之，信吉。……周公藏其策金滕匮中……周公卒后，成王与大夫朝服以开金滕书……二公及王乃问史百执事，史百执事曰：……"

《史记·晋世家》成王与叔虞戏，削桐叶为珪以与叔虞，曰："以此封若。"史佚因请择日立叔虞，曰："天子无戏言。言则史书之，礼成之，乐歌之。"

不仅王室有"史"，诸侯也有"史"。限于材料，可以确知为诸侯之"史"者不过10余条，如《齐史疑觯》之"齐史疑"，《寓殷》之"晋人史寓"，《逆钟》之"叔氏令史鬶"，《齐莽史

---

① 《史墙盘铭解释》，《文物》1978年第3期。

鼎》之"齐莽史喜"等，身份比较明确，或属诸侯之"史"，或属卿大夫之"史"。

（六）金文、《周礼》其余诸"史"

金文所见"中史""省史""书史""赦史""缳史""瀬史""佃史"各 1 条，为《周礼》所无。而《周礼》天官之属"女史"，春官之属"小史""内史""外史"，又为金文所无。

（七）《周礼》府之属吏——史

《周礼》各府均有属吏，即《天官冢宰》所叙"宰夫"之职——"掌百官府之徵令，辨其八职"者：

> 一曰正，掌官法以治要。二曰师，掌官成以治凡。三曰司，掌官法以治目。四曰旅，掌官常以治数。五曰府，掌官契以治藏。六曰史，掌官书以赞治。七曰胥，掌官叙以治叙。八曰徒，掌官令以徵令。

需要区分的是："掌官书以赞治"之"史"，虽然主要职责就是与官文书打交道，但他们都是由各级职官自辟的属吏。这一类的府、史等，直至唐代仍然是各级府衙中的署吏，与"记事""记言"之"史"没有直接关系。

通常所说"守藏史"一类的"史"，应当属于这个范围，并非前面所说各"史"。

通盘考察《周礼》和西周金文中带"史"字的"史官"后，结论只有一个：西周时期以"史"名官者名目众多，但职掌十分明白，包括《周礼》注疏也说很清楚，均非专职"记事""记言"的史官，二者不能混为一谈！

这里，同样想纠正一种认识——掌簿书者即为记事、记言之

"史"。这是从上述《周礼》属吏"六曰史，掌官书以赞治"而来，郑玄还补充说："赞治，若今起文书草也。"这一类的"史"，为各府衙自辟的署吏，不纳入职官系统。他们所掌仅仅是各府衙文书，至唐初直呼其为"掌书记"。这类的书记官虽然掌管府衙文书，名称中也带有"史"字，但并非记事、记言之"史"。尤其不应混淆的是，掌最高决策簿书者，决非专职记事、记言之"史"。就以上引《史记》中之"史佚"而言，亦非专职"记言""记事"的史官。唐、宋时期的中书舍人、翰林学士、知制诰等，按照皇帝旨意起草诏命，但谁也没有把他们等同于史馆修撰那样的专职史官。同样，档案与史书不能画等号，掌管档案与编纂史书也不容混淆。

今文《尚书》28 篇，《虞书》《夏书》经长达 1500 多年的口耳传述，至孔子所处时代方才整理成文，并非"史"所记。《商书》5 篇前面已说过，亦非"史"所记。《周书》19 篇，以周初彝铭《大丰簋》《大盂鼎》相比证，《大诰》至《立政》的 10 余篇可以确定为周初的文字，但迄今并无一人肯定其为西周之"史"所记。其余几篇，成文较晚，且有争议，更不能做证。

四　东周之"史"，始指史官、史书

平王东迁以后，进入春秋战国时期，整个社会出现了自下而上的巨大变革。"天"已不再神圣，"天子"日渐有名无实，诸侯争霸此起彼伏，卿大夫不断起而代之，直至陪臣执国命，世卿世禄的贵族神权政治体制逐渐被摧毁；"礼崩乐坏"，往日的文教体制同样遭到巨大冲击，"学在官府"的旧格局也一去不复返，知识、文化下移……

在这种巨大的变革冲击下，"史"同样发生着"推陈出新"的变化：昔日之"史"日渐没落，被赋予新的含义——编纂纪事之人（史官）和编纂纪事之书（史书），开始有了东汉以来说"史"所赋予的含义。

考察东周列国之"史"，主要从记述春秋战国最早的史书中求证，同时注意剔除东汉以后渗入的观念。

先看昔日之"史"的日渐没落

（一）大史

1. 《左传》记载分别为：

（1）文公十八年，（鲁）"季文子使大史克对曰：……"（备顾问，据《诗·鲁颂·駉》序，史克作此颂）

（2）宣公二年，（晋）"大史书曰'赵盾弑其君'，以示于朝。"（司记事）

（3）襄公二十五年，（齐）"大史书曰：'崔杼弑其君。'"（司记事）

（4）襄公三十年，（郑）"伯有既死，使大史命伯石为卿"。（掌册命）

（5）昭公元年，（郑）"公孙黑强与于盟，使大史书其名，且曰'七子'"。（司记事）

（6）昭公二年，（鲁）"晋侯使韩宣子来聘，……观书于大史氏，见《易》、《象》与《鲁春秋》……"（掌史籍）

（7）昭公十七年，（鲁）"日有食之。祝史请所用币。……大史曰：'在此月也。……'"（掌天象）

（8）哀公十四年，（齐简）"公执戈，将击之。大史子馀曰：'非不利也，将除害也。'"（预谋划）此即《史记·田敬仲完世家》中"太史子馀"。

（9）哀公二十四年，（晋）"晋师乃还，饩臧石牛，大史谢之……"（随军出使）

从上述《左传》中大史的从属情况看，都不再是周王室大史，而为各诸侯大史。从职掌情况看,掌册命、备顾问的情况减少,司记事的情况增多,开始有掌管史籍的明确记载。不过,《史记》中周王室却仍有大史。《陈杞世家》厉公二年,周太史过陈,陈厉公使以《周易》筮之。《楚世家》楚昭王二十七年,昭王病于军中,昭王问周太史。另,《陈杞世家》晋平公问太史赵,此"太史赵"为晋太史,即下文《左传》中"史赵"。

2.《国语》记载分别为:

(1)《鲁语上》"里革更书逐莒太子仆"条:与《左传》文公十八年所记略同,莒太子仆弑其君纪公,以其宝奔鲁。鲁宣公使人以书命季文子曰:"为我予之邑,今日必授,无逆命矣。""里革"遇之而更其书,明日有司复命,宣公以其"违君命"而执之。"里革"对曰:"臣以死奋笔……使君为藏奸者,不可不去也。"此处"里革"(即《左传》"大史克")不仅仅是应对顾问、匡君过失,而且直接更改宣公命书,颇有先前大史掌册命之遗风。《鲁语上》另有"里革断宣公罟而弃之""里革论君之过"两条,亦为应对顾问、匡君过失。

(2)《郑语》"史伯为桓公论兴衰"条:"桓公为司徒,甚得周众与东土之人,问于史伯。"(应对顾问)史伯,乃周大史。郑桓公为司徒,时在周幽王八年。《史记·郑世家》亦有郑桓公问太史伯的记载。

(二)内史

1.《左传》2人、4见:

(1)庄公三十二年,"有神降于莘。(周)惠王问诸内史过曰:'是何故也?'对曰:'国之将兴,明神降之,监其德也;将亡,神又降之,观其恶也。'"(备顾问)

(2)僖公十一年,"天王使召武公、内史过赐晋侯命"。(掌册命)

（3）僖公二十八年，"王命尹氏及王子虎、内史叔兴父策命晋侯为侯伯"。（掌册命）

（4）襄公十年，"使周内史选其族嗣，纳诸霍人。"（为晋选族嗣）

2.《国语》2 人、3 见，与《左传》同：

（1）《周语上》"内史过论神"条："有神降于莘，王问于内史过……"（备顾问）

（2）《周语上》"内史过论晋惠公必无后"条："襄王使邵公过及内史过赐晋惠公命。"（掌册命）

（3）《周语上》"内史兴论晋文公必霸"条："襄王使太宰文公及内史兴赐晋文公命。"（掌册命）

从这几条材料看，均为周王室内史，职掌与西周内史同。掌册命、备顾问的几条，均在东周初年。随着周王室日渐衰微，也不存在册命诸侯的情况，内史之职随之而亡。为晋国选其族后嗣，人虽为"周内史"，但已经沦落为晋侯差遣了。

（三）史

1.《左传》所见如下：

（1）闵公二年，狄人囚史华龙滑与礼孔，以逐卫人。二人曰："我，大史也，实掌其祭。"（卫大史，掌祭祀）

（2）庄公三十二年，"神居莘六月。虢公使祝应、宗区、史嚚享焉。"（虢之大史，备顾问、掌祭祀）

（3）僖公十五年，"史苏占之，曰：'不吉。……'"（晋卜筮之史）

（4）文公十三年，"邾文公卜迁于绎。史曰：'利于民而不利于君。'"（邾卜筮之史）

（5）成公十六年，"（晋厉）公筮之。史曰：'吉。……'"（晋卜筮之史）

（6）襄公九年，穆姜薨于东宫。往而筮之，遇"艮"之八。史曰：是谓"艮"之"随"。"随，其出也。君必速出！"（鲁卜筮之史）

（7）襄公二十五年，崔武子筮之，遇"困"之"大过"。史皆曰："吉。"（齐卜筮之史）

（8）襄公三十年，"师旷曰：……史赵曰：……有史赵、师旷而咨度焉"。（晋之史，备顾问）

（9）昭公元年，叔向曰："寡君之疾病，卜人曰'实沈、台骀为祟'，史莫知之。"（晋卜筮之史）

（10）昭公七年，"史朝见（孔）成子，告之梦，梦协。……孔成子以《周易》筮之，……以示史朝。史朝曰：'元亨'，又何疑焉？"又有史朝之子史苟，亦卫卜筮之史。

（11）昭公十一年，"葬齐归，公不感。晋士之送葬者，归以告史赵。史赵曰：'必为鲁郊。'"（晋之史，占卜以备顾问）

（12）昭公二十九年，"魏献子问于蔡墨……蔡史墨曰：……"（即史黯，姓蔡，晋大史，备顾问）

（13）昭公三十一年，"赵简子梦童子裸而转以歌，且占诸史墨"。（占卜释梦）

（14）昭公三十二年，吴伐越，史墨曰："不及四十年，越其有吴乎！越得岁而吴伐之，必受其凶。"（占卜谈国祚）

（15）定公四年，"史皇谓子常曰：'楚人恶子而好司马……子必速战，不然，不免。……子常知不可，欲奔。'史皇曰：'安，求其事；难而逃之，将何所入？子必死之，初罪必尽说。'"（楚之大夫，谋划、顾问）

（16）定公十三年，卫公请享灵公，见史鰌而告之。史鰌曰："子必祸矣！子富而君贪，其及子乎！"（备顾问）此史鰌，即《史记·卫康叔世家》中之史鰌。

（17）哀公九年，"晋赵鞅卜救郑，遇水遇火，占诸史赵、史

墨、史龟。史龟曰……史墨曰……史赵曰……"（晋之史，占卜以备顾问）

2.《国语》所见史嚚、史苏、史黯：

（1）《晋语一》"史苏论献公伐骊戎胜而不吉"条："献公卜伐骊戎，史苏占之，曰：'胜而不吉。'"（卜筮之史）

（2）《晋语一》"史苏论骊姬必乱晋"条：史苏告大夫："君以骊姬为夫人，……必败国且深乱。"（资政、顾问）

（3）《晋语二》"虢将亡舟之侨以其族适晋"条："虢公梦在庙，有神人面白毛虎爪，……觉，召史嚚占之，对曰……"（大史占卜）

（4）《晋语九》"史黯谏赵简子田于蝼"条。（劝谏）

（5）《晋语九》"史黯论良臣"条。（资政、顾问）

（四）左史

（1）《左传》襄公十四年，诸侯之大夫从晋侯伐秦，苟偃令各军"唯其马首是瞻"，下军帅栾黡以"晋国之命，未是有也"，乃撤军，下军从之。"左史谓魏庄子（绛）曰：'不待中行伯乎？'"

此"左史"非"记事"或"记言"之"左史"，而是随军之史，备顾问。

（2）《左传》昭公十二年，"左史倚相趋过，王曰：'是良史也，子善视之！'"

《国语·楚语》，多见左史倚相，均为资政、顾问，而无"记事"或"记言"。"王孙圉论国宝"条明确叙述了其职掌：

> 有左史倚相，能道训典，以叙百物，以朝夕献善败于寡君，使寡君无忘先王之业；又能上下说于鬼神，顺道其欲恶，使神无有怨于楚国。

　　这完全是从资政、顾问（包括通晓天文）等方面肯定倚相为楚国之国宝的，地位亦非《礼记·玉藻》"记动"之"左史"可比。周景王称倚相为"良史"，显然是从资政、顾问这方面说的，希望楚灵公要"善视之"。尽管《左传》下文紧接着有"是能读《三坟》、《五典》、《八索》、《九丘》"一句，也是强调其"博闻强记"的意思，与含有"秉笔直书"之义的"良史"联系不上。

　　从上述《左传》《国语》所见"史"的情况看，除个别职为大夫（如史苏为晋大夫、史皇为楚大夫）、大史（如史嚚、史墨）外，绝大多数都属于卜筮之史，甚至有些"顾问"或"谋划"也与占卜联系在一起。有名者如史嚚、史墨、史苏、史赵、史朝、史苟、史鳅、史龟等，其余则仅仅知道为卜筮之史，连个名字也没有。昭公二十年，齐景公久病不愈，诸侯问疾者多。有宠臣对景公说："今君疾病，为诸侯忧，是祝、史之罪也。诸侯不知，其谓我不敬，君盍诛于祝固、史嚚以辞宾？"打算用杀祝固、史嚚的办法来辞谢前来问病的宾客。旧"史"沦落到如此地步，难怪司马迁要说"文史星历近乎卜祝之间，固主上所戏弄，倡优畜之，流俗之所轻也"①。这的确真实地道出了旧"史"们日趋没落的凄惨相！

　　再来说"史"被赋予的新含义。

　　《国语·周语上》所载"邵公谏厉王弭谤"，通常只注意其"防民之口，甚于防川"的一面，却忽略了其他意义。

　　邵公在讲了"防民之口，甚于防川。川壅而溃，伤人必多，民亦如之"的一大段话之后，紧接着说：

　　　　是故为川者决之使导，为民者宣之使言。故天子听政，使公卿至于列士献诗，瞽献曲，史献书，师箴，瞍赋，百工谏，庶人传语，近臣尽规，亲戚补察，瞽、史教诲，耆、艾

————————

① 《汉书》卷62《司马迁传》。

修之，而后王斟酌焉，是以事行而不悖。

"为民者宣之使言"，上至公卿列士，下及百工庶人，以各种形式（献诗、献曲、献书，或箴，或赋，或谏，或传语）发表言论。在西周政权摇摇欲坠的时候，邵公的话预示着一场社会变革即将到来。社会变革通常总是以思想文化变革为先导，在这个意义上说，邵公的话颇有点号召"新文化运动"的意味——全社会自下而上，运用当时所有的文化形式，发表各种言论，出谋划策。

在这样一种全社会的"文化运动"推动下，不论诗、曲、书，还是箴、赋、谏、语，势必经过一番筛选、整理，汇集起来之后才谈得上"进献"。汇集的结果，极大地推进了历史编纂的发展。殷周时代，有远见的政治家周公、哲人思想家以及公卿列士、"瞽""史""师""瞍"们，反映出的历史思想的确很发达，相比而言，在历史编纂方面却远远落后于发达的历史思想。仅仅有发达的历史思想而没有相应发展的历史编纂，是谈不上真正的史学的。只知道"君举必书"而不懂得历史编纂，其人算不得真正的史家（史官），其人所记同样算不得真正的史书。那么，殷周时代的历史编纂处于什么状态呢？

作为宗法社会，有谱有牒以记世系是没有问题的。但"稽其历谱谍终始五德之传"，以致"夫子之弗论次其年月"：

自殷以前诸侯不可得而谱，周以来乃颇可著。①

所谓"周以来乃颇可著"，又是一种什么情况呢？

---

① 《史记》卷 13《三代世表》序。

谱谍独记其世谥，其辞略，欲一观诸要难。①

谱牒之外，《史记·周本纪》成王时已有"记政事，作《武成》"的记载。假定这一"记政事"的做法在整个周代延续不断，形成墨子所见"周之《春秋》"。孔子"西观周室，论史记旧闻"，经过详细的了解，结果又如何呢？

孔子因史文次《春秋》，纪元年，正时日月，盖其详哉。至于序《尚书》则略，无年月；或颇有，然多阙，不可录。②

西周及西周以前的历史编纂所能达到的最高水平就是这个样子！《左传》中所见引书，除了《诗》《书》《易》之外，其余《夏书》《书》（逸书）《史佚之志》《郑书》……可以想象，其编纂水平远不如《尚书》，没有年月，即或有，也多阙，"不可录"。

东周列国的纷争，推动着诸侯编纂各自的历史，赋予"史"新的含义——"史官"（史家）。

《史记·秦本纪》明确记载：

（秦文公）十三年，初有史以纪事……

《史记·秦始皇本纪》明确记载：

丞相李斯曰："臣请史官非《秦记》皆焚烧之。"

《史记·六国年表》序明确记载：

① 《史记》卷14《十二诸侯年表》序。
② 《史记》卷13《三代世表》序。

太史公读《秦记》……

"初有史以纪事"的"史"字，是迄今所见最早明确同历史编纂联系在一起的"史"。"臣请史官非《秦记》皆焚烧之"的"史官"，即"初有史以纪事"的"史"，是最早将"史官"二字连用的记载。"太史公读《秦记》"，表明《秦记》不仅是秦史官所纪，而且是编纂成书的。三条记载联系起来，表明东周之"史"开始具有修史官、史书的含义，但此时"史官"与三国以后官制系统中的专职修史官仍有区别。

尽管这是在讲秦文公十三年（前 753）"初有史以纪事"，司马迁所见《秦记》也是"不载日月，其文略不具"的。但秦"史官"开始记事，并将所记编纂起来，毕竟比孔子出生要早 200 年，比《尚书》的编纂成书也要早得多！

列国争霸愈演愈烈，诸侯纪各自的发展史更加显得必要。不仅新兴的"史官"纪事，就是昔日的"大史"也不甘寂寞，才有前面所说晋"大史书曰'赵盾弑其君'"，齐"大史书曰'崔杼弑其君'"的情况出现。

鲁昭公二年（前 540），晋侯使韩宣子起使鲁，在鲁大史氏处见到《易》《象》与《鲁春秋》，韩宣子感叹地说："周礼尽在鲁矣！吾乃今知周公之德与周之所以王也。"① 诸侯更加竞相编纂各自的发展史。继鲁《春秋》之后，晋有《乘》、楚有《梼杌》。② 从《国语》分周、鲁、齐、晋、郑、楚、吴、越 8 国，表明当时此 8 国均"有史以纪事"。《墨子·明鬼下》提到有周之《春秋》、燕之《春秋》、宋之《春秋》、齐之《春秋》，自然也是周与燕、宋、齐 3 国"有史以纪事"的结果。《史记·十二诸侯年表》谱周、鲁及齐、晋、秦、楚、宋、卫、陈、蔡、曹、燕、吴 12 诸

---

① 《左传》昭公二年。
② 《孟子·离娄下》。

侯，《六国年表》"因《秦记》，踵《春秋》"以"表六国时事"，表明各诸侯国均各"有史以纪事"，故称之为"诸侯史记"。

出现"百国《春秋》"或"诸侯史记"，是"有史以纪事"的结果。"有史以纪事"的蓬勃兴起，进一步推动着历史编纂的发展，《左传》集"有史以纪事"的"诸侯史记"之大成，将历史思想同历史编纂有机地结合起来，标志着中国史学开始走向成熟。这时的"史"，已不完全等同于殷周之"史"。"史"字真正指"历史编纂"，指"历史编纂"之人（史官、史家），指"历史编纂"成果——"史书"（历史文献），是从东周列国（或春秋时期）开始的。

考述至此，是否还能尽信"古之王者世有史官，君举必书，……左史记言，右史记事，事为《春秋》，言为《尚书》，帝王靡不同之"的成说呢？

至于太史令不是修史官，兰台、东观不是修史机构，限于篇幅，这里只提醒一下：从设官体系考察，整个汉代虽有修史之举，职官制度中却无修史官和修史机构的建置。太史令为"三公九卿"制九卿"太常"的下属，基本相当殷周时期宗教官性质。自汉武帝设置太史令，除司马谈、司马迁父子外，其他太史令均未有过修史之举。而具有"记事"性质的《汉大年记》《汉著纪》却均非太史令所为，岂能说太史令是修史官！兰台，西汉始置，御史大夫下属，二丞之一"曰中丞，在殿中兰台，掌图籍秘书，外督部刺史，内领侍御史员十五人，受公卿奏事，举劾按章"[1]。王充反复说"汉立兰台之官，校审其书，以考其言"，"兰台令史，职校定文字，比夫太史、太祝，职在文书，无典民之用，不可施设"[2]。兰台令史，"职在文书"，负责"校定文字"，非专职修史

---

①　《汉书》卷 19 上《百官公卿表上》。

②　分见《论衡》卷 29《对作篇》、卷 13《别通篇》。

官。东观仅为藏书、校书之所，不是设官体系中的职能机构。"东观著作"不是官称，不是职务，是对"以别职来知史务"者的一种称呼。《晋书·职官志》考察汉魏以来官制后明确写道：

> 汉东京图籍在东观，故使名儒著作东观，有其名，尚未有官。魏明帝太和中，诏置著作郎，于此始有其官。

这段文字表明"著作东观"仅"有其名，尚未有官"的客观实际，"魏明帝太和中，诏置著作郎，于此始有其官"，成为中国历史上明确记载官制体系中有专职"史官"建置的开始。

（2001 年 6 月、2008 年 1 月）

［原载《炎黄文化研究》第 8 期（2001 年 9 月），有副标题"中国史学起源问题之一"。经订正后以"对史学史研究中'史'、'史官'认识之澄清"为题重刊于《社会科学战线》2008 年第 4 期］

二十四史修史思想的演变

　　自《史记》问世至《明史》修成，历经1800余年，形成世界上独一无二的"二十四史"系列，展示着中华民族演进的历史步履。其纂修情况、纂修思想，均呈现"凡四变"的趋势。

一

　　《史记》为太史令之作，但并非奉诏纂修。司马迁提出"通古今之变"，"述往事，思来者"，第一次明确修史的要求和史学的目的，在中国史学发展进程中具有开创性的重要意义。

　　《史记》展示的"通识"，将对客观历史过程连续性和古今之变阶段性的认识贯穿于全书。十二本纪，"王迹所兴，原始察终"。《五帝本纪》以当时所知最早的传说时代作为"古今之变"的开端，《夏本纪》《殷本纪》《周本纪》"推三代之德，褒周室"。秦统一天下前后的"王迹"，以《秦本纪》纪统一天下的漫长岁月、《秦始皇本纪》纪统一后暴虐天下加速灭亡、《项羽本纪》纪楚亡汉兴再建统一。高祖、吕太后、孝文、孝景、孝武五篇本纪从"汉兴，承敝易变"，到孝文"德至盛也"、孝武"物盛而衰，固其变也"，不仅对汉初70余年的"王迹所兴，原始察终"，更表现出"见盛观衰，论考之行事"的胆识。十表统贯"古今之变"，《三代世表》"纪黄帝以来讫共和"，《十二诸侯年表》"自共和讫孔子"，《六国年表》起周元王，讫秦二世，"著诸所闻兴坏之端"，《秦楚之际月表》起秦二世元年，至汉高祖五年，年代衔接、前后贯通，成为另一种形式的"王迹所兴，原始察终"，传说时代、夏商周三代、春秋战国以及秦汉之际的历史脉络清晰地勾勒出来。八书中除《平准书》而外，其余七书无一不是"贯通古今""承蔽通变"。世家、列传在与本纪纵横相连，通过世系变化、人物活动反映古今之变外，11 篇列传除酷吏、佞幸两类，都不同程度地表现出贯通性：《仲尼弟子列传》与《儒林列传》纪孔子以来儒学的发展演变，刺客、循吏、游侠、滑稽、日者、龟策、货殖等都是贯通古今的各类人物传记。6 篇记周边政权或部族的列传，同样是贯通古今的周边政权演变史或部族发展史。从修史角度看《史记》编纂，"通古今之变"的思想无处不在，"通识"贯穿全书各个组成部分。

"通古今之变"的另一层用意："我汉继五帝末流，接三代统业。"因此，"略推三代，录秦汉"，"承蔽通变"，决定了《史记》编纂必然详今略古。全书 130 篇记述数千年的过往来程，有过半的篇幅（66 篇）完全或重点记述楚汉相争以来近百年之事，这在历代各类通史中是绝无仅有的。《资治通鉴》纪隋唐五代虽有近半的篇幅，但只是宋的"近代史"，却没有宋"当代"的内容。

从史学的目的考察，司马迁提出"述往事，思来者"，"稽其成败兴坏之理"，是有"史"以来对于史学目的的最接近本质的概括。从哲理的高度说，研究历史，目的是了解过去，预见未来。从政治学的角度说，研究历史，目的是总结过往社会治乱兴衰的经验教训，找出带规律性的理性认识，面对现实，创造未来。这是史学走向成熟的最重要的标志。

"述往事，思来者"，第一次明确地将"往事"与"时事"区分开来，是"史"的一次具有转折性的重大变化。先前的"史"或许记事，但所记多是"时事"而非"往事"，表明当时的"史"

尚无自觉的历史意识。只有明确并自觉记"往事"时，"史"才真正具有"修史"官、"史书"的含义，也才具有了历史的含义。

司马迁以"通古今之变，成一家之言"为主旨，自觉提出修史的要求、自觉提出史学的目的，以实录精神取材、五种体裁编纂，忍辱发愤，写成记述中国自传说时代至汉初数千年历史的第一部完备巨著，标志着中国史学取得了划时代的进展，为中国史学开创出一个全新的时代。

二

自《汉书》始，不再是太史之作，而为著作官纂修；由《史记》"稽成败之理，究天人之际，通古今之变"到《汉书》"网罗一代"，"述叙汉德"，既是纂修情况的一次变化，又是修史思想的一次重大转变。

与《史记》不同的是，《史记》确立了适应新建社会结构的基本体系，《汉书》在此基础上进行适时调整与充实，变通史为断代，开纪传史新格局，成为编纂皇朝史的带头之作。

班氏家族不同于司马氏家族，司马氏之先为周太史，典天官事，虽后世中衰，至司马谈父子复为太史。班氏之先，与楚同姓，秦灭楚后方为姓。秦末汉初，其先祖为边地豪强。班况"举孝廉为郎"，积功劳，"入为左曹越骑校尉"。成帝之初，"女为婕妤，致仕就第，赀累千金"。班况生三子：伯、斿、穉，穉生彪。班彪"家有赐书，内足于财，好古之士自远方至"。班氏家族在仕途、学术方面都很有声望，谷永这样称赞说："建始、河平之际，许、班之贵，倾动前朝，熏灼四方，赏赐无量，空虚内藏，女宠至极，不可尚矣。"①

————————

① 《汉书》卷 100 上《叙传上》。

班固居父丧期间整理其父班彪《史记后传》，"潜精研思，欲就其业"。有人告其"私改作国史"，诏收京兆狱。其弟班超驰阙上书，具言班固著述之意，其所在郡亦上书。明帝召诣校书部，为兰台令史，与陈宗、尹敏、孟异等共成《世祖本纪》。迁为郎，典校秘书，又撰功臣、平林、新市、公孙述事，作列传、载记 28 篇奏上，后来成为《东观汉纪》的一部分。明帝复命其续成"前所著书"。经过这一变故，班固"专笃志于博学，以著述为业"，对续修《史记后传》做出重大变更。《史记后传》属通史性质，班固认为"汉绍尧运，以建帝业"，应当"追述"西汉一代帝业、功德：

> 固以为唐虞三代，《诗》、《书》所及，世有典籍，故虽尧舜之盛，必有典谟之篇，然后扬名于后世，冠德于百王，故曰"巍巍乎其有成功，焕乎其有文章也！"汉绍尧运，以建帝业，至于六世，史臣乃追述功德，私作本纪，编于百王之末，厕于秦、项之列。太初以后，阙而不录，故探纂前记，缀辑所闻，以述《汉书》。……综其行事，旁贯《五经》，上下洽通，为春秋考纪、表、志、传，凡百篇。①

自永平中受诏，"潜精积思二十余年"，至章帝建初中基本完稿。建初四年，天子会诸儒讲论《五经》，作《白虎通德论》，令班固撰集其事。

从董仲舒"天人三策"到班固《白虎通义》，跨越了两个多世纪，经今文学充分吸收了秦汉之际阴阳五行思想和天文、历法、医学等自然科学成果，以天人合一的思维模式对《五经》进行全面诠释。特点表现为：在世界观上，以"天"为宇宙的主宰，

---

① 《汉书》卷 100 下《叙传下》。

"天"窥视人间一切活动，强调自然灾异与政治统治的联系，以祥瑞、灾异谴告统治者。在政治思想上，将王者规定为承天命、代表上天意志的最高统治者。在历史观上，以阴阳五行变化诠释政权更迭，论证现实统治者的必然性。在伦理观念上，以阴阳五行论证儒家的社会政治道德原则，阴、阳分别代表刑、德，五行分别代表仁、义、理、智、信五常。用阴阳灾异谴告统治者，强调德治教化，原本有一定积极意义。但当其发展到与阴阳象数结合，用阴阳象数变化诠释整个宇宙及其所发生的一切之后，便形成一种神秘的宇宙观，夹杂着大量神学迷信、谶语、天文星占等内容，在两汉形成一种社会思潮。这股思潮又因经学盛行而比附《五经》，形成谶纬迷信思潮，主导着东汉一代的思想文化领域。《汉书》反映出的思想观念主要集中在两个方面：一是承继西汉末年出现的"五德终始"说，构筑起神秘的正闰史观，二是将五行灾异说作为永恒的社会现象刻意阐扬。书中贯穿的实录原则，需得透过其神秘的思想观念才能被发掘出来。

在此期间，班固"又作《典引》篇，述叙汉德"，其辞有云：

> 若夫上稽乾则，降承龙翼，而炳诸《典谟》，以冠德卓踪者，莫崇乎陶唐。陶唐舍胤而禅有虞，虞亦命夏后，稷契熙载，越成汤武。股肱既周，天乃归功元首，将授汉刘。

不仅汉得天下是天意，其制度也是早就由"先命玄圣"制定好了的：

> 俾其承三季之荒末，值亢龙之灾孽，悬象暗而恒文乖，彝伦斁而旧章缺。故先命玄圣，使缀学立制，宏亮洪业，表相祖宗，赞扬迪哲，备哉灿烂，真神明之式也。

　　所以，汉刘即帝位，"盖以膺当天之正统，受克让之归运，蓄炎上之列精，蕴孔佐之弘陈云尔"。所谓"典引"，李贤注："典谓《尧典》，引犹续也。汉承尧后，故述汉德以续《尧典》。"[①] 班固作《尧典》与断代为《汉书》，旨趣完全一致。

　　这种"继统""述德"的理念，不仅表现出与《史记》"述往事，思来者"、主张"通变"思想的极大差异，而且影响着此后历朝历代的史书修撰。三国、后汉、宋、齐、魏、梁、陈、北齐、周各史，均为著作官之作，虽奉敕，仍属个人纂修。

　　东汉末年，荀悦《申鉴》提出"君子有三鉴"，"前惟顺，人惟贤，镜惟明"，但魏、蜀、吴割据几十年，魏、吴均有史官修其国史，推奉正朔，各为正统。陈寿看到了一统，不再局限于魏、蜀、吴各自为政，用统一的眼光剪裁三国国史，反映从群雄割据到三足鼎立，最后进入一统的客观历史过程。记述三国史事，有合有分，合则为一整体，纪魏而传蜀、吴；分则各存系统，各为正朔、各有纲纪。所谓"辞多劝诫，明乎得失"，只不过《晋书》纂修者的一种评论而已。至于范晔《后汉书》，如其《序例》所云"纪传者，史、班之所变也，网罗一代，事义周悉，适之后学，此焉为优，故继而述之"[②]，是要继司马迁、班固"网罗一代"为纪传体东汉史，"因事就卷内发论，以正一代得失"。南北朝时期，政权对峙，各为"正统"，所修"国史"无不为自身政权多所讳饰，对并存的其他政权多所诋毁，三部断代纪传史——《宋书》《南齐书》和《魏书》，南指北为"索虏"、北指南为"岛夷"。直至唐初诏修六代史，令狐德棻提出的仍然是"继统"问题："陛下既受禅于隋，复承周氏历数，国家二祖功业，并在周时。如史文不存，何以贻鉴今古？如臣愚见，并请修之。"[③]

---

①　上引均见《后汉书》卷 40 下《班彪列传下（子固）》。
②　《隋书》卷 58《魏澹传》。
③　《旧唐书》卷 73《令狐德棻传》。

三

唐太宗提出"览前王之得失，为在身之龟镜"，纂修梁、陈、北齐、周、隋五代史，以《隋书》最能体现其"为在身之龟镜"的旨意。通过修史为"在身"执政寻找历史借鉴，从反面获取治国方略，促成"贞观之治"。魏徵在《隋书》修成后第二年上《论时政第三疏》，形成一则带理性的总结：

> （隋之灭亡）在于安不思危，治不念乱，存不虑亡之所致也。
>
> 鉴国之安危，必取于亡国。……臣愿当今之动静，必思隋氏以为殷鉴，则存亡治乱，可得而知。若能思其所以危，则安矣；思其所以乱，则治矣；思其所以亡，则存矣。①

从前朝的危、乱、亡教训中，求本朝的安、治、存，修史、取鉴、求治三者紧密结合在一起，将中国古代的鉴戒史学推进到一个新的更高层次。

然而，诏修《晋书》，唐太宗"御撰"史论，不再是"为在身之龟镜"了，而是怕"子不肖则家亡"，担心"懦弱"的皇帝被大臣控制，出现"臣不忠则国乱"的恶果，联想到西晋"以未成之晋基，逼有余之魏祚"②的往事。"御撰"《武帝纪》史论，指出晋武"虽则善始于初，而乖令终于末，所以殷勤史策，不能无慷慨焉"③。虽然有这样的历史认识，又将如何能够使既得利益集团引以为鉴呢，不能不感慨万千！

---

① 《旧唐书》卷71《魏徵传》。
② 《晋书》卷1《宣帝纪》"制曰"。
③ 《晋书》卷3《武帝纪》"制曰"。

　　此后，尽管以"鉴"为名目的史著大量涌现，但都不再是最高统治集团"为在身之龟镜"了，而是史家希望最高统治集团能够引以为鉴，"以史为鉴"的主体发生了变化。修史不"为在身之龟镜"，所修之史还能有多少人会"引为鉴戒"呢？现实中的条条"王法"都管不了君臣们的言行，仅仅靠史家修史怎么可能制约君臣的行为呢？史学的鉴戒功用仅仅停留在纸面上，史学成为史家"借古讽今"、劝谏人君的一隅之地。

　　自《隋书》《晋书》始，旧唐、旧五代、新唐、辽、宋、金、元、明史，不再是个人之作，而是皇家利用史馆纂修，为修史制度化的产物。这是纂修情况的又一次变化。

　　其间，李延寿改写南朝史、北朝史，欧阳修改写五代史，是史家私修、皇家认可者，但仅此两家而已，为二十四史纂修中的特殊情况。

　　中唐开始，整个社会从"盛世"跌入动乱之中，最高统治集团不得不探寻治理之道（"理道"），面对现实而又无可奈何，从老祖宗那里捡起当时并没有起到实际效用的《春秋》来作为思想武器，企图通过"寓褒贬"来"治心"，用"治心"的办法求得"治世"。《春秋》学演变为宋明理学，成为判定是非的唯一标准。史书由"不虚美、不隐恶、据事直书"转而为"专事褒贬"与"夷夏之辨"，以"先儒性命之说"，"崇道德而黜功利"为其第一要旨，有时甚至连史实都可以不必顾及了。

　　随着《春秋》学的兴起，对于史学以书法义例进行惩恶劝善的功用提出新的要求：不仅褒贬人物，更要"求圣人之心"，"以明圣人之道"[①]。修史目的，或者说史学的主要功用，被简单化为"诛奸谀于既死，发潜德之幽光"[②]。继之，皇甫湜提出"正天下

---

①　柳冕：《答孟判官论宇文生评史官书》，《全唐文》卷527。

②　《韩昌黎文集校注》卷3《答崔立之书》。

之位，一天下之心"①的史学功用说。这种以史治心、治心以治世的主张，不仅丝毫不触动"为国家者"，反而能够维护其既得利益和已经取得的统治地位，因而总是为统治集团所提倡。朝廷上下，无不以这种理念看待历史、要求修史。元和六年，唐宪宗读《玄宗实录》，"见开元致理，天宝兆乱"，问宰相李绛"事出一朝，治乱相反"，是何缘故。李绛回答："臣闻理生于危心，乱生于肆志"，"安危理乱，实系时主所行"；陛下亲览国史，应当有鉴于"危心""肆志"正反两面的经验教训，只要"主心理于中，臣论正于外"，就可以"制理于未乱，销患于未萌"②。

史学功用的转换，直接影响修史思想的变化，包括是非、善恶标准，"良史"观念以及如何理解"直笔"等问题。

史学要惩恶劝善，修史就要有一个区分善恶的标准，唐宪宗时李翱明确提出：

> 用仲尼褒贬之心，取天下公是公非以为本。群党之所谓是者，仆未必以为是；群党之所谓非者，仆未必以为非。使仆书成而传，则富贵而功德不著者，未必声名于后；贫贱而道德全者，未必不煊赫于无穷。韩退之所谓"诛奸谀于既死，发潜德之幽光"，是翱心也。③

这里所说"公是公非"，并不是什么"多数人的是非观念"，而是"仲尼褒贬之心"，所反映的是非观或价值观在"道德全"上。不管富贵者还是贫贱者，都必须以此为准则。虽然"富贵"，但"功德不著"，不能写进史书。相反，尽管"贫贱"，只要"道德全"者，则当载入史册，使其"煊赫于无穷"。这一关于"公

---

① 《东晋元魏正闰论》，《全唐文》卷686。
② 详见《旧唐书》卷164《李绛传》。
③ 《答皇甫湜》，《全唐文》卷635。

是公非”的思想，深深地影响着中唐以后的修史思想。穆宗长庆
二年诏修《宪宗实录》，“穷《春秋》之微旨”的路随“立议
曰”：“凡功名不足以垂后，而善恶不足以为戒者，虽富贵人，第
书其卒而已”，“无能发明功名者，皆不立传”，但伯夷等虽“终
身匹夫，或让国立节，或养德著书，或出奇排难，或守道避祸”
者，则当立传与管仲、晏婴等同列，明确地以“立节”“养德”
“出奇”“守道”为其具体标准。①富贵如河阳三城节度使，因其
“德不修而轻义重利”，则不立传。针对当时行状、碑志多而滥，
史官毫无取舍的状况，这固然有一定积极意义，但史学作为进行
伦理道德教育的功用，则由此进一步强化。推动历史进步的某些
改革，因为不符合所谓“公是公非”的标准，便统统被斥为“沾
沾小人”，与《春秋》“书为盗无以异”②。

　　“良史”观念，中唐以前都以“直书”“实录”为标准。孔子
称董狐为“古之良史”，是因其“书法不隐”。班固肯定司马迁
“有良史之材”，是“服其善序事理，辨而不华，质而不俚，其文
直，其事核，不虚美，不隐恶，故谓之实录”③。刘知幾强调“良
史以实录、直书为贵”。唐玄宗时，渐渐出现以是否“具有褒贬”
为“良史”标准的倾向。侍中裴光庭“约周公旧规，依仲尼新
例”，请修《续春秋经传》，“具有褒贬”，玄宗手诏称其“斥班、
马之谬，继经传之褒贬，著述之美，当如斯焉”④。安史之乱前
夕，萧颖士进一步称“仲尼作《春秋》，为百王不易之法”，指责
司马迁“失褒贬体”⑤，开始从体裁上区分“良史”。《春秋》学
兴起后，编年史被进一步视为“著述之美”，而“失褒贬体”的
纪传史不再被视为“良史”了。待到“治心以治世”的理念形成

---

①　详见《册府元龟》卷 557《采撰三》。

②　《新唐书》卷 168“赞曰”。

③　《汉书》卷 62《司马迁传》“赞曰”。

④　《册府元龟》卷 556《采撰二》。

⑤　《新唐书》卷 202《萧颖士传》。

之后，"良史"观念自然而然地被引到这上面来。皇甫湜有一篇《编年纪传论》，不再在体裁上纠缠何为"良史"，而是"以心"辨其是否为"良史"：

> 湜以为合圣人之经者，以心不以迹；得良史之体者，在适不在同。编年、纪传，系于时之所宜，才之所长者耳，何常之有！夫是非与圣人同辨，善恶得天下之中，不虚美，不隐恶，则为纪、为传、为编年，是皆良史也。

这段话可以看作是对此前"良史"观念的一个总结。其中，有继承传统观念的内容，更有赋予时代意义的一面。肯定"得良史之体者"不一定要表现在体裁的雷同上，这是对的。"合圣人之经者，以心不以迹"，强调实质，不重形式，固然不错。但其"以心"何在？就在"是非与圣人同辨，善恶得天下之中"两句，即以圣人心中的是非、善恶为是非、善恶。意思再清楚不过，既不以"直书""实录"为"良史"的主要标准，也不用编年、纪传等体裁来进行区分，而是用"圣人之心"或者"《春秋》之是非"来作为"良史"的最高标准。又说，"今之作者，苟能遵纪传之体制，同《春秋》之是非，文敌迁、固，直如南、董，亦无上矣。舍源而事流，弃意而征迹，虽服仲尼之服，手握绝麟之笔，等古人之章句，署王正之月日，谓之好古则可矣，顾其书何如哉！"[①]把以史治心的功用，同史家的自身修养紧紧扣在一起，史实本身如何已经无所谓了。

如何理解"直笔"，与"良史"观念直接相连。啖助、赵匡强调"尊王"，却不隐瞒事实真相，主张采用"避其名而逊其辞"的做法，并举出《春秋》中若干事例作为根据。一是《春秋》称

---

① 《编年纪传论》，《全唐文》卷686。

周天子为天王，以示独尊无二，但也有三处不加"天"字，表示周天子的过失，辞虽隐曲，而不掩其实。二是鲁僖公二十四年，周襄王母之弟招狄人构乱，襄王出逃至郑，《春秋》经文书为"出居于郑"，同样是暗示周天子的过失。自称为陆淳私淑弟子的柳宗元，深悟此例，提出"宜守中道，不忘其直"的观点，强调："凡居其位，思直其道。道苟直，虽死不可回也；如回之，莫若亟去其位。"这里所说"直道"绝非其所谓的"中道"，应当注意其还有这样一段话：

> 司马迁触天子喜怒，班固不检下，崔浩沽其直以斗暴虏，皆非中道。①

司马迁的直笔、实录精神为古今首肯，因而"触天子喜怒"，但柳宗元却认为"非中道"。甚至连崔浩"沽其直"，也"非中道"。很明显，柳宗元并没有将"中道"等同于"直道"，采取的是一种折中的主张——"宜守中道"，但不放弃"直道"，即"不忘其直"，既要"逊其辞"，不要太刺激，又要不隐瞒事实真相。中唐以降，的确再也难以见到董狐、司马迁那样的"直笔"，却为"避其名而逊其辞"的折中笔法所取代。

《旧唐书》的纂修原则是"纂修须按于旧章，褒贬或从于新意"。"纂修须按于旧章"使全书反映较多的是唐代各个时期的不同思想和历史观点，"褒贬或从于新意"则公开承认某些藩镇建立的政权，甚至于容忍姑息，对"忠义""叛逆"赋予全新的解释，或为之回护。北宋向往唐代"为国长久"，注意"其君臣行事之始终""治乱兴衰之迹"，希望效法"其典章制度之英"，而令北宋统治者"可叹"的是继唐之后竟是一个"衰世"，《旧唐书》既

---

① 《柳河东集》卷31《与韩愈论史官书》。

不能发扬"明君贤臣、俊功伟烈"之善，又不能暴露"昏虐贼乱、祸根罪首"之恶，达不到"垂劝戒、示久远"的目的，因而决定改写唐史，"补缉阙亡，黜正伪缪"①。

改写前代史，以《新唐书》《新五代史》为集中表现。"其为纪一用《春秋》法"，"多取《春秋》遗意"②，修史思想被逐渐引导到以伦理纲常褒贬是非、品评史事的方向上去了。史学愈加依附于君王，服从于权力，作为权势附庸的史学，渐渐成为史学的"正宗"。

四

《辽史》《金史》《宋史》的纂修宗旨，几乎就是争"正统"。

"正统"问题是中国历史进程中经常遇到的一个问题，大凡在不同民族政权对峙时期都会突现。南北朝对峙时期的修史思想，上面已有叙述。北宋与辽（契丹）对峙，南宋与金、元并存，谁为"正统"凸显出来，成为当时普遍关注的重大历史问题。

自中唐兴起的《春秋》学，在北宋前期得以进一步发展，突出"尊王攘夷"的"大一统"微旨，同时涉及北宋的"继统"问题。较早提出这一问题的是尹洙，强调"天地有常位，运历有常数，社稷有常主，民人有常奉"③。随即便是欧阳修的3篇《正统论》，系统阐发其正统观：

> 臣愚因以为正统，王者所以一民而临天下。④

---

① 《欧阳文忠集》卷91。又见《新唐书》书后《进唐书表》。
② 《欧阳文忠集》附录卷1《行状》、卷2《神道碑》。
③ 《河南先生文集》卷3《河南府请解投赞南北正统论》。
④ 《欧阳文忠集》卷16《正统论·序论》。

　　《传》曰："君子大居正。"又曰："王者大一统。"正者，所以正天下之不正也。统者，所以合天下之不一也。由不正与不一，然后正统之论作。①

　　突出"尊王"的"大一统"，是欧阳修"正统论"的核心。同时，提出历史上正统的"三绝三续"："故正统之序，上自尧、舜，历夏、商、周、秦、汉而绝。晋得之而又绝。隋、唐得之而又绝。自尧、舜以来，三绝而复续。唯有绝而有续，然后是非公、予夺当，而正统明。"② 最终不外表示："大宋之兴，统一天下，与尧、舜、三代无异。"③ 五代十三帝当为一统，宋乃继统而为主。由此，才有如何认识五代第一个政权——后梁的争议。按照欧阳修的"正统论"，"后梁固不得为'正统'"，但"于其国则不得为'伪'"④，《新五代史》将后梁等五代之君统统写入"本纪"，并在《梁太祖本纪》后论中加以说明："天下之恶梁久矣！自后唐以来，皆以为伪也。至予论次五代，独不伪梁，而议者或讥予大失《春秋》之旨，以为'梁负大恶，当加诛绝，而反进之，是奖篡也，非《春秋》之志也。'"欧阳修不"伪"后梁，用意至深。梁、唐、晋、汉、周乃至北宋，个个都是"篡位"得来，"五代之得国者，皆贼乱之君也"，而"独伪梁而黜之者"，仅仅是"因恶梁者之私论也"。如果"伪"后梁，那么后唐、后晋、后汉、后周乃至北宋，将何以为"正"？因此，《梁太祖本纪》后论暗示读者务"知予不伪梁之旨"。再从评论北宋灭南唐，亦可明其旨趣。北宋伐南唐，实现"一统"，却师出无名。南唐使臣徐铉"博学有材辩"，"欲以口舌驰说存其国"。徐铉说：南唐"以小事

---

① 《欧阳文忠集》卷 16《正统论上》。
② 《欧阳文忠集》卷 16《正统论下》。
③ 《欧阳文忠集》卷 16《正统论·序论》。
④ 《欧阳文忠集》卷 16《正统论下》。

大，如子事父，未有过失，奈何见伐？"宋太祖反问："尔谓父子者，为两家可乎？"徐铉"无以对而退"。就此，欧阳修发论云："呜呼！大哉，何其言之简也！盖王者之兴，天下必归于一统。其可来者来之，不可者伐之。僭伪假窃，期于扫荡一平而后已。"①出师何须有名，"一统"就是大道理，岂容"两家"并存！

对于欧阳修的"正统"观，当时有不同议论。史载："欧阳修论魏、梁为正统，（章）望之以为非，著《明统》三篇。"② 至和二年，苏轼作《后正统论》3 首，反驳章望之。③ 稍后，毕仲游又有《正统议》，论历代兴废承继之理，修正尹洙之说，认为"历数存于天，治乱在于人"，是否"正统"应"观其兴废善恶长短之效而已矣"④。无论争论如何激烈，但有一点是共同的——用"正统"论来论证北宋政权的合理性。

南宋与金对峙，受北宋"正统论"影响，金章宗、宣宗时，出现过"本朝运德"之争，从《金文最》中保存的《大金运德图说》可知梗概。此外，王若虚在其《议论辨惑》中也表示出"区分正闰"的某种意向。⑤

元朝是中国历史上少数民族入主中原，灭金、灭宋后第一次建立起的"大一统"皇朝，"正统"问题争议尤为激烈。

早在蒙古灭金之后，北方学者就曾聚会论辽、金、宋"正统"问题，修端集诸人论辩为《辩辽宋金正统》。中心论点是以宋为"正统"，以辽、金入载记。以宋为"正统"者，主张用《晋书》体例，西晋、东晋入本纪，外族政权入载记。宋承唐、五代为正

---

① 《新五代史》卷 62《南唐世家》后论。
② 《宋史》卷 443《章望之传》。章望之《明统论》原文亡佚，《东坡集》卷 21《后正统论》注引其说，"余今分统为二名，曰正统，曰霸统。以功德而得天下者，其得者正统也，尧、舜、夏、商、周、汉、唐、我宋其君也。得天下而无功德者，强而已矣，其得者霸统也，秦、晋、隋其君而已"。
③ 《东坡集》卷 21《后正统论》。
④ 《西台集》卷 4《正统议》。
⑤ 《滹南遗老集》卷 30。

统，辽、金为外族据一方，如刘聪、石勒、苻坚、姚苌等入载记。修端认为：

> 辽自唐末保有北方，又非篡夺，复承晋统，加之数世名位远兼五季，与前宋相次而终，当为北史。宋太祖受周禅，平江南，收西蜀，白沟迤南悉臣于宋，传至靖康，当为宋史。金太祖破辽克宋，帝有中原百余年，当为北史。自建炎之后，中国非宋所有，宜为南宋史。①

这一主张以南北史例看待辽、金、北宋与南宋，将辽、金、宋摆在完全平等的位置，显然与北宋以来中原政权的法统观念相背离，即便在辽、金长期统治下的北方，也因传统观念的影响而大有持不同意见者。待到元朝统一南北之后，"正统"问题就更加敏感了。作为第一次以少数民族建立的统一政权，究竟以前面哪个朝代为正统？所承继的究竟是哪个朝代的统绪？以宋为正统，辽、金为载记，则失去少数民族的基本立场；以辽、金为北史，宋分为宋史、南宋史，为传统观念所不容，必然引起数量众多的汉族官员的抗争。

在上述两种主张之外，另有一种说法，即王祎的"绝统说"：

> 宋有天下，居其正、合于一，而其统乃复续，故自建隆元年复得其正统。至于靖康之乱，南北分裂，金虽据有中原，不可谓居天下之正；宋既南渡，不可谓合天下于一。其事适类于魏、蜀、吴、东晋、后魏之际，是非难明，而正统于是又绝矣。自辽并于金，而金又并于元，及元又并南宋，然后居天下之正，合天下于一，而复正其统。②

----

① 《元文类》卷45，又见王恽《玉堂嘉话》卷8。
② 《王忠文集》卷4《正统论》。

只承认北宋为正统，南宋与金对峙为统绪断绝，至元才又"复其正统"，虽源自欧阳修"三绝三续"说，但在当时却无人认同。

由于"继统"问题没有解决，虽元世祖灭宋以前即诏修辽、金、宋三史，但"六十余年，岁月因循"，毫无进展。直至元顺帝至正三年再度诏修三史，史馆仍有争议。尽管脱脱独断"三国各与正统"，"议者虽息，然君子终以为非"①。

就在《宋史》修成当年，杨维桢作《三史正统辩》，以"史有成书，而正统未有所归"，论证元应继宋，力主以宋为"正统"。以《春秋》公羊学及朱熹《纲目》为据进行论辩："稽之千古，证之于今。况当世祖命伯颜平江南之时，式应宋祖命曹彬下江南之岁，亲传诏旨，有过唐不及汉之吉；确定统宗，有继宋不继辽之禅。故臣维桢敢痛排浮议，力建公言，挈大宋之编年，包辽、金之纪载，置之上所，用成一代可鉴之书。"进而，以"天理人心"作为划分正闰的主要标准："正统之说，何自而起乎？起于夏后传国，汤武章世，皆出于天命人心之公也。统出于天命人心之公，则三代而下，历数之相仍者，可以妄归于人乎？故正统之义，立于圣人之经，以扶万世之纲常。"同时，提出区分正闰的新原则："道统者，治统之所在也"，"道统不在辽、金而在宋，在宋而后及于我朝。"最后强调："今日堂堂大国，林林巨儒，议事为律，吐辞为经，而正统大笔不自竖立，又阙之以遗将来，不以贻千载《纲目》君子之笑为厚耻，吾又不知负儒名于我元者，何施眉目以诵孔子之遗经乎？"②作为三史总裁的欧阳玄读到此文后叹曰："百年后，公论定于此矣。"③显然，将希望寄托于易代

① 权衡：《庚申外史》卷上。
② 陶宗仪：《南村辍耕录》卷3《正统辩》。
③ 《明史》卷285《杨维桢传》。

之后。

进入明代，论"正统"以方孝孺《释统》3 篇颇具代表性。上篇提出"天下有正统一，变统三"的说法，认为三代是真资格的正统，汉唐宋三代附以正统，而以篡杀起家的晋、南朝宋、齐、梁等，行残暴的秦、隋等，以外族或女子为主的后秦、武周等，均为变统。中篇进一步说明，只有区分正统、变统，才能使"正统"说的实用性得以充分发挥，使"贤主有所劝而奸雄暴君不敢萌陵上疟民之心"。下篇规定史书对于正统、变统的具体书法，正统皇朝，"大书其国号、谥号、纪年之号"；变统皇朝，"书甲子而分注其下，曰是为某帝某元年，书国号而不大书，书帝而不书皇，书名而不书谥"等。

"土木之变"前后，正统初、正统十三年、景泰二年，周叙先后三次上疏请"修正宋史"，"因其旧文，重加编纂。以宋为正史，附辽、金于后，定名而正统，尊夏而外夷"①。嘉靖十五年，世宗以"元修《宋史》，统序失正，编纂亦未尽善"，命大学士李时等重修。于是，改写宋史，几乎成风。

嘉靖二十五年，王洙以纪传体改编宋史，为《宋史质》100卷，"大要在辟夷狄，尊中国，发挥祖宗及我皇上治政休明"，去元纪年，以明之先祖虚接年月，称闰纪。② 书末附《宋史质》与《宋史》异同，如"本纪，旧史始太祖终二王，今自赵宋附元迄于我太祖高皇帝即位之元年，曰《天王正纪闰纪》"。志"取其有关于宋治乱者书之，曰十五志"。列传，"后妃改名后德"，"道学兹改道统，附卷末"，外国"统曰外夷，而辽、金、元皆以夷服名之。"

嘉靖三十四年，柯维骐又以纪传体改编宋史，为《宋史新编》

---

① 分见《明文海》卷 174《论修正宋史书》、《石溪文集》卷 5《修书疏》、《修明统纪疏》。

② 参见《宋史质》自序、天王闰纪、卷 13。

200 卷，"会三史为一，而以宋为正统，辽、金列于外国传，以尊中国；瀛国二王升于帝纪，以存宋统；正亡国诸叛臣之名，以明伦；升道学于循吏，以重道"①。与此同时，对于《宋史》"纠谬补遗，亦颇有所考订"②。

大约在天启三年，王惟俭"删定宋史，已有成书"③，为《宋史记》250 卷，自定《凡例》："远取子长，近法永叔。"值得注意的是，以辽、金与宋为"势均敌国"："《续纲目》诸书，于金、辽用师皆曰入寇。如此之称，施之楚昌、齐豫逆命之臣可也；势均敌国，岂宜尔乎？今悉曰犯曰侵，以示与国之义。"

五

自北宋徽宗、钦宗被虏，至元顺帝弃京城北奔，短短的 241 年，中国历史上连续出现四次"灭国"大事：金灭北宋（1127）、元灭金（1234）、元灭南宋（1279）、明灭元（1368）。这一连串的"灭国"事件，无一像南北朝那样属于"和平过渡"（即所谓"禅代"），都是武力征服的结果。在如此巨大的变革面前，修史思想又一次出现重大变异。

当"灭国"已成为不争的历史事实，喊了上千年的"兴灭国，继绝世"，既没有带来多少"中兴"，更没有再造什么"辉煌"，作为亡国遗民，面对灭国的现实，复杂的内心世界与现实的社会生活交错，生出"国灭史不灭"的理念，希望通过写史来保留对昔日的追忆。

新建皇朝，特别是金、元两个少数民族政权进入中原之后，迫切需要从先前的中原皇朝学习为政之道。了解被其所灭之国的

---

① 焦竑：《国朝献征录》卷 32《柯希斋维骐传》。
② 《四库全书总目》卷 50《别史类》。
③ 钱谦益：《初学集》卷 85《书东都事略后》。

文物制度、思想文化，需要通过修史来加以总结，这是提出"灭人国，不可灭人史"的又一原因。

自以杨维桢为代表的"治统"即"道统"观念体系提出以后，谁掌控天下，谁即为"正统"，因而修"被灭之国"史，便成为"灭人之国"者显示其"正统"地位的一种文化标志。

如果从更高的一个层面考察，"国可灭，史不可灭"的"史"字被赋予了"文化"的含义。金、元"灭人之国"，均是以少数民族采用武力征服手段达到的。在中原地区建立政权后，如果完全摒弃先前的文明，必然造成文化断层，出现文化断档，无法治理人口数量大大超过金、元的两宋遗民。而其唯一可行的办法就是维系两宋的文化承传，特别是南宋盛行的理学思想。"国可灭，史不可灭"，在这里演绎为"国可灭，文化传统不可灭"，修史逐渐成为文化承传的一种重要手段。

自南宋末以来，出于上述种种因素，"国可灭，史不可灭"逐渐成为社会上下普遍接受的一种理念，并为朝廷所认可。

早在蒙古世祖中统元年，王鹗拜翰林学士承旨，奏立翰林国史院。其奏帖有云："自古有可亡之国，无可亡之史。兼前代史册必代兴者与修，盖是非与夺，待后人而可公故也。"①

元世祖至元十年，丞相伯颜、参知政事董文炳受命大举伐宋。十三年，元军攻占南宋都城临安，南宋恭宗降元，南宋实际灭国。"伯颜以宋主入觐，有诏留事一委文炳"，宋民不知易主。时翰林学士李槃奉诏招宋士至临安，董文炳谓之曰：

> 国可灭，史不可没。宋十六主有天下三百余年，其太史所记具在史馆，宜悉收以备典礼。②

---

① 王恽：《玉堂嘉话》卷 1。又《国朝名臣事略》卷 12《内翰王文康公》作"宁可亡人之国，不可亡人之史。若史馆不立，后世亦不知有今日。"

② 《元史》卷 156《董文炳传》。

董文炳的此番言语，显示出元代创建之初，虽灭人之国，却不灭人之史，欲以有宋一代文物制度"以备典礼"，既有学习统治南宋遗民为治之道的含义，又有承传历史文化的意思。

其后，此类议论不乏于元人各种编著。"良以旧史多阙轶，而国家初入中原，政与金亡时事相关系，尤不可不备。""世祖皇帝时，既取江南，大臣有奏言，国可灭，其史不可灭。上甚善之。"① 元修辽、金、宋史，进书表中出现"历数归真主之朝，而简编载前代之事，国可灭史不可灭，善吾师恶亦吾师"②，集中地传达出上述几个基本方面的意思。明初修《元史》似乎不存在少数族入主中原的情况，但这一理念却已根深蒂固，人们依然看到："钦惟皇帝陛下奉天承运，济世安民。建万世之丕图，绍百王之正统。……金言实既亡而名亦随亡，独谓国可灭而史不当灭。"③

至清初修明史，更有"国灭史不可灭"的强烈情怀。黄宗羲追述谈迁作《国榷》，"国灭而史亦随灭，普天心痛"，"当是时，人士身经丧乱，多欲追叙缘因，以显来世"④。其中，饱含着对亡国的哀悼之情：

> 明室之亡……其从亡之士，章皇草泽之民，不无危苦之词。以余所见者，石斋、次野、介子、霞丹、希声、苍水、密之十余家，无关受命之笔，然故国之铿尔，不可不为之史也。⑤

就清朝统治者而言，亦如同金、元两代，以少数民族入主中

---

① 虞集：《道园学古录》卷 11《孟同知墓志铭跋》、卷 32《送墨庄刘叔熙远游序》。
② 《金史》附录《进金史表》。
③ 《元史》书后《进元史表》。
④ 《南雷文定》卷 7《谈孺木墓表》。
⑤ 《南雷文约》卷 4《万履安先生诗序》。

原，迫切需要了解中原的文物制度、思想文化，通过修史从前朝学习为政之道，另外还有一层用意，以修史来安抚明朝遗旧。因此，清初修《明史》与明初修《元史》，相似之处是都包含着浓厚的"国可灭，其史不可灭"的意图。顺治二年开馆修明朝兴亡史，但简单的效法毫无成效。康熙十八年试博学鸿儒，命纂修《明史》，然终康熙一朝未能如愿。雍正接续，仍未告成。至乾隆元年定稿，四年大学士张廷玉奉表进呈、正式刊行。《明史》纂修，历时将近一个世纪，成为二十四史中纂修时间最长的一史。

　　　　　＊　　　　　　　　＊　　　　　　　　＊

　　综上所述，二十四史纂修，有四种情况：一是太史个人撰述，但非奉命纂修；二是著作官撰述，虽奉敕却为个人纂修；三是改编皇家修史的私家之作；四是皇家利用史馆集众人纂修，为修史制度化的产物。纂修思想凡四变：自"究天人之际，通古今之变"，"述往事，思来者"，一变而为"续统""述德"，断代为史；自"为在身之龟镜"再变而为"以史治心"求"至治"，记事由"实录直书"转而为"专事褒贬"；三变为"辨正统"，四变为"国灭史不灭"。修史思想的演变，向人们提出疑问：史学的本质究竟是什么？修史是"述往事""为在身龟镜"，以"思来者"，还是为"续统""述德""治心""不没亡国"？这样的修史宗旨，与史学的本质是越来越贴近了，还是越来越远离了？

（2007 年 6 月 27 日）

［原载《学术研究》（广州）2007 年第 9 期］

从司马迁、班固关于汉高祖的两则史论看《史记》《汉书》之际的思想变异

——兼谈史学史研究的某些缺失

在有关"班马异同"的比较研究中，很少见到对司马迁、班固二人为汉高祖所写史论的详细论述。而马、班二人对汉高祖的认识，关乎对西汉一代历史的认识，集中反映《史记》至《汉书》两个世纪间的思想变异。这一变异，有深层的社会政治原因，对后世的思想、学术影响久远，有必要做一深入考察。

一　问题

《史记·高祖本纪》"太史公曰"：

> 夏之政忠，忠之敝，小人以野，故殷人承之以敬。敬之敝，小人以鬼，故周人承之以文。文之敝，小人以塞，故救塞莫若以忠。三王之道若循环，终而复始。周秦之间，可谓文敝矣。秦政不改，反酷刑法，岂不缪乎？故汉兴，承敝易变，使人不倦，得天统矣。朝以十月。车服黄屋左纛。

班固对司马迁的这一认识十分了解，在与陈宗、尹敏、孟异

等共成的《世祖本纪》（后为《东观汉记·光武皇帝纪》）中有这样的叙述："自汉草创德运，正朔服色未有所定，高祖因秦，以十月为正，以汉水德，立北畤而祠黑帝。至孝文，贾谊、公孙臣以为秦水德，汉当为土德。至孝武，兒宽、司马迁犹从土德。"①《汉书·郊祀志》班固"赞曰"亦云："太初改制，而兒宽、司马迁等犹从（公孙）臣、（贾）谊之言，服色数度，遂顺黄德。彼以五德之传从所不胜，秦在水德，故谓汉据土而克之。"但《汉书·高帝纪》"赞曰"却换成另一种说法，并成为《汉书》的基本思想：

> 《春秋》晋史蔡墨有言，陶唐氏既衰，其后有刘累，学扰龙，事孔甲，范氏其后也。而大夫范宣子亦曰："祖自虞以上为陶唐氏，在夏为御龙氏，在商为豕韦氏，在周为唐杜氏，晋主夏盟为范氏。"范氏为晋士师，鲁文公世奔秦。后归于晋，其处者为刘氏。刘向云战国时刘氏自秦获于魏。秦灭魏，迁大梁，都于丰，故周市说雍齿曰："丰，故徙梁也。"是以颂高祖云："汉帝本系，出自唐帝。降及于周，在秦作刘。涉魏而东，遂为丰公。"丰公，盖太上皇父。其迁日浅，坟墓在丰鲜焉。及高祖即位，置祠祀官，则有秦、晋、梁、荆之巫，世祠天地，缀之以祀，岂不信哉！由是推之，汉承尧运，德祚已盛，断蛇著符，旗帜上赤，协于火德，自然之应，得天统矣。

都在说汉"得天统"，司马迁说汉继黄帝以来"五德之传"而为土德，班固却说"汉承尧运，协于火德"。跨越了两个世纪，对于"得天统"的西汉，为什么在认识上出现如此变异？《史记》

---

① 《太平御览》卷90《后汉世祖光武皇帝》引《东观汉记》。

《汉书》之际究竟发生了什么，使班固改变了对西汉历史的基本认识？

二　董仲舒的"尊儒术""推阴阳"，预示了汉代思想的基本特点

"太史公曰"以夏、商、周三代之道"若循环，终而复始"，接受的是董仲舒的说法。董仲舒的天人对策中有这样的论述："夏上忠，殷上敬，周上文者，所继之救"，以"汉继大乱之后，若宜少损周之文致，用夏之忠者"①。虽然董仲舒的天人对策没有写进《史记》，但掌握天下"上计"的太史公不会不清楚，只不过司马迁关注的是"汉兴至于五世之间，唯董仲舒名为明于《春秋》，其传公羊氏也"，同时记录下董仲舒"以《春秋》灾异之变推阴阳所以错行"著《灾异之记》，"下吏，当死，诏赦之，于是董仲舒不敢复言灾异"②。

司马迁之世，"独尊儒术"刚刚开始实行，《史记·儒林列传》仅给了董仲舒一席之地。班固通观西汉一代儒学变异之后，为董仲舒立专传，极其明确地从两个方面肯定董仲舒：一是"推明孔氏，抑黜百家。立学校之官，州郡举茂材孝廉，皆自仲舒发之"③；一是"治公羊《春秋》，始推阴阳，为儒者宗"④。这后一方面，与司马迁对董仲舒的认识是一致的。而"抑黜百家""始推阴阳"，恰恰反映的是汉代思想的基本特点——"尊儒"必须"推阴阳"。

汉武帝"罢黜百家，独尊儒术"，虽然使儒学成为主流意识，

---

① 《汉书》卷 56《董仲舒传》。
② 《史记》卷 121《董仲舒传》。
③ 《汉书》卷 56《董仲舒传》。
④ 《汉书》卷 27 上《五行志上》。

但并不意味着全社会的一切思想言行都尊奉儒家的思想主张。况且，"罢黜百家"只是相对于"独尊儒术"而言。所谓"百家"，以《汉书·艺文志》诸子略有所分，不过儒、道、阴阳、法、名、墨、纵横、杂、农、小说十家而已。名、墨、纵横、杂四家是随着社会变革逐渐退出历史舞台的，不能说是"罢黜"的。农家、小说家不被视为思想学说，不在"罢黜"之列。至于法家，"汉家制度"是"本以霸王道杂之"的，决不会"罢黜"，只不过表现形式比较巧妙——外儒内法而已。阴阳家不仅没有"罢黜"，而且与儒术并驾齐驱。真正"罢黜"的，只有汉初"尚黄老"的道家。而班固对"儒家者流"的概括，把汉家天子"尊儒"的目的和手法说得再明白不过——"助人君顺阴阳明教化"。下面，循着尊崇儒术、推奉阴阳的踪迹，追述《史记》《汉书》之际的思想变异。

三　儒学成为"禄利之路"，由"支叶蕃滋"演变为"分争王庭"

西汉一代的儒学发展，《汉书·儒林传》有分阶段的评述。"独尊儒术"前，言"五经"者寥寥数家：言《诗》者三家，"于鲁则申培公，于齐则辕固生，燕则韩太傅"；言《春秋》者二家，"于齐则胡毋生，于赵则董仲舒"；言《易》《书》《礼》者各一家，分别为淄川田生、济南伏生、鲁高唐生，均无异说。"独尊儒术"后，《儒林传》"赞曰"概括得极为清晰：

> 自武帝立《五经》博士，开弟子员，设科射策，劝以官禄，讫于元始，百有余年，传业者寖盛，支叶蕃滋，一经说至百余万言，大师众至千余人，盖禄利之路然也。初，《书》唯有欧阳，《礼》后，《易》杨，《春秋》公羊而已。至孝宣

世，复立大小夏侯《尚书》，大小戴《礼》，施、孟、梁丘《易》，穀梁《春秋》。至元帝世，复立京氏《易》。平帝时，又立左氏《春秋》、毛《诗》、逸《礼》、古文《尚书》，所以网罗遗失，兼而存之，是在其中矣。①

如果说秦焚书是企图灭绝儒学的一种狠办法，那么汉"劝以官禄"则不能说不是一种巧办法，使儒学在不知不觉中被肢解——"传业者寝盛，支叶蕃滋"，出现"一经说至百余万言，大师众至千余人"的现象。在"禄利"的诱惑下，纷纷思立门户，希望变私学为官学，以致争论到朝堂上，由皇帝来做裁决。宣帝甘露三年（前51）"诏诸儒讲《五经》同异（于石渠阁），太子太傅萧望之等平奏其议，上亲称制临决焉"。讲经的议奏被分类汇集，《汉书·艺文志》著录有：讲《书》的《议奏》42 篇，讲《礼》的《议奏》38 篇，讲《春秋》的《议奏》39 篇，讲《论语》的《议奏》18 篇。讲论的主要目的是争立学官，最终由皇帝裁定，"乃立梁丘《易》、大小夏侯《尚书》、穀梁《春秋》博士"②。如果说皇帝主持讲经对于学术有多么"深刻的影响"，恐怕是开了皇权干预学术、"禄利"收买学人的恶劣先例，学术自此依附权势、追逐名利，成为想得天下者和已得天下者都可以利用的工具。宣、元之世，经学因此而逐渐分化。

哀、平、王莽之际争立学官，程度更为激烈，以致彼此"皆怨恨"，公开走丞相的门路，甚而动了"诛"的念头。刘歆欲以左氏《春秋》、毛《诗》、逸《礼》、古文《尚书》"皆列于学官"，哀帝令其与《五经》博士讲论，诸博士多不肯置对，"歆因移书太常博士，责让之"，由于"其言甚切，诸儒皆怨恨"③，"歆于是

---

① 《汉书》卷88《儒林传》"赞曰"。
② 《汉书》卷8《宣帝纪》。
③ 《汉书》卷36《楚元王传》。

数见丞相孔光，为言《左氏》以求助"①。不久，儒者师丹为大司空，"大怒，奏歆改乱旧章，非毁先帝所立"，"歆由是忤执政大臣，为众儒所讪。惧诛，求出补吏"②。哀帝既卒，平帝九岁即位，太后临朝称制，委政王莽，刘歆受到重用，于是立左氏《春秋》、毛《诗》、逸《礼》、古文《尚书》为官学。王莽末年，面对"百姓怨恨，盗贼并起，汉家当复兴"的局势，左将军公孙禄在上奏中推责他人，指责国师嘉新公（刘歆）等"颠倒《五经》，毁师法，令学者疑惑"，主张"宜诛"其人"以慰天下"③。

平帝在增立《乐经》为官学的同时，"益博士员，经各五人。征天下通一艺教授十一人以上，及有逸《礼》、古《书》、毛《诗》、《周官》、《尔雅》、天文、图谶、锺律、月令、兵法、《史篇》文字，通知其意者，皆诣公车。网罗天下异能之士，至者前后千数，皆令记说廷中，将令正乖缪，一异说云"④。一面通过"禄利"诱惑，将古文家认为的"乖缪"和"异说"清除出官学，达到"正乖缪，一异说"的目的；一面将古文范围扩展，覆盖整个儒家经典，班固在《艺文志》"六艺略"中有详尽的著录：

易，经十二篇，施、孟、梁丘三家，为今文；刘向以中古文易经校施、孟、梁丘经，唯费氏经与古文同，为古文。

书，经二十九卷，大、小夏侯二家，欧阳经二（三）十二卷，为今文；古文经四十六卷，为五十七篇，为古文。

诗，经二十八卷，鲁、齐、韩三家，为今文；毛诗二十九卷，为古文。

礼，经七十（十七）篇，后氏、戴氏，记百三十一篇，为今

---

① 《汉书》卷 88《儒林传》。
② 《汉书》卷 36《楚元王传》。
③ 《汉书》卷 99 下《王莽传下》。
④ 《汉书》卷 99 上《王莽传上》。卷 12《平帝纪》元始五年："征天下通知逸经、古记、天文、历算、钟律、小学《史篇》、方术、《本草》及以《五经》、《论语》、《孝经》、《尔雅》教授者，在所为驾一封轺传，遣诣京师。至者数千人。"

文；古经五十六篇，周官经六篇（王莽时刘歆置博士），为古文。

乐，王禹记二十四篇；乐记二十三篇，刘向校书，与禹不同。

春秋，经十一卷，公羊、穀梁二家，公羊传十一卷、穀梁传十一卷，为今文；古经十二篇，左氏传三十卷，为古文。

论语，齐二十二篇，鲁二十篇，为今文；古二十一篇，出孔子壁中，为古文。

孝经，一篇，十八章，长孙氏、江氏、后氏、翼氏四家，为今文；古孔氏一篇，二十二章，为古文。

小学，即"《史篇》文字"或"小学《史篇》"，许慎云："孝平时，征（爰）礼等百余人，令说文字未央廷中，以（爰）礼为小学元士。黄门侍郎扬雄采以作《训纂篇》，凡仓颉已下十四篇，凡五千三百四十字。群书所载，略存之矣。"① 《训纂篇》或即"未央廷中"所说文字，为"正乖缪，一异说"的结果。

自此，古文经齐备，与今文经抗衡了两千余年，成为中国学术史上一大奇观，深深影响和制约着中国学术文化的发展。班固虽然不能预知后来的今古文之争，却在《艺文志》"六艺略"的后序中预见了后世治学之"大患"：

> 后世经传既已乖离，博学者又不思多闻阙疑之义，而务碎义逃难，便辞巧说，破坏形体；说五字之文，至于二三万言。后进弥以驰逐，故幼童而守一艺，白首而后能言；安其所习，毁所不见，终以自蔽。此学者之大患也。

不认真思考经传中的"阙疑之义"，逃避艰深难解处而"务碎义"，局限于所见，毁弃所未见，自我封闭，为了"禄利"而巧言说辞，解说五个字竟多达二三万言。

---

① 《说文解字》第15上，中华书局影印本。

六艺之后,《汉书·艺文志》"儒家"著录数十家,汉武帝"独尊儒术"以来,著录了董仲舒至扬雄十三家,有专书流传者仅董仲舒、桓宽、刘向、扬雄四家。

著录"董仲舒百二十三篇",与《董仲舒传》"上疏条教,凡百二十三篇"一致,又以其"说《春秋》事得失,《闻举》、《玉杯》、《蕃露》、《清明》、《竹林》之属,复数十篇",班固"掇其切当世施朝廷者"著于本传。今见《春秋繁露》与班固所见不尽相同,需要注意。就其所见,班固从两方面肯定董仲舒,"推明孔氏,抑黜百家","以《春秋》灾异之变推阴阳所以错行",反映汉代思想领域"尊儒"必须"推阴阳"的实际。至于董仲舒的大一统论、三纲五常伦理说等,对于当时施政的实际影响远不如"推阴阳"影响大。

著录"桓宽《盐铁论》六十篇",是盐铁会议议奏的汇总。昭帝始元六年"诏有司问郡国所举贤良文学民间疾苦,议罢盐铁榷酤",不论"开本末之途,通有无之用"的争论,还是刑德之争,乃至论议边疆政策,多以儒家思想主张确定国策,反映尊儒之后对于朝廷施政的影响,也成为昭帝的最大政绩:"至始元、元凤之间,匈奴和亲,百姓充实。举贤良文学,问民间疾苦,议盐铁而罢榷酤,尊号曰'昭',不亦宜乎!"[1]

著录"刘向所序六十七篇",包括《新序》《说苑》《世说》《列女传颂图》,不在本文讨论范围。其代表作《五行传记》十一卷,著录在"书"家,后面详说。

著录"扬雄所序三十八篇",包括"《太玄》十九、《法言》十三、《乐》四、《箴》二"。《扬雄传》叙其诗赋之外,以"经莫大于《易》,故作《太玄》;传莫大于《论语》,作《法言》",《太玄》"有首、冲、错、测、摛、莹、数、文、掜、图、告十一

---

[1] 《汉书》卷 7《昭帝纪》"赞曰"。

篇"，概括"《玄》首四重者，非卦也，数也。其用自天元推一昼一夜阴阳数度律历之纪，久久大运，与天终始。故《玄》三方、九州、二十七部、八十一家、二百四十三表、七百二十九赞，分为三卷，曰一二三，与《泰初历》相应，亦有颛顼之历焉。揲之以三策，关之以休咎，絣之以象类，播之以人事，文之以五行，拟之以道德仁义礼知"。所列《法言》篇目为学行、吾子、修身、问道、问神、问明、寡见、五百、先知、重黎、渊骞、君子、至孝十三目。两部著述，同样反映其儒、阴阳兼而为之。

正因为此，班固在"儒家"后序既点出对"儒家者流"的总体认识，又归括出此间思想变异的基本特点——以儒术与阴阳进行"教化"，同时指出仲尼之后出现的"违离道本"已然成为祸患的趋势：

> 然惑者既失其精微，而辟者又随时扬抑，违离道本，苟以哗众取宠。是以《五经》乖析，儒学寖衰，此辟儒之患。

为"哗众取宠"而"随时扬抑"，任意发挥，离儒学根本越来越远，渐渐导致儒学衰微。

东汉一代的"儒家者流"，范晔《后汉书·儒林列传》"论曰"也有总述，虽然认为"所谈者仁义，所传者圣法也"，使"人识君臣父子之纲，家知违邪归正之路"，却仍然有着与班固极其相似的评述：

> 若乃经生所处，不远万里之路，精庐暂建，赢粮动有千百，其著名高义开门受徒者，编牒不下万人，皆专相传祖，莫或讹杂。至有分争王庭，树朋私里，繁其章条，穿求崖穴，以合一家之说。……且观成名高第，终能远至者，盖亦寡焉，而迁滞若是矣。

如果西汉讲经石渠算是一次"分争王庭",那么东汉也有过一次。建初四年（79）十一月,章帝诏"下太常,将、大夫、博士、议郎、郎官及诸生、诸儒会白虎观,讲议《五经》同异","帝亲称制临决,如孝宣甘露石渠故事,作白虎《议奏》"。八年冬,又"令群儒选高才生,受学《左氏》、穀梁《春秋》、古文《尚书》、毛《诗》"①。不同的是,西汉的"石渠论"分别汇集议奏,此时的"白虎论"由班固汇总议奏,形成《白虎通义》。古文经虽未立学官,仍然"擢高第为讲郎,给事近署"。至熹平四年（175）,灵帝"诏诸儒正定《五经》,刊于石碑,为古文、篆、隶三体书法以相参验,树之学门,使天下咸取则焉"②,为儒学的"分争王庭"保存下一份珍贵的实物见证。

东汉一代,在班固之前或与班固同时代的名著不过桓谭《新论》、王充《论衡》。《后汉书》卷 28 桓谭与冯衍合传,分上、下篇,上篇以 1/3 强的篇幅记桓谭,录其在光武帝即位后的两篇上疏,一是"书奏,不省",一是"帝省奏,愈不悦",后以"极言谶之非经",帝大怒曰"桓谭非圣无法,将下斩之",桓谭"叩头流血,良久乃得解"。《后汉书》卷 49 王充与王符、仲长统合传,记王充 230 字,以其"好论说,始若诡异,终有理实",著《论衡》85 篇,"释物类同异,正时俗嫌疑"。李贤注引袁山松《（后汉）书》曰:"充所作《论衡》,中土未有传者,蔡邕入吴始得之。"这后一则记载表明,王充《论衡》对当时的思想学术领域并没有什么影响。

范晔通观东汉一代的此类著述,认为不过"百家之言政者"中的一家言而已,"大略归乎宁固根柢,革易时弊",由于"遭运

---

① 《后汉书》卷 3《肃宗孝章帝纪》。
② 《后汉书》卷 79 上《儒林列传上》。卷 8《孝灵帝纪》熹平四年"春三月,诏诸儒正《五经》文字,刻石立于太学门外"。

无恒，意见偏杂，故是非之论，纷然相乖"①。《后汉书》为经学家立传，集中在卷35、卷36。卷35"论曰"论东汉郑玄之前（基本为班固之前）的经学，比班固论西汉经学有过之而无不及：

> 学者亦各名家，而守文之徒，滞固所禀，异端纷纭，互相诡激，遂令经有数家，家有数说，章句多者或乃百余万言，学徒老而少功，后生疑而莫正。

卷36"论曰"归纳"儒家者流"的命运，发出"悲矣哉"的感叹：

> 郑、贾之学，行乎数百年中，遂为诸儒宗，亦徒有以焉尔。桓谭以不善谶流亡，郑兴以逊辞仅免，贾逵能附会文致，最差显贵。世主以此论学，悲矣哉！

总起来说，尊崇儒术，使之成为"禄利之路"，导致了儒学卖身权势、追逐功利。"分争王庭"，破坏了学术的纯洁性，使利欲熏心者一味向皇权要更多的好处，甚至于试图左右朝政，觊觎权位。为"禄利"所驱使，争立学官，争到朝堂之上，要皇帝来裁决。学术造假与学术打假伴随今古文之争，贯穿此后中国学术发展的整个历程。

四　灾异说弥漫朝野，变换着"德""统"观念

"独尊儒术"之前，阴阳与儒各自为家，阴阳灾异说多出自方

---

① 《后汉书》卷49《王充王符仲长统列传》"论曰"。

士之口，司马迁谓之为"不雅训"者。自董仲舒治《春秋》、推阴阳而"为儒者宗"以来，西汉一代言阴阳灾异的大家几乎都是经学大家，使阴阳灾异说成为比方士神仙说更为精致的一种理论。班固对当时兼通经学与阴阳学并为皇帝所信用的名家有一简要综述：

> 汉兴，推阴阳言灾异者，孝武时有董仲舒、夏侯始昌，昭、宣则眭孟、夏侯胜，元、成则京房、翼奉、刘向、谷永，哀、平则李寻、田终术。此其纳说时君著明者也。察其所言，仿佛一端。假经设谊，依托象类，或不免乎"亿则屡中"。①

其中，夏侯始昌、夏侯胜（即大、小夏侯）《尚书》、京房《易》，都是立了学官的，班固认为他们的共同点是"假经设谊，依托象类"，而臆测却往往能够说中。

汉武帝死后不到十年，昭帝元凤三年（前 78），泰山莱芜山有大石自立，百鸟数千下集其旁，上林苑中大柳树断枯卧地亦自立生，有虫食树叶成文字，符节令眭孟（即眭弘）"推《春秋》之意"，认为"大石自立，僵柳复起，非人力所为，此当有从匹夫为天子者"，又说"先师董仲舒有言，虽有继体守文之君，不害圣人之受命。汉家尧后，有传国之运。汉帝宜谁差天下，求索贤人，禅以帝位，而退自封百里，如殷周二王后，以承顺天命"②。昭帝年幼，大将军霍光秉政，以"妖言惑众，大逆不道"将眭孟诛杀。五年以后，宣帝"兴于民间，即位"，以为是"有从匹夫为天子者"的应验，眭孟虽已被诛，复征召其子为郎。不管是董仲舒，还是眭孟，第一次提出"汉家尧后，有传国之运"的说法，班固

---

① 《汉书》卷 75《眭两夏侯京翼李传》"赞曰"。"亿则屡中"，师古曰："言仲舒等亿度，所言既多，故时有中者耳，非必道术皆通明也。"
② "宜谁差天下，求索贤人"，孟康曰："谁，问；差，择也。问择天下贤人。"

将其载入史册。

宣帝继位，"修武帝故事，盛车服，敬齐祠之礼"，七个年号中后四个年号——神爵、五凤、甘露、黄龙，均与神爵、凤鸟、甘露集、黄龙见等符瑞联系在一起。夏侯胜，即"小夏侯"，所传《尚书》立为学官，并"授太后"。当宣帝下诏议武帝庙乐时，夏侯胜极力反对，以武帝"虽有攘四夷广土斥之功，然多杀士众，竭民财力，奢泰亡度，天下虚耗，百姓流离，物故者（过）半。蝗虫大起，赤地数千里，或人民相食，蓄积至今未复。亡德泽于民，不宜为立庙乐"，并认为宣帝诏书"不可用"，结果被劾奏"非议诏书，毁先帝"而下狱。时隔二年，49 郡同日地震，或山崩水出，坏城郭房屋，死 6000 余人，宣帝以灾异是"天地之戒"，下诏"博问术士，有以应变，补朕之阙，毋有所讳"，夏侯胜被赦，为谏大夫给事中，备受"亲信"，常将皇帝所言说给外人，并比之于尧："陛下所言善，臣故扬之。尧言布于天下，至今见诵。臣以为可传，故传耳。"[1] 第二年，地节元年（前 69），宣帝诏书亦云"盖闻尧亲九族，以和万国"。虽然未说"汉为尧后"，但都在效法"尧"。神爵二年（前 60），司隶校尉盖宽饶引韩氏《易传》言"五帝官天下，三王家天下，家以传子，官以传贤，若四时之运，功成者去，不得其人则不居其位"[2]，比起眭孟"求索贤人，禅以帝位"，如出一辙，命运也不比眭孟好多少，下狱引佩刀自刭。18 年间，朝堂出现两次上书，公然指向汉家天子"不得其人，不居其位"，要求"禅以帝位，承顺天命"，反映朝野对于汉室江山的某种失望心理，认为刘姓天下"气数将尽"。

自汉武帝以来，种种奢侈腐败、勾心斗角发展为皇位争夺，元帝即位后灾害连年不断。初元三年（前 45）六月以"安民之道，本由阴阳。间者阴阳错谬，风雨不时"，下诏"丞相御史举天

---

① 《汉书》卷 75《眭两夏侯京翼李传》。
② 《汉书》卷 77《盖诸葛刘郑孙毋将何传》。

下明阴阳灾异者各三人"，"于是言事者众，或进擢召见，人人自以得上意"①。其间，以《易》立为学官又是言灾异名家的京房，在一次"宴见"时对平帝说："《春秋》纪二百四十二年灾异，以视万世之君。今陛下即位已来，日月失明，星辰逆行，山崩泉涌，地震石陨，夏霜冬雷，春凋秋荣，陨霜不杀，水旱螟虫，民人饥疫，盗贼不禁，刑人满市，《春秋》所记灾异尽备。陛下视今为治邪，乱邪？"平帝曰："亦极乱耳。尚何道？"尽管君臣均未明言，却都承认汉家天下已经到了"极乱"的地步。

成帝永始、元延之间，日蚀、地震不断出现，"吏民多上书言灾异之应，讥切王氏专政所致"②。"于天官、京氏《易》最密，故善言灾异"的谷永，前后上奏四十余事，无一不是"因天变而切谏，劝上纳用之"。元延元年（前12），"灾异尤数"，成帝遣使问谷永，谷永回复说：

> 臣闻天生蒸民，不能相治，为立王者以统理之。方制海内非为天子，列土封疆非为诸侯，皆以为民也。垂三统，列三正，去无道，开有德，不私一姓，明天下乃天下之天下，非一人之天下也。

说《易》、谈灾异的儒学大家，讲出"天下乃天下之天下，非一人之天下"的话，比起明清之际黄宗羲、顾炎武说出同样的话要早1670年，在思想史、史学思想史研究中竟未被提起过，不能不反映研究存在的某种缺失。进而，谷永指出："时世有中季，天道有盛衰。陛下承八世之功业，当阳数之标季，涉三七之节纪，遭《无妄》之卦运，直百六之灾阨。三难异科，杂焉同会。建始

---

① 《汉书》卷9《元帝纪》。
② 《汉书》卷81《匡张孔马传》。

元年以来二十载间，群灾大异，交错锋起，多于《春秋》所书。"① 成帝承八代基业，接近"三七"二百一十的"节纪"，"阳数"已到末季，又遇《无妄卦》，"万物无所望，灾异为最大"，因此发出"隆德积善，惧不克济"的感叹。

成帝在位年间，发生过这样一件事，一直延续到哀帝。齐人甘忠可"诈造"《天官历》《包元太平经》12 卷，言"汉家逢天地之大终，当更受命于天，天帝使真人赤精子，下教我此道"，并传夏贺良等。刘向以甘忠可"假鬼神罔上惑众，下狱治服"，夏贺良仍"私以相教"。哀帝即位，司隶校尉解光"以明经通灾异得幸"，继续夏贺良等"所挟（甘）忠可书"。"见汉家有中衰陁会之象"的李寻，也是班固肯定为"纳说时君著明者"，受到哀帝赏识，荐夏贺良待诏黄门，数召见，陈说"汉历中衰，当更受命。成帝不应天命，故绝嗣。今陛下久疾，变异屡数，天所以遣告人也。宜急改元易号，乃得延年益寿，皇子生，灾异息矣"②，哀帝"从贺良等议"，以"汉家历运中衰，当再受命，宜改元易号"，下诏"汉国再获受命之符"，"以建平二年为太初元将元年，号曰陈圣刘太平皇帝"③。然而，哀帝"疾自若"，夏贺良所言"无验"，不到两个月便以"乱朝政，倾覆国家，诬罔主上"的罪名下狱伏诛。闹剧虽然终场，但"汉家逢天地之大终，当更受命于天"已成为一种涌动的社会心理。

上述"推阴阳言灾异者"的故事不断，反映出西汉中后期朝野潜在的社会意识。独尊儒术，"劝以禄利"，原本希望用以巩固大一统的汉家天下。然而，儒学纷争，与"推阴阳言灾异"结合，造就出一批明经通灾异的儒学大家，不断制造汉家天下"阳数"将尽，"当更受命于天"的舆论，以致"言符瑞灾异，主让国传

① 《汉书》卷 85《谷永杜邺传》。
② 《汉书》卷 75《眭两夏侯京翼李传》。
③ 《汉书》卷 11《哀帝纪》。

贤"成为"西汉经学大统",这是汉武帝、董仲舒"独尊儒术"所始料不及的。由此可见,一种思想被尊崇到成为"禄利之路"以后,必然背离初衷,走向反面。

作为汉室宗亲,刘向当然不希望刘姓天下被更替,便"集合上古以来历春秋六国至秦汉符瑞灾异之记,推迹行事,连传祸福,著其占验,比类相从,各有条目,凡十一篇,号曰《洪范五行传论》"①,成为"推阴阳言灾异"的集大成者,下面详述。

王莽托古改制,每每引经据典,将被"禄利"诱惑的"经术"与"阴阳术"紧紧结合,制造篡汉舆论,把学术造假弄成历史造假,这里举两件影响班氏父子修史的事例。

其一,《汉书·元后传》开篇的王莽《自本》。元后,王莽姑母,元帝皇后。《自本》,"述其本系"。王莽《自本》编造了一个王氏为黄帝之后、虞舜之后的世系:"黄帝姓姚氏,八世生虞舜。舜起妫汭,以妫为姓。至周武王封舜后妫满于陈,是为胡公。十三世生完。完子敬仲,奔齐,齐桓公以为卿,姓田氏。十一世,田和有齐国,三世称王,至王建为秦所灭。项羽起,封(王)建孙(王)安为济北王。至汉兴,(王)安失国,齐人谓之王家,因以为氏。"文景间,王安孙王遂生王贺,字翁孺,为武帝绣衣御史,后徙魏郡元城委粟里,为三老。元城建公曰:"昔春秋沙麓崩,晋史卜之,曰:'阴为阳雄,土火相乘,故有沙麓崩。后六百四十五年,宜有圣女兴。'其齐田乎!今王翁孺徙,正直其地,日月当之。元城郭东有五鹿之虚,即沙鹿地也。后八十年,当有贵女兴天下。"②王莽的这一"自述",不仅班固写入《汉书·王莽传》,其后的王符也写入《潜夫论·志氏姓》。王莽编造这样的"家世",意图十分清楚:"自谓为黄帝之后",黄帝的土德永不会变,王莽亦应据土德;作为舜的一脉之后,舜受尧禅,汉为尧后,

---

①　《汉书》卷 36《楚元王传》。
②　《汉书》卷 98《元后传》。

王莽自然应受汉禅。① 所谓"阴为阳雄"是说王莽借助其姑母得国，所谓"土火相乘"是说王莽的土德应取代汉的火德。关键非得把汉变为火德，如果汉为土德，王莽就失去了代汉的"依据"。

其二，王莽篡位之初，始建国元年（前9）秋，遣五威将王奇等十二人班《符命》四十二篇于天下。其德祥五事，为"文、宣之世黄龙见于成纪、新都，高祖考王伯墓门梓柱生枝叶之属"；符命二十五，"言井石、金匮之属"；福应十二，"言雌鸡化为雄之属"。"其文尔雅依托，皆为作说，大归言莽当代汉有天下"，并有一个"总而说之曰"的扼要归纳：

> 帝王受命，必有德祥之符瑞，协成五命，申以福应，然后能立巍巍之功，传于子孙，永享无穷之祚。故新室之兴也，德祥发于汉三七九世之后。……武功丹石出于汉氏平帝末年，火德销尽，土德当代，皇天眷然，去汉与新，以丹石始命于皇帝。……受命之日，丁卯也。丁，火，汉氏之德也。卯，刘姓所以为字也。明汉刘火德尽，而传于新室也。②

三七二百一十年、传位九世的刘姓天下火德已尽，王莽的新朝正待机而出。

王莽末年，群雄并起，宛人李通等以图谶说刘秀："刘氏复起，李氏为辅。"刘秀遂与李通等起事，以刘玄为更始帝。王莽被诛斩首后，更始二年（24）刘秀"始贰于更始"。部下诸将上尊号劝进，刘秀不为所动。不久，公孙述以符瑞在成都自立为天子，诸将复上奏，刘秀仍不听。直至儒生强华从关中奉《赤伏符》来献，曰"刘秀发兵捕不道，四夷云集龙斗野，四七之际火为主"，

---

① 据《汉书》卷99上《王莽传上》，初始元年莽下书曰"予以不德，托于皇初祖考黄帝之后，皇始祖考虞帝之苗裔"，则其《自本》当造于居摄年。
② 《汉书》卷99中《王莽传中》。

群臣复奏"受命之符，人应为大"，刘秀才认为称帝有符谶为证，在鄗登基，建元建武（25）。第二年起高庙，"始正火德，色尚赤"①。

光武称帝伊始，即令尹敏、薛汉等"校图谶"。死前一年即中元元年（56），又"宣布图谶于天下"②。谶纬由皇家垄断，成为全社会信奉的准则。"光武善谶，及显宗（明帝）、肃宗（章帝）因祖述焉。自中兴之后，儒者争学图纬，兼复附以妖言。"③ 明帝时，樊鯈"与公卿杂定郊祠礼仪，以谶记正《五经》异说"④，又"诏东平王苍正《五经》章句，皆命从谶。俗儒趋时，益为其学，篇卷第目，转加增广。言《五经》者，皆凭谶为说"⑤。章帝时不仅以谶纬定《五经》，而且以谶纬定礼乐。章和元年，下敕曹褒制定礼乐，"于南宫、东观尽心集作"，曹褒"乃次序礼事，依准旧典，杂以《五经》谶记之文，撰次天子至于庶人婚冠吉凶终始制度，以为百五十篇，写以二尺四寸简"⑥。明帝时，班固与陈宗、尹敏、孟异等共成《世祖本纪》，写刘秀降生："建平元年十二月甲子夜上生时，有赤光，室中尽明。皇考异之，使卜者王长（卜之。长）曰：'此善事不可言。'是岁嘉禾生，一茎九穗，长大于凡禾，县界大丰熟，因名上曰秀。是岁凤凰来集济阳，故宫皆画凤皇。圣端萌兆，始形于此。上为人隆准，日角，大口，美须眉，长七尺三寸。"⑦ "望气者苏伯阿望舂陵城曰：'美哉！王气郁郁葱葱。'"⑧ 在"言《五经》者，皆凭谶为说"的圣命之下，必然会演绎出这类文字来。

① 《后汉书》卷 1 上《光武帝纪上》。
② 《后汉书》卷 1 下《光武帝纪下》。
③ 《后汉书》卷 59《张衡列传》。
④ 《后汉书》卷 32《樊宏阴识列传》。
⑤ 《隋书》卷 32《经籍志一》"图谶"后序。
⑥ 《后汉书》卷 35《张曹郑列传》。
⑦ 《太平御览》卷 90《后汉世祖光武皇帝》引《东观汉记》。
⑧ 《北堂书钞》卷 151 引《东观汉记》。

五　刘氏父子的成就及影响

再回过头来说本文开头引录的《汉书·高帝纪》"赞曰"。班固父子不再沿用汉武帝以前董仲舒或司马迁的说法，而是综合《左传》三则记事，全盘接受刘氏父子的说法写出"汉承尧运，协于火德"的。

《高帝纪》"赞曰"所谓的《春秋》，实为《左传》，节录的三则记事，分别在昭公二十九年、襄公二十四年、文公十三年。其一，昭公二十九年"蔡墨之对"：魏献子问于蔡墨，蔡墨对曰："及有夏孔甲，扰于有帝，帝赐之乘龙，河、汉各二，各有雌雄。孔甲不能食，而未获豢龙氏。有陶唐氏既衰，其后有刘累，学扰龙于豢龙氏，以事孔甲，能饮食之。夏后嘉之，赐氏曰御龙，以更豕韦氏之后。龙一雌死，潜醢以食夏后。夏后飨之，既而使求之。惧而迁于鲁县，范氏其后也。"陶唐氏既衰，其后有刘累，范氏为其后。其二，襄公二十四年，"（范）宣子曰：'昔匄之祖，自虞以上为陶唐氏，在夏为御龙氏，在商为豕韦氏，在周为唐杜氏，晋主夏盟为范氏，其是之谓乎！'"范宣子为士会之孙，士会封于范，遂以范为氏。其三，文公十三年，"晋人患秦之用士会也……乃使魏寿余伪以魏叛者，以诱士会。执其帑于晋，使夜逸。请自归于秦，秦伯许之。……秦人归其帑。其处者为刘氏"。士会的后人留居秦者，不再以士为氏，而以刘为氏。综合三段文字，形成这样一个世系：

这就从《左传》中找出"刘为尧后"来了。

更进一步，连历史根据也不要，径直引"刘向云"："在秦作刘，涉魏而东，遂为丰公。"并解释说："丰公，盖太上皇父。"在秦的刘氏传至丰公，便是刘邦的祖父，汉家天子终于成了尧的后代。

这里插叙一段班固之父班彪的认识。王莽末年，隗嚣据陇地而拥众，问班彪"承运迭兴"是否"在于一人"，班彪感其"愍狂狡之不息"乃著《王命论》，其中有这样的文字：

> 刘氏承尧之祚，氏族之世，著乎《春秋》。唐据火德，而汉绍之，始起沛泽，则神母夜号，以章赤帝之符。①

足以显见，早在班彪时就已全盘接受了刘向父子的说法，为《汉书·高祖纪》"赞曰"定下了基调。

"汉承尧运"，最早是眭弘（即眭孟）提出的，命运却完全不同。眭弘只不过发挥董仲舒的观念做猜想而已，被加以"妖言惑众，大逆不道"的罪名诛杀。刘氏父子从《左传》从中找出"刘为尧后""汉承尧运"的"历史依据"，使《左传》立为官学，影响整个经学、史学。与班固同时的经学大家贾逵说《左传》的"发明、补益"处，恰好道出以其立官学的奥秘：

> 《五经》家皆无以证图谶明刘氏为尧后者，而《左氏》独有明文。《五经》家皆言颛顼代黄帝，而尧不得为火德。《左氏》以为少昊代黄帝，即图谶所谓宣帝也。如令尧不得为火，则汉不得为赤。②

① 《汉书》卷 100 上《叙传上》。
② 《后汉书》卷 36《郑范陈贾张列传》。

　　西汉的官学《五经》都不能证明"刘氏为尧后"，《左传》却"独有明文"；西汉的官学《五经》都说尧不为火德，如果尧不为火德，汉就不会著赤帝之符，不能得天统。不论《左传》是否有刘歆造伪，"汉承尧运，协于火德"成为东汉之后长时间影响人们认识西汉历史的一种基本观念。

　　不仅限于此，整部《汉书》的基本依据都源自刘向、刘歆父子。《汉书·楚元王传》"赞曰"在称汉兴以来的"缀文之士"，肯定董仲舒、司马迁、扬雄"皆博物洽闻，通达古今，其言有补于世"之后，紧接着论刘氏父子的成就：

　　　　刘氏《洪范论》发明《大传》，著天人之应。《七略》剖判艺文，总百家之绪。《三统历谱》考步日月五星之度。

　　刘向父子的《洪范论》《七略》《三统历谱》，集中体现了西汉一代的学术特点和思想变异。班固在依"刘为尧后"的说法改写《高帝纪》的同时，依《洪范论》《七略》《三统历谱》创五行、艺文二志，改写律历一志，依《洪范》《禹贡》创食货、地理二志。

　　刘向父子的《洪范论》《三统历谱》《七略》均已不传，但从《汉书·五行志》《律历志》《艺文志》可知其基本内容，这里主要从《五行志》《律历志》谈刘氏父子《洪范五行传论》《三统历谱》及影响。

　　《汉书·艺文志》诸子略著录"阴阳二十一家"，术数略著录"五行三十一家"，班固对它们均有清晰的认识，既指出其所长，又看到被"拘者""小数家"变乱引出的后果——"舍人事而任鬼神""以为吉凶，而行于世，寖以相乱"。且看"阴阳家"后序，以"敬顺昊天，历象日月星辰，敬授民时，此其所长也。及拘者为之，则牵于禁忌，泥于小数，舍人事而任鬼神"。再看"五行家"后序，认为"五行者，五常之形气也。《书》云'初一曰五行，次二曰羞用五事'，言进用五事以顺五行也。貌、言、视、听、思心失，而五行之乱序，五星之变作，皆出于律历之数而分为一者也。其法亦起五德终始，推其极则无不至。而小数家因此以为吉凶，而行于世，寖以相乱"。在这样的认识下，班固创《五行志》，反映其纪实的一面：

　　汉兴，承秦灭学之后，景、武之世，董仲舒治《公羊春秋》，始推阴阳，为儒者宗。宣、元之后，刘向治穀梁《春秋》，数其祸福，传以《洪范》，与仲舒错。至向子歆治《左氏传》，其《春秋》意亦已乖矣；言《五行传》，又颇不同。是以擥（揽）仲舒，别向、歆，传载睦孟、夏侯胜、京房、谷永、李寻之徒所陈行事，讫于王莽，举十二世，以傅《春秋》，著于篇。

　　其篇幅成为《汉书》志中最长的一志，分上、中上、中下、下上、下下五篇，在详录推阴阳灾异诸家之说的同时，写入其本人的认识。

　　《洪范五行传论》始作于成帝河平三年刘向校书之初，《艺文志》六艺略"书家"著录"刘向《五行传记》十一卷"，经刘歆"卒父前业"，共同发挥《尚书》"洪范九畴"，将"五行"与社会现象对应，形成系统的灾异说。

　　《尚书·洪范》开篇是武王问箕子如何治理天下，箕子用所听传闻提出"洪范九畴"，并叙其纲领："初一曰五行，次二曰敬（羞）用五事，次三曰农用八政，次四曰协（叶）用五纪，次五曰建用皇极，次六曰乂（艾）用三德，次七曰明用稽疑，次八曰念用庶征，次九曰向用五福，威（畏）用六极。"刘氏父子以其"皆雒书本文，所谓天乃锡（赐）禹大法九章常事所次者也。以为河图、雒书相为经纬，八卦、九章相为表里"，强调"殷道弛，文王演《周易》；周道敝，孔子述《春秋》。则乾坤之阴阳，效《洪范》之咎征，天人之道粲然著矣"。

《尚书·洪范》在叙纲领之后，分别对"九章大法"一一说明。对于"初一曰五行"，作如下叙述：

> 五行：一曰水，二曰火，三曰木，四曰金，五曰土。水曰润下，火曰炎上，木曰曲直，金曰从革，土爰稼穑。润下作咸，炎上作苦，曲直作酸，从革作辛，稼穑作甘。

只将五行与五味对应，刘氏父子《五行传论》将五行与方位、社会现象对应：

水，方位在北。王者即位，所以顺事阴气，和神人。至发号施令，亦奉天时。十二月咸得其气，则阴阳调而终始成。如此则水得其性矣。若乃不敬鬼神，政令逆时，则水失其性。雾水暴出，百川逆溢，坏乡邑，溺人民，及淫雨伤稼穑，是为水不润下。

火，方位在南。其于王事，南面向明而治。贤佞分别，官人有序，帅由旧章，敬重功勋，殊别嫡庶，如此则火得其性矣。若乃通道不笃，或耀虚伪，谗夫昌，邪胜正，则火失其性矣。自上而降，及滥炎妄起，灾宗庙，烧宫馆，虽兴师众，弗能救也，是为火不炎上。

木，方位在东。其于王事，步行、登车、田狩、饮食等均有度、有节、有制、有礼，出入有名，使民以时，务在劝农桑，谋在安百姓，如此则木得其性矣。若乃田猎驰骋不反宫室，饮食沉湎不顾法度，妄兴徭役以夺农时，作伪奸诈以伤民财，则木失其性矣。工匠之为轮矢者多伤败，及木为变怪，是为木不曲直。

金，方位在西。其于王事，出军行师，把旄杖钺，誓士众，抗威武，所以征叛逆止暴乱也。如此则金得其性矣。若乃贪欲恣睚，务立威胜，不重民命，则金失其性。工冶铸金铁，金铁冰滞涸坚，不成者众，及为变怪，是为金不从革。

土，方位居中。其于王者，为内事。宫室、夫妇、亲属，亦相生者也。古者天子诸侯，宫庙大小高卑有制，后夫人媵妾多少进退有度，九族亲疏长幼有序。故禹卑宫室，文王刑于寡妻。如此则土得其性矣。若乃奢淫骄慢，则土失其形。无水旱之灾而草木百谷不熟，是为稼穑不成。

如此解说"五行"之后，又将《洪范》"九章大法"之二"敬（羞）用五事"与之八"念用庶征"糅合在一起。"五事：一曰貌，二曰言，三曰视，四曰听，五曰思。貌曰恭，言曰从，视曰明，听曰聪，思曰睿。恭作肃，从作乂（艾），明作哲（悊），聪作谋，睿作圣。""庶征"又分"休征"（好征兆）、"咎征"（坏征兆），各有自然现象与之对应。"休征：曰肃，时雨若；曰乂（艾），时旸（阳）若；曰哲（悊），时燠（奥）若；曰谋，时寒若；曰圣，时风若。""咎征：曰狂，恒雨若；曰僭，恒旸（阳）若；曰豫（舒），恒燠（奥）若；曰急，恒寒若；曰蒙（霿），恒风若。"然后，对貌之不恭、言之不从、视之不明、听之不聪、思之不睿，逐一指出其对应的"咎征"和可能出现的灾异：

　　貌之不恭，是谓不肃，厥咎狂，厥罚恒雨，厥极恶。时则有服妖，时则有龟孽，时则有鸡祸，时则有下体生上之痾，时则有青眚青祥。唯金沴木。

　　……

　　言之不从，是谓不艾，厥咎僭，厥罚恒阳，厥极忧。时则有诗妖，时则有介虫之孽，时则有犬祸，时则有口舌之痾，时则有白眚白祥。惟木沴金。

　　……

视之不明，是谓不悊，厥僭舒，厥罚恒奥，厥极疾。时则有草妖，时则有臝虫之孽，时则有羊祸，时则有目痾，时则有赤眚赤祥。惟水沴火。

……

听之不聪，是谓不谋，厥咎急，厥罚恒寒，厥极贫。时则有鼓妖，时则有鱼孽，时则有豕祸，时则有耳痾，时则有黑眚黑祥。惟火沴水。

……

思心之不睿，是谓不圣，厥咎霿，厥罚恒风，厥极凶短折。时则有脂夜之妖，时则有华孽，时则有牛祸，时则有心腹之痾，时则有黄眚黄祥，时则有金木水火沴土。

此外，"皇之不极，是谓不建，厥咎眊，厥罚恒阴，厥极弱。时则有射妖，时则龙蛇之孽，时则有马祸，时则有下人伐上之痾，时则有日月乱行，星辰逆行"。

关于日、月、星辰的种种奇异现象，亦有各种不同的说词。

以上述条例为基本依据，汇集春秋至秦汉符瑞灾异，从五行的本性出发，区分"得其性"与"失其性"的差别，尤其关注"于王事"方面"失其性"的表现，分别著其"咎征"，即所谓"推迹行事，连传祸福，著其占验，比类相从"。

如说"火不炎上"，对于《春秋》桓公十四年"八月壬申，御廪灾"一事，刘向的推迹行事，著其占验是："御廪，夫人八妾所舂米之臧（藏）以奉宗庙者也，时夫人有淫行，挟逆心，天戒若曰，夫人不可以奉宗庙。桓（公）不寤，与夫人俱会齐，夫人潛桓公于齐侯，齐侯杀桓公。"刘歆则以为"御廪，公所亲耕籍田以奉粢盛者也，弃法度亡礼之应也"。对于西汉昭帝元凤元年"燕城南门灾"，刘向的推迹行事，著其占验是："燕王使邪臣通于汉，为谗贼，谋逆乱。南门者，通汉道也。天若戒曰，邪臣未来，为奸谗于汉，绝亡之道也。燕王不寤，卒伏其诛。"

再如说"思心之不睿"，对于《春秋》成公五年"夏，梁山崩"，《穀梁传》痈河三日不流，晋君帅群臣而哭之乃流一事，刘向的推迹行事，著其占验是："山阳，君也；水阴，民也。天戒若曰，君道崩坏，下乱，百姓将失其所矣。哭然后流，丧亡之象也。梁山在晋地，自晋始而及天下也。后晋暴杀三卿，厉公以弑。溴梁之会，天下大夫皆执国政，其后孙、宁出卫献，三家逐鲁昭，单、尹乱王室。"刘歆则以为"梁山，晋望也；崩，弛崩也。古者三代命祀，祭不越望，吉凶祸福，不是过也。国主山川，山崩川竭，亡之征也，美恶周必复。是岁岁在鹑火，至十七年复在鹑火，栾书、中行偃杀厉公而立悼公"。对于西汉高后二年正月武都山崩，杀 760 人，地震至八月乃止，文帝元年四月，齐楚地山 29 所同日俱发大水等一系列灾害，刘向的推迹行事，著其占验是："近水渗土也。天若戒曰，勿盛齐楚之君，今失制度，将为乱。后十六年，帝庶兄齐悼惠王之孙文王则薨，无子，帝分齐地，立悼惠王庶子六人皆为王。贾谊、晁错谏，以为违古制，恐为乱。至景帝三年，齐楚七国起兵百余万，汉皆破之。春秋四国同日灾，汉七国同日众山溃，咸被其害，不畏天威之明效也。"

《汉书·五行志》1 卷 5 篇，引《洪范五行传论》刘向 152 则、刘歆 80 则，并看到父子二人认识的异同，指出刘歆"言《五行传》，又颇不同"，大、小夏侯及许商等所"传与刘向同，唯刘歆传独异"。此外，所引刘歆"陈事"，80 则中仅 1 则事涉西汉，引刘向"陈事"，152 则中有 30 则事涉西汉，这一差别也不应忽视。

再从《汉书·律历志》看刘氏父子的《三统历谱》。

《律历志上》写道："至孝成世，刘向总六历，列是非，作《五纪论》。向子歆究其微眇，作《三统历》及《谱》以说《春秋》，推法密要，故述焉。"主要内容，具述如下：

经曰春王正月，传曰周正月"出火，于夏为三月，商为四月，周为五月。夏数得天"，得四时之正。"三代各据一统，明三统常合，而迭为首，登降三统之首，周还五行之道也。故三五相包而生"。"历数三统，天以甲子，地以甲辰，人以甲申。孟仲季迭用事为统首。"

三统与五行的关系，"五行与三统相错"："其于人，皇极统三德五事。故三辰之合于三统也，日合于天统，月合于地统，斗合于人统。五星之合于五行，水合于辰星，火合于荧惑，金合于太白，木合于岁星，土合于填星。三辰五星而相经纬也。天以一生火，地以二生水，天以三生木，地以四生金，天以五生土。五胜相乘，以生小周，以乘乾坤之策，而生大周。阴阳比类，交错相成，故九六之变登降于六体。"将三统与五行糅合在一起，并加理论化。

《律历志下》所载《世经》，虽然不能断定即刘歆《三统历谱》的内容，但从《郊祀志》"赞曰"可以得到间接证明："刘向父子以为帝出于'震'，故包羲氏始受木德，其后以母传子，终而复始，自神农、黄帝下历唐虞三代而汉得火焉。故高祖始起，神母夜号，著赤帝之符，旗章遂赤，自得天统矣。昔共工氏以水德间于木火，与秦同运，非其次序，故皆不永。"

《世经》以《春秋》昭公十七年秋"郯子来朝"为引，叙《左传》昭子问少皞氏以鸟名官何故，郯子回答"吾祖也，我知之。昔者，黄帝氏以云纪，故为云师而云名；炎帝氏以火纪，故为火师而火名；共工氏以水纪，故为水师而水名；太昊氏以龙纪，故为龙师以龙名。我高祖少昊挚之立也，凤鸟适至，故纪于鸟，为鸟师而鸟名"。以此为据，列出太昊帝、炎帝、黄帝、少昊帝、颛顼帝、帝喾、唐帝（尧）、虞帝（舜）、伯禹、成汤的一个新的"五德"之序：

庖牺氏继天而王，为百王先，首德始于木，故为帝太昊。

神农氏以火承木，故为炎帝。

黄帝，火生土，故为土德，天下号曰轩辕氏。

少昊帝，土承金，故为金德，天下号曰金天氏。

颛顼帝，金生水，故为水德。

帝喾，水生木，故为木德。

唐帝，木生火，故为火德。

虞帝，火生土，故为土德。

伯禹，土生金，故为金德。

成汤，金生水，故为水德。

武王，水生木，故为木德。

汉高祖皇帝，木生火，故为火德，天下号曰汉。

对于在太昊、炎帝之间的共工，在周、汉之间的秦，作如此解释："共工虽有水德，在火木之间，非其序也"；"秦以水德，在周汉木火之间，周人迁其行序"。

《世经》所载的这一先王统系主导了此后 2000 年对于上古史基本统系的认识，从皇甫谧《帝王世纪》到吴乘权《纲鉴易知录》，无不如此叙说上古史的统系。

这中间有两点须加注意，一是"五行相生"逐渐取代"五行相胜"，二是将八卦与五行捏合一起。

邹衍"五行终始说"兴于春秋战国至秦统一的征战年代，基调是"胜者用事"，说五行为土气胜、木气胜、金气胜、火气胜、水气胜，或曰土胜水、水胜火、火胜金、金胜木、木胜土。历史进入一统时代，政权更替未必征战，在上述先王统系中"禅以帝位，承顺天命"成为主要方式，于是出现"五行相生"的说法。董仲舒《春秋繁露》中既有"五行相胜"篇（第五十八篇），又有"五行相生"篇（第五十九篇），班固《白虎通义》也是两说并存，既说土、木、金、火、水依次"相胜"，即"五行所以相害者，天地之性，众胜寡，故水胜火也；精胜坚，故火胜金；刚胜柔，故金胜木；专胜散，故木胜土；实胜虚，故土胜水也"，又说木、火、土、金、水依次"相生"，即"木生火者，木行温暖伏其中，钻灼而出，故生火。火生土者，火热故能焚木，木焚而成灰，灰即土也，故火生土。土生金者，金居石依山津润而生，聚土成山，山必生石，故土生金。金生水者，少阴之气温润泽流，锁金亦为水，所以山云从润，故金生水。水生木者，因水润而能生，故水生木"。

上引《郊祀志》"赞曰"有"刘向父子以为帝出于'震'"一句。所谓"震"者，与巽、离、坤、艮、兑、乾、坎共为八卦。《说卦》为汉宣帝时新发现的逸篇，宣帝下示博士增补入《易》[1]，才成为《易》的一篇。《说卦》以"帝出乎震，齐乎巽，相见乎离，致役乎坤，说言乎兑，战乎乾，劳乎坎，成言乎艮"。各卦的方位："震，东方也"，"巽，东南也"，"离，南方之卦也"，"乾，西北之卦也"，"坎者，正北方之卦也"，"艮，东北之卦也"。分述各卦时，以干为天、为金，坤为地（土），巽为木，坎为水，离为火，艮为山（土）。虽然未言震、兑二卦属性，但东为木、南为火、西为金、北为水，四方方位与五行中木、火、金、水相对应。再据《月令》"中央土"，"服黄"，恰好完全对应：

五行——以木、火、土、金、水为次。

方位——以东、南、中、西、北为次。

有了"五行相生"、将八卦与五行揑合，"汉承尧运，协于火德"说便更有所谓的理论依据了。

就这样，班固通观西汉一代尊崇儒术、推奉阴阳的全过程，

---

① 《隋书》卷32《经籍志一》"易"后序"及秦焚书，《周易》独以卜筮得存，唯失《说卦》三篇。后河内女子得之"。据《论衡·正说篇》"至孝宣皇帝之时，河西女子发老屋，得逸《易》、《礼》、《尚书》各一篇，奏之。宣帝下示博士，然后《易》、《礼》、《尚书》各益一篇"。据此，《说卦》不论是否"汉时伪托"，至少可以说明，汉宣帝时《说卦》始被引起注意，才有刘向父子的"以为帝出于'震'"，将五行与八卦揑合一起。

总结两汉之际学术思想变异，准确反映时代变化，系统接受刘氏父子学术成就，在《汉书》的编纂思想、编纂体例两个方面都做出最贴近时代的选择，改变了此前关于西汉及西汉以前历史的诸多认识。"汉承尧运，协于火德"与《世经》的先王统系影响后世修史，创五行、食货、地理、艺文四志，对后来纪传史的纂修影响极大，直至民国年间《清史稿》才改"五行"为"灾异"。

六　余论

荀悦《汉纪》改班固《汉书》为编年体，高祖之外 11 帝"赞曰"基本是《汉书》各纪"赞曰"的改写，唯独《高祖纪》"赞曰"是另行撰写，其文如下：

> 高祖起于布衣之中，奋剑而取天下，不由唐、虞之禅，不阶汤、武之王，龙行虎变，率从风云，征乱伐暴，廓清帝宇，八载之间，海内克定，遂何（荷）天之衢，登建皇极，上古已来，书籍所载，未尝有也。非雄俊之才，宽明之略，历数所授，神祇所相，安能致功如此！夫帝王之作，必有神人之助，非德无以建业，非命无以定众，或以文昭，或以武兴，或以圣立，或以人崇，焚鱼斩蛇，异功同符，岂非精灵之感哉！《书》曰："天功，人其代之。"《易》曰："汤、武革命，顺乎天而应乎人。"其斯之谓乎！故观秦、项之所亡，察大汉之所兴，得失之验，可于兹矣。太史公曰："夏政忠，政忠之敝野，故殷承之以敬。以敬之敝鬼，故周承之以文。以文之敝薄，救薄莫若忠。三王之道周而复始。周秦之间，可谓文敝。秦不改，反酷刑。汉承秦敝，得天下（统）矣。"

只引"太史公曰"的"三统说"，不仅不采用班固"赞曰"中"汉承尧运，协于火德"的一系列说法，甚至针对刘歆、班固关于"汉帝本系，出自唐帝"的说辞，明确高祖"起于布衣"，"不由唐、虞之禅"，是经过八年"征乱伐暴"，"奋剑而取天下"，以"顺乎天而应乎人"的。虽然不否认"历数所授，神祇所相"，却是与"雄俊之才，宽明之略"相提并论的，比起班固来更注重人事，看重高祖的雄才大略。特别在引《书》《易》的两则"重人事"论述之后说出"观秦、项之所亡，察大汉之所兴，得失之验，可于兹矣"。时值东汉末年的荀悦，著有《申鉴》一书，强调"君子有三鉴"，改写西汉一代之史，必然反映出强烈的"以史为鉴"的意识。

又过了两个多世纪，南朝宋范晔修《后汉书》，为《光武帝纪》作"有精意深旨"的"论曰"，全文如下：

皇考南顿君（刘钦）初为济阳令，以建平元年十二月甲子夜生光武于县舍，有赤光照室中。（刘）钦异焉，使卜者王长占之。长辟左右曰："此吉兆不可言。"是岁县界有嘉禾生，一茎九穗，因名光武曰秀。明年，方士夏贺良者，上言哀帝，云汉家历运中衰，当再受命，于是改号为太初元年，称"陈圣刘太平皇帝"，以厌胜之。及王莽篡位，忌恶刘氏，以钱文有金刀，故改为货泉。或以货泉字文为"白水真人"。后望气者苏伯阿为王莽使致南阳，遥望见舂陵郭，唶曰："气佳哉！郁郁葱葱然。"及始起兵还舂陵，远望舍南，火光赫然属天，有顷不见。初，道士西门君惠、李守等亦云刘秀当为天子。其王者受命，信有符乎？不然，何以能乘时龙而御天哉！

不仅引述了班固等撰成的《东观汉记·世祖本纪》中关于刘秀降生的两段文字，还将西汉哀帝时夏贺良上言"汉家历运中衰，当再受命，于是改号为太初元年”一事写入，既表明此类说法影响之深、之远，也反映出荀悦、范晔的史识不同。

《史记》《汉书》《汉纪》关于汉高祖的三则史论，清楚地反映西汉前期、东汉中、东汉末史家对于西汉历史的不同认识，表明这几百年间学术思想的重大变异。史学史研究历来强调史学思想研究，也很看重史家的史论，然而对于上述三四则史论，特别是《史》《汉》的两则史论，几乎未曾有过深入的分析，不能不反映研究存在的某些缺失。

其一，虽引述、分析上面几则史论，却未深入史论所涉历史实际当中，没有弄明白这几位史家根据哪些历史实际得出认识、写成史论的，所以对于班固为什么改变司马迁关于西汉的基本认识，荀悦为什么会写那样的史论，研究自然不到位，因而也就不知道范晔的“论曰”完全是因袭班固了。

其二，20 世纪 60 年代受苏联学界影响，讨论史学史研究对象等问题，普遍认为史学史研究应该以史学思想为主，但对如何研究史学思想却未认真思考过，基本沿用的是思想史的研究方法，注意发掘历史上曾经出现过的唯物的或进步的历史思想或历史观。作为思想史研究完全可以这样，不问其是否传布、是否有过影响，都应该发掘出来。而进行史学史学科的史学思想研究，沿用这样的方法必然会造成研究的失衡：如对王充《论衡》中的历史认识或历史观以相当篇幅去诠释，却不知东汉时其书根本不为人知，在当时乃至后世对于史学、史学思想都很难说有多少实际影响，这无疑是把史学思想研究等同于思想史研究，混淆了两门学科的区别；另一面又摒弃了对当时社会有重大影响，乃至影响整个中国史学、史书编纂的历史认识或历史观，如对汉代经学与阴阳学结合形成的历史认识或历史观缺乏认真研究，以致长期语焉而不详。

其三，对于被认为唯心或非进步的历史认识或历史观缺乏认真研究，未能仔细发掘其中包含的唯物的、科学的、对今人有实用价值的内容。《汉书》根据刘氏父子演绎《尚书·洪范》形成其历史认识或历史观，首创纪传体史书《五行志》，影响及于民国初年纂修《清史稿》，这本身就是史学史、史学思想应该研究的内容。其中包含着的天文学、地学、气象学、生命科学、物候学、科学史等方面的诸多内容，已经不断为这些学科揭示出来，如其下之下篇所记成帝河平元年"三月乙未，日出黄，有黑气大如钱，居日中央"，是举世公认的最早关于太阳黑子的记述，记述黑子的位置、出现时间都非常清楚。对于这些，姑且不说。《洪范》五行说中包含着的"天人合一"（人与环境和谐）的思想，就很值得认真发掘！上引"五行，五常之形气也"的说法，表明古人已经认识到他们生存环境的各种物质形态均有各自运行的常规或习性，而且十分清楚"得其性"与"失其性"的不同后果："得其性"，即顺应其"常"或本性，合理利用，可见"休征"（好征兆）、带来福祉；"失其性"，即背离其"常"或本性，追逐利欲，则见"咎征"（坏征兆）、遭受灾害。我们今天不也说，过度开发，破坏环境，必然会遭到大自然惩罚吗？更何况系统、详细地记录当时可知的灾异，是中国史学一项非常值得称道的传统。正因为《五行志》的接续纂修，才为今人保存下举世唯一一份最系统的中国自然灾害史素材，这在中国史学史上不仅不应回避，而且值得大书。

至于以灾害附会人事、夸大其词，甚至说一些危言耸听、"气数将尽"的话，固然带有很浓的唯心成分，但在没有科学思想指导人们认识人与自然关系的古代，运用当时遵奉的指导思想——儒家思想，结合灾异现象，对皇帝进行"切谏"、谴告，虽属无奈之举，却是那个时代制约皇权的最重要的手段。以谏诤著称的魏徵曾对唐太宗说过："自古上书，率多激切。若不激切，则不能起人主之心。激切即似讪谤，所谓狂夫之言，圣人择焉，唯在陛下裁察，不可责也。"① 为了引起"人主"重视，谏诤言辞必然激切，附会、夸大、危言耸听在所难免，需要的是"裁察"而不是"责"。我们是否应该采纳魏徵之言，改变"察"之少而"责"之多的研究状况，增多一点"察"，减少一些"责"，认真"察"这些说法所包含的"合理内核"，不要简单"责"以"唯心""迷信"之类就了事了呢？

本文的写作，就是想尝试着填补一下史学史研究在这一方面的空缺，希望有兴趣的同人能够进行更深入的研究，为史学学科建设开拓出更为广阔的坦途。

2013 年 3 月

（原载《中国社会科学院历史研究所学刊》第 9 集，
商务印书馆 2015 年版）

---

① 谢保成:《贞观政要集校》卷 6《杜谗佞》，中华书局 2009 年版，第 347 页。

经学的统一与变异

经学发展到唐代，进入了一个总结和变异的时代。安史之乱前，经学从分立走向统一，同时出现"疑古""惑经"倾向；安史之乱后，啖助、赵匡、陆淳舍传求经，形成一个有影响的学派。

一　经学的统一与"惑经"的出现

经过 400 多年的社会变动，到唐太宗贞观年间经学实现全面统一。贞观二年（628），唐太宗君臣在讨论"近代君臣治国，多劣于前古"的原因时，王珪提出：

> 古之帝王为政，皆志尚清静，以百姓之心为心。近代则唯损百姓以适其欲，所任用大臣，复非经术之士。汉家宰相，无不精通一经，朝廷若有疑事，皆引经决定，由是人识礼教，治致太平。近代重武轻儒，或参以法律，儒行既亏，淳风大坏。①

唐太宗"深然其言"。于是，百官中"学业优长，兼识政体者"多进官阶，累加升迁。同时诏停周公为先圣，始立孔子庙于

① 《贞观政要》卷 1《政体》。

学堂，以仲尼为先圣；大收天下儒士，令至京师予以提拔。"学生通一大经以上，咸得署吏。"然而，科举考试的主要科目"明经"科却面临一个问题，儒家经典经汉魏数百年的变异，不仅文字互有异同，注疏更是多种多样，无法确定"标准答案"，给考试阅卷带来许多难以解决的困难。

更为重要的是，前代流传下来的经典已经渗入形形色色的思想观点，有的包含着浓厚的天人感应色彩，有的则夹杂着谶纬之学的印记，还有的倾向虚无的玄学思想，加之今古文之争、南学北学差异等，不完全符合唐初"大一统"政治的需要。统一儒家经典，实际上也是统一官方意识形态，统一教育方针。

贞观四年（630），开始了统一经学的第一步——统一儒家经典的文字。

唐太宗以经籍去圣久远，文字讹谬，诏中书侍郎颜师古于秘书省考定《易》《诗》《书》《礼》《春秋》"五经"。这五部经书，是儒家经典的主体。"五经"的说法，早在西汉时就已经出现。

颜师古（581—645），名籀，字师古，以字行于世。少时即继承家学传统，博览群书，尤精文字训诂。受命之后，经过三年的核校，将"五经"文字校定完毕。由于各家"传习师说，舛谬已久"，对于颜师古的校定不以为然。唐太宗又诏宰相房玄龄会集儒生"重加详议"。颜师古针对儒生们提出的非难，征引晋、宋以来的古本，对于每一个问题都从容地"随方晓答，援据详明，皆出其意表"，答辩的结果是"诸儒莫不叹服"，唐太宗也"称善者久之"。七年（633）十一月，新校定的"五经"作为《五经定本》，正式颁行天下。

唐太宗崇儒学，为的是在思想领域结束魏晋南北朝以来玄学、佛学和儒学解经纷纭的局面，要求注释统一，读音规范，这在当时也是大势所趋。陆德明《经典释文》与孔颖达《五经正义》，正好符合时代要求，相得益彰，相辅而行。

　　陆德明（约556—628）[①]，本名元朗，后以字为名。生于北周，长于南朝陈，陈亡入隋。唐初为秦王府文学馆学士、太学博士，终官国子博士。《经典释文》的撰著时间，历来争论不休，但唐太宗获读后大加称赞，并赏赐其家属，表明其书是陆德明在隋朝的30余年，也即他年富力强之时完成的。

　　《经典释文》侧重经籍读音的划一，也兼及字义。《序录》实际是一部小型经学史，从中可以了解隋以前经学发展的沿革和基本情况。经注流传自有其本身的规律，如何确定注本，陆德明不依是否流传和淘汰定其优劣，而是从客观实际和学术承传出发。所依注本，《周易》主王弼、韩康伯注，《尚书》主孔安国传，《诗》主毛传郑笺，《三礼》（《周礼》《仪礼》《礼记》）主郑玄注，《春秋左氏传》主杜预注，《公羊传》主何休注，《穀梁传》主范宁注，《孝经》主郑注十八章本，《论语》主何晏集解，《老子》主王弼注，《庄子》主郭象注，《尔雅》主郭璞注。这14种经注，如果孔安国传属于魏晋时期伪作，则汉代注6种，魏晋注8种。除开《老子》《庄子》，儒家经典的标准注本基本确定下来。《孝经》后来由于唐玄宗的御注本流行，郑注遂废。孔颖达《五经正义》采用的都是陆德明《经典释文》所选注本，一直流传。儒家经典十三经，《孟子》之外，所用注本也都遵循的是《经典释文》，陆德明的首创之功不可没。

　　《经典释文》所依注本，魏晋多于汉代，南学多于北学。但陆德明对于经学的看法和治经的方法则是汉学系统。因此，他特别重视和强调"音训"。《经典释文序》这样写道："古今并录，括其枢要，经注毕详，训义兼辨，质而不野，繁而非芜。"《条例》对"音训"的沿革及注音更是多有总结："先儒旧音，多不注音。

──────────

　　① 据《旧唐书》卷189上《陆德明传》推算。陈太建中"年始弱冠"，以太建七年（575）陆德明20岁计，则其生年当在556年前后。"贞观初拜国子博士，封吴县男。寻卒"，则其卒年当在628年前后。

然注既释经，经由注显，若读注不晓，则经义难明。"注经既要懂得字音，又要了解字义，运用音义要与经文相合。因此，历来评价《经典释文》，都非常重视它在这一方面的成就：

> （《经典释文》）所采汉、魏、六朝音切凡二百三十余家，又兼载诸儒之训诂，证各本之异同。后来得以考见古义者，《注疏》以外，惟赖此书之存，真所谓残膏剩馥，沾溉无穷者也。①

总之，陆德明既尊周、孔，又尚老、庄；既重汉学郑注，又重玄学王注，儒道兼通。《经典释文》亦非汉非玄，或叫作既汉既玄，表现着隋唐时期经学发展所处时代特征。

在统一五经的文字之后，紧接着的便是对经文作统一的义疏。

唐太宗因"儒家多门，章句繁杂"，诏颜师古与国子祭酒孔颖达等诸儒撰《五经义疏》，后定名为《五经正义》。正义，就是正前人之义疏。不论南学、北学的差异，还是今文、古文之争，亦不囿于哪家哪派，而是将前人注疏统统看作资料，辨析各家之说的优劣短长，剪其烦冗，撮其机要，取其文证详悉、义理精审之说，对《五经》的内容及思想作出标准统一的解释。

孔颖达（574—648），自幼就读儒家经典，及长尤精《左氏传》、郑氏《尚书》、王氏《易》、毛《诗》、《礼记》。贞观年间，长期在国家最高学府——国子监为博士、司业、祭酒。《五经正义》的始撰时间记载不详，最初完成时间在贞观十二年（638）。《唐会要》这样记载：

---

① 《四库全书总目》卷 33《五经总义类》。

　　贞观十二年，国子祭酒孔颖达撰《五经义疏》一百七十卷，名曰《义赞》，有诏改为《五经正义》。[①]

　　由于各家承传分歧相沿已久，太学博士马嘉运"以（孔）颖达所撰《正义》颇多繁杂，每掎摭之，诸儒亦称为允当"[②]。贞观十六年，唐太宗又诏对《五经正义》"更令详定"。原班人马外，分别增加若干学有成就者，最后由赵弘智"复更详审"。高宗永徽二年（651），孔颖达卒后第三年，再一次"刊正"。至永徽四年，《五经正义》"刊正"完成，高宗下诏"颁于天下，每年明经，依此考试"[③]。《五经正义》的完成，使朝廷对历代"五经"注释的是非曲直、优劣可否作了一次总评价，成为汉代以来儒学发展进程中一个重要的里程碑。

　　《五经正义》注本的选定，采用全国颁行的标准本，即陆德明的《经典释文》、颜师古的《五经定本》。《五经正义》特别重视前人的经学研究成果，这在各序中都有说明。撰著过程中，虽然遵循"注宜从经，疏不破注"等古训，但在所引注、疏之外，又力求旁征博引，汇集众家经说。孔颖达的经学理论，也分布在各序之中。

　　首先，关于"大一"之理，《礼记正义》一开头就作如是说：

　　　　夫礼者，经天地，理人伦。本其所起，在天地未分之前。故《礼运》云：夫礼，必本于大一。是天地未分之前，已有礼也。礼者，理也，其用以治，则与天地俱兴。

　　这显然是吸收了道家关于"道"的说法，"大一"实亦源于

---

①　《唐会要》卷 77《论经义》。

②　《旧唐书》卷 73《孔颖达附马嘉运传》。

③　《唐会要》卷 77《论经义》。

老、庄。孔颖达等将儒家之礼说成源于"大一",先于天地而形成、存在,是为了论证"礼"的永恒。"礼"者,天地之"理"也,体现万物自然之"理"。虽然孔颖达等从佛、道二教学说中借用了一些观点和论辩方法,但又十分注意划清儒与佛、道的界限。在《周易正义序》中说:"原夫易理难穷,虽复玄之又玄,至于垂范作则,便是有教而教,若论住内住外之空,就能就所之说,斯乃义涉于释氏,非为教于孔门也……今既奉敕删定,考察其事,必以仲尼为宗,义理可诠。"

其次,尝试将"心""性""欲"与儒家礼法规范结合起来。《礼记正义序》提出"心""性""情""欲"等概念,对于儒家学说是一个突破。

> 夫礼者,经天纬地,本之则大一之初;原始要终,体之乃人情之欲。夫人,上资六气,下乘四序,赋清浊以醇醨,感阴阳而迁变。故曰:人生而静,天之性也;感物而动,性之欲也。喜怒哀乐之志,于是乎生;动静爱恶之心,于是乎在。

孔颖达等感到,单纯靠重复儒家教条已经不足以对抗佛、道二教在思想领域的攻势,便也论起"心""性""情""欲",乃至于"动""静""理""道"等,将佛、道二教的概念拿来为己所用,并从正面肯定其自然性、合理性,以此引申"礼"最符合人的本性。

最后,"上裨圣道,下益将来"。在《周易正义序》结尾处,孔颖达写出注疏儒家经典的心愿——"庶望上裨圣道,下益将来",这一思想贯穿整个《五经正义》。孔颖达探讨"五经"的起源及功用,尽量追溯远古,表现出对儒家经典的崇拜。只有讲到经学的具体历史作用时,才表现出比较理性的态度。《五经正义》

对于经与注的具体解释是周详而明白的，对于"五经"的说明则兼有儒、道，包纳秦、汉、魏晋南北朝以及隋朝的各种主流思想，熔冶于一炉。

从陆德明《经典释文》、颜师古"五经"定本，到孔颖达《五经正义》，儒家主要经典有了音训、文字、义疏彼此配套的标准定本。官方对于儒家经典的统一，使儒学走向自身发展的高峰。但由于是"钦定"的思想，同时又使之趋于僵化。日后一些有胆识的学者适应社会变化的需要，便开始"以己意说经"，打破《五经正义》的成说。

《五经正义》受佛、道等思想的影响，出现某些对于心性义理的探讨，尽管还非常粗略，却应加注意。

经过高宗、武则天半个多世纪政权、思想的变革，出现了刘知幾"疑古""惑经"倾向，分别对《尚书》《春秋》的内容进行探讨。

刘知幾（661—721），字子玄，彭城（今江苏徐州）人。武则天长安三年（703）兼修国史，累迁凤阁舍人。中宗时完成史学理论著作《史通》20卷，累迁太子左庶子。

《史通》涉及儒家经典处颇多，《疑古》《惑经》二篇专对"五经"中的《尚书》《春秋》二经。但其立论的视角，则是用史学的眼光看问题。

《疑古》篇分析《尚书》记事缺略的原因，一是"古人轻事重言"，二是"拘于礼法，限以师训"，三是"外为贤者，内为本国，事靡洪纤，动皆隐讳"，再加以"古文载事，其词简约"，因此，"讦其疑事"凡有十条，即所谓"十疑"。"十疑"中除了第一疑外，皆为禅让嬗代之事，大多为后儒层垒的神话传说，谁也不会相信那是历史的真实。

《惑经》篇"切详"《春秋》之义，提出十二未谕、五虚美，批评《春秋》的缺失：

夫子之修《春秋》也,多为贤者讳。……情兼向背,志怀彼我。苟书法其如是也,岂不使为人君者,靡惮宪章……其所未谕三也。

夫子之修《春秋》……其间则一褒一贬,时有弛张,或沿或革,曾无定体。其所未谕九也。

《春秋》记他国之事,必凭来者之辞。而来者所言,多非其实。或兵败而不以告败,君弑而不以弑称。……皆承其所说而书,遂使真伪莫分,是非相乱。其所未谕十二也。

自夫子之修《春秋》也,盖他邦之篡贼其君者有三,本国之弑逐其君者有七,莫不缺而靡录,使其有逃名者,而孟子云:"孔子成《春秋》,乱臣贼子惧。"无乃乌有之谈欤?其虚美三也。①

从这些论述中,人们可以清楚地看到,刘知幾是在为探索历史的真实而怀疑儒家经典。

与"惑经"同时,刘知幾还以一个专篇——《申左》,与《春秋》三传较其短长:"盖《左氏》之义有三长,而二传之义有五短。"造成《公羊》《穀梁》二传"五短"的原因,主要是二传依经为主,故求其本事则太半失实。而唯有《左氏》实录,才使善恶毕彰,真伪尽露。

尽管刘知幾表现出"惑经"的倾向,但仍然没有能够摆脱唐代前期《五经正义》的樊篱,解《春秋》还是以《左传》为主。

二 社会变动引出的"思想危机"

"渔阳鼙鼓动地来,惊破霓裳羽衣曲。"安史的铁蹄、八年的

---

① 《史通通释》卷 14《惑经第四》。

战乱，彻底粉碎了唐朝君臣、士大夫们的"风流温柔乡"美梦。当人们从迷梦中清醒之后，发现贞观、开元那样的"治世"已经一去不复返。中央皇权削弱，藩镇割据形成。政治危机导致"思想危机"，首当其冲的自然是作为官方思想基础的经学的更新问题。

安史之乱后，思想观念的最明显变化是，社会普遍接受自印度传入中土数百年的禅宗思想，使之在中华大地生根、发芽。

一切思想体系都有一个共同的根源，即某一时代的心理。在中华大地传播了几个世纪的禅宗思想，终于在安史之乱后遇到了适合它的"时代心理"。贞观、开元"盛世"，整个时代的心理基调是开放、豪迈、热情、向外的，充满生机和自信。那时，佛教彼岸世界的诱惑力只限于下层贫困百姓，在思想文化领域尚未引起多大兴趣。但当"盛世"一去不复返的现实摆在眼前，再去回顾过去的美好世界时，强烈的反差使大多数士大夫产生出难以平复的失落感。

以中国士大夫的人生哲学而言，普遍存在两个既相背离又相联系的方面，即入世与出世、进取与隐退、杀身成仁与保全天年。当社会、时代为其创造了进取的条件，创造了理想追求与欲望满足的可行之路时，儒家人生观的积极面便占据主导地位，自信、向上。相反，则消极、退隐，以求保全自己，陶醉于有限的自我满足中。更何况，老庄哲学中早就包含着退让、自隐、追求自在适意的人生观。如今的巨大失落感，使大多数的士大夫都在寻求内心空白的填充剂。佛教彼岸世界便成为他们寄托心灵、获得解脱的最佳境界。"终日昏昏醉梦间，忽闻春尽强登山。因过竹院逢僧话，又得浮生半日闲。"佛教获得了渗入士大夫阶层的心理基础，尤其是禅宗南宗的"顿悟"说更加投合士大夫们的心意。南禅宗固然也要人们禁欲，但并不严格。相反，它既不坐禅，又不苦行，更不念经，而是一种精致高雅的生活。说白一点，既允许在此岸尽享声色伎乐，又发给先登彼岸的入场券；既可兰若谈禅，又能坐朝论政。因此，"上而君相王公，下而儒老百氏，皆慕心向道。"① 佛教典籍作如是说，世俗著述又是怎样记载的呢？

《新唐书·五行志二》也这样写道："天宝后，诗人多为忧苦流寓之思，及寄兴于江湖僧寺。"即使颜真卿那样"舍生取义"的忠烈之臣，虽然自称"不信佛法"，但也承认自己"好居佛寺，喜与学佛者语"。德宗时，宰相齐映、赵憬等，与禅宗马祖道一、百丈怀海一系的高僧来往密切，"或师或友，齐（映）亲执经，受大义为弟子"②。

不过，此时士大夫们对禅宗多是盲目崇拜，尚未真正领悟其指归。有的甚至对佛教是什么也没弄清楚，见菩萨就顶礼膜拜，是佛就信。

在佛教特别是禅宗思想迅速渗透到中唐士大夫阶层的同时，关于传统思想文化的研讨出现了多元的趋势。宪宗时，李肇对代宗以来的学术变化有过一段简要概述，表明各专门之学的发展：

> 大历以后，专学者有蔡广成《周易》，强象《论语》，啖助、赵匡、陆淳《春秋》，施士丐《毛诗》，刁彝、仲子陵、韦彤、裴茝讲《礼》，章廷珪、薛伯高、徐润并通经。其余地理则贾仆射，兵赋则杜太保，故事则苏冕、蒋乂，历算则董和，天文则徐泽，氏族则林宝。③

其中，啖助、赵匡、陆淳《春秋》学，后面详叙。"兵赋则

---

① 《百丈清规》卷 5。
② 《佛祖历代通载》卷 20。
③ 《唐国史补》卷下《叙专门之学》。

杜太保"，指杜佑所撰《通典》。"氏族则林宝"，乃林宝所撰《元和姓纂》，是一部姓氏谱。苏冕"缵国朝故事"编为《会要》40卷，书虽失传，但基本内容都被采录入《唐会要》一书。贾耽的地理书，只有残篇传世。

从这段记述可以看出，代宗到宪宗之际，思想文化各个领域，如经学、社会学（杜佑《通典》）、地理学、历史学、姓氏学以及天文、历算等，都取得不同程度的进展，甚至是突破性的进展。这应当说是社会变动改变着人们的观念，在新观念的带动下促进学术文化发展的结果。

经学研究，除《春秋》外，仅知施士丏、仲子陵的成就"最卓异"。施士丏（又作匄），"兼善《左氏春秋》"，后来唐文宗以其为"穿凿之学，徒为异同，但学者如浚井，得美水而已"。仲子陵治《礼》，"以文义自怡"①。从上述对此二人的评语看，显然都是重义理的。由此可以认为：自代宗始，经学研究出现新趋势，普遍脱离此前的章句之学。官方经学思想，即官方统治思想的基础，正面临着来自各个方面的挑战！

宪宗时的学者刘肃大为感叹：

> 贞观、开元述作为盛，盖光于前代矣。自微言既绝，异端斯起，庄、列以仁义为刍狗，申、韩以礼乐为痈疣，徒有著述之名，无裨政教之阙。圣人遗训，几乎息矣。②

"圣人遗训，几乎息矣"，正是当时官方统治思想"危机"的写照！

安史之乱长达8年，战乱终告结束，最高统治集团开始反思。

最初的反思，是从一年一度的贡举制度入手的，亦即从思想

---

① 《新唐书》卷200《啖助附施士匄、仲子陵传》。
② 《大唐新语》卷末《总论》。

教化方面寻找致乱的原因。礼部侍郎、主考官杨绾以为："国之选士，必藉贤良。盖取孝友纯备，言行敦实，居常育德，动不违仁。""夫如是，故能率己从政，化人镇俗者也。"而近世"争尚文辞，互相矜炫"，"其道弥盛，不思实行，皆徇空名，败俗伤教"。"朝之公卿，以此待士；家之长老，以此垂训。"其结果，使"太平之政又乖矣"。为此，主张"依古制"，县令察孝廉，取德行著于乡间、学业知经术者，荐于州；刺史试其所通之学，送于尚书省。朝廷择取贡士，必通一经，对策皆"古今理（治）体及当时要务"，上第即授官，中第得出身，下第则罢归。杨绾希望，"数年之间，人伦一变"，使"居家者必修德业，从政者皆知廉耻"，认为"教人之本，实在兹焉"。这是试图以科举取士为导向，用以维系不断受到冲击的统治思想。

代宗认为这的确是思想领域内的重要议题，便下诏诸司通议。给事中李栖筠、尚书左丞贾至、京兆尹兼御史大夫严武等所议，与杨绾有颇多共同之处。贾至的奏议，最具代表性。其议云："夏之政尚忠，殷之政尚敬，周之政尚文，然则文与忠、敬，皆统人之行也。""是故前代以文取士，本文行也，由辞以观行，则及辞也。"如今，"试学者以帖字为精通，不穷旨义"，"考文者以声病为是非，唯择浮艳"。接着，便将"浮艳"取士之风与治乱兴衰紧紧联系在一起：

> 是以上失其源而下袭其流，波荡不知所止，先王之道，莫能行也。夫先王之道消，则小人之道长；小人之道长，则乱臣贼子生焉。臣弑其君，子弑其父，非一朝一夕之故，其所由来渐者矣。渐者何？谓忠信之陵颓，耻尚之失所，末学之驰骋，儒道之不举，四者皆由取士之失也。①

---

① 上引均见《旧唐书》卷 119《杨绾传》。

在这一关于科举制度的辩论中，大臣们普遍感到了"末学驰骋，儒道不举"的状况。因此，大都主张改变有"诱导之差"的"取士之术"，恢宏儒教，复振经术之学，使"礼让之道弘，仁义之道著"，"逆节不得而萌也，人心不得而摇也"。

然而，思想文化问题并不像杨绾、贾至等人想的那么简单，已经实行了一个半世纪的进士科举，岂是一道诏命可以废止的！改变"末学驰骋，儒道不举"的现状，更不仅仅是科举取士有"诱导之差"的问题。试图通过科举取士来"诱导"风化，恢宏经术，复振儒学，议论虽佳，却行不通，最终不了了之。不过，这一番争论对当时的思想界还是有所影响的。啖助在"集三传，释《春秋》"时，与贾至关于夏、商、周三代之政尚忠、尚敬、尚文的说法，是前后呼应的。

终代宗之世，最高统治集团确实感到官方据以为基础的儒学、经学受到"末学"的剧烈冲撞，出现危机。但是，如何摆脱这种思想"危机"，却处在困惑之中。

三　《春秋》新学的兴起

当朝野上下普遍有感于传统思想日渐衰微之际，远离京师的东南一隅悄然出现了一个小人物的《春秋》经、传研究。数十年后，终于形成颇具影响的学派，占据了中国经学史上不容忽视的重要一席。

前文所引李肇叙代宗大历以后"专门之学"，有"啖助、赵匡、陆淳《春秋》"，便是中唐兴起的重要学派。

关于啖助等研究《春秋》经、传的情况，最早、最详细的记述便是经陆淳（后改名陆质）整理的《春秋集传纂例》卷一所收《修撰始末记》。

啖助（724—770），字淑佐，祖籍赵州，后徙关中。玄宗末，客居江东。恰逢安史之乱，不得还归中原，遂以文学入仕，为台州临海尉，又调润州丹阳主簿。任满之后，在家著述。"始以上元辛丑岁，集三传，释《春秋》。"上元辛丑岁（761），正当安史之乱第6个年头。上一年年底，浙东一带还有过"刘展之乱"，攻占润州、升州等地。藩镇跋扈，祸乱不断，对形成其思想学说，有着直接影响。啖助"集三传，释《春秋》"，前后历时10年，"至大历庚戌岁（770）而毕"。此间，陆淳从学于啖助。就在集释即将告成的这一年，赵匡自宣歙观察使府往还浙中，途经丹阳，"诣室而访之（啖助），深话经意，事多响合。期返驾之日，当更讨论"。不想啖助竟与世长辞，年仅47岁。啖助逝后，陆淳"痛师学之不彰，乃与先生之子异，躬自缮写，共载之以诣赵子"①。

赵子，即赵匡，字伯循，天水人，为宣歙观察使陈少游幕府，累随镇迁转。此时，赵匡正随陈少游赴浙东任观察使。先前相约，与啖助"当更讨论"的"经意"，如今只能由赵匡来进行"损益"增删了。其后，陈少游迁扬州长史、淮南节度使，赵匡又随任至扬州，为淮南节度判官。

陆淳（？—805），字伯冲，吴郡（今江苏苏州）人。陈少游镇淮南之后，大约因赵匡的关系，知其有才气，遂辟为淮南从事。这样，赵匡、陆淳二人便可以随时随地切磋《春秋》经、传。赵匡一面因啖助学说而加"损益"，陆淳则一面"随而会纂之"。"至大历乙卯岁（775）而书成"，即今天所见《春秋集传纂例》10卷。随即，陈少游又荐之于朝廷，诏授陆淳太常寺奉礼郎。陆淳入朝后，"累迁左司郎中，坐细故，改国子博士，历信、台二州刺史"，与韦执谊相友善。此间，另撰《春秋微旨》3卷、《春秋集传辨疑》10卷，阐发啖助、赵匡学说。顺宗即位，韦执谊为相，征陆淳为给事中、皇太子侍读。为避皇太子名讳，改淳为质，

---

① 《春秋集传纂例》卷1《修撰始末记》。

史书称其为陆质。陆淳与韦执谊、柳宗元、刘禹锡、吕温、李景俭等结为"死友"，参与了王伾、王叔文发动的"永贞革新"活动。

啖助的学说，起初几乎不为人知，历经 30 余年，始由陆淳而闻名。细论起来，这一学派的形成，首创其说者推啖助，充分发挥者为赵匡，整理推广者是陆淳。三人之间，啖助、陆淳为师生，赵匡、陆淳为益友。这有宪宗时吕温代陆淳所写《代国子陆博士进〈集注春秋〉表》为证："以故润州丹阳县主簿臣啖助为严师，以故洋州刺史臣赵匡为益友。"① 前引陆淳《修撰始末记》，亦只称啖助为"先生"，而呼赵匡为"赵子"，赵匡与陆淳显然没有师生关系。两《唐书·陆淳传》以陆淳师赵匡、赵匡师啖助，实是一大谬误！

先前官方颁布《五经正义》，其中《春秋正义》只尊《左传》。科举取士，明经科以《春秋左氏传》为大经，以《春秋公羊传》《春秋榖梁传》为小经。② 当时学子，则仅知有《左传》，不闻有公、榖；多知《左传》史事，少闻《春秋》义理。但当安史之乱后藩镇割据形成，社会现状恰似孔子所处时代——"周德虽衰，天命未改"。如果再尊《左传》，岂不等于承认诸侯可以挟天子的历史。这是中唐以来最高统治集团极不情愿，也最担心的事情。事实虽然不能够改变，但又不允许其成为"以下犯上"的历史"根据"，就得另外想出一种新的说法来。好在这样的说法，老祖宗那里早就有过。解《春秋》，自西汉以来就一直有左氏、公羊、榖梁三家，而公、榖两家不说史实，只谈义理，正可以从中发掘适合需要的"根据"。在这种背景下，啖助不仅亲身感受到安史之乱的祸害，还目睹了浙东刘展的反叛，决定通过史实与义理的对照，重新阐释《春秋》经意。

---

① 《文苑英华》卷 611。又见《吕和叔文集》。
② 参见《新唐书》卷 44《选举志上》。

啖助"集三传，释《春秋》"的基本原则是：

> 《老氏》曰："大道甚夷，而人好径。"信矣！故知三传分流，其源甚同，择善而从，且过半矣。归乎允当，亦何常师。
>
> 予辄考核三传，舍短取长。又集前贤注释，亦以愚意裨补阙漏，商榷得失，研精宣畅，期于浃洽。尼父之志，庶几可见。疑殆则阙，以俟君子。①

这里引用《老子》之言，表明"三教"融合在此时已经成为一种趋势。"集传"《春秋》，"择善而从""取长补短"，实在是要为《春秋》学注入新的生气。

《春秋集传纂例》10 卷，将三传所记大小事件，依所订"义例"进行取舍后，按问题分类，再以时间先后重新编排，恰似一部分类的"春秋大事记"，集中了啖助、赵匡学说的精华。

《春秋集传辨疑》10 卷，主要记录啖助、赵匡二人对三传有关笔法、褒贬以及地名的考察、攻驳之言，以赵匡之说居多。

《春秋微旨》3 卷，为陆淳本人的著述。先列三传异同，间或用"啖氏曰""赵氏曰"断其是非，但主要用"淳闻于师曰"的形式发表本人见解。他这样表述自己编著《春秋微旨》的目的：

> 其有与我同志思见唐虞之风者，宜乎齐心极虑于此。得端本清源之意，而后周流乎二百四十二年褒贬之义，使其道贯于灵府，其理决于事物，则比屋可封，重译而至，其犹指诸掌尔！宣尼曰："如有用我者，期月而已可矣。"岂虚

---

① 《春秋集传纂例》卷 1《啖氏集注义例》。

言哉！①

如此借重孔子之语以自况，用以表达他个人抱负！

这三部书传本较多，但缺系统整理。以翻阅方便而言，"玉玲珑阁丛刊""古经解汇函""四库全书"等都同时收录了这几部书，可任取一种了解其详。由于三部书的内容庞杂，现将其基本观点和主要贡献归纳如下。

（一）新解《春秋》宗旨

《春秋集传纂例》的第一篇就是《春秋宗旨议》，明确指出："夫子所以修《春秋》之意，三传无文。"由于后学各立一说，各执一词，以致众说纷纭：说《左氏》者（如杜预），"以为《春秋》者，周公之志也。暨乎周德衰，典礼丧，诸所记注，多违旧章，宣父因《鲁史》成文，考其行事，而正其典礼，上以遵周公之遗制，下以明将来之法。"言《公羊》者（如何休），"则曰夫子之作《春秋》，将以黜周王鲁，变周之文，从先代之质。"解《穀梁》者（如范宁），"则曰平王东迁，周室微弱，天下板荡，王道尽矣。夫子伤之，乃作《春秋》，所以明黜陟，著劝戒，成天下之事业，定天下之邪正，使夫善人劝焉，淫人惧焉。"对于这种种说法，啖助认为：

> 吾观三家之说，诚未达乎《春秋》大宗，安可议其深指？可谓弘纲既失，万目从而大去者也。

通过对照《春秋》，比较三传，啖助提出新的说法：

---

① 《春秋微旨》卷上。

予以为《春秋》者，救时之弊，革礼之薄。……断自平
王之末，而以隐公为始，所以拯薄欲勉善行，救周之弊，革
礼之失也。

……

是故《春秋》以权辅正，以诚断礼，正以忠道，原情为
本，不拘浮名，不尚狷介，从宜救乱，因时黜陟，或贵非礼
勿动，或贵贞而不谅，进退抑扬，去华居实，故曰救周之弊，
革礼之薄也。

这一关于《春秋》宗旨的论述，至少包括三个方面的内容。
1. "从宜救乱，因时黜陟"
在"三纲废绝、人伦大坏"的"季世"，唐尧、虞舜之化难
行，但"周德虽衰，天命未改"，应当"从宜救乱，因时黜陟"。
啖助依《公羊》之说，认为《春秋》"救周之弊，革礼之失"
在"变周从夏"。而赵匡并不完全同意啖助的这一看法，却又发挥
了啖助"以权辅正"思想，更加明确地提出"经"与"权"、
"常"与"变"的认识：

啖氏依《公羊》家旧说云："《春秋》变周之文，从夏之
质。"予谓《春秋》因史制经，以明王道。其指大要二端而
已，兴常典也，著权制也。①

所谓"循理守常曰道，临危制变曰权"。郊庙、丧纪、朝聘、
蒐狩、婚娶等，是常礼常典，"违礼则讥之"，不违则不书。对于
"非常之事，典礼所不及"者，则需要通权达变，即所谓"著权
制"，也就是因时制宜。赵匡一面引孔子的话"可与适道，未可与

_____

① 上引均见《春秋集传纂例》卷1《春秋宗旨议》。

立；可与立，未可与权"①　来证实他的看法，一面着重孔子掌握
权变的原则，即"游夏之徒不能赞一辞，然则圣人当机发断，以
定阙中，辨惑质疑，为后王法，何必从夏乎？"社会发生变化，必
须通权达变，但又不能随心所欲，应该"裁之圣心，以定褒贬"，
即用"圣心"所"穷"《春秋》之"精理"，达到"从宜""因
时"救乱的目的。所谓"精理者，非权无以及之"者，是说要穷
尽"精理"，非通权达变不可。最后，赵匡用了一个更加简明而形
象的说法："《春秋》者，亦世之针、药也。"把《春秋》视为救
治社会病症的针、药，一则以礼仪制度（常典）防备社会病症，
二则以《春秋》"精理"（权制）因时救治社会病症。

　　2. "因史制经，以明王道"

　　啖助认为，孔子作《春秋》是"伤主威不行"，所以要"首
王正以大一统"。其"称天王以表无二尊，唯王为大，邈矣高
矣"，尊王的宗旨十分明确。对于董仲舒、何休等人"黜周王鲁"
说，啖助用怒责的语气斥之为"悖礼诬圣，反经毁传，训人以逆，
罪莫大焉！"啖助集注经、传的最高准则是为了"尊王"，企图以
"尊王"这个"理"来进行说教。赵匡进一步归纳《春秋》救世
的宗旨说：

　　　　尊王室，正陵僭，举三纲，提五常，彰善瘅恶，不失纤
芥，如斯而已。②

　　就是说，要通过历史来"举三纲，提五常"，以此为"彰善
瘅恶"的准则，实现"尊王室，正陵僭"的目的。需要注意的
是，此处的"尊王室"并非专指"尊周"，因为周道"不足为
盛"。赵匡的"尊王室"，是将"王室"作为更高的境界来理解，

---

①　《论语·子罕》。
②　上引均见《春秋集传纂例》卷1《赵氏损益义》。

是高于殷亦高于周的。由此，也就划清了与杜预所说《春秋》"上以遵周公之遗制，下以明将来之法"的界限。针对安史乱后皇室衰微、藩镇强大的局面，赵匡更是多有发挥。《春秋》中齐桓、晋文之霸，盟会侵伐，三传皆无义说，赵匡多所"损益"。如书中《盟会例》篇赵匡云："王纲坏，则诸侯恣而仇党行，故干戈以敌仇，盟誓以固党，天下行之，遂为常情。若王政举，则诸侯莫敢相害，盟何为焉？"

3. "立忠为教，原情为本"

啖助在论《春秋》"从宜救乱，因时黜陟"宗旨时提出：

> 夏政忠，忠之弊野；商人承之以敬，敬之弊鬼；周人承之以文，文之弊塞。救塞莫若以忠，复当从夏政。……唐虞淳化，难行于季末；夏之忠道，当变而致焉。

啖助引用孔子的这些言论，其用意很明白，周的礼乐法度（文）过于烦琐（塞），多流于形式，徒具虚文。例行公事的人，并不一定具备忠心和诚意。孔子修《春秋》是在维护正直忠纯，但同时又能够留意权变；希望恢复礼治，但又不太违背人情；虽然唐虞已不可复，夏代或许还可以相继。因此，应当摒弃形式，提倡内心的忠诚，即所谓"以诚断礼，正以忠道，原情为本"，这才是行为的最高准则。所谓"立忠为教"，即要树立"忠道"以行教化；"原情为本"，是说"忠道"本原于人的情性，要从根本上做起。

啖助、赵匡在以《春秋》大义为唐代立法时，取舍三传尤其注重"立忠为教"的"教"字，提出：

> 其辞理害教，并繁琐委巷之谈，调戏浮侈之言及寻常小事不足为训者，皆不录。……若说事迹，虽与经相符而无益

于教者，则不取。

反过来，即使是"无经之传"，只要有"因会盟、战伐等事而说忠臣义士，及有谠言嘉谋与经相接者"，也都"略取其要"。①

至于陆淳，为了"立忠为教"，提出"以讳为善"的说法。经文中，僖公二十八年有"天王狩于河阳"的记叙，《左传》引孔子语批评晋侯"以臣召君，不可以训"。陆淳则说："若原其自嫌之心，嘉其尊王之义，则晋侯请王以狩，忠亦至矣。""原情为制，以诚变礼也。"就是说，通过其心理动机（"原情"），达到宣扬"尊王"和"忠"的目的。由此，他主张："凡事不合常礼，而心可嘉者，皆以讳为善。"② 社会历史有其复杂性，人们行为的动机和效果有时不一致，对其评判不应简单化。"不合常礼"的事应加批评，但在特殊情况下，出于"忠"心所做"不合常礼"的事，则应"以讳为善"。这是对其"忠"的肯定，即所谓"原情为本""立忠为教"。

上述各主要观点的形成，都可以归结到啖助对《春秋》的一个最基本的认识上，这就是：

> 《春秋》参用二帝三王之法，以夏为本，不全守周典礼，
> 必然矣。③

上千年来，三传释《春秋》都以周代礼法为准则。就历史事实而言，孔子确曾强调过"吾从周"，《春秋》书中表现出的倾向无疑也是这样。但安史之乱后，藩镇此起彼伏，如果讲《春秋》按周代礼法行事，就难以回避周初的分封，也就等于

---

① 《春秋集传纂例》卷1《啖赵取舍三传义例》。

② 《春秋微旨》卷中。

③ 《春秋集传纂例》卷1《春秋宗旨议》。

说安史乱后的藩镇抗命称王是符合周代"典礼"的了。那样的话，《春秋》作为传统经典，岂不就彻底失掉了"劝善惩恶"的"神圣"功用？为了保住《春秋》的"经典"的"神圣"地位，只能采取"信经驳传"的手法。《春秋》经还是好经，需要改变的只是三传中的陈旧观念，重新赋予《春秋》经以新意。啖助在引用司马迁"《春秋》上明三王之道"等言论后，把《春秋》说成是参用了唐尧、虞舜和夏、殷、周三王之法，并以夏为主，因而"不全守周典礼"。这显然是一种强加到《春秋》名下的说法，用意旨在否定分封制。分封制与郡县制之争，是汉唐之际的一大政治体制之争，在思想文化领域的所有重要论著中几乎都有涉及论列。

安史乱后，《春秋》学作为一个学派，首先从这一体制问题入手，形成较为系统而特点鲜明的思想学说，这已毋庸置疑。但其为维护"经典"的"神圣"地位另强加"新意"的做法，似乎并没有使"经典""神圣"起来。

（二）考三家得失，开疑古之风

自汉至唐，解《春秋》采三传者，如郑玄、范宁等，都专主一家。啖助、赵匡解《春秋》则不同，其超越先前各家认识之处，主要表现在三个方面。

1. "考三家短长"

啖助认为，古代著述最先出自口传，后来才逐渐形成文字。三传出自口传，后来著于竹帛，并以各家口传的祖师命名。《左传》对于周、晋、齐、宋、楚、郑等国记述详，是因为左氏曾得"数国之史，以授门人。义则口传，未形竹帛。后代学者，乃演而通之，总而合之。编次年月，以为传记"。同时，广采各种文献，如子产、晏婴等人家传以及卜书、梦书、占书、纵横、小说家言，汇集一书。由此，形成《左传》的两大特点：

特点一，"叙事虽多，释义殊少，是非交错，混然难证。其大略皆是左氏旧意，故比余传，其功最高"；"博采诸家，叙事尤备"。

特点二，"以原情为说，欲令后人推此以及余事"，"能令百代之下，颇见本末，因以求意，经文可知"。

另外，则由于"作传之人，不达此意，妄以附益，故多迁谈"，而后来解释《左传》本末之人，更加牵强附会，"遂令邪正纷揉"，使学者迷失方向。

《公羊》《穀梁》二传的形成，同样是"初亦口授，后人据其大义，散配经文，故多乖谬，失其纲统"。加之他们"守文坚滞，泥难不通，比附日月，曲生条例，义有不合，亦复强通，踌驳不伦，或至矛盾，不近圣人夷旷之体也"。但其"大指亦是子夏所传，故二传传经，密于《左氏》"。"《穀梁》意深，《公羊》辞辨，随文解识，往往钩深。"①

这样的比较、对照，应该说是客观的。从记事的角度看，认为《左传》博采而驳其混杂；就解经的角度而言，考定《公羊》《穀梁》二传之密而指其乖谬；以《公羊》《穀梁》二传相比较，则《穀梁》意深。这种既有肯定又有否定的分析，贯穿在三部传世的著述中。如说"《公》《穀》守经，《左氏》通史"，故其文体不同；又如"《左氏》解经，浅于《公》《穀》"等。三部论著中所举不少例证，迄今仍然不能完全否定，更增加了其说"绝出诸家"的分量。

2. 提出一些惊世骇俗之说

以上述认识为基础，不仅疑《左传》的作者，而且疑《公羊》《穀梁》二传的作者。

《左传》非亲受经于孔子的"左丘明"所传，而是出于孔氏之

---

① 上引均见《春秋集传纂例》卷1《三传得失议》。

后的门人。啖助只提左氏，而不提左丘明其人。赵匡则明确提出："丘明者，盖夫子以前贤人，如史佚、迟任之流，见称于当时耳。"然后分析说："焚书之后，莫得详知。学者各信胸臆，见《传》及《国语》俱题左氏，遂引丘明为其人，此事既无明文。"而"唯司马迁云：'左丘失明，厥有《国语》。'刘歆以为《春秋左氏传》是丘明所为。""班固因而不革，后世遂以为真。所谓传虚袭误，往而不返者也。"陆淳还加了一则小注："《论语》云：'左丘明耻之，某亦耻之。'"① 以此证赵匡之说。同时，赵匡还认为《左传》《国语》文体不伦，叙事乖刺，亦非一人所为。《左传》乃"广集诸国之史以释《春秋》，传成之后，盖其家子弟及门人，见嘉谋事迹多不入传，或有虽入传而复不同，故各随国编之，而成此书（按：指《国语》），以广异闻尔"。于是，大胆提出：

自古岂止有一丘明姓左乎？何乃见题左氏，悉称丘明？

自西汉以来，今文经学非议左氏，只在左氏不传经上，也未疑其作者。自赵匡此论始，《左传》的作者为何人，《左传》《国语》是否出自一人之手，竟成了经学、史学研究中有争议的问题了。南宋时，陈振孙著录《国语》云：

自班固志《艺文》，有《国语》二十一篇，左丘明所著，至今与《春秋传》并行，号为《外传》。今考二书，虽相出入，而事辞或多异同，文体亦不类，意必非成一人之手也。司马子长云："左丘失明，厥有《国语》。"又似不知所谓。唐啖助亦尝辨之。②

---

① 《春秋集传纂例》卷 1《赵氏损益义》。
② 《直斋书录解题》卷 3《春秋类》。

　　陈振孙亦赞同啖助（实际是赵匡）的观点，认为《左传》《国语》不出自一人，并表示了对司马迁说法的怀疑。

　　在怀疑左丘明其人的同时，赵匡对公羊高、穀梁赤二人的真实程度也提出怀疑：

> 　　先儒或云：公羊名高，子夏弟子也。或云：汉初人。或曰：穀梁亦子夏弟子，名赤。或曰：秦孝公同时人。或曰：名俶，字元始。皆为强说也。儒史之流，尚多及此，况语怪者哉！

　　这些说法，或出桓谭《新论》，或出何休《公羊注》，或出阮孝绪《七录》。他们分别为西汉、东汉、南朝梁之人，都是根据传闻推测，不足为据。陆淳认为，不论左丘明、公羊高、穀梁赤，都是后儒"妄示广博"之说，特别在小注中写道："历代儒生及修史之人，宜守正据实，而犹妄示广博，有此劣迹，况谶纬迂怪之徒哉！此叹息作伪之意也。"

　　3. 对《春秋》的"例"的怀疑

　　三传有得有失，又有不可尽信之处。其不可尽信之处，便成为疑古的根据。

　　赵匡在批评班固沿袭司马迁、刘歆关于《左传》《国语》作者的传闻之后，进一步用自问自答的方式将其论证理论化：

> 　　或曰：司马迁、刘歆与左丘明年代相近，固当知之。今以远驳近，可乎？
> 　　答曰：夫求事实当推理例，岂可独以远近为限！

　　这既是向唯古训是尊的传统的一种挑战，又是对唐初将传注法定化的一种蔑视！所谓"求事实当推理例"，即在占有材料大致相当的情况下，应当发挥主体意识来认识事物。后代人的认识水平和思维方法一般来说是超过前代人的，占有材料大致相当，怎么可以用古人的认识来限制今人呢？更何况司马迁、刘歆的叙事本身也有不少自相矛盾之处！赵匡的这一说法，似可谓古代认识历史的一种"主体意识论"。应当指出，赵匡的这种"主体意识"的核心，是"理"和由"理"所决定的"例"。关于这个"理"字，后面再叙。

这里要提到的是，赵匡对《春秋》的"例"所表现的怀疑态度。

《春秋》的"例"，即其表示微言大义的条例，历来被奉为研究的圭臬。其中，影响最大的要数杜预释《左传》之"例"了。杜预称："凡例，皆周公之旧典、礼经"。其"例"有云："弑君称君，君无道也；称臣，臣之罪也。"赵匡驳道："然则，周公先设弑君之义乎？"其"例"又有："大用师曰灭，弗地曰入。"赵匡反问："又周公先设相灭之义乎？"① 周公时的"旧典"，怎么可能为后来春秋时期的"弑君"、大国吞灭小国事先规定出"义例"？这可以说是赵匡"求事实当推理例"的最有力的例证。

啖助、赵匡的大胆怀疑精神，显然对中唐以后的疑古辨伪开了先风。但他们对三传并非都一笔抹杀，这也是不应略而不提的。陆淳就曾明确说过：

> 啖氏新解经意，与先儒同者，十有二三焉。②

四　新经学的影响与地位

中唐兴起的《春秋》学派，自宋至清评价不一，甚至互相对

---

① 上引均见《春秋集传纂例》卷 1《赵氏损益义》。
② 《春秋集传纂例》卷 1《重修集传义》。

立，截然不同。对此，人们有着种种解释，大多言之成理。但是，人们普遍忽略了一个关键性问题，即其正处在经学向理学转变的时期。

转折时期尚未定型的思想，自然容易引起来自各个方面的不同认识，下面分别评述。

在唐代后期至北宋初年，凡尊奉中唐《春秋》新学的，几乎没有庸碌懵懂之辈，多是接受其"从宜救乱，因时黜陟"的救世宗旨，试图实现"革新"或"新政"者。

前面已经谈到，陆淳本人直接参与了"永贞革新"活动，其他重要人物多是其弟子或私淑弟子，几乎都是家有其书。柳宗元是受陆淳影响颇深的一位代表人物，在《答元饶州论〈春秋〉书》中，对陆淳《春秋微旨》"纪侯大去其国"三例特别称赞，说："见圣人之道与尧、舜合，不唯文、武、周公之志，独取其法耳。"其《非〈国语〉》一书"非左氏尤甚"，"黜其不臧，以救世之谬"，可视为是啖助、赵匡、陆淳之后的又一继作。柳宗元深受《春秋》学派影响，除章士钊《柳文指要》有论说，迄今仍少有人涉及。吕温早年就受学于陆淳，陆淳病故，著述尽付吕温。吕温在《与族兄皋请学〈春秋〉书》中强调："夫学者，岂徒受章句而已，盖必求所以化人。"显然，也是要学以"救世"。至唐文宗之世，刘蕡对策，全文 6700 余言，竟有 12 处用"谨按《春秋》"的方式立意，指陈当时的祸患，"浩然有救世意"①。

到北宋仁宗庆历年间，孙复、刘敞等再倡《春秋》新说，使陆淳整理的三部书有了最早的刻本，对其学派的复兴起到推波助澜的作用。"庆历新政"的出现，也与新经学有直接关系。

自中唐"永贞革新"至宋初"庆历新政"，面对"国势浸微"的局面，人们大都着眼于新经学"从宜救乱，因时黜陟"

---

① 《新唐书》卷 178《刘蕡传》。

的救世之旨，因而几乎不存在持否定态度的情况。及至清末戊戌变法，也与新经学有着不解之缘。因此，可以这样说，中唐《春秋》学的"从宜救乱，因时黜陟"的宗旨，是举世公认并产生了久远影响的。

新经学"从宜救乱"之旨虽然可以借用来"托古改制"，但其强调的"以明王道""忠道原情"都是紧紧围绕"解经"而发的，对于现实中如何"明王道"，如何进行"忠道原情"，却是"纸上谈兵"，没能够提出具体的办法。当"庆历新政"如"永贞革新"般昙花一现之后，北宋政权面临的形势恰如欧阳修所说，"夷狄叛、盗贼起、水旱作、民力困、财用乏"①。为此，君臣十分向往唐朝"为国长久"，又不满意五代时纂修的《旧唐书》"使明君贤臣、俊功伟烈，与夫昏虐贼乱、祸根罪首，皆不得暴其善恶"。仁宗君臣决定重新"刊修"《唐书》，在"补编阙亡"的同时，主要是对《旧唐书》进行"黜正伪谬"。于是，《春秋》学演变为唐史热。

在重新认识唐代历史的过程中，《新唐书》的"刊修"（主编）之一宋祁，从唐代以前经学发展出发，对中唐《春秋》学始持否定态度，提出严厉批评。他这样写道：

> 左氏与孔子同时，以《鲁史》附《春秋》作《传》。而公羊高、穀梁赤皆出子夏门人。三家言经，各有回舛，然犹悉本之圣人，其得与失盖十五，义或谬误，先儒畏圣人，不敢辄改也。

这是中唐以前经学演变的梗概，由此出发，宋祁进一步评论：

---

① 详见《欧阳文忠集》卷46《准诏言事上书》。

　　啖助在唐，名治《春秋》，撼讪三家，不本所承，自用名学，凭私臆决，尊之曰"孔子意也"，赵、陆从而唱之，遂显于时。呜呼！孔子没乃数千年，助所推著果其意乎？其未可必也。以未可必而必之，则固；持一已之固而倡兹世，则诬。诬与固，君子所不取。助果谓可乎？徒令后生穿凿诡辨，诟前人，舍成说，而自为纷纷，助所阶已。①

　　其后的批评，包括清代乾嘉学者，都没有超过这一范围。宋祁如此评论中唐出现的新经学思想，应当看到他是有一定客观原因的。北宋仁宗时期，新的理学思想尚在酝酿阶段，先前的经学思想虽然出现种种"危机"，受到各方面的冲击，却仍然是官方统治思想的基础。还应看到，宋祁是在总结唐代历史，而在唐代前期经学思想又是定于一尊的。《新唐书》要"黜正伪谬"，在思想领域除了佛教思想外，比较而言就要轮到啖助、赵匡、陆淳等人头上了。

　　宋初自孙复、刘敞再倡《春秋》之学后，"宋人说《春秋》，本啖、赵、陆一派"。值得注意的是，高度评价中唐新起《春秋》学，宋、元理学大师几乎是一致的。请看：

　　邵子（雍）曰：《春秋》三传而外，陆淳、啖助可兼治。
　　程子（颐）称其绝出诸家，有攘异端开正途之功。
　　朱子（熹）曰：赵、啖、陆淳皆说得好。
　　吴澄曰：唐啖助、赵匡、陆淳三子，始能信经驳传，以圣人书法纂而为例。得其义者十七八，自汉以来，未闻或之先。②

----

① 《新唐书》卷 200《啖助传》"赞曰"。
② 转引自皮锡瑞《经学通论·春秋》。

理学大师们的评价，何以与宋祁为代表的批评如此相悖？除去社会背景及各自看问题的角度等因素外，主要应从啖助、赵匡集传《春秋》、取舍三传的内在蕴含中去寻找原因。而经学评论者们大都无视这一关键性的环节，只注重其对传统的义疏章句的变异，因而斥之为"穿凿诡辨"。相反，理学大师们则都很看重其内在蕴含与理学的相通之处，因而评价甚高。啖助、赵匡学说中，有两个取舍、损益的基本标准——"理"与"教"。关于"教"，前面已论说。

关于"理"，啖助是这样提出的：

> 予所注经传，若旧注理通，则依而书之；……若理不尽者，则演而通之；若理不通者，则全削而别注。①

赵匡在说"教"的同时，同样谈到"理"：

> 至于义指乖越，理例不合，浮辞流遁，事迹近诬及无经之传，悉所不录。②

对于"理"这个概念，啖助、赵匡并无专门的解释，但从其论说中是完全可以寻得其蕴含的，即"尊王"。以此注经、取舍三传，则为"理通"；反之，则为"理不通"。这个"尊王"的"理"，与其"明王道"的宗旨是相一致的。新经学提出的"理"，旨在"尊王"，"正以大一统"。韩愈提出的"道统"之"道"，用以维系"君臣、父子、师友、宾主、昆弟、夫妇"间的伦理关系，其核心在"君臣"大义上。新经学提出的"教"，前已叙，强调"忠道原情"，重在伦理道德。韩愈也提出"教"，

---

① 《春秋集传纂例》卷1《啖氏集注义例》。
② 《春秋集传纂例》卷1《啖赵取舍三传义例》。

强调正心以修、齐、治、平，实际上仍然是教人们奉"平天下"者为至尊。啖助、赵匡提出的"理"与"教"虽然不如韩愈细致，但其内在联系是十分自然的，彼此相通的。由此，新经学与道统说之间便埋下趋于合流的伏线。这就是宋初石介等人为什么会在接受《春秋》新学舍传求经、尊王攘夷思想的同时，又成为韩愈之后、二程之前"发明一个平政底道理"的"第一等人"① 的原因所在！

五　几点结论

通过上述考察，除开其"从宜救乱，因时黜陟"之旨影响久远而外，可得出这样几点结论：

其一，中唐《春秋》学结束了自汉至唐三传鼎立的局面，"变专门之学为通学"。从此，治《春秋》不再拘守三传。由《春秋》经学的变异影响到其他四经，传统的"五经"到了宋代都被重新解释。经学完成从汉学到宋学的转变，其明显的转折点始自中唐新起的《春秋》学。

其二，中唐《春秋》学以其"理"与"教"同韩愈"道统说"相通，经宋初石介等人使二者合流，推进了理学的形成与发展。这正是理学大师们普遍首肯啖助、赵匡、陆淳学派的根本原因所在。反过来说，中唐《春秋》学在官方思想开始发生重大转变的时刻，以其独有的个性特色成为此间关键性的环节。

其三，此前《春秋》学中所包含的"史之贵实"的精神，在这次经学变异当中遭到了严重的践踏。其后，史学著作渐渐趋于"空言义理"，"舍人事而言性天"。"尊王"的"理"被推奉

---

① 《朱子语类》卷 129："本朝孙（复）、石（介）辈忽然出来，发明一个平政底道理，自好。前代亦无此等人。如韩退之已自五分来，只是说文章。若非后来关洛诸公出来，孙、石便是第一等人。"

到无以复加的高度，虽维护了专制主义的大一统政治实体，但却是以牺牲唐代前期那种开放、豪爽、热情、外向的时代心理为代价的。

（1994 年 5 月初成、2000 年 5 月增订）

　　［原载《中国史研究》1994 年第 4 期，题为《中唐学术思想的重大变异》。经增补编入《经学今诠续编》（《中国哲学》第二十三辑），辽宁教育出版社 2001 年版］

唐人别集中"文之将史"的趋向

别集是集部的最基本的组成部分，历来多从文学发展的角度认识其演变的意义。自唐代始，别集数量剧增。唐代以前的别集流传至今者为数甚少，唐代别集传留下来的约 200 家之多（依原貌流传至今的仅几十部，其余为后人辑存）。更具影响的是，唐集文体日趋自由，内容不断充实，明显地展示着这一图书系列与史学发展的种种密不可分的联系。

一

散体逐渐取代骈体，文章由以抒情为主转向以说理、叙事为主，受史家瞩目之处不断增加。

魏晋以下，骈体文形式上的浮靡轻艳极大地阻碍了文章的说理和叙事。南北朝时期，开始提倡散体文。至唐，文体的变革最初表现在两个方面：一是散体应用范围扩大，二是骈体形式受到改造。

散体应用范围的扩大，主要指用散体文由奏议扩展到各种文体。这些散体文，从一开始便是论及时政的实用文字。

贞观年间，大臣的奏对已经没有多少浮辞，更少赘典。其中，魏徵的奏议最具代表性。其《论时政第三疏》强调："鉴形之美恶，必就于止水；鉴国之安危，必取于亡国。……臣愿当今之动静，必思隋氏以为鉴，则存亡治乱，可得而知。若能思其所以危，则安矣；思其所以乱，则治矣；思其所以亡，则存矣。"① 这哪里还有什么雕饰浮辞，简直是在说大实话！所以，当"古文运动"勃兴之后，韩愈的后来人李翱便明确地表示："假令传魏徵，但记其谏诤之词，自足以为正直矣。"② 两《唐书·魏徵传》确实载录了他的 4 篇《论时政疏》和 1 篇《十渐不克终疏》，都是"匡过弼违"，"可为万代王者法"③ 的实用文章。

高宗、武则天时期，陈子昂对散文的影响以往似乎注意不够。仅《新唐书·陈子昂传》所节录的疏奏就有 6 篇 14 条。尤其议政的散体，被称为"其谏诤之辞，则为政之先也"④。《新唐书》又称"唐兴，文章承徐、庾余风，天下祖尚，子昂始变雅正"，"子昂所论著，当世以为法"⑤。这都说明，陈子昂的奏议不仅在文体文风变革中占有一席的地位，而且在说理论事方面切于时政，因而受到唐、宋史家的重视。

稍晚于陈子昂而把散体文出奏议扩展到书序、别传的是卢藏用。他为《陈子昂文集》所作序文，便是一篇简洁的散体文。他的《陈子昂别传》，叙事平实，毫无藻饰虚美之弊。如果说《旧唐书·陈子昂传》是用"国史旧本"，那么《新唐书·陈子昂传》所增则是取卢藏用为之序的文集和《陈子昂别传》，所删也是据《别传》而为。这期间，颇有意思的一件事是，刘知幾私撰《史通》全用骈体，而其书序则基本上转而为散体，有如西汉之作。

到了玄宗开元年间，散体文在信函中又显出了无限的生气。这时的自荐函或荐举他人的书信，大都真切、生动，毫无掩饰、隐晦。人们常常举李白的《与韩荆州书》，以"识荆"一词作久

---

① 《贞观政要》卷 8《刑法》。《唐书·魏徵传》、《全唐文》卷 139，均同。
② 《唐会要》卷 64《史馆杂录下》。
③ 《旧唐书》卷 71《魏徵传》"史臣曰"。
④ 卢藏用：《右拾遗陈子昂文集序》，《全唐文》卷 238。
⑤ 《新唐书》卷 107《陈子昂传》。

闻其名而初次相识的敬辞。在这种主情、主气的散体书、启同时，还有的散体书、启，如王泠然的《论荐书》等，在后来的唐集中比重越来越有所增加。

　　玄宗天宝中期以下，散体文扩展到所用各种文体中，论、记、箴、序、碑、铭、说、表，全都以极为明白的语言说理、叙事、抒情。李华的《中书政事堂记》以及御史大夫、中丞、著作郎、杭州、衢州、常州、寿州等刺史厅"壁记"，都是很好的散体文，迄今仍为考史者不断征引。尤其《中书政事堂记》，对于政事堂自唐初至高宗的演变、君臣议政的准则以及擅权"顷身祸败"的教训，都写得非常简洁、明了，已看不出骈体文的影响。

　　如果说，自贞观初至开元末的科考策文全是骈体，那么，德宗建中元年（780）试贤良方正能言极谏科策问，制策和对策开始用散体文，就是一件值得注意的事情了。姜公辅《对直言极谏策》，制策240余字，杂有骈句而极浅易；对策约1260字，全用散体。这是唐代160余年来策问文体第一次出现重大变革，表明散体文已为朝野共同接受。从此，策问日趋散多而骈少了。

　　文体的变革的第二个方面，是骈体形式的不断改造。主要指某些奏议虽然采用骈体，但其用典繁赘晦涩与词采雕饰之弊却逐渐减少，而论事恳切，说理严密，叙事间以散行。除去前面已经举到的魏徵、陈子昂等的奏议外，到中唐时，反映骈体改造取得巨大成就的突出表现，便是陆贽的奏议。《论裴延龄奸蠹书》6400余言，是唐集中不多见的长篇，叙事指实，细微不烦，说理陈情，激切不躁。清代学者赵翼在论"唐古文不始于韩柳"时指出："陆宣公奏议，虽亦不脱骈偶之习，而指切事情，纤微毕到，其气又浑灏流转，行乎其所不得不行，此岂可以骈偶少之。此皆在（韩）愈之前固已有早开风气者矣。"[1] 陆贽的奏议在集骈、散二

---

[1] 《廿二史劄记》卷20《唐古文不始于韩柳》。

体之长方面，达到了一种"完美"结合的境界。《旧唐书》为表现其"忠言救失"，载录了陆贽 6 篇疏文。《新唐书》"例不录排偶之作"，却以其论谏"讥陈时病，皆本仁义，可为后世法，炳炳如丹"，在旧传载录之外，又增补了 5 篇疏文的摘要节录。《资治通鉴》自唐德宗建中四年，至贞元十年，于陆贽的 55 篇奏状中，采撷 39 篇，著于正文。这足以说明：文体的转变，内容的质实，使得别集越来越受史家瞩目。

在图书目录中，北宋时对这种变化已有所反映。《新唐书·艺文志四》别集类，在一般别集之后，悄然地著录了论议表疏、制、谏、状、策等类专集，集中排列在一起，而以陆贽《论议表疏集》居首。

稍晚于《新唐书》的《通志》，在其《艺文略》中便非常明确地在别集、总集之外，另立"表章""奏议"两个子目，用以著录这两种类型的专集。南宋时，《直斋书录解题》设立"章奏类"，专门著录"无他文而独有章奏，及虽有他文而章奏复独行者"，个人奏议亦以陆贽居其先。同时，赵汝愚又编成《宋朝诸臣奏议》300 卷。明初，杨士奇等编集《历代名臣奏议》350 卷，成为"古今奏议之渊海"。奏议从这时起，开始成为史部一个类目，而不再属集部。奏议由别集转入史部，单独为一个类目，虽然经历了自唐至明的漫长岁月，但开始受到史家重视则发端于唐，与文体文风的转变直接相关联。

二

文风由浮华转向质实，一方面使文章内容渐渐有裨政理，撰文与修史宗旨趋于合一；另一方面又使撰文走向通俗，记录目睹耳闻、随感杂谈。中唐以后，两个方面都明显地发展起来，促进了唐集中"文之将史"的趋向。

唐初，针对六朝绮靡之风习，贞观君臣把着眼点放在"文"与"治"的关系上。太宗不仅认为汉代的赋"文体浮华，无益劝诫"，不应"书之史策"，而且不许编次自己的文集。他强调："朕若制事出令，有益于人者，史则书之，足为不朽。若事不师古，乱政害物，虽有词藻，终贻后代笑，非所须也。……凡人主惟在德行，何必要事文章耶？"①魏徵等大臣也多注意文学与治政的关系，如其评论陈后主亡国时所说："不崇教义之本，偏尚淫丽之文，徒长浇伪之风，无救乱亡之祸矣。"② 同时，太宗对于修撰国史还提出了这样的要求：

　　其有上书论事，词理切直，可裨于政理者，朕从与不从，皆须备载。③

这无疑是一种提倡！因而，贞观名臣的诸多奏疏，大都"词理切直，可裨于政理"。

刘知幾从史学发展的角度，一再强调"实录"的原则。但同时，又特别注意"文"与"史"的关系。他看到"文之为用，远矣大矣"，并指出先秦散文"化成天下""以察兴亡"，是"文之将史，其统一焉"。秦汉以降，文体大变，繁华失实，无裨劝奖，"非复史书，更成文集"。针对这种状况，刘知幾以为"今之为史而载文也，苟能拨浮华，采真实"，则是载笔者尤其应当重视的一个问题。④

玄宗后期，专门论述文章宗旨的作家日渐增多。刘太真称赞萧颖士"述作万卷，去其浮辞，存乎正言。昔左氏失于烦，穀梁

---

① 《贞观政要》卷7《文史》。
② 《陈书》卷6《后主纪》"魏徵曰"。
③ 《贞观政要》卷7《文史》。
④ 详见《史通》卷5《载文》。

失于短，公羊失于俗，而夫子为其折衷"①，这显然是在用写史的眼光认识萧颖士的文章。李华更明确地提出："文章本乎作者，而哀乐系乎时。本乎作者，六经之志也。系乎时者，乐文、武而哀幽、厉也。立身扬名，有国有家，化人成俗，安危存亡，于是乎观之。"② 不仅主张如此，更在实践中贯彻、发挥。因而，李华的文章被称为"本乎王道"，"美教化，献箴谏"，"悬权衡以辨天下公是非"。"至若记、叙、编录、铭鼎、刻石之作，必采其行事以正褒贬，非夫子之旨不书。"③

"安史之乱"过后，出现"言理道者众"的情况，更加速了撰文与修史宗旨的趋一。代宗时，李翰的文章不仅撰写"犹工"，而且内容被公认是："叙治乱，则明白坦荡，纾徐条畅"；"陈道义，则游泳性情，探微豁冥"；"广劝戒，则得失相维，吉凶相迫"；"颂功美，则温直显融，协于大中"④。这种以"叙治乱""陈道义""广劝戒""颂功美"为内容的文章，与当时要求于史官的秉笔之作，几乎没有多少不同了。德宗即位后，史馆修撰沈既济在一次奏议中明确提出："史氏之作，本乎惩劝，以正君臣，以维邦家。前端千古，后法万代，使其生不敢差，死不忘惧。纬人伦而经世道，为百王准的。不止属辞比事，以日系月而已。故善恶之道，在乎劝诫，劝诫之柄，在乎褒贬。"⑤ 宪宗元和年间，史馆修撰李翱又反复奏道："夫劝善惩恶，正言直笔，记圣朝功德，述忠贤事业，载奸佞丑行，以传无穷者，史官之任也"；"守职史官，以记录是非为事。夫通前古治乱安危之大本者，实史臣之任也。"⑥

---

① 《送萧颖士赴东府序》，《全唐文》卷 395。

② 《崔沔集序》，《全唐文》卷 315。

③ 独孤及：《李公中集序》，《全唐文》卷 388。

④ 梁肃：《补阙李君前集序》，《全唐文》卷 518。

⑤ 《旧唐书》卷 149《沈传师传》。

⑥ 《百官行状奏》《论事疏表》，均收《全唐文》卷 634。

正是在这种"言理道者众"的情势下，为日渐衰落的唐政权寻找出路之际，韩愈提出"修其辞以明其道"、柳宗元提倡文以"辅时及物为道"，将整个文体文风的改革推进到一种积极求实、注意实际效果的新高度。由于他们的明道主张是着眼于"匡时救弊"的，因而具有强烈的实践性品格。同时，他们又都十分注意文章的抒情特点，在艺术形式上追求创新，使得文体文风的改革充满生机。投身这一改革，或受这一改革推动，在当时的文人墨客中，极为普遍。其中，不少人都身为史官，如韩愈、李翱。即使私撰史书，如流传至今的《大唐新语》，就是刘肃感于"圣人遗训，几乎息矣"，才取"事关政教""道可师模"的史实纂录而成。李肇的《国史补》，亦有"示劝戒"的目的。文以载道，史亦明道，文士、史官往往一身二任，撰文与修当代史怎么可能不出现趋一的倾向！不少政论被用作史论，褒贬人物的行状、碑传成为修撰史传的基本素材，诸多诏敕、奏章更是直接反映历史演变的纪实性文献。所有这一切，都可以说是文体文风转向质实的必然。

文体文风改革导致的文章另一发展方向是，撰文尚实、尚俗、务尽以及尚怪奇。

尚实、尚俗、务尽的倾向，一是将文章引向写民生疾苦和讽喻时弊，二是使文章转向写身边琐事，这是韩愈、柳宗元之后的新变化。

元稹在穆宗即位之初知制诰，"文格高古，始变俗体，继者效之也"①，是文体文风改革深入到官方公文的进一步反映。白居易"文章合为时而著，诗歌合为事而作"，"为文者必当尚质抑淫，著诚去伪"等主张与实践，表现在其"启奏之间"，多为"可以救济人病，裨补时阙"②的内容。如其应试之前，"揣摩当代之

---

① 《白居易集》卷23《余思未尽，加为六韵，重寄微之》自注。
② 《旧唐书》卷166《白居易传》。

事，构成策目七十五门"的"策林"，其中多数文章大都论述当时社会问题，诸如赋敛之重、高利贷之酷、厚葬风行等。元稹在《白氏长庆集序》中准确地肯定了白居易文章的四大长处，即"赋、赞、箴、诫之类，长于当；碑记、叙事、制诰，长于实；启、奏、表、状，长于直；书、檄、辞、册、剖、判，长于尽"。当、实、直、尽，这 4 个字既概括了白居易文的特长，又使人们从中看到韩愈、柳宗元之后散文朝着尚实、尚俗、务尽方面发展的趋势。杜牧更是集文史于一身的散文大家，"论列大事，指陈病利，尤切直"①。他的诸多名篇，既是"感慨时事"之作，或纵论军国大事，或针砭藩镇割据，或抨击佛教轮回，或讽喻兴造宫室，又几乎无一不是以史谕今的论史杰作。论古说今，在杜牧这里又取得新的成就。这种指陈时政得失的散文，到了皮日休那里，便进一步便具体为"剥非"和"补失"了。其《文薮》强调自己的四篇赋，或伤前王太佚，或虑民道难济，或念下情不达，或悯寒士道壅。至于碑、铭、赞、颂、论、议、书、序等，"皆上剥远非，下补近失，非空言也"②。其为文，简洁明快，没有雕琢排比、破经碎史的痕迹。

尚俗、务尽的倾向，使文章转向写身边琐事，推动了中唐以后杂史、小说家言的发展。李肇撰《国史补》，已明确表示"因见闻而备故实"，是写本人所见所闻。李德裕《次柳氏旧闻》，更是辗转追记高力士在玄宗身边的琐事。范摅撰《云溪友议》，一面认为"街谈巷议，倏有裨于王化"，"江海不却细流，故能为之大"；另一面又以其"昔藉众多，因所闻记"，"率尔成文，因事录焉"③，主张记身边琐事，不弃街谈巷议。陆希声则认为，段公路《北户录》"采其民风土俗、饮食衣制、歌谣哀乐有异于中夏

---

① 《新唐书》卷 166《杜佑附杜牧传》。
② 《文薮序》，《全唐文》卷 796。
③ 《云溪友议序》，《全唐文》卷 804。

者，录而志之"，它如草木果蔬、虫鱼羽毛之类，有瑰形怪状者莫不毕载，但能"连类引证，与奇书异说相参检"，故其书"博而且信"。至于小说、荒诞，乃"近世之通病"，岂徒为谈端而已！①不管是否主张弃舍街谈巷议，他们都在记身边琐事，又都大大异于传统的雅正、明道一途，而是向着通俗、务尽的方面发展。在这方面，撰文与写史更明显地表现出了"文之将史"的趋向。

至于尚怪奇的倾向，也是值得注意的。一般认为，唐代传奇的黄金时代在代宗至宣宗的近百年间。而文体文风改革的黄金时代，正当值中。显然，二者之间存在一定的促进关系。沈既济以史才见称于时，职为史馆修撰，并撰《建中实录》10卷。与此同时，他又写有《枕中记》《任氏传》等以传世。韩愈、柳宗元在发动"古文运动"的同时，都曾极力为传奇辩护，为之争取在文坛上的地位。甚至他们本人，也用散文创作传奇。陈鸿在宪宗时曾纂修编年体通史《大统纪》30卷，但同时又创作有《长恨歌传》《开元升平源》和《东城老父传》。尽管后两篇传奇的作者有疑义，但从内容上看，这三篇似一组姊妹篇，有共同的思想倾向，试图通过叙述历史表象探寻开元、天宝治与乱的根源，符合宪宗时朝野的社会思潮。《开元升平源》，更近乎实录。散文为传奇提供了舒展自如的文体和富于表现力的语言，传奇中大量优秀作品的出现反过来也推动着"古文运动"的发展。

文体文风中尚怪奇的倾向，使得中唐以后的传奇中多玄怪。单篇之外，最著名的有牛僧孺《玄怪录》、李复言《续玄怪录》以及《河东记》、张读《宣室志》、袁郊《甘泽谣》、裴铏《传奇》等。众多的"玄怪"之作出现，致使昭宗末年感叹声不已。陆希声尖锐地指出，"近日著小说者多矣，大率皆鬼神变怪、荒唐诞妄之事"，认为这已经成为"近世之通病"。正因为此，中唐以

---

① 《北户录序》，《全唐文》卷813。

后的杂史、小说家言中记琐闻逸事者，大都难免不对怪异有所记述。李肇《国史补》称，"言报应，叙鬼神，征梦卜，近帷箔，悉去之"。然而，卷上"鸟鬼报王稹"、卷中"役者将化虎"、卷下"人食雷公事"等，不也都是怪异之属吗！就连《大唐新语》这种专记"事关政教""道可师模"的史籍，也立有"谐谑""记异"之类的类目。可以这样说，凡中唐以后记琐闻逸事者，不论杂史之属，还是小说家言，都程度不同地记有怪异现象或神鬼报应等内容。这固然是唐代社会风貌的写照，但也反映着中唐以后文史趋一的实际。

三

广劝诫、存褒贬的撰文宗旨极大地推动了传记文学的发展，"载一人之事，以垂于世"的各种人物传记遍及唐人文集，明显地体现着文史趋一的倾向。

前面叙及，自玄宗后期，文士论撰文宗旨，渐渐归结到广劝戒、存褒贬这一基本目的上。要使这一宗旨真正收到普遍的社会效益，空泛的说教远不如生动感人的英烈事迹更具影响。于是，"忠孝才德之事"，"或事迹虽微而卓然可以法戒者，因为立传，以垂于世，此小传、家传、外传之例"①。李翰《进张巡中丞传表》，以张巡殉于国难的事迹"若不时纪录，日月寝悠，或掩而不传，或传而不实"，怎么可以"敦世教""志过旌善，垂戒百世"？② 李翱《杨烈妇传》，以杨氏女劝夫、助夫守城抗贼所表现出的勇、智、忠，"惧其行事埋灭而不传，故皆叙之，将告于史官"③。中唐以下，大批文士都兼具史才，而且有志于史，这本身

---

① 吴讷：《文章辨体序》。
② 《全唐文》卷430。
③ 《全唐文》卷640。

就是一种文史趋一的表现。李翰、梁肃、权德舆、韩愈、柳宗元、李翱、皇甫湜、沈亚之、杜牧等，都是文史兼通的大手笔，而且大多数又身兼史官。白居易甚至用诗鼓励著作郎樊宗师："何不自著书，实录善彼人。编为一家言，以备史阙文。"[①] 不论撰文，还是修史，抑或著书，"纪一代功臣、贤士行迹"，已成为文坛盛行的一股强劲风气。

下面，以《全唐文》为主，再参照部分唐人别集，将整个唐人文集中有关人物传记的篇章略作分类，大致可以分出这几种类型：一般传记（包括合传、家传、独传、自传、行状）、墓碑传记（墓志、碑铭）、寄托传记和传奇传记。

一般传记，所传对象上至忠臣、官绅、烈士，下尽侠义、隐士、诗画歌伎、巫医百工，社会各界，无所不包。这类传记，多以"实录"的原则进行撰述，故可以补史之阙文，或备史官采录。两《唐书·忠义列传》都记述了张巡、许远、姚訚等人的事迹，新书增旧书事，明显地出自李翰《张巡姚訚传》及进书表、韩愈《张中丞传后叙》。《新唐书》的修撰者自己是这样说的："元和时，韩愈读李翰所为（张）巡传，以为阙（许）远事非是。其言曰：……愈于褒贬尤慎，故著之。"《新唐书·忠义列传中》共传颜杲卿（附春卿）、贾循（附隐林）、张巡、徐远（附南霁云、雷万春、姚訚）9 人，但其篇末的"赞曰"仅赞论张巡、许远，文字均系节录李翰上表、韩愈后叙。至于备史官采录者，杜牧有一篇《窦列女传》，是听窦女一亲戚所言，李希烈据汴僭号，强取窦良之女，窦女巧曲取信，后李希烈暴卒，其子密不发丧，欲诛众将而自立，窦女以蜡丸帛书混杂含桃中传递消息，众将起而斩李希烈子，以李希烈并其妻、子七人首级献朝廷。《新唐书·逆臣中·李希烈传》末，采录了杜牧这篇传记的主要事迹。

---

① 《白居易集》卷 1《赠樊著作》。

寄托传记，如韩愈《圬者王承福传》、柳宗元《梓人传》，数量不多。传主事迹，仅仅是作者发表政见的一个引子，真实性已退居次要的地位。

传奇传记，虽然由"志怪"演变而来，却又大都"志人"，这是唐代传记文学发展中的一个较奇特之处。其中，又有虚构为主、纪实为主之分。前者如《任氏传》《柳毅传》《南柯太守传》《庐江冯媪传》，多写神鬼怪异。后者如《柳氏传》《谢小娥传》《东城老父传》《长恨传》《吴保安传》《冯燕传》等，则为传闻得来的故事，虽不免敷衍附会，却又都言之凿凿，有本事可稽。《吴保安传》写吴保安忠于朋友情谊，全力以赴，历尽艰辛。宋祁将其采入《新唐书·忠义列传上》。《谢小娥传》更是李公佐以耳闻目睹"备详"作传，《新唐书》将其采录入《列女传》。

就唐人别集而言，数量最多的人物传记则是墓碑传记。仅《全唐文》《唐文拾遗》所收，就接近 1000 篇。墓志、碑铭所传对象，同一般人物传记差不多，社会各界都有。但撰写墓志、碑铭者，都是一代文坛名家。颜真卿、裴度、白居易、杜牧等，更自撰墓志。墓志、碑铭的内容，较一般传记要复杂些。一般传记，因为本身属于"史"的范畴，故"于善恶无所不书"。而墓志、碑铭，是"有功德、材行、忠义之美者，俱后世之不知，则必铭而见之"。加之子孙"欲褒扬其亲而不本乎理"，故"务勒铭以夸世"①。因此，墓志、碑铭是否能够"尽公与是"，便要取决于撰写者的品德和修养了。

总的来说，"实录"原则大体上是贯彻到唐人所撰墓志、碑铭之中的，撰写者多能不诬不蔽、不惑不徇。德宗时，田绪为驸马，请陆贽为其父田承嗣撰写"遗爱碑"，陆贽以田承嗣"阻兵犯命，靡恶不为"，岂可"饰其愧词，以赞凶德，纳彼重赂，以袭贪

① 《曾巩集》卷 16《寄欧阳舍人书》。

风",表示了"事固难强"的态度。① 宪宗之时,大官卒后,登韦贯之家门"争为碑志,若市贾然"。以财交结权幸而为将相十余年的裴均,其子"将图不朽,积缣帛万匹,请于韦相。贯之举手曰:'宁饿死,不苟为此也了。'"② 穆宗初,河北藩镇王承宗卒,因其晚年"奉法逾谨",故诏中书侍郎、同平章事萧俛撰写王承宗先铭。萧俛专门写了《辞撰王承宗先铭奏》,以为"王承宗先朝阻命,事无可观。如臣秉笔,不能溢美",同时,也表示了"此不能强"的态度。③

　　墓志、碑铭自身的发展,也是由浮华向质实演变的。六朝骈丽,为人志铭,铺排郡望,藻饰官阶,殆于以人为赋,更无质实之意。到了唐代,张说所撰碑志、碑铭,虽然间用骈体,却已革浮华,返归质实。其叙墓主事迹,摩写传真,俨然传记文学。其《赠太尉裴公神道碑》,简直就像是两《唐书·裴行俭传》的蓝本。《唐故夏州都督太原王公神道碑》写王方翼守肃州的政绩、热海之役的战功,常常被举作张说碑志革除浮华、返归质实的例证。如果将其仔细与两《唐书·王方翼传》对照,则不难发现张说的碑志与当时的史传竟似出自一人之手。到权德舆手中,墓志、碑铭便由骈体改为散体。在整部《全唐文》中,撰写碑志、碑铭最多的就是权德舆,超过 80 篇。这些碑志,大都是写当时官宦的,有"遗爱碑""纪功碑""先庙碑",主要是"神道碑"和"墓志铭"。其记公卿的碑志,多可与史传互为参证,足以补缺、正误。某些史传,与其碑志间,似乎存在着某种渊源关系。由权德舆再到韩愈、柳宗元,碑志的撰写更加散文化、个性化,也更富表现力。所谓"退之铭墓其词约,子厚铭墓其词丰,各炫其长也"④,

---

① 《陆宣公集》卷 20《请还田绪所寄撰碑文马绢状》。
② 李肇:《唐国史补》卷中《韦相拒碑志》。其作"长安中",误,当在宪宗之时。
③ 《全唐文》卷 545。
④ 范晞文:《对床夜话》卷 4。

是对他二人所撰墓志、碑铭特点的简略概括，正反映出其成就所在！

韩愈所撰墓志、碑铭，在唐人别集中仅次于权德舆，与张说大致相当。对其评价，历来毁誉不一。平心而论，其中确有溢美之词，如韩弘、杨燕奇、杜兼等人的墓志以及《柳州罗池庙碑》等。不过，这在韩愈所撰 60 多篇碑志中，毕竟是一小部分。其多数碑志，基本上还是正言直书、不诬不蔽的，而且文字"平易明白""烦简匀适"。所撰韦丹、独狐郁、李惟简、权德舆、王仲舒、韩弘、李道古、张彻等人碑志，多为两《唐书》采录。马通伯《韩昌黎文集校注》，在上述诸人碑志篇题下，有精审的疏证，或云史传所载"加详于志"，或道"新史并取公碑、志作传"，等等。这是肯定韩愈的碑传与史传基本无异。在马通伯征引的诸家注文中，还有不少评论，谓其"就事直书""简古清峻""简严生动"，"风神略近太史公"①。这是肯定其碑传近乎传记文学。韩、柳之后，唐集中除白居易、杜牧等所撰碑志外，可与史传相并传者已不多见。

韩愈的碑传，在唐人别集中的特殊地位，是应当引起文、史两界学人格外注意的。从文学发展的角度认识这些碑传，誉之为传记文学成就赫然；用史学眼光来看待这些碑传，视其与史传等同或史传之源。这恰恰说明，"文之将史"的趋向在唐人别集的墓志、碑铭中表现最明显，成就最突出。这一趋向，影响更是不可忽略的。宋代，杜大珪辑录《名臣碑传琬琰集》107 卷。明代，徐纮辑录《皇明名臣琬琰录》《续录》46 卷。王世贞续《皇明名臣琬琰录》32 卷。清代，钱仪吉辑录《碑传集》164 卷、缪荃孙辑成《续碑传集》86 卷。宋代以来，碑传集的发达，溯其源，正是唐代尤其中唐以来墓碑传记！

---

① 详见《韩昌黎文集校注》卷 6、卷 7 相关篇题注文。

唐人别集中，刘知幾所论虚设、厚颜、假手、自戾、一概等"五失"①，确实不同程度地存在着。虚设、假手、自戾等现象，尤为明显。但在唐人别集中，上述"文之将史"的趋向，无论从文学发展出发，还是由史学发展着眼，都值得重视。

（1992 年 9 月 28 日）

（原载《唐文化研究论文集》，上海人民出版社 1994 年版）

---

① 详见《史通》卷 5《载文》。

佛教史学的形成与发展

——立足于史籍编纂的考察

中国佛教史学①，随着佛教在中国的传布与发展逐渐形成。一方面适应着佛教在中国传布的需要，另一方面又深受中国传统史学的影响。通常人们只将其作为佛教史的一个分支，从佛教史、社会史等角度来审视某些佛教史籍的价值，却很少从史学的角度来考察这些史籍的意义。其实，佛教史学应属交叉学科。这里，从史学发展的角度来谈佛教史学的形成与发展。

佛教自汉代传入，经魏晋南北朝至唐达到鼎盛，宋元时期又有新的进展。随着佛教在中土的长足发展，佛教史籍编纂呈现出三个阶段：东晋至唐初出现记录佛事的史籍，唐代佛教史籍范围不断拓展，宋元时期佛教史籍体裁日趋齐备。

一 最先记录佛事的史籍

佛教自汉代传入中土，经魏晋南北朝至唐初，西行求法高僧携回大批梵文佛经，译经水平不断提高，逐渐运用儒学注经的方式对佛经进行注疏，同时编纂各种工具性的著录。在这一过程中，

---

① "佛教史学"的提出，详见谢保成《佛教史学与唐代佛教史籍》，《法门寺文化研究》通讯总第 10 期，98 法门寺唐文化国际学术讨论会专号（1998 年 11 月）。

自觉记述各个教派、众多名僧史事的文字、撰著不断涌现，反映着佛教史学的形成。

东晋南北朝时期，最先推出的记录佛事的史籍，大体有四种类型：一是有关佛教史的著述，二是关于阐扬佛理的史籍，三是记述佛教在中土传布的史籍，四是官方史书的记载。

（一）有关佛教史的著述，东晋、南朝时期主要有《佛国记》《释迦谱》

《佛国记》一卷，沙门释法显撰。又名《高僧法显传》《历游天竺记》。法显（约337—约422），俗姓龚，平阳武阳（今属山西临汾）人。"常慨经律舛阙，誓志寻求"。东晋安帝隆安三年（399），与同学等，"发自长安，西渡流沙"，越葱岭、度小雪山，"自力孤行，遂过山险"，遍历天竺及师子国。义熙八年（412）回到青州长广郡牢山（今山东青岛崂山），第二年至京师建康（今江苏南京）。《佛国记》为其西行求法前后15年所见所闻。"凡所经历三十余国"[①]，不仅是4世纪亚洲佛教史的重要著述，还是中国与印度、巴基斯坦、尼泊尔、斯里兰卡等国交往史的重要著述，也是中国现存史书中有关陆海交通最早、最详细的记录。"叙述古雅"，为游记的杰出代表，深受中外学术界重视。

《释迦谱》，僧祐撰。僧祐（445—518），本姓俞，其先彭城下邳（今江苏邳州）人，父世居建康（今江苏南京），《高僧传》卷十一有传。"造立藏经，搜校卷轴"，开佛寺收藏佛教文献之先，撰有《出三藏记集》《释迦谱》《弘明集》等。《释迦谱》，是在当时谱系之风影响下出现的第一部记叙释迦族世系传说、释迦一生事迹至阿育王时佛教传布情况的专门著述，为中国撰著佛传之始。据唐代《开元释教录》卷6著录，此书有广、略二本，广本

---

① 参见释慧皎《高僧传》卷3《宋江陵辛寺释法显传》。（碛砂藏本，下同）

十卷，略本五卷。

（二）关于阐扬佛理的史籍，主要有南朝时僧祐《弘明集》

《弘明集》十四卷，序云："道以人弘，教以文明，弘道明教，故谓之《弘明集》。"选辑自东汉末至南朝梁阐扬佛理的文论，自"牟子理惑"始，至僧祐自撰"弘明论"终，以书启论述最多，有范缜《神灭论》等反佛文论。入录 100 人，僧人 19。从文学的角度讲，颇类《文选》一类的总集，因此《旧唐书·经籍志》将其著录在集部总集类；从史学的角度说，则近似于《尚书》记言体。初为十卷，后增补为十四卷。以十四卷本与僧祐所撰《出三藏记集》著录的十卷本目录对照，则十卷本皆为梁以前文论，后增补者多为梁代文论。十卷本中卷九、卷十梁武帝，高丽藏本作"大梁皇帝"，当为僧祐原文。而称梁武帝者，则系后人追改。通行本有藏本、单刻本两种，以藏本为优。藏本一为嘉兴藏本（即所谓支那本），一为频伽本。单刻本一为吴惟明刻本（即所谓汪道昆本），一为金陵本。

（三）记述佛教在中土传布的史籍，以僧尼传为主，包括寺庙兴废

僧尼传，以慧皎《高僧传》、宝唱《比丘尼传》为代表。

高僧传的出现，肇自晋代，真实记录了佛教在中土传播的实际。唐以前见于著录的高僧传，有虞孝敬《高僧传》六卷，释宝唱《名僧传》三十卷，释慧皎《高僧传》十四卷，释法进《江东名德传》三卷，王巾《法师传》十卷，裴子野《众僧传》二十卷，释僧祐《萨婆多部传》五卷，释宝唱《尼传》二卷等。此外，还有名僧个人传记，如《梁故草堂法师传》一卷，《法显传》二卷，《法显行传》一卷等。其中，宝唱《名僧传》三十卷，著录 425 位僧人，为最早的综合性僧传，但至宋代以后散佚，流传日本者仅存一卷抄本。

宝唱之后，慧皎《高僧传》十四卷为现存高僧传系列之首。慧皎（497—554），不详姓氏，会稽上虞（今属浙江）人，《续高僧传》卷六有传。其书卷三末译经论有云："顷世学徒，唯慕钻求一典，谓言广读多惑，斯盖堕学之辞，匪曰通方之训。何者？夫欲考寻理味，决正法门，岂可断以胸襟，而不博寻众典。"知其主张博览，反对空疏。

《序录》对当时沙门或官员所撰"名僧传""僧史"等有简要介绍，较《隋书·经籍志二》杂传类著录为多，足见其搜集之广。但又指出："或褒赞之下，过相揄扬。或叙事之中，空列辞费，求之实理无的可称。或复嫌以繁广，删减其事。而抗迹之奇，多所遗削，谓出家之士，处国宾王，不应励然自远，高蹈独绝，寻辞荣弃爱，本以异俗为贤。若此而不论，竟何所纪。"因以搜捡杂录数十余家，晋宋齐梁及秦赵燕凉书史，地理杂篇，孤文片记，博谘古老，广访先达，校其有无，取其同异，"始于汉明帝永平十年，终至梁天监十八年"，"为十三卷，并序录合十四轴，号曰《高僧传》"。编纂体例如下：

> 开其德业，大为十例：一曰译经，二曰义解，三曰神异，四曰习禅，五曰明律，六曰遗身，七曰诵经，八曰兴福，九曰经师，十曰唱导。

译经三卷，义解五卷，神异二卷，习禅、明律一卷，遗身、诵经一卷，兴福、经师、唱导一卷，共十三卷。前八科"讨核源流，商搉取舍，皆列诸赞论"，经师、唱导二科有论无赞。"论曰"概述本科主旨、沿流，评价成就突出的僧人，反映佛教传入中土在这一方面的情况。卷十四为《序录》并各卷高僧正传目录，末附王曼颖与慧皎书札及慧皎笔答。关于其书命名，有这样一段文字：

> 自前代所撰，多曰名僧。然名者，本实之宾也。若实行潜光，则高而不名；寡德适时，则名而不高。名而不高，本非所纪；高而不名，则备今录。故省"名"音，代以"高"字。①

僧人以有德之隐逸者为高，慧皎选择入传僧人的标准，不取"寡德适时"即仅有知名度而少德者。作为迄今所存最早、最完备的高僧传，著录东汉、三国魏、吴、晋、北魏、后秦、南朝宋、齐、梁九朝高僧正传 257 人、附见 274 人。但因南北分隔，所记众僧以江南为多，北魏高僧（所谓"伪魏僧"）仅得 4 人。就南朝而言，所记梁僧亦为数不多。

统观全书，以一篇篇高僧传记，表现出东汉至南朝梁初佛教的风貌、思想演变以及对于当时社会的影响。传中有关中印文化交流、中亚历史、地理，乃至南北朝史的记述，均有重要学术价值、史料价值，可与"正史"相互参证，补其不足。《世说新语》关涉晋僧近 20 人，仅佛图澄见于《晋书·艺术传》，其余 19 人皆见于此传。支道林当时颇负盛名，被视为与"向秀雅尚庄老，异时风好玄同"，死后"郗超为之序传，袁宏为之铭赞"，《世说新语》中四五十见，《晋书》无传，此书卷 4 有长达 2000 余字的《支道林传》。又，竺法深亦负高名，《世说新语》中五六见，刘孝标注谓"不知其俗姓"。此书卷四《竺潜深传》，以"竺潜字法深，姓王，琅琊人，晋丞相武昌郡公敦之弟也。年十八出家……至年二十四，讲法华大品。……晋永嘉初避乱过江……潜优游讲席三十余载。……以晋宁康二年卒于山馆，春秋八十有九。烈宗

---

① 释慧皎：《高僧传》序、卷 14《序录》。

孝武诏曰：深法师理悟虚远，风鉴清贞。弃宰相之荣，袭染衣之素。山居人外，笃勤匪懈。方赖宣道以济苍生，奄然迁化用痛于怀。可赙钱十万，星驰驿送"。可补刘孝标注之缺，可订《世说新语》注"卒七十九"之误。

所谓"释宝唱《尼传》二卷"，即传本《比丘尼传》四卷。宝唱，俗姓岑，吴郡（今江苏苏州）人，《续高僧传》卷一有传。梁武帝天监九年至十三年（510—514），撰《名僧传》三十一卷，又撰《比丘尼传》四卷。中国比丘尼始于西晋末净检，此后代有其人。宝唱《比丘尼传》是第一部比丘尼专传，而且为民国以前中国唯一一部比丘尼传，著录晋、南朝宋、齐、梁四代比丘尼65人，附见51人，依时代先后，不分科目。因南北隔绝，书中所记多为江浙地区比丘尼。其中，一些比丘尼与皇室、王公颇有交往，足见其在上层社会的活动与影响。"妙音尼为（殷仲）堪图（荆）州"事[1]，可从《晋书》中得到印证，即是明显一例。

宝唱、慧皎开了中国佛教史学传写名僧、高僧和比丘尼之先河，影响远及唐、宋、元、明乃至民国，形成高僧系列史书。大凡此间问世的高僧传，都有这样三方面的价值：一是保存大量中西交通史的珍贵材料；二是可补史传记载之不足；三是提供研究佛教史的基本史料。

记寺庙兴废，以《洛阳伽蓝记》最为著名。

《洛阳伽蓝记》五卷，北魏杨衒之撰。伽（qié）蓝，梵语"僧伽蓝摩"略称，意为寺院。杨衒之，史无传，杨或作阳，或作羊，家世、爵里、生卒年均无考。书首所署官衔"魏抚军府司马杨衒之撰"，书中自述"自永安中衒之时为奉朝请"，"武定五年，余因行役，重览洛阳"，仅此而已。《广弘明集》卷六《叙列代王臣滞惑解》，首叙唐傅奕，引古来王臣讪谤佛法者25人为《高识

---

[1]　沙门宝唱：《比丘尼传》卷1《简静寺支妙音尼传》。（碛砂藏本，下同）

传》，一帙十卷，有杨衒之小传，谓其为北平（今河北满城）人，元魏末为秘书监，见寺宇壮丽，损费金碧，王公相竞，侵鱼百姓，乃撰《洛阳伽蓝记》，言不恤众庶也。

据书序"武定五年，岁在丁卯，余因行役，重览洛阳"，"今日寥廓，钟声罕闻。恐后世无传，故撰斯《记》"，则其书撰写当在东魏孝静帝武定五年（丁卯，547）。

北魏洛阳的 40 年间，先是佛寺众多、壮丽，如今残破、凄凉；先前为王公、庶士挥霍无度的一大都会，眼下是农夫、牧竖耕种歇息的一片废墟。字面写洛阳佛寺盛衰，文心为北魏政权兴亡！不仅撰写主题明确，而且编纂有致，书序写道：

> 然寺数最多，不可遍写。今之所录，上大伽蓝。其中小者，取其详世谛事，因而出之。先以城内为始，次及城外，表列门名，以远近为五篇。①

根据这一编纂体例，人们可以准确地绘制出北魏京城洛阳图，并按照城门方位、城内外里坊远近，标注出书中所记伽蓝以及宫殿、官署、名胜的具体位置。

既以佛寺为主，重点突出，又用注释或追溯的手法，记每寺历史或故事，间或有相关神话、异闻。这决定其书具有两大特点：其一，通过佛教寺塔兴废，反映北魏洛阳 40 年间政治、经济、文化、社会的真实。其二，所记神话、异闻，绝大多数独立成篇，为志怪小说发展的重要组成部分。

清四库馆评论说："其文秾丽秀逸，烦而不厌，可与郦道元《水经注》肩随。其兼叙尔朱荣等变乱之事，委曲详尽，多足与史传参证。其他古迹艺文，及外国土风道里，采摭繁富，亦足以广

---

① 《洛阳伽蓝记》序（如隐堂本，《四部丛刊》三编）。《汉魏丛书》本作"伽蓝记序例"。

异闻。"① 其所采"外国土风道里",不仅仅"以广异闻",还具有重要学术意义。卷五城北,仅记 2 寺 1 里。其记禅虚、凝圆 2 寺不足 200 字,而记闻义里则为全书最长的篇幅。这样开头:"闻义里有敦煌人宋云宅,云与惠生俱使西域也。神龟元年十一月冬,太后遣崇立寺比丘惠生向西域取经,凡得一百七十部,皆是大乘妙典。"以下记其行程。篇末记道:"衒之按:惠生《行纪》事多不尽录,今依《道荣传》《宋云家纪》,故并载之,以备缺文。"惠生西域求经,是法显之后、玄奘之前中国佛教史、中外交通史上的一件大事,《宋云家纪》、惠生《行纪》《道荣传》等均已失传,《洛阳伽蓝记》"以备缺文",成为唯一珍贵史料,深受海内外学术界重视。

(四)皇家修史记载,一是《魏书·释老志》,二是《隋书·经籍志》

《释老志》一卷,为《魏书》独创,集中反映了北魏的宗教政策以及佛、道二教的发展演变趋势。志序从"佛道流通之渐也"开始,说明"浮屠正号曰佛陀",简要介绍其"经旨"、服道者情况、佛祖世系、诸佛法身等基本知识。自东汉章帝始,历述佛教传入、经卷翻译等情况。佛教对北魏社会的影响,是其记述的重要内容,成为一篇北魏佛教兴衰史。指出:世祖太武帝毁佛,只看到佛教"至使王法废而不行"的一面;高宗文成帝修复佛法,只看到佛教"助王政之禁律,益仁智之善性"的一面。同时,记录群臣以传统观念反佛、从国计民生出发反佛的不同上奏,反映当时兴佛、反佛的种种争执。

篇中对有影响的高僧,如鸠摩罗什、法显、昙曜、师贤等,均叙其事迹。各个时期"以义行知重"或"见知于当时"的沙

---

① 《四库全书总目》卷 70《地理类三》。

门，均列其名。最后加以总结：

> 魏有天下，至于禅让，佛经流通，大集中国，凡有四百
> 一十五部，合一千九百一十九卷。正光已后，天下多虞，王
> 役尤甚，于是所在编民，相与入道，假慕沙门，实避调役，
> 猥滥之极，自中国之有佛法，未之有也。略而计之，僧尼大
> 众二百万矣，其寺三万有余。流弊不归，一至于此，识者所
> 以叹息也。

《魏书·释老志》，开了官修"正史"设专篇记载佛教史事的
先河。明初官修《元史》，专立类传《释老传》，显然是受《魏
书·释老志》的影响。

佛教的传入、佛家典籍的大量涌现，《隋书·经籍志》给予
高度重视，这就是志四"凡四部经传三千一百二十七部，三万
六千七百八卷"之后，著录的道经、佛经，为《魏书·释老志》
后"正史"中又一关于道、佛二教的长篇，而且是以一统王朝
的眼光进行阐述，兼具南北，较之《魏书·释老志》更加系统。
其著录佛经："大乘经六百一十七部，二千七十六卷……右一千
九百五十部，六千一百九十八卷。"自"佛经者，西域天竺之迦
维卫国净饭王太子释迦牟尼所说"以后，用了近 2000 字简述佛
教缘起、承传，并从"推寻典籍"的角度追述佛教自汉至隋在
中土的传布。

这一批专记中国佛教史事的著述，大体展示出早期佛教在中
国传布的事迹，也显现了中国佛教史学最初的规模。

这里特别要提出隋代史官王劭对佛教史学的作用。宝唱之后，
以皇家史官身份为比丘尼作传的第一人便是王劭。《续高僧传·道
密传》有这样一大段记述：

同州大兴国寺，即文帝所生之地，其处本基般若尼寺也。帝以后魏大统七年六月十三日生于此寺中，于时赤光照室，流溢户外，紫气满庭，状如楼阁，色染人衣，内外惊禁，妳母以时炎热，就而扇之，寒甚几绝，困不能啼。有神尼者名曰智仙，河东蒲坂刘氏女也。少出家，有戒行。和尚失之，恐其堕井，见在佛屋，俨然坐定。时年七岁，遂以禅观为业。及帝诞日，无因而至，语太祖曰："儿天佛所祐，勿忧也。"尼遂名帝为那罗延，言如金刚不可坏也。又曰："此儿来处异伦，俗家秽杂，自为养之。"太祖乃割宅为寺，内通小门，以儿委尼，不敢名问。后皇妣来抱，忽见化而为龙，惊惶堕地。尼曰："何因妄触我儿，遂令晚得天下。"及年七岁，告帝曰："儿当大贵，从东国来。佛法当灭，由儿兴之。"而尼沉静寡言，时道成败、吉凶，莫不符验。初在寺，养帝年至十三，方始还家。积三十余岁，略不出门。及周灭二教，尼隐皇家，内著法衣，戒行不改。帝后果自山东入为天子，重兴佛法，皆如尼言。及登位后……乃命史官王劭为尼作传。①

从这段文字知道王劭曾经"为尼作传"，《广弘明集》所录王劭《舍利感应记》也有相同内容："神尼智仙言曰：'佛法将灭，一切神明今已西去，儿（按：指隋文帝）当为普天慈父，重兴佛法，一切神明还来。'"现今所见，《续高僧传·道密传》记比丘尼智仙的文字最为完整，道宣取材无疑出自"王劭为尼作传"，甚或就是"王劭为尼作传"的转录。

《续高僧传·道密传》传末还有这样一段文字：仁寿之末，寺本高显，素无泉水，须便下汲，"一夕之间，去塔五步，飞泉自涌有同浪，井广如王劭所纪"。王劭不仅记隋文帝降生的有关传说，

---

① 释道宣：《续高僧传》卷28《道密传》。

还记当时佛教传播过程中的一些传说,反映当时佛教与宫廷的某种关系。

隋文帝兴佛,被唐初官修《隋书》说成"雅好符瑞",王劭为文帝兴佛助澜,被唐初官修《隋书》说成"经营符瑞"。从佛教传播来审视,这两句话说得再确切不过了!王劭的确是为隋文帝兴佛助澜的最佳人选。在当时的史官中,虽然不能考定王劭信佛,但至少可以说明王劭有近佛的另一面。

北周灭佛之后,经隋文帝、炀帝重又兴佛,至唐才使佛教得以在中国逐渐兴盛。"专典国史"将近 20 年的史官王劭,注意到正统史家未曾注重的佛教传播,表现出皇家史官的另外一面,以其修史实践推动着佛教史学。

二 佛教史籍门类的扩展

唐代是佛教传布最为兴盛的时代,据圆照《贞元新定释教目录》统计,德宗时入藏佛教文献 2447 部 7399 卷,自高祖武德元年至德宗贞元十六年的 183 年间,译经者 46 人、翻译佛经(包括史传) 435 部 2476 卷。流传至今的佛教史籍为数颇多,经常为史学研究参考者大致分布在类纂、传记和目录三部类。

(一)类纂

这一类史籍,主要有道宣《广弘明集》《集古今佛道论衡》,道世《法苑珠林》等。

《广弘明集》三十卷,道宣撰。道宣(596—667),俗姓钱,丹徒(今江苏镇江)人,律宗三派之一的南山宗创始人,《宋高僧传》卷十四有传。著述宏富,超过百卷。除律宗本派著述,有关佛教史学者,《广弘明集》三十卷、《续高僧传》三十卷、《集古今佛道论衡》四卷、《大唐内典录》十卷、《释迦氏谱》一卷、

《释迦方志》二卷，可谓唐代一位佛教史学大家。

《广弘明集》虽为南朝梁僧祐《弘明集》续篇，但体例不同，故不用"续"字，而称"广"。前面已叙，《弘明集》不分篇，只选古今文论，唯于卷末有"弘明论"一则，实际是一种选辑阐扬佛教文论的总集。《广弘明集》分全书为10篇：归正、辨惑、佛德、法义、僧行、慈济、戒功、启福、悔罪、统归。每篇有序，叙历代佛法兴废、释道之争，辩论佛教义理。叙述、辩论、选辑，三者融于一书。所辑僧俗作者134人，南北朝106人，唐28人。论佛文体，包括书启、表状、书序、论说、诏诰、诗赋、铭刻等，共433篇。卷三所录阮孝绪《七录序》及其分类，是目录学史上的重要材料。卷六《叙列代王臣滞惑解》所列兴隆佛教14人、毁灭佛教11人，是佛教史上的重要史料。严可均《全汉魏南北朝文》，除唐28人及有专书行世的汉魏南北朝人外，几乎将其所辑文论全部收录。偶有疏漏者，晋僧丘道护撰《支昙谛诔》，《全晋文》卷一四二有目无文，南齐虞羲撰《庐山景云法师行状》、北齐樊孝谦撰《答沙汰释李诏表》，《全齐文》《全北齐文》均缺。不过，最值得注意的是同名沙门被混淆的问题。卷二十五著录《福田论》，隋释彦琮撰；又《沙门不应拜俗总论》，唐释彦悰撰。琮、悰不同，刊本通作"琮"字，同在一卷，《全隋文》《全唐文》往往相混。彦琮，隋上林园翻经馆沙门，《续高僧传》卷二有传，大业六年卒。彦悰，唐京兆大慈恩寺沙门，玄奘法师弟子，《宋高僧传》卷四有传。频伽藏《佛顶最胜陀罗尼经序》《大慈恩寺三藏法师传》《法琳别传》，悰误作琮。《全隋文》卷33、《新唐书·艺文志二》释氏类，以《沙门不拜俗议》为彦琮所作，显然是将悰误为琮了。传本有两种：宋、元、高丽藏为三十卷，明南北藏、清藏为四十卷。通行本，吴惟明刻本（《四库全书》选用此本）及频伽藏三十卷，嘉兴方册藏及常州本（《四部备要》选用此本）四十卷。引用此书，应当交代版本。

《集古今佛道论衡》4 卷，道宣撰。这是"一部撰集之体，始自汉明帝，终至唐高宗，历纪帝代佛道论衡"的汇编。卷后重校序明确其书为"一部四卷之书"，因有国本、宋本、丹本之别，"今依丹本，以高祖、太宗时十事为第三卷，高宗时七事为第四卷而正焉"。卷甲，记后汉明帝至北齐文宣帝佛道七事，如东汉明帝佛、道"角法"传说，宋文帝朝会群臣论佛理治致太平，北魏兴废佛道等事。卷乙，记北周、隋兴废佛法六事。甲、乙两卷所记，大都见于《广弘明集》。卷丙，记唐高祖、太宗时佛道十事，如武德四年太史令傅奕奏废佛法、僧法琳著《破邪论》反驳，太宗敕道先佛后僧等上谏事，太宗问琳师辩正论信毁交报事，太宗诏奘师翻道经为梵文与道士辩核事等。卷丁，记高宗时佛道七事，如召佛道二宗入内详述名理事，显庆五年僧静泰与道士李荣关于《老子化胡经》论争事，以"郭行真舍道归佛之文，并附于尾"。

《法苑珠林》一百卷，道世撰。道世，俗姓韩，其先为伊阙（今河南伊川）人，祖代因官为京兆（今陕西西安）人，字玄恽，为避太宗讳，以字行，《宋高僧传》卷四有传，始复称道世。贞观末，预玄奘法师译事，后诏至西明寺与道宣律师同居止。高宗总章元年（668），撰成《法苑珠林》一百卷，为佛教类书，分类编排佛家故实。每篇之下分部，部有小部，均以二字命题，总计 640 余目（小部），博引经、律、论原典分隶其下。篇首为"述意部"，即序，用骈体文。篇末或部末为"感应缘"，广引故事为证，凡证必注出典。引经、论，以书名在前，称"依某经某论曰"。引传记，书名在前者称"某书曰"，如卷二十八神异篇引《述征记》《临海记》《述异记》等十余种，卷三十六华香篇引《异苑》《幽冥录》《扶南传》等三十余种；书名在后者注"出某书""见某书"或"右若干条同出某书"。耳闻目睹，必注明某人所说，如卷五阿修罗部引《西国志》云"与见玄策具述此事"，引玄奘法师云"其人具向玄奘法师述此"，卷十八敬法篇引昙韵禅师事云"西明寺道宣律师以贞观十一年曾至彼中,目睹说之"等。引据典籍,除佛经外,有 140 余种。征引上百次者,王琰《冥祥记》、干宝《搜神记》;征引数十次者,唐临《冥报记》、颜之推《冤魂志》、郎余令《冥报拾遗》。如《续搜神记》、刘义庆《幽明录》、刘敬叔《异苑》、祖冲之《述异记》等,征引均不下十余次。其中,绝大部分亡佚,可据此为"搜讨之用""校补之资"。清代汉学家特重此书,四库馆评曰:

> 此书作于唐初,去古未远。在彼法之中,犹为引经据典。虽其间荒唐悠谬之说与儒理抵牾,而要不与儒相乱,存之可考释氏之掌故。较后来侈谈心性、弥近理、大乱真者,固尚有间矣。[①]

自《四库全书》刊行之后,各图书志亦著录此书,但均为嘉兴藏本,与古本卷数不合。此书入藏,实自宋始。宋、元、明、清藏皆为一百卷,与书中《传记篇》及《大唐内典录》著录同。唯独明万历间嘉兴藏刻本改为一百二十卷,《四库全书》收入者、《四部丛刊》影印者均为嘉兴藏本。清道光时,常熟蒋氏刻本复为一百卷,常州天宁寺刻本、频伽藏本亦为一百卷。1936 年上海影印碛砂藏本,为今之最古者。

(二) 传记

有关唐代高僧的传记,见于著录者不下 30 种,最具代表性的是道宣《续高僧传》、法藏《华严经传记》、智炬《宝林传》以及慧立、彦悰《大慈恩寺三藏法师传》。

《续高僧传》,道宣撰。因为是继南朝梁慧皎《高僧传》而

---

① 《四库全书总目》卷 145《释家类》。

作，故名《续高僧传》。自序"终唐贞观十九年"（645），当是初成之序。记事实止于高宗麟德二年（665），为道宣卒前 2 年。就是说，自太宗贞观十九年至高宗乾封元年（666）的 21 年间，一直在做增补。这是一部类传，在体例上改《高僧传》"神异"为"感通"，"诵经"为"读诵"，合"经师""唱导"为"杂科"，新增"护法"，仍分 10 科，碛砂藏本分卷为：译经四卷，义解十一卷，习禅六卷，明律二卷，护法二卷，感通三卷，遗身、读诵一卷，兴福一卷，杂科一卷。每科末尾，均有道宣论述。以目录标示为据，"正传"记北魏、南朝梁至唐高宗麟德二年高僧 489 人，"附见"216 人。慧皎《高僧传》撰于南朝偏安之际，多叙吴、越而略魏、燕。此书成于一统之时，文献齐备，搜罗既广，自然优于前者。特别是众僧如何创建教派、传布佛法、演进阐理、撰述著作，推进佛教在唐代遍地开花、走向鼎盛。此书是不可多得的珍贵史籍。碛砂藏本卷三十一、嘉兴藏本卷三十《释真观传》记开皇十一年江南叛反，羽檄竞驰，元帅杨素以真观之"名声昌盛"，谓其造檄，责问："道人当坐禅读经，何因妄忤军甲，乃作檄书。罪当死不？"真观回答："道人所学，诚如公言，然观不作檄书。无辜受死。"杨素大怒，将檄以示："是尔作不？"真观读曰："斯文浅陋，未能动人。观实不作，若作过此。"乃指摘檄文三五处曰："如此语言，何得上纸？"杨素既解文，信其言，乃令其作《愁赋》。《全隋文》卷 34 所录《愁赋》400 余字，即出此传。版本问题较为复杂，涉及所传人数多少不同。通行本有三种，一为三十卷本，即高丽藏、频伽藏本；二为三十一卷本，即宋元藏及碛砂藏本；三为四十卷本，即嘉兴藏本、扬州本。据道宣自撰《大唐内典录》卷五著录，《续高僧传》三十卷之外，另有《后集续高僧传》十卷。前集三十卷，至太宗末；后集增补至麟德末，十卷。道宣卒于高宗乾封二年，今见诸本所记高僧无卒于是年以后者，止于此前 2 年，即麟德末，是知《后集》成于乾封元年（666）。今见诸本，已无"后集"之说，所记人数、下限均与道宣原序不合，似应是前、后集的合并本。高丽藏开始合前、后集为一书，宋元藏进一步增补遗缺，正、附传均多于高丽藏本。宋元藏卷数、人数的变动，反映其合前、后集的过程。至明，内容全同而分为四十卷，显然是想恢复前、后集最初总卷数。引用该书，应当注意交代版本。

《华严经传记》五卷，法藏撰。法藏（643—712），俗姓康，字贤首，号"贤首大师"，世居康居（今中亚撒马尔罕一带），又号"康藏国师"，后迁入长安。华严宗实际创始人，被尊为三祖。《宋高僧传》卷五有传。圣历二年（699），诏于佛授记寺讲新译《华严经》，并召至长生殿讲经，使武则天"豁然领解"，睿宗从其受菩萨戒。书中所记，实为《华严经》在唐代的流传及华严宗的形成经过。书分十门：部类、隐显、传译、支流、论释、讲解、讽诵、转读、书写、杂述。以传记为主，又不全是人物传。"部类"，说《华严经》有上、中、下三本。"传译"，为东晋至唐译经者佛陀跋陀罗、唐地婆诃罗、实叉难陀传略。"支流"，列《华严经》节选本或单品共37种。"论释"，主要记印度、中土论释《华严经》著述。"讲解"，为历代宣讲《华严经》僧徒传。结合法藏另几部"华严"撰述，可悟华严宗真谛。

《宝林传》十卷，智炬撰。智炬，德宗前后沙门。"宝林"者，禅宗实际创立者慧能（"六祖"）所居韶州（今广东韶关）曹溪宝林寺。此书为研究禅宗史的最早史籍，也是唯一史籍。宋代《景德传灯录》《传法正宗记》，均取材于此书。南宋末，本觉撰《释氏通鉴》，系此书于唐德宗贞元十七年（801）后，称"金陵沙门惠炬，天竺三藏胜持，编次诸祖传法偈谶，及宗师机缘，为《宝林传》"。元代已有散佚，《至元法宝勘同录》著为九卷。元修《宋史》，《艺文志四》释氏类著录《宝林传录》一卷，注"不知作者"。至明，不见著录。1933年，在日本发现卷六写本。1934

年，在山西赵城广胜寺发现金初民间刻本一部，仅六卷，为卷一、卷二、卷三、卷四、卷五、卷八。第二年，收入《宋藏遗珍》，改为方册本，影印刊行。这样，全书仅缺 3 卷，即卷七、卷九、卷十。具体编排：卷一，释迦牟尼及禅宗所奉一祖，前缺 3 纸，不足千字。卷二，西土二祖至八祖，所缺均取《圣胄集》补入，《圣胄集》亦佚。卷三，九祖至十七祖。卷四，十八祖至二十二祖。卷五，二十三、二十四祖及师子、弟子，前缺 1 纸。卷六，二十五、二十六祖，以日本发现写本补入。卷七，缺。卷八，西土二十八祖、东土二祖，即二十八祖至三十祖。卷九，缺。卷十，缺。虽"文字鄙俗，序致烦乱"，"或错误差舛，殆不可按"，然撰自中唐，传世已古，足资考证，不可以其鄙俚而废弃。

《大慈恩寺三藏法师传》十卷，慧立、彦悰撰。慧立，高宗时沙门，俗姓赵，为幽州（今北京）照仁寺住持，参与玄奘译经事达 20 年之久。玄奘逝后，因仰慕其师功业，遂"撰其事"，为五卷。然"虑遗诸美，遂藏之地府"，秘不示人。及其临终之际，方命门徒取出，以备公之于世。慧立卒后，门人悲不自胜，其书流离分散。几经搜求，基本得全。武则天垂拱四年（688），玄奘另一弟子彦悰重加整理，即所谓"错综本文，笺为十卷"，因署名"沙门慧立本，释彦悰笺"①。彦悰，《宋高僧传》卷四有传。此书前 5 卷，记玄奘家世、早年经历及西行求法经历。后 5 卷，记玄奘回到长安后主持译经的成就及对佛学的贡献。前 5 卷，无彦悰笺述夹于行文中。卷六、卷七，各有"释彦悰笺述曰"一则。卷十，有"释慧立论曰"一则。全书末尾，有"释彦悰笺述曰"一则。据此可知，前 5 卷为慧立所撰、后 5 卷为彦悰所补的说法似乎不妥。叙事层次分明，行文典雅，修辞亦多特色，当出一人之手，即本于慧立。彦悰所作，诚如其序云，"错综本文，笺为十

---

① 释彦悰：《大唐大慈恩寺三藏法师传序》。

卷"。由于书的特殊成就,梁启超赞其在"古今所有名人谱传中,价值应推第一"①。流传抄本、刻本多。1923 年,支那内学院欧阳竟无等以日本"弘教正藏"本为底本,校以高丽藏本和宋、元、明藏本,并参校《大唐西域记》、可珙《音义》、慧琳《音义》等书,成为一较精审的本子。后吕澂再加校订,补入《奘师表启补遗》(九篇)为附录。1932 年,日本东方文化学院京都研究所影印高丽藏本时,校以日本所见古本,写出详细的"考异"。1982 年,中华书局以吕澂校支那内学院本为底本,校以日本京都研究所刊本和南宋碛砂藏本,标点出版,为目前最完备的一个单行本。

(三) 目录

佛经目录走过一段曲折的历程:三国至东晋,佛经传译增多,佛经目录旨在"铨品译才,标列岁月";南北朝期间,佛经目录形成传译与学术相结合的分类体系;唐朝前期,在完善分类体系的同时,使目录编纂上升为理论,将佛经目录编纂推向高峰。其间,前秦沙门道安《综理众经目录》具有开创之功,南齐律师僧祐在道安基础上完成《出三藏记集》,扩大解题或提要的作用,发展为辑录体解题目录,影响元代以后目录编纂。隋沙门法经《大隋众经目录》建起三大类九录四十二分的分类体系,反映佛经在中国传译、著述情况,既符合佛教学术源流,又反映佛经传译实际,在我国佛经目录史上具有划时代意义。

费长房在此基础上编纂完成具有史传性质的佛经目录《历代三宝纪》,既包括历代佛经译本,又系统反映现存佛经实际,并按照佛经学术源流分类,在我国专科目录中是最完善、最典型的一种。

《历代三宝纪》(又名《开皇三宝录》)十五卷,费长房编录。

---

① 梁启超:《支那内学院精校本玄奘传书后》。

费长房"本预缁衣，周朝从废因俗"。隋初召入京，"从例修缉"。以"列代经录散落难收，佛法肇兴，年载芜没"，乃"询访旧老"，以南朝梁释慧皎《高僧传》等为本，旁采"历年国志典坟，僧祐《出三藏记集》，诸史传等数十家"，于开皇十七年（597）编录完成，又称《开皇三宝录》①，简称"长房录"或"房录"。南朝梁僧佑《出三藏记集》详于南朝诸经，此书兼详南北。

第一至三卷为"帝年"，分作周秦、前后汉、魏晋宋齐梁周隋，每卷前有叙论，后列年表，年下间注时事、佛事，或为所出经卷。第四至十二卷为"代录"，依次为后汉录、魏吴录、西晋录、东晋录、前后秦录、西秦北凉魏齐陈录、宋录、齐梁周录、隋录，每卷前有叙论，次列经卷，经卷下为译人传。第十三至十四卷为"入藏录"，分为大乘经、小乘经入藏目录。最后一卷为"序目"。纪年用齐、梁年号。四至九卷著录经卷 1471 部，可补后汉至晋艺文之缺。卷六所记三国魏甘露五年朱士行出游西域，得梵本 90 章，乃中国西行求法第一人。卷九杨衒之《洛阳伽蓝记序》与今本有异文，有比今本为长者。卷十所记周武灭佛、梁武崇佛及所录《出三藏记集序》，均有裨于史事。宋、元及明南北藏皆著录，无单刻本。

在《历代三宝纪》基础上继续推进，将佛经目录编纂推向高峰，并对目录理论以及藏书与索书做出贡献者，是唐代前期长安两位高僧先后完成的《大唐内典录》和《开元释教录》。

《大唐内典录》十卷，道宣撰。成于高宗麟德元年（664），"总会群作，以类区分，合成一部，开为十例"，为佛经目录的第一座高峰。

历代众经传译所从录第一，五卷，是对《历代三宝纪》"代录"的继承和发展，增加了隋后期和唐前期的内容，为佛教传播

---

① 参见《续高僧传》卷 2《达摩笈多附费长房传》《开皇三宝录总目序》。

史和历代译经录，依次为：后汉、前魏朝曹氏、南吴孙氏、西晋朝、东晋朝、前后二秦、后秦、西秦乞伏氏、北凉沮渠氏、宋朝、前齐朝、梁朝、后魏元氏、后齐高氏、后周宇文氏、陈朝、隋朝、皇朝传译佛经录。历代翻本单重人代存亡录第二，二卷，以佛经体系著录历代译本情况，包括单译、重译、存亡等。历代众经总撮入藏录第三，一卷，即历代众经见入藏录，亦即《历代三宝纪》的"入藏录"，以佛经体系著录："众经律论传，合八百部，三百二十六帙。大乘经一译，二百四部，六十六帙。大乘经重翻，二百二部，四十九帙。小乘经一译，一百八部，三十九帙。小乘经重翻，九十六部，六帙。小乘律三十五部，二十八帙。大乘论七十四部，五十二帙。小乘论三十三部，六十八帙。贤圣集传四十九部，一十八帙。"历代众经举要转读录第四，一卷，"转读"指翻译，包含诵读、学习之意，意在向读者推荐佛经优秀译本，反映目录推荐优秀图书的功用。在"大乘经正本二百五十四部"下，首叙《华严经》，先后有14个译本，着重推荐佛陀跋陀罗译五十卷本。又如：《无量寿佛经》有三个译本，以其"同本，故不两出"，推荐最早的译本。其余，历代众经有目阙本录第五、历代道俗述作注解录第六、历代诸经支流陈化录第七、历代所出疑伪经论录第八、历代众经录目终始序第九、历代众经应感兴敬录第十，合为一卷，是对《出三藏记集》"失译分、别生分、疑惑分、伪妄分"的继承和发展。其中，历代道俗述作注解录，可视为对《出三藏记集》"杂录"的拓展；历代众经录目终始序，是对《历代三宝纪》卷"序目"的继承和增补，反映"引用书目"在佛经目录中的发展。

《开元释教录》二十卷，智昇撰。智昇，身世不详，为唐京兆西崇福寺沙门，著有《续大唐内典录》一卷、《开元释教录》二十卷、《开元释教录略出》四卷、《续古今译经图记》一卷等。《宋高僧传》卷五有传，称其"义理悬通，二乘俱学。然于毗尼，尤善其宗","文性愈高,博达今古"。

书成于玄宗开元十八年（730），分上、下录，为佛经目录的杰出代表和编纂高峰，流传广，影响深。

上录十卷，为"总括群经录"，亦即佛教传播史和历代译经录。以译经人为主，记东汉明帝至唐玄宗开元十八年译者 176 人，所出大小乘、三藏圣教、圣贤集传，并失译，2278 部，7046 卷。先列译人名氏，次列所译经名、卷数，或存或佚，末为小传。东汉、曹魏一卷，孙吴、西晋一卷，东晋、前秦一卷，后秦、西秦、前凉、北凉一卷，宋一卷，南齐、梁、北魏（包括东魏）、北齐一卷，周、陈、隋一卷，唐两卷。卷四在北凉之前增前凉一代，是从《须赖经》后记和《首楞严经》后记发现，为此前诸录所无。叙列古今诸家目录一卷，是对此前所叙佛教传播史和历代译经录内容的增补，更显示出对佛经目录的重视。下录十卷，为"别分乘藏录"，以经为主。前八卷为"别录"，别录中更有七分：（1）有译有本录，分菩萨三藏（大乘教）录、声闻三藏录、圣贤传记录，把大乘经分为般若、宝积、大集、华严、涅槃五大部，注明重译、单译情况。这一著录方法，基本为后来《大藏经》编目遵循不改。（2）有译无本录，"谓三藏教义及圣贤集传，名存本阙之类"，大乘阙本、小乘阙本、圣贤集传阙本。（3）支派别行录，"谓大部之中抄出别行"者。（4）删略繁重录，"谓同本异名，或广中略出"者。（5）补缺拾遗录，"谓旧录阙题，新翻未载之类"。（6）疑惑再详录，为有疑问而另加论述、订正者。（7）伪妄乱真录，"伪经者，邪见所造，以乱真经者"，这是《大唐内典录》"历代众经举要转读录"的扩大和发展。最后两卷，为"大乘入藏录""小乘入藏录"，"合大小乘经律论及圣贤集传见入藏者，总一千七十六部，合五千四十八卷"。从全书编纂看，上录"总括群经录"是纲，下录"大乘、小乘入藏录"是现存佛经分类目录，下录"别录"的七分是对佛经译本、别行、异名、阙题、疑惑、伪妄等的说明，三者相辅相成，构成佛经目录的完整体系。

德宗贞元十六年（800）西明寺沙门圆照，奉敕纂成《贞元新定释教目录》三十卷，为唐代最后一部大型佛经目录。编纂体例，基本因袭此前几家目录。因此，《宋高僧传》卷五《智昇传》传文总计222字，评论其佛经目录的文字就占185字，通过比较唐代和唐代以前佛经目录，肯定《开元释教录》"最为精要"，认为"经法之谱，无出（智）昇之右"。陈垣称誉"此书集诸家之成，而补其阙漏，订其讹误。有旧录以为失译而并未失译者，有旧录未详时代而今已知其时代者，有旧录译人误而今特正之者，可称后来居上"[1]。

除此而外，智昇超越此前佛经目录编纂的独特之处在于对目录的理性认识。

开元九年（721），皇家编纂成反映"开元盛时四部书"的《群书四部都录》二百卷，毋煚"略为"《古今书录》四十卷，有一段关于图书目录的说明："夫经籍者，开物成务，垂教作程，圣哲之能事，帝王之达典。而去圣已久，开凿遂多，苟不剖判条源，甄明科部，则先贤遗事，有卒代而不闻，大国经书，遂终年而空泯。……将使书千帙于掌眸，披万函于年祀，览录而知旨，观目而悉词，经坟之精术尽探，贤哲之睿思咸识，不见古人之面，而见古人之心，以传后来，不其愈已！"[2] 九年之后，智昇《开元释教录序》云：

　　夫目录之兴也，盖所以别真伪，明是非，记人代之古今，标卷帙之多少，摭拾遗漏，删夷骈赘，欲使正教纶理，金言有绪，提纲举要，历然可观也。

---

① 《中国佛教史籍概论》，科学出版社1955年版，第14页。
② 《旧唐书》卷46《经籍志上》。

与毋煚之论比较，更赋予目录以学术性，可以视为一个关于图书目录目的、功用和方法的定义，值得高度重视。

由于智昇注重译经，忽略中土高僧言论，删削《历代三宝纪》东晋、前后秦、齐、梁、周、隋出经道俗 113 人所出经论，如慧远所出 14 部、支道林所出 7 部、道安所出 24 部，僧肇所出 4 部，周亡名所出 12 部，隋灵裕所出 8 部，舍弃《大唐内典录》卷十"历代道俗述作"这一门类，甚至连《法苑珠林》一百卷亦未著录，是其重大缺失。

《开元释教录略出》四卷，智昇撰。道宣对高宗麟德元年（664）西明寺藏经有过这样的记述："依别入藏，架阁相持，帙轴签榜，标显名目，须便抽捡，绝于纷乱。"① "架阁相持，帙轴签榜，标显名目，须便抽捡"十六个字表明，西明寺藏经已经是架阁并列，卷轴旁有标签显示名目，方便取用。具体情况，尚不清楚。

智昇在《开元释教录》之外所撰《开元释教录略出》，显然是受毋煚将《群书四部都录》"略为"《古今书录》的影响，对《开元释教录》亦"略出"一个简本，突出点在于帙数下标千字文作为顺序。卷一般若部著录《大般若波罗蜜多经》六百卷，"唐三藏玄奘法师于玉华宫寺译，六十帙，计一万六百四十九纸，［天］字起，至［奈］字止"。卷四末，著录《破邪论》二卷、《甄正论》三卷、《十门辩惑论》二卷、《弘明集》十四卷，以"上四集二十一卷二帙，计二百七十一纸，［既］［集］［坟］"。就全书而言，基本是一帙一字。这是对道宣"帙轴签榜，标显名目，须便抽捡"的进一步细化。以千字文编号，为我国现存最早的图书排架号，也是我国最早的图书索书号，反映了 8 世纪初我国藏书和索书已经达到相当科学的程度。

---

① 《大唐内典录》卷 8《历代众经见入藏录》序。

（四）有关佛教史的著述

前面提到南朝梁僧祐的《释氏谱》，唐代由道宣进一步发展，撰成《释迦氏谱》《释迦方志》。

《释迦氏谱》一卷，道宣撰。书分五科：所依贤劫、氏族根源、所托方土、法王化相、圣凡后胤。叙述释迦出世（"贤劫"）、释迦族谱传说、释迦创教地域、传教经过和释迦逝后佛教的兴废等。

《释迦方志》二卷，道宣撰。因协助玄奘译经，道宣接触大量梵文资料，以《大唐西域记》"文广难寻，故略举其要"，遂撰此书。上卷4篇，为封疆、统摄、中边、遗迹；下卷4篇，为游履、通局、时住、教相。其中，有节选自《大唐西域记》者，可借以校补今本；有不见于《大唐西域记》者，可补史籍之不足。叙述佛教产生和传播的地域，佛教传说的须弥山及四洲相状，以及中印佛教交流的路线、16位入印求法僧俗的传略等，反映佛教传入华夏及其以后的演变。除了引用佛教经传外，还引用一般史书、道教经书。向无单本，收入历代"藏经"，以南宋"碛砂藏经"本最古，1935年上海曾影印发行。日本弘教书院"大藏经"与"大正新修大藏经"本已作初步整理，附有校记，中华书局1983年出版点校单行本。

从上述几个方面的佛教史籍可以看出，唐代佛教史学取得重大进展。类纂《广弘明集》《法苑珠林》将佛教类书编纂推进到前所未有的高度，产生了久远的影响。传记《续高僧传》进一步完善了魏晋以来的高僧、名僧传记体例，使得此后历代均有此类僧传相续，形为一个完整的高僧传系列。目录《开元释教录》差不多与"开元四部书录"同时编著完成，既受到开元编目的影响，又有《开元内外经录》提供的编著经验，在目录学上形成独特的建树。

三 佛教史籍编纂日趋完备

经过唐代的繁兴，佛教史学在宋元时期又有新的进展。最明显的表现是：佛教史籍编纂受世俗史学编纂影响，体裁更加完备，出现纪传体佛教史、编年体佛教史的代表，僧传也在承传中不断得到改造。

（一）纪传体佛教史

世俗的"正统"之争，影响到佛教禅宗与天台宗的正统之争，北宋徽宗政和（1111—1118）年间出现僧元颖《天台宗元录》、南宋宁宗庆元（1195—1200）中吴克己《释门正统》纪传体佛史。嘉定（1208—1224）年间，景迁取二书"重加诠次，增立新传六十余人，名宗源录"。

《释门正统》八卷，宗鉴撰。宗鉴，南宋天台宗法师，理宗嘉熙初（1237）取吴克己《释门正统》，"仿史法，为本纪、世家、列传、载记、诸志，仍旧名曰《释门正统》"。

书序云："法虽迁固，而微显志晦，惩恶劝善，未尝不窃取旧章，此《正统》之作也。"有本纪、世家、列传、志，无表。

本纪，立佛祖释迦牟尼本纪、天台宗高祖龙树菩萨本纪，用意在表见天台宗直接承佛为"正统"。以释迦牟尼以后传承者大迦叶至毗罗 13 人附释迦牟尼本纪，以天台宗中土传承者提婆至鸠摩罗驮 10 人附龙树菩萨本纪。

世家，序云"原夫世家之作，其犹周诗之有国风乎"，"世变日下，学路诡杂，亦在乎学者目择而已，抑流寻源，闻香讨根，撰北齐、南岳世家"，纪天台宗中国祖师。虽名世家，实则传记。

志，"详所行之法，以崇能行之侣"，创为八志：身土、弟子、塔庙、护法、利生、顺俗、兴衰、斥伪。

列传，以表"派别川流"，不仅记天台宗僧人，也记外派以及禅宗、净土宗、律宗僧人。采用类传、单传、附传结合方式，以类分"负荷挟持""本支辉映""叩击宗途""中兴一世至七世""护法"等五传，重点列某一传主事迹，然后附其他相关人物事迹。如《本支辉映传》以僧慈云遵式为主，附以弟子五人，故谓"本支辉映"。

《佛祖统纪》五十四卷，志磐撰。志磐，南宋天台宗沙门。以宗鉴《释门正统》"虽粗立体法，而义乖文蘙"，景迁《宗源录》"但列文传，而辞陋事疏，至于遗逸而不收者，则举皆此失"，并取二家，"参对文义，且删且补，而复取大藏经典、教门疏记、儒宗史籍、诸家传录之辞，及琇师《隆兴统纪》、修师《释氏通纪》，用助援引"，"自宝祐戊午，首事笔削"，"依史氏法，为四佛纪、四祖纪、二世家、十一列传、一杂传、一未详承嗣传、二表、三十志，成一家之全书"，至度宗咸淳五年（1269）八月撰成。"至若一传之后赞以述德，一事之下论以释疑，及文有援古事有余义，则必兼注于下，俾览者之易领云"，又以"儒释道之立法，禅教律之开宗，统而会之，莫不毕录，目之曰《佛祖统纪》"①。书后有咸淳辛未（1272）端午日所写"刊板后记"。

本纪八卷，"断自释迦大王，终于法智，一佛二十九祖，并共称本纪，所以明化事而系道统"②。分作四纪：释迦牟尼4卷、天台宗所奉西土（古印度）二十四祖1卷、东土九祖2卷、兴道以下八祖1卷。不仅改变了《释门正统》将西土二十四祖、东土诸祖作为附纪的写法，也更改了《释门正统》将天台宗中国祖师列为世家的写法，更加突出天台宗的"正统"地位。其《通例·释本纪》云："通为本纪，以系正统，如世（俗）帝王正宝位而传大业。"完全仿效"正统"史书，以佛门诸祖比附世俗帝王。

① 《佛祖统纪序》《佛祖统纪通例·释古制》。
② 《佛祖统纪序》。

　　世家二卷，均为"诸祖旁出世家"，记"与正统诸祖相为辉映"的天台宗旁出诸师，如同"正史"的诸王列传。南岳、天台世家一卷，章安、天宫、左溪、荆溪、兴道、至行、正定、妙说、高论、净光、宝云世家一卷。形式不完全如《史记》"世家"写法，多为僧人传记。

　　列传十二卷，分作三类：①诸师列传，记十七祖知礼诸师法系，"自四明（知礼）诸嗣最显著"且"子孙有继"，并能"盛守家法，御外侮，人能弘道"者，即志磐心目中的正宗弟子。②诸师杂传，记"背宗破祖，失其宗绪"的天台僧人。③未详承嗣传，记"事远失记"僧人。

　　表二卷，《通例·释表》云："考诸祖之授受，叙奕世之禀承"。①历代传教表，为二祖慧文至十七祖知礼约 500 年间诸祖传授天台教事，以表天台宗正统之由来。②佛祖世系表，为一承传名录，将本纪、世家、列传人物间的承传关系依次罗列，为一独创。

　　志三十卷，分作九志：①山家教典志，录天台宗著作 225 种。②净土立教志，为净土宗僧俗传。③诸宗立教志，记禅宗、华严、法相、密教、律宗等五宗创教简史。《通例·释志》云："达摩、贤首、慈恩、灌顶、南山诸师，皆一代之伟，特虽共明此道，而各专一门，区别群宗，作《诸宗立教志》一卷。"④三世出兴志，"用明七佛继兴及今佛像末法灭之相，承之以弥勒下生，终之以楼至成佛"。⑤世界名体志，颇类"正史"中地理志，不仅记中土和西域的现实地理，也记传说中的天宫、地狱、三千大千世界，既有诸天通论、论四禅四地，又多为图，诸如华藏世界海图、大千万亿须弥图、四洲九山八海图、三千大千世界图、须弥忉利天宫图、东土震旦地理图、汉隋西域诸国图、西土五印诸国图、八热地狱图、十六游僧地狱图、八寒地狱图。⑥法门光显志，记"香灯供养之具，礼诵歌呗之容"的佛教礼仪，颇类"正史"中的礼乐志。⑦法运通塞志，篇幅最大，编年记周昭王二十六年至宋理宗2200余年儒释道"或兴或废"事迹。小序云："夫世称三教，谓皆足以教世，而皆有通塞，亦时使之然耳。列三教之迹，究一理之归，系以编年，用观通塞之相，欲知如来出兴大意。必先明乎本迹，而终至结集三藏，以垂范于天下后世。中间八相，次第以论。所谓下兜率、托母胎、住胎宫、示降生、出父家、成佛道、转法轮、入涅盘，于是一代化事为之大备。始昭王甲寅终穆王壬申，以为大纲云。"大正藏本有明人所补南宋度宗咸淳五年以后事，至元顺帝末及辽、金事。⑧名文光教志，为唐宋赞颂天台宗的志记碑文24篇。⑨历代会要志，将散见于漫长岁月的各类事相分作56目，"开张众目，会其事要"。各志均以四字为目，如君上奉法、士夫出家、沙门封爵、沙门著书、凤翔佛骨、建寺造塔、西天求法、东土译经、经目僧数、三教出兴、三教厄运、韩欧排佛、化胡伪经等。

书虽奉天台宗（或天台山家派）为正宗，但采择史料广泛，编选精审。陈垣称"考求佛道二教交涉，及摩尼、火祆诸教历史者，均可取资也"①。

（二）编年体佛教史

编年体佛教史最早见于唐代神清《释氏年志》，早已亡佚。这一系列佛教史籍的再现，显然是受到宋代史学主通明变思想的影响。南宋出现《隆兴佛教编年通论》《释氏通鉴》，元代出现《佛祖历代统载》《释氏稽古略》。《释氏通鉴》《释氏稽古略》，仅从书名即可见司马光的影响。

《隆兴佛教编年通论》二十八卷附一卷，祖琇撰。祖琇，南宋隆兴府石室沙门。称隆兴者，一为撰述时间为孝宗隆兴（1163—

---

①　《中国佛教史籍概论》，上海书店出版社2005年版，第114页。

1164）年间，二为撰述之地为隆兴府；称佛教者，书之内容；称编年者，书之体裁；谓通论者，多有评论。自云书之撰写："今博采累朝外护法圣贤绪余，及弘教秉律，韵人胜士，与夫禅林宗师提纲、警策、法要，规仰司马文正公《通鉴》，采成此书。"①

虽说"规仰"《资治通鉴》，但记事的时间上限与司马光不同。司马光是"接《春秋》左氏后也"，祖琇是结合佛教史选定时间上限。自两晋南北朝隋唐以来，流行的做法是以西周昭王二十四年甲寅释迦牟尼诞生日为上限，如隋费长房《历代三宝纪》、唐神清《北山录》等，另一种做法以东汉明帝永平七年佛教传入中土为上限。祖琇明确表示己见："昔西域圣人之教，既非衰周、暴秦之君能致，然西汉二三英主有可致之德，而圣人也不至，独见梦于显宗，凡近古高僧，皆推圣人去世登千载而后教至，曾未有考著显宗之德，有必感圣人之理，此予通论所以作也。"② 以东汉明帝永平七年佛教传入中土为其上限，下限与《资治通鉴》同，止五代后周世宗。

祖琇的正统观与司马光不尽一致，以北周上承梁、陈，下接隋唐，五代后梁、后汉、后周为正，系其年号纪事，五代后唐、后晋为夷狄所建，不用其年号。不过，纪年比较混乱，有自相矛盾处。

此外，虽为编年体，却有不少《实录》的写法，即于编年叙事中插入人物小传。通常的做法是在人物卒后插入小传。卷十三"（元和）十四年十月五日，刺史柳宗元卒。宗元字子厚，河东人，少精敏，无不通达，为文章卓伟，精致一时，辈行推仰，博学宏词，累监察御史里行，善王叔文，叔文得罪，贬永州司马"。此类小传，均不记言，这是唐代《实录》的写法。沿用《资治通鉴》追述、补叙的做法也应注意，如卷二十"是岁（永贞元年）

① 《隆兴佛教编年通论》卷28。
② 《隆兴佛教编年通论》卷1。

八月，顺宗逊位，皇太子立，是为宪宗。初顺宗昌在东宫，问佛光如满禅师曰：'佛从何方来，灭向何方去，既言常住世，今佛在何处？'答曰：'佛从无为来，灭向无为去，法身虚寂空，常住无心处。'……帝闻大悦，又尝问心要于清凉国师"，就是沿用司马光的追述、补叙法。

《释氏通鉴》十二卷，本觉撰。本觉，南宋度宗咸淳（1265—1275）中括山僧。

书有两点不同于《隆兴佛教编年通论》：其一，上限选用西周昭王二十四年甲寅释迦牟尼诞生日；其二，佛教年表与编年纪事结合，年表以干支纪年统领，每单元格采用分注形式，将其视为"正统"的朝代年号列于表格最上端，其他并存政权年号分列其下，分别正闰。每单元格后附正文，用不同政权年号纪年，每年必录，有佛事可记即记，无佛事可记也有甲子、帝年。这就是咸淳六年（1270）荐福用措师序所说，针对"古人不到处，悯诸经、史传、灯录、编年前后不相联贯，不便观览"，才"集成一部，目曰《释氏通鉴》"。

《佛祖历代统载》二十二卷，念常撰。念常（1282—?），俗姓黄，元代华亭（今上海松江）人，临济宗沙门，《补续高僧传》十八有传。遍游南北之胜览，博究群经，主姑苏万寿法席。"得临济之旨于晦机之室，禅悦之外博及群书，乃取佛祖住世之本末、说法之因缘、译经弘教之师、衣法嫡传之裔、正流旁出散圣异僧、时君世主之所尊尚、王臣将相之所护持，论驳异同，参考讹正。二十余年，始克成编，谓之《佛祖历代通载》，凡二十二卷。"①

《凡例》规定："吾佛世尊未生以前时代，本不与书。欲便初学，卷自太古始。"自佛教传说的过去七佛和中国的传说时代起，至元惠宗元统元年（1333），以禅宗为佛教正宗，广载佛教史事。

---

① 《佛祖历代通载》至正元年六月十一日虞集序。

按年记述历代皇室官僚兴佛废教事迹及有关文献，佛教与儒、道二教的关系，佛僧译经、撰述和传教活动等。以干支纪年，附注帝纪年号。前数卷关于二十八祖的内容抄自道原《景德传灯录》，自东汉明帝至五代十国时期的十余卷，抄自祖琇《隆兴佛教编年通论》。抄自祖琇者，史、论均抄，注明"石室"论者 3 则，总计多达 38 则。其所自撰者宋、元二代，故详于宋、元。只以甲子二字标题，不仅著年号及年数，每段起始多以"某月"或"是岁"冠之，不便知其事在何年。摭集诸家，较为烦冗，年代也有纰缪。

《释氏稽古略》四卷，觉岸撰。觉岸，俗姓吴，元吴兴（今浙江）人，又称"宝洲""宝洲上人"，《补续高僧传》卷一八附念常传后。以念常所撰"理明事实，出入经典，考五宗传，殊有补于名教"，于是"采摭内外典籍成编，题曰《稽古录》"。

自三皇五帝至南宋末，按干支帝纪记历代沿革、佛教史迹，于历代名僧和僧界通用典故搜采略备。前有国朝图（本《五运纪》）、释迦文佛宗派祖师授受图略（本契嵩《传法正宗记》）。不少资料取自本觉《释氏通鉴》，但所注出处有误。传称：与念常"两书并行于世，详略各得其宜"。

明代有《续集》3 卷，僧幻轮撰，"始自元世祖甲子（1264），至此熹宗丁卯（1627），计三百六十四年，共僧四百三十余人"，历述佛教史事，涉及佛教兴替、宗教政策、佛道关系等。

（三）续修高僧传

高僧传续修，如果说以唐代为开端，至宋便有形成系列的趋势，一直延续到民国年间。

宋修高僧传，有赞宁所修两种，一为《宋高僧传》三十卷，二为《大宋僧史略》三卷。

赞宁（919—1001），俗姓高，祖籍渤海，生于吴兴德清（今属浙江）。在杭州祥符寺出家，精南山律，时称"律虎"。北宋太宗太平兴国三年（978）至开封，赐号"通慧大师"。历任左街讲经首座、史馆编修，并掌洛京宗教诸事。太平兴国七年（982），奉诏撰《大宋僧史》《大宋高僧传》等。回杭州与弟子显忠、智轮编纂，历时7年，端拱元年（988）成三十卷书奏上，名为《大宋高僧传》。

《宋高僧传》三十卷，端拱元年（988）序，追述魏晋南北朝以来僧史、僧传的纂修，指出"爰自贞观命章之后，西明绝笔已还，此作蔑闻，斯文将缺"的状况，强调"浮图揭汉，梵夹翻华。将佛国之同风，与玉京而合制。慨兹释侣，代有其人。思景行之莫闻，实纪录之弥旷"，"乃循十科之旧制，辑万行之新名。或案诔铭，或征志记，或问轩輶之使者，或询耆旧之先民。研磨将经论略同，校雠与史书悬合。勒成三帙，上副九重"。至道二年（996）重加修补，成为定本，又作"后序"："俾将来君子知我者以《僧传》，罪我者亦以《僧传》。"

记唐、后梁、后唐、后汉、后周、北宋前期高僧，补前传所漏南朝宋、陈和北魏、隋高僧。碛砂藏本正传531人，附见126人；大藏本正传532人，附见125人。"译经篇"记唐代新传入的密宗各大师事迹及译场的设官分职、译经的体例；"习禅篇"记禅宗五家七宗的成立、派别的分歧、南顿北渐的斗争；"明律篇"记南山、相部、东塔三派的争执等，都是佛教史上极重要的史事。

分科与篇末之论，与道宣《续高僧传》体制略有变化。收录僧人标准，"终南释氏观览此题（杂科），得在乎歌赞表宣，失在乎兼才别德也，譬若别均天分，重赋全才……于是建立杂篇，包藏众德，何止声表，无所不容"①。传末议论，有些传末有"系

---

① 《宋高僧传》卷30"论曰"。

曰""通曰",申明作者旨意,或自为问答,以释疑难,为前传所无。

由于作者明悉掌故、重视体例、剪裁融汇,又曾为史馆编修,因此叙事翔实、清新畅达。体例直接影响《大明高僧传》《补续高僧传》的编纂。

《大宋僧史略》三卷,亦奉敕之作。序云:"赞宁以太平兴国初,叠奉诏旨,《高僧传》外,别修《僧史》","始乎佛生,教法流衍,至于三宝住持,诸务事始,一皆隐括,约成三卷,号《僧史略》焉,盖取裴子野《宋略》为目。"

记东汉以来译经、讲经、出家以及僧尼礼仪、僧官制度、朝廷与佛教关系等。但自谓"恨删采不周,表明多昧,不可鸿硕寓目"。崇宁四年(1105)与《宋高僧传》一并入藏。

明修高僧传,有《明高僧传》《补续高僧传》两种。

《明高僧传》八卷,如惺撰。如惺,浙江天台慈云寺僧,自万历二十八年(1600)随手记录,至四十五年(1617),得北宋末至明末 180 余僧,以为此书。万历丁巳(1617)叙写有这样一段文字:

> 夫孔子作《春秋》而乱臣贼子惧,太史公作《史传》天下不肖者耻。今吾释氏而有是书,则使天下沙门非惟不作狮子身中虫,而甚有见贤思齐、默契乎言表,得免亡罢者,讵可量哉!

撰述目的不只是为记高僧与佛教史事,而是要与世俗史学名著——《春秋》《史记》相提并论。虽有此愿望,却未能如愿,书为未完之作,仅有译经、义解、习禅三科,著录 112 人,附见 68 人,以南方为多,北方仅数人,无辽僧,金僧只教亨、海慧 2 人,且卷一、卷六重出"眉州中严寺沙门释祖觉传"。

《补续高僧传》二十六卷，明河撰。明河（1588—1640），俗姓陈，南通州（今江苏南通）人。为续《宋高僧传》，往来于齐、鲁、燕、赵、湘、赣、闽、浙，寻觅碑刻，并托同学读彻于两粤、云南代为搜集；又参阅曹能始藏书，引用宋、元、明人文集。历经30余载，数易其稿，崇祯十三年（1640）临终前，嘱弟子道开续成。经道开续补编纂、史家周永年参与研讨，清顺治四年（1647）方始告成。这已不再是仅由僧人作僧传，而是由学者、居士参与纂修的高僧传。因记唐至明万历末高僧事迹"不分宗派"，可补、续《宋高僧传》，故名《补续高僧传》。

分科与《宋高僧传》同，仅改"读诵"为"赞诵"。正传著录549人，附见75人。体例方面，新增合传，将事迹不多而行为近似的僧人合为一传。"习禅篇"有的传后有"系曰"，评论所传人物，这是经过整理后的定稿。其他篇有的传后有"明河曰"，为明河底稿，道开整理时直接录入。此外，有不署名的按语，可能是道开所加。"习禅"篇幅过大，其余译经、明律、护法、赞诵、兴福等科篇幅显得匮乏，辽、金两代高僧入传者仍然不多。

民国年间的续传有二，一僧、一尼：

僧传为《新续高僧传四集》六十五卷，喻谦撰。喻谦（？—1933），湖南衡阳人。1919年，应北京法源寺方丈道阶聘，历时5年，编成其书。这已不再是僧人传高僧，而是学者的续修。引用佛教史籍灯录、传记、寺志与文集、辽宋金元诸史，据卷前《引用书目》统计，为64种，始自北宋，迄于清末。分科与《宋高僧传》基本相同，仅以"感通"易为"灵感"，"读诵"易为"净读"，"杂科"易为"杂识"。正传著录771人，附见617人。辽金元高僧均有记录，以元代为多，《明高僧传》亦全部录入。著录广泛，文字畅达。

尼传为《续比丘尼传》六卷，释震华撰。震华（1909—1947），俗姓唐，江苏兴化人，上海玉佛寺住持。民国二十八年

（1940）自序称："原夫法性平等，本无男女差别"，"高僧独多，长史尽著简篇。幸赖宝唱一呼，仅存六十五传。何竟步尘无继，寥落千百余年"，（震）"华才实愧于赞宁，志窃希于司马"，"振襟而起"，"历时岁及三年，集稿垂成数帙"，不意托之非人，竟遭遗亡。"故业重寻"，"有志竟成"，编成其书，上续宝唱《比丘尼传》，著录梁、陈、北齐、隋、唐、五代、宋、元、明、清、民国比丘尼 201 人，附见 47 人。最末 2 篇，循《续高僧传》例，为当时在世之人。

僧传的变体——灯录，以《景德传灯录》《五灯会元》为代表。

灯录者，传灯之记录。禅宗以"灯"比喻"佛法"，师徒传授犹如灯火相传，故名传灯录。隋唐五代，惠炬《宝林传》、惟劲《续宝林传》等，记录禅宗诸师机缘语句，初具灯录形式，故《释氏通鉴》谓"金陵沙门惠矩，天竺三藏胜持编次诸祖法传偈谶，及宗师机缘为《宝林传》"。至北宋真宗景德（1004—1007）间，僧道原《景德传灯录》问世，逐渐形成一个系列，直至南宋僧普济《五灯会元》集其大成。

《景德传灯录》三十卷，惠矩撰。惠矩，天台韶国师之嗣，苏州承天永安禅院僧。序云："有东吴僧道原者，冥心禅悦，索隐空宗，披弈世之祖图，采诸方之语录，次序其源派，错综其辞句，由七佛以至大法眼之嗣，凡五十二世。一千七百一人，成三十卷。目之曰《景德传灯录》，诣阙奉进，冀于流布。皇上为佛法之外护，嘉释子之勤业，载怀重慎，思致悠久，乃诏翰林学士左司谏知制诰臣杨亿、兵部员外郎知制诰臣李维、太常丞臣王曙等，同加刊削。"

传灯，即传法，故以记言为主，兼有记事。传主师承、世寿、僧腊、谥号、塔铭之外，主要记其机缘语录和赞、偈、诗、歌等，各卷均注明哪些禅师因"无机缘语句不录"。但其记言不同于

《弘明集》等，是以传法世系排列禅师，颇类谱录。此前各高僧传均有"习禅篇"，以禅宗高僧"德业"为立传标准，入传高僧间并无联系，而灯录则以禅宗传法世系为线索，依次立传，入传僧人间均有一定的授受或同门关系，即所谓"披弈世之祖图，采诸方之语录，次序其源派，错综其辞句"。前二十八卷，语录与传记结合；卷二十九、卷三十，专门载录有关赞颂、铭记等。此书版本复杂，多非道原、杨亿原本。小注有三种情况，一是道原、杨亿旧注；二是宋刻本附注，如卷三达摩传末注"当云自魏至庚子岁告寂。迄皇宋景德元年甲辰得四百七十五年矣。凡此年代之差。皆由宝林传错误而杨文公不复考究耳"；三是元延祐本附注，如卷六越州大珠慧海传末注"此下旧本有洪州百丈山惟政禅师传，今移在第九卷百丈山海和尚下"。碛砂藏泰定本卷首无年表，亦无校定年代误差之注。

因专记禅宗传法，被视为"现存禅宗史最初之一部"，"影响及于儒家，朱子之《伊洛渊源录》、黄梨洲之《明儒学案》、万季野之《儒林宗派》等，皆仿此体而作也"①。

继其之后，北宋出现《天圣广灯录》《建中靖国续灯录》，南宋出现《联灯会要》《嘉泰普灯录》，最终汇为《五灯会元》。各"灯"世次，不尽相同。有从自身计算者，有从下一代计算者。

《五灯会元》二十卷，普济撰。普济，灵隐寺僧，字大川。四明奉化张氏子，与《联灯会要》撰者悟明同出临济杨岐派，为大慧杲三世孙。

此前"五灯录"各三十卷，中多重复，普济删繁就简，合为一书，故名"会元"。分卷如下：卷一，七佛至东土六祖；卷二，四五六祖法嗣及应化圣贤；卷三、四，南岳让至五世；卷五、六，青原思至七世及未详法嗣；卷七、八，青原下二世至九世；卷九，

---

① 陈垣：《中国佛教史籍概论》，第 87 页。

南岳下二世至八世沩仰宗；卷十，青原下八世至十二世法眼宗；卷十一、十二，南岳下四世至十五世临济宗；卷十三、十四，青原下四世至十五世曹洞宗；卷十五、十六，青原下六世至十六世云门宗；卷十七、十八，南岳下十一世至十七世黄龙派；卷十九、二十，南岳下十一世至十七世杨岐派。

灯录虽以记言为主，并没有完全抛弃传记形式。《景德传灯录》卷四传写第二世智严禅师，"智严禅师者，曲阿人也，姓华氏，弱冠智勇过人。身长七尺六寸。隋大业中为郎将，常以弓挂一滤水囊，随行所至汲用，累徙大将，征讨频立战功，唐武德中，年四十，遂乞出家，入舒州皖公山，从宝月禅师为弟子"。《五灯会元》虽删繁就简，但卷二传写牛头山智严禅师，因袭此段文字，只字未改。

（四）佛教类书，以《释氏要览》为代表

《释氏要览》三卷，道诚撰。道诚，北宋钱塘月轮山僧。

卷头语云：洎天禧三年（1019）秋，"雠文以类相从，兼益诸家传记书疏节文，分为二十七篇，析为三卷，题曰《释氏要览》焉"。显然，这是在北宋前期编纂众多大型佛教类书影响下出现的，是一部关于佛教基本概念、寺院仪则、法规和僧官制度等的词义汇编。

以赞宁《大宋僧史略》为基础，分27篇679目。卷上9篇：姓氏、称谓、居处、出家、师资、剃发、法衣、戒法、中食。卷中9篇：礼数、道具、制听、畏慎、勤惰、三宝、恩孝、界趣、习学。卷下9篇：说听、躁静、净忍、入众、择友、住持、杂记、瞻病、送终。各篇子目不等。篇目依据《华严经》所说"菩萨有十知"拟定，即"准《华严经》云，菩萨有十种知。所谓知诸安立、知诸语言、知诸谈议、知诸轨则、知诸称谓、知诸制令、知其假名、知其无尽、知其寂灭、知一切空，由是分为二十七篇。

然则大小乘经律论文句，参同皆十知所摄也"。引证广博，保存了大量关于佛教制度、风俗等方面的史料。

（五）"正史"中的"释老传"

宋修"国史"，已经出现"志释老"者。明修《元史》专立《释老传》，就是因为"宋旧史尝志老、释，厥有旨焉。乃本其意，作《释老传》"①。

《元史·释老传》序云："释、老之教，行乎中国也，千数百年，而其盛衰，每系乎时君所好恶。是故，佛于晋、宋、梁、陈，黄、老于汉魏、唐、宋，而其效可睹矣。"特别强调：

> 元兴，崇尚释氏，而帝师之盛，尤不可与古昔同语。

依次叙帝师八思巴、亦怜真、胆巴等事，追述帝师在蒙元的发展："元起朔方，固已崇尚释教。及得西域，世祖以其地广而险远，民犷而好斗，思有以因其俗而柔其人，乃郡县土番之地，设官分职，而领之于帝师。乃立宣政院，其为使位居第二者，必以僧为之，出帝师所辟举，而总其政于内外者，帅臣以下，亦必僧俗并用，而军民通摄。于是帝师之命，与诏敕并行于西土。"同时注意揭露其"怙势恣睢，日新月盈，气焰熏灼，延于四方，为害不可胜言"的一面，认为"凡此皆有关乎一代之治体，故今备著焉"。

有意思的是，两部有"释老"的纪传体"正史"——《魏书》《元史》，都是记少数族入主中原所建政权的史书，反映其接受儒家文化之前的思想状况。

---

① 《元史》卷 202《释老传》序。

本文提出佛教史学的一些想法，希望不要把佛教史籍仅仅当作研究佛教史、社会史或思想史等单一学科的史料看待。这些史籍有其自身形成、发展的历史过程，应从学术史的角度做出科学的研究。既要看到其重要的史料价值，又不应忽略其在史学或学术领域的价值。至于佛学遭史学排斥，佛教史籍反映的史学思想，以及佛教史籍的价值、影响、史学地位等，更是传统史学与佛教史学共同研究的课题。

（2005 年 12 月、2009 年 9 月修订）

（原载《炎黄文化研究》第 3 辑，大象出版社 2006 年版。2009 年 9 月准备"首届长安佛教国际学术研讨会"论文《佛经目录编纂，唐代呈显高峰》之际，做过一次订补，两文可为"姊妹篇"）

如何认识和了解古代官制

　　谈古代官制，先得从"官"字说起。

　　官，作为一个整体，历来有多种称呼和解释。"官"字，在商朝的甲骨文中已经出现。西周时又称"寮"，亦作"僚"。"寮"字本义是小窗或小屋，用指在同一部门做官的人为"同寮"。《诗经》中"及尔同寮"一句，"寮"被解释为"官"。"僚"字本义是指服苦役的奴仆，《国语》中最先出现"官僚"一词，其"僚"字是指官的属下，即家臣、奴仆。战国以后，各国国君的家臣、奴仆往往成为其国的官吏，"官僚"一词逐渐演变为官吏的通称。官，又称吏。吏在秦以前是大小官员的通称，公卿称吏，官府低级办事人员也称吏。秦汉以后，官、吏的界限逐渐区分。官，主要指各部门长官或有品级的官员。吏，则主要指低级办事人员及各种差役。自战国始，官吏连用为一词，成为历朝普遍对大小官员的统称。对于"官"的解释，《说文解字》释为"事君也"，即替为君者效命，为君主服务。换句话说，不论公卿，还是臣仆，只要为君主做事，即是官。还有一个"臣"字，臣、民二字都是相对于君而言的。君、臣、民三者间，臣是替君治民的，这使"官，事君也"的解释、内涵更具体了。臣，既是官对君的自称之词，又是人们对官的一种泛称，凡称"臣"者都可视为"官"。

　　随着君权的逐渐强化，官治民的范围越管越宽，国家机构日益扩大，官僚队伍不断膨胀。在设官分职越来越细密的同时，君主对于官吏的管理也越来越严密，于是形成越来越复杂的官制体系。

所谓官制，就是关于官的制度，包括设官制度、选任制度两个基本方面。设官制度，指机构设置，长官、佐官和属官的名称、员额、品级、职掌等。选任制度，指官吏选拔、任用、考核、监督等。同时，还有与之相关的种种待遇、特权以及奖罚等诸多具体的规定。就设官制度而言，自秦汉至明清，中央机构设置就有府、寺、台、省、监、院以及司、署等不同的名称和变化，地方机构也有郡、县、州、道、府、路、省等的先后建置和变化。设官名称，更是多不胜数。以我们编纂的现今收词最多的《中国历代官制大辞典》为例，共收词目 21600 余条。根据我们的估计，各种职官名称总不下几万种。最使人感到复杂不清的是，虽然各朝各代设官大都有员额、品级、职掌等具体规定，但在实际执行中往往出现各种情况，如同名异职或同职异名、品级不高而职权很大或官品虽高却无实权，以及名实不符、本官不掌本职而以他官兼领等。以选任制度来说，也是错综复杂：选官途径多种多样，交互而行；任用方式各有不同，名目互异；监察监督，纵横交错；考核检查，具体细密。至于各种待遇、特权和奖罚的规定，更是烦琐纷杂。

限于这本小册子的性质，这里主要介绍历代统一王朝的官制，不涉及周边少数民族地区政权的官制。因为是讲官制"史"，所以采取系统叙述的写法，以求通过各种设官系统的前后变化，反映整个古代官制的演变概貌。书后附录《主要朝代设官系统简表》，读者可对照参阅。

在分系统介绍之前，先讲一点如何了解和把握古代官制的问题。

一　历代官制的演变线索

自夏朝建立国家、设官分职，四千年来官制几经重大变革，头绪繁杂。但是，只要抓住要领，变革的基本线索还是可以寻摸得出的。

夏商周三代，是以宗法关系为基础的王权时代，大体上可以算是一个阶段。朝廷设官，主要分为宗教官和政务官两大系统。宗教官通过占卜等形式为王提供决策依据，政务官则为王的家臣，为王处理日常政务。随着实际政务的增多，政务官势力增强，宗教官地位下降，在西周形成"卿士寮"主政务、军事，"太史寮"主宗庙、文教的格局。由于实行分封，地方上形成诸侯封国、卿大夫封邑的等级。这时，王与诸侯、卿大夫都是世袭。

经过春秋战国的社会大变动，秦始皇统一六国，开创了皇帝专制集权的新体制，并延续了两千余年。各朝皇帝世袭，大小官吏均不再世袭，而由皇帝或朝廷任免。两千年间，设官制度有多次重大变革，反映着整个国家体制的变化，可以分为四个阶段。

秦汉时期，朝廷设官确立起政务、军事、监察三大骨干。丞相辅佐皇帝、掌理政务，太尉掌武事，御史大夫（御史中丞）掌监察，被称为"三公"。同时，健全了"九卿"分掌具体事务的机制。丞相辅政，事权日大，往往对皇权构成某种威胁。皇帝不断用亲信掌握政务中枢，以取代或分割丞相事权，成为历朝宰相名称和职权不断变化的基本原因。汉武帝以中朝主决策，以三公掌外朝，尚书台逐渐演变为中枢决策和发号施令的机构，三公只能听命执行而已。地方设官，实行郡县制。郡设守、尉、监，对应于朝廷三大主干；县则设令（长）、丞、尉。

魏晋至隋唐，朝廷设官逐渐确立起三省制。中书省出诏令，门下省掌封驳，尚书省主施行，三省长官共为宰相，同掌国政。

尚书省所属六部二十四司，经魏晋南北朝的演变，最终在唐朝完备并定型。尚书省六部与具体事务部门"九寺""五监"的对应关系，也得以明确。殿中省、内侍省等宫廷事务机构与政务机构分置，表明此间设官制度的一种进步。监察机构独立，御史台分置三院，考察京官、地方官趋于细密，监察机构受监察，反映着这一时代特点。地方设官，逐渐由郡、县两级向道、州（郡）、县三级发展。

自中唐开始，朝廷设官和地方设官都出现了新的变化，到元朝大体为一个阶段。首先是翰林学士和枢密使介入中枢决策系统，相权（中书门下）被进一步分割。翰林学士在宋朝始终参与重大决策，掌握出令权。枢密使由宦官转为士人担任之后，逐渐成为最高军事机构的长官。随之，先前的三省分权逐渐归一，形成中书省统六部的体制。其余的九寺、五监等事务部门，或合，或废，或改置。台、谏趋一，以谏官监察百官，增加派出机构监察地方，是这一阶段监察制度变革的总趋势。到了元朝，重又形成"中书省总政务，枢密院掌兵要，御史台纠百官"的新的三大主干并立的格局。地方设官，在经历了由两级向三级的转变之后，出现行省制，成为后来分省制的开端。

明清时期，皇帝专制集权走向极端，朝廷设官最大的几项变革是：1. 废除秦汉以来形成的丞相辅政制度，废除魏晋以来形成的尚书、中书、门下三省机构。皇帝的秘书班子即翰林院学士入值午门参与政务，发展成为内阁，六部直属皇帝。清朝又于内阁之外，另置军机处，为皇帝处理政务的办事机构。2. 罢枢密院。明朝以五军都督府掌军旅之事。3. 御史台作为独立的监察机构历经千余年之后，被都察院所取代。在以监察御史分察京官和州县官之外，又设六科给事中分察六部。地方设官，撤销行省，改为承宣布政使司（习惯上仍称省），以布政使掌管一省民政、财政。监察地方的总督、巡抚，最终演变为地方最高军政长官。

二　古代官制的基本特征

在大体把握了历代官制演变线索之后，再来剖析一下古代官制的基本特征。

官是替君治民的，这正是古代官制最本质的特征，即官为君设。如果说夏商周三代还有一层宗法关系蒙在上面，使得这一特征不够直观，那么自秦始皇以后，便赤裸裸地显现出官为君设的这一本质特征了。"秦兼并天下，建皇帝之号，立百官之职"，开创了皇帝专制集权下的官僚政治格局。随之，"丞相诸大臣皆受成事，倚办于上"便成为两千年来为官者的不变信条。就是在最为后代推崇的"贞观之治"时代，唐太宗接纳谏诤也是以"忠君"为前提的。所谓的"主纳忠谏，臣进直言"，旨在臣要忠君、为君效命。至于像五代后梁宰臣敬翔那种"虽名宰相，实朱氏（梁太祖朱温）老奴耳"的情况，倒是反映出高级官僚对皇帝的某种人身依附关系。效忠皇帝，俯首帖耳，唯命是从，便成为古代官僚的真实写照。因此，皇帝个人的政治素质以及个性、涵养、兴趣等，对官僚群体有着决定性的影响。所以，每当"君明相贤"之世，其政必举；而当君昏臣庸之时，其政治必乱。

官既为君而设，就必然要以忠君为核心，建起一套严密的管理机制，以保证为君者选任官吏得心应手，这是古代官制的又一基本特征。自隋唐形成的科举考试制度，一直延续到清末，成为历代选拔官吏的主要途径，这在世界上是独一无二的。通过考试吸引更多的人才参加公平竞争是可取的，但以"经义取士"又将天下才智之士牢牢地套在了"忠君效命"的观念当中。所以，在唐朝便有诗云："太宗皇帝真长策，赚得英雄尽白头。"而唐太宗也颇为得意地说："天下英雄入吾彀中矣。"①

实行品级、俸禄制，目的自然是使为官者随时随地想到"食君之禄，为君效忠"。考课、监察、回避、致仕等制度，虽然有管理官员科学化的一面，但也有君对臣更加严密控制的另一面。以考课而论，历代制度不尽相同，但考课标准、办法、程序、奖罚等，大体上都做到了制度化、法律化。以官员的素质、政绩决定其官阶进退、俸禄增减、官职大小，这无疑是可取的。但其考课标准又非常明显地以"忠君"为主旨，只要效忠皇帝、死心塌地为皇帝卖命，便会升官增禄，甚至耀祖光宗。回避制度，不可否认是防止营私舞弊、朋党为奸的一项措施，但也要看到，从其创制之始便是皇帝为防范臣下结党而设。

官事君，君防官。除了严密的管理制度，在设官分职的基础上，更建立起权力制约机制，这也是古代官制体系中的一大特点。自秦汉起，在皇帝之下形成了丞相总政务、太尉主兵事、御史大夫掌监察的三权并立的格局。魏晋至唐宋，则是三省并立，中书省取旨，门下省覆奏，尚书省施行，被视为古代最佳的权力制约机制，为世界各国所不及。元世祖说，中书省（主政务）是左手，枢密院（主军事）是右手，御史台（主监察）是医两手的，非常形象地表明了三权的制约关系。权力制约，其出发点是为了防范大臣擅权，避免皇权旁落，试图用以牵制整个官僚系统。因此，历朝历代的皇帝在设官分职的同时，又无不想方设法建立种种权力制约机制。贞观年间，尚书、中书、门下三省分权，既相互制约又相互配合，在多数情况下是为了减少施政的失误。但这种情况，在整个古代算是特例。其他时候，这种制约机制虽然也能在某一阶段起到权力制约的作用，但又使得官僚机构叠床架屋，冗官冗员充斥，大大地降低了办事效率。宋朝将官员的官称与实际

---

① 毂，gòu，音购，意为圈套。

职务分开，实行官、差遣与职分离的制度，三者交互并用，不单单相互掣肘，影响效率，更增添了一层驱策官员的手段。

与制约机制相关联，还形成两个反映设官变化趋势的特点：一是朝廷设官始终存在着一个由内官到外官的转换趋势，二是地方设官往往由派出的监察官转换定型为郡、县之上的最高行政长官。

先说朝廷设官的转换。战国时期，各国国君的家臣、奴仆，一变而为其国的官员。西汉武帝以后，为削弱丞相事权，以内驭外，不断扩大内朝（中朝）的权力，提高少府属官尚书令、仆射等的地位，赋予其参决机务的职能，最终使尚书台成为中枢决策机构，连丞相都只能是奉命执行而已。尚书台（省）事权膨胀，走向外朝，中书、门下即取代尚书在内朝的作用，掌诏命之事，参与决策。经魏晋南北朝的变动，中书省、门下省也最终走向前台。隋唐时期，形成中书、门下、尚书三省并立朝廷、共参国政的新格局。中唐以后，皇帝的秘书班子介入决策，翰林学士被视为"内相"。宦官充任枢密使，枢密、宰相共参国政。于是，又出现新的"以内驭外"之势。五代之际，枢密使改用士人，枢密院便成为外朝最高军事机构。明朝的内阁，即继承宋朝翰林学士院之制，由后台走向前台，成为相当于宰辅的中枢机构。总之，朝廷设官，既需要有替皇帝处理政务的宰辅，又担心宰辅的事权过大，威胁皇权。于是，便制造出一个"以内驭外"的形势，由内廷控制外朝。内朝事权扩大，必然取代外朝，便再设置新的内廷，控制被取代后的新外朝。如此往复，造成中枢机构或宰辅制度的不断变更。

地方设官的转换，主要在郡、县两级之上的建置。汉朝分天下为十三部（州）作为监察区，每州以六百石的"秩卑""任重"的刺史监临二千石的郡守，以小驭大。随着刺史事权的不断扩大，到东汉末刺史便由单纯的监察官发展为总揽一方大权的行政长官了。从此，六百石的刺史，一变而为二千石的州牧。宋朝在州一级地方行政设置之上，也有一个称作"路"的监察区，以转运使司掌管一路大权，实行对府、州的监督，成为由地方监察区向行政区过渡的一种形式。到了元朝，路转变为行中书省，正式作为常设的地方行政机构被确定下来。明朝为监察十三布政使司（省），不定期地派出带都御史、副都御史、佥都御史衔的总督、提督、巡抚、总督兼巡抚、提督兼巡抚等官员，监察某一地区的全部或某一方面事务。总督、巡抚相对稳定在某一地方之后，便逐渐演变为其地的最高军政长官。

最后，还有一个特殊现象应当引起重视。人们通常说："阎王好求，小鬼难缠。"如果用官制术语来表述，便是"官无封建，而吏有封建"。历朝设官，皆有吏胥。汉朝公卿以掾史起家者，为数颇多。魏晋南北朝，流品始分，吏不入流，也不得与清流为伍。唐宋以下重科举，吏胥之选日轻。不过，吏胥作为官府的具体办事人员，同样是官僚体制不可分的组成部分。然而，吏与官却有着两大基本区别。一是官有任期，必须回避本籍，而吏为常任，基本是土著。长此以往，吏胥变得可以父子兄弟相袭相承，形成世代窟穴公堂的局面。二是官经多方考选，政治素质较吏胥为高，但吏胥长期混迹官场，深谙官场内幕，老于世故，往往阳奉阴违，欺上瞒下，左右官长。尽管吏胥在古代选官系统中所占地位越来越轻，但其在官场中弄权弄法的事情却越来越多，甚至凌驾于官长之上，招摇纳贿，草菅人命。这是古代吏治中的一大积弊，但因其不会直接威胁皇权，所以很少有人下大气力去解决。

三　记载官制的主要典籍

自朝代形成以后，历代君主无不注重自己政治活动和政治行为的记录。随着设官分职的逐步发展，为适应设官选官的进一步需要，记录设官选官制度的典籍也日益系统化了。

《周礼》是最早的一部记录官制的专书，详细记载了西周的官制。虽然历代学者以其为战国年间齐国稷下学派的著述，不尽可信，但又都不能否认它确实反映了春秋以前的制度，只是夹杂了一些战国时期的制度以及后人的设想。同时，更应注意青铜器铭文中的可靠资料。

汉朝以后，编纂纪传史逐渐形成制度。自《史记》创《汉兴以来诸侯王年表》《高祖功臣侯者年表》《汉兴以来将相名臣年表》，《汉书》创《百官公卿表》，到《后汉书》创《百官志》，在"二十五史"中形成一个专记职官的系列，或称《职官志》，或称《百官志》。"前三史"之后，有"官志"的是：《晋书》《宋书》《南齐书》《魏书》《隋书》《旧唐书》《新唐书》《旧五代史》《宋史》《辽史》《金史》《元史》《明史》以及《清史稿》。其中，《宋书·百官志》上溯东汉、魏晋，《隋书·百官志》有两卷专记南朝梁、陈和北朝齐、周的官制。自《旧五代史》创《选举志》之后，《新唐书》《宋史》《金史》《元史》《明史》以及《清史稿》皆援例编《选举志》，详记各朝选官制度。

二十五史之外，典志系列的著述中也有极为详细的官制记载。自中唐出现的《通典》创《职官典》始，逐渐形成《通典》《通志》《文献通考》及续"三通"、清"三通"等"十通"系列，其职官部分记述了上古至清末的官制沿革。与此同时，又有各朝"会要"更为全面、系统地记述各朝制度（包括官制）。它们是《七国考》《秦会要》《西汉会要》《东汉会要》《晋会要》《南朝宋齐梁陈会要》《唐会要》《五代会要》《宋会要辑稿》《明会要》。其详尽的官制记载，可补二十五史的不足。

上述两大基本系列的记载之外，还有一些专记各朝官制的典籍应当注意。

关于汉朝官制的，有《汉官》《汉官解诂》《汉旧仪》《汉官

仪》《汉官典职仪式选用》《汉仪》等六书。这些书虽然散佚，但清人有辑本，收在《平津馆丛书》《四部备要》中。六书中，《汉旧仪》专记西汉官制，其余五书则记两汉官制，是研究汉朝各级官署、设官、职掌、员额、沿革等问题的必备书。

关于三国魏晋南北朝官制的，有《三国职官表》《十六国将相大臣年表》（收录在《二十五史补编》第三册）以及王仲荦著《北周六典》等。

《唐六典》不仅是一部记载唐朝官制的专著，还是一部关于唐朝设官的行政法规，包括朝廷和地方机构编制、职掌，设官员额、品级、待遇等，注文追述官制历代沿革。

元、明、清三朝，又有《元典章》《明会典》《清会典》，颇多官制方面的内容。

宋代和清代，有两部贯通前后的官制著作，一是宋朝孙逢吉撰《职官分纪》五十卷，一是清朝官修《历代职官表》，都是比较重要的参考书。

（1996 年 1 月 13 日）

（原为《官制史话》一，中国大百科全书出版社 2000 年版、
社会科学文献出版社 2011 年版）

从"七史"《选举志》讨论
科举制的几个问题

"二十五史"中有《选举志》的"七史",按照纂修先后依次为《旧五代史》《新唐书》《金史》《宋史》《元史》《明史》《清史稿》。① 这是关于中国古代"贡举之制"和"选授之制"的最基本的系列史料。其中,关于"贡举之制"的内容反映中国古代科举制形成与发展的基本历程。通过这一个系列的原始记载,了解科举制的基本演变趋势,弄清科举制研究中的某些问题,无疑是科举学研究不可或缺的内容。

一

"选举志"作为书名,最先出现在唐德宗建中年间。《新唐书·艺文志二》史部职官类著录沈既济《选举志》十卷,是迄今所见最早以"选举志"三字命名的史书,是唐代一部专记选举的著述。在两《唐书·沈既济传》中,均叙其建中二年"请罢待诏官疏"。其论"爵禄失之者久",全文为《通典·选举六》引录。沈既济《选举志》十卷,约成书于唐德宗在位的最初数年间,反映科举制在中唐已经发展到需要进行总结的历史实际。沈既济以

---

① 本文引此七史《选举志》均不出注,只注七史《选举志》之外著述。

《选举志》名其书，书虽不传，但影响不容忽视。继沈既济志"选举"之后，杜佑《通典》分九门，有"选举"一门。北宋初修《旧五代史》，是"二十四史"中最先出现《选举志》的一史。通常把"二十四史"创《选举志》的功劳归于欧阳修《新唐书》，这是误以为唐在五代之前，《新唐书》纂修也在《旧五代史》之前。殊不知，《旧五代史》纂成于宋太祖开宝七年闰十月，《新唐书》纂成于宋仁宗嘉祐五年六月，《旧五代史·选举志》纂修在前，《新唐书·选举志》纂修在后，开创之功不在《新唐书》。

继《新唐书》之后，元修《金史》《宋史》，明修《元史》，清修《明史》，民国修《清史稿》，不仅均有《选举志》，而且编纂体例亦多因循而成。

通行本《旧五代史》是清修《四库全书》时从《永乐大典》中辑出的辑本，虽然未必为原貌，但对照《五代会要》《册府元龟》等宋初所修元典，仍不失其基本史事。

《旧五代史·选举志》一卷，明显地分为两大部分，先列"贡举之制"，后为"选授之制"。其后各史《选举志》虽篇卷多少不同，制度抑或有因革，但无不分为"贡举""铨选"两大基本部分。为便于比对，列各志篇目于下：

《旧五代史·选举志》一卷，记"贡举之政"16 事，记"选授之制"9 事。记"贡举之政"的 16 事中，对照《五代会要》《册府元龟》的相关记载，可以发现五代科举科目等方面的一些重要史事，详见下文。

《新唐书·选举志》二卷，选举志上，记"岁举之常选""天子自诏之制举"，以进士科为重点；选举志下，记"文武选"、择人之法、出身、用荫、"居官必四考"等。

《金史·选举志》四卷，选举一，为"进士诸科、律科、经童科、制举、武举、试学士院官、司天医学试科"；选举二，为"文武选"；选举三，为"右职吏员杂选"；选举四，为"部选、省选、廉察、荐举、功酬亏永"。卷一为"贡举"之事，卷二至卷四为"铨选"之事。

《宋史·选举志》六卷，选举一，为"科目上"；选举二，为"科目下""举遗逸附"；选举三，为"学校试""律学等试附"；选举四，为"铨法上"；选举五，为"铨法下"，记"远州铨、补荫、流外补"；选举六，为"保任、考课"。卷一至卷三为"贡举"之事，卷四至卷六为"铨选"之事。

《元史·选举志》四卷，选举一，为"科目""学校"；选举二，为"铨法上"；选举三，为"铨法中""铨法下"；选举四，为"考课"。卷一为"贡举"之事，卷二至卷四为"铨选"之事。

《明史·选举志》三卷，选举一，叙学校之制，国学和府、州、县学；选举二，叙"科目"，"沿唐、宋之旧，而稍变其试士之法"；选举三，叙任官之事、考选之例、考满之法、考察之法等。卷一至卷二为"贡举"之事，卷三为"铨选"之事。

《清史稿·选举志》八卷，依次为：学校二卷（旧学校一卷、新学校一卷），文科、武科一卷，制科、荐擢一卷，封荫、推选一卷，考绩一卷，捐纳一卷，新选举一卷。卷一至卷四基本属于"贡举"之事，卷五至卷七基本属于"铨选"之事，卷八为废科举之后的新选举制。

顺便提一下，自《通典》将"选举"列在"职官"之前，其后皇家所修各史（包括《清史稿》），其《选举志》均遵照"选举""职官"（或"百官"）的先后顺序排列，无一例外。

二

从"七史"《选举志》卷前小序和类目以及相关记载，可以看出科举科目由繁而简、学校愈益重要的两大演变趋势。

1. 科目由繁而简

唐因隋旧，岁举之常选，其科之目，为秀才、明经、俊士、进士、明法、明字、明算、一史、三史、开元礼、道举、童子。而明经之别，有五经，有三经，有二经，有学究一经，有三礼，有三传，有史科。高宗时，停秀才科。在众科之目中，以"进士尤为贵，其得人亦最为盛"。

制举科目，"随其人主临时所欲，而列为定科者，如贤良方正、直言极谏、博通坟典达于教化、军谋宏远堪任将率、详明政术可以理人之类，其名最著"。

武则天长安二年始置武举，其制，有长垛、马射、步射、平射、筒射，又有马枪、翘关、负重、身材之选等。

五代时期科目设置，具有承前启后的地位。《旧五代史·选举志》中"贡举之政"部分，后晋天福五年四月礼部侍郎张允奏："窃窥前代，未设诸科，始以明经，俾升高第。自有九经、五经之后，及三礼、三传已来，孝廉之科，遂因循而不废"，"但今广场大启，诸科并存（有），明经者悉包于九经、五经之中，无出于三礼、三传之内，若无厘革，恐未便宜，其明经一科，伏请停废"，于是敕"明经、童子、宏词、拔萃、明算、道举、百篇等科并停"。开运元年八月诏复置"明经、童子二科"，十一月权知贡举窦贞固奏"进士考试杂文及与诸科举人入策"①。这几则记载足以表明：五代时期科举科目最为繁富，唐、宋所有的科目差不多都有过。②

---

① 《册府元龟》卷 642《贡举部·条制四》所记内容与此全同。

② 《五代会要》卷 22 有《制举》《宏词拔萃》《进士》三目，卷 23 有《三礼（三传附）》《开元礼》《明经》《童子》《明法》等目。卷 23《缘举杂录》有后唐清泰二年礼部贡院奏："奉长兴元年敕，进士、五经、九经、明经、五科、童子外，诸色科目并停。缘有明算、道举人，今欲施行。"综合《旧五代史·选举志》《五代会要》《册府元龟》相关记载，完全可以说五代时期科举科目最为繁富。

应当注意的是，上引后晋天福、开运两次奏议都提到"诸科"（"窃窥前代，未设诸科"，"诸科并存"），提到"九经"（"自有九经、五经之后"，"明经者悉包于九经、五经之中"），加之后唐长兴元年敕"进士、五经、九经、明经、五科、童子外，诸色科目并停"①，表明"九经"作为科举科目在五代后唐、后晋时有过设置和停废。把"九经"作为宋代新增科目，实属对五代科举科目了解不够所致，实际是宋继承了五代后唐之制，而非宋新增"九经"一科。后唐长兴三年二月，中书门下奏请"依石经文字刻九经印板"，敕国子监集博士儒徒校勘，"刻印板，广颁天下"②，这一史实可为五代后唐有"九经"之佐证。"诸科"的说法也源自五代后晋，并非始见于宋。

宋代是科举制发生转变的重要时期，科目出现由繁到简的变化，逐渐形成以进士一科取士的基本格局。

宋代科目，最初沿唐、五代之制，有进士、诸科、武举。常选之外，又有制科、童子举，而以"进士得人为盛"。所谓"诸科"，包括九经、五经、开元礼、三史、三礼、三传、学究、明法等科。将科目归为进士、诸科、武举，突出了进士科的地位。神宗"始罢诸科，而分经义、诗赋以取士，其后遵行，未之有改"。徽宗年间，"诸科"逐渐不存。需要注意的是，进士科在这一变革时期有经义进士、诗赋进士两种名目，"专经者用经义定取舍，兼诗赋者以诗赋为去留，其名次高下，则于策论参之"。前者解试、省试考试项目为经义、论、策，后者解试、省试考试项目为诗赋、论、策，仅此不同而已，殿试统一策试，及第、授官、迁转均无区别。

制举无常科，因"宋之得才，多由进士，而以是科应诏者少"。

---

① 《五代会要》卷 23《缘举杂录》。
② 《五代会要》卷 8《经籍》。

金承辽后，设科皆因辽、宋制，取士之目有七："有词赋、经义、策试、律科、经童之制。"世宗大定十一年，"创设女直进士科"，即所谓"策论进士"。章宗明昌初，"又设制举宏词科，以待非常之士"。"其试词赋、经义、策论中选者，谓之进士。律科、经童中选者，曰举人"，这点与唐、宋之制不同。

制举，有贤良方正、能直言极谏、博通宏材、达于从政等科，试无常期。

元代"以论及经义、词赋分为三科"，仁宗皇庆二年"专立德行明经科，以此取士"。次年，区分蒙古、色目人科目与汉人、南人科目，蒙古、色目人为右榜，汉人、南人为左榜，三甲人员品秩，"两榜并同"。

明代科目，"沿唐、宋之旧，而稍变其试士之法"，设文科、武科。所谓文科，即唐、宋进士科，"其文略仿宋经义，然代古人语气为之，体用排偶，为之八股"，中式者称为进士。"终明之世，右文左武。"

清代科目取士，承明制分文科、武科，用八股文，垂为定制。

自唐创立武举，其后各代俱有武举试，但始终是不受重视的科举科目。

2. 学校愈益重要

从前面所列各《选举志》篇目可以清楚看到，宋、元、明三史《选举志》篇目中均以"学校"单独立目或单独成卷。增加"学校"的内容，反映学校设置逐渐向科举靠近，成为科举的必由之路。

唐代玄宗之前，被举之人或"重两监"（贡举），或"以京兆、同、华（贡举）为荣，而不入学"。天宝十二载，"乃罢乡贡，举人不由国子及郡、县学者，勿举送"。取消乡贡，意味学校为通向科举的唯一之路。但事隔二载，又"复乡贡"。这一反复，表明唐代科举尚无严格的学历要求，"不由国子及郡、县学者"仍可以参加科举考试。五代时期，科举科目罢废无常，学历要求自然也随科目变更而无定制。

宋代大体因循唐、五代之制，仁宗庆历四年，范仲淹"欲复古劝学，数言兴学校"，州、县立学，"士须在学三百日，乃听预秋赋"，即必须在校学习 300 天方可应试。随着"庆历新政"失败，遂"罢入学日限"，在校学习时限的规定被取消。徽宗时，"州郡犹以科举取士，不专学校"，崇宁三年下诏："天下取士，悉由学校升贡，其州郡发解及试礼部法并罢。"但 17 年后又"诏罢天下三舍法，开封府及诸路并以科举取士，唯太学仍存三舍"。整个宋代，应试者仍然没有严格的学历要求，但科举不由学校造成"杂流阉宦，俱玷选举"的弊端却越益显现。元初修《宋史》，"选举三"以整整 1 卷篇幅记"学校试"及府、县学试，已经透露出对科举不由学校的危害的认识。

《元史·选举一》在"科目"之后立"学校"一目，显然是继承了《宋史·选举志》编纂体例，表明对学校的重视。

明、清二史《选举志》均将"学校"提到"科目"之前，表明"科举必由学校"，"学校则储才以应科目"的关系。清代学校，向沿明制，只不过有八旗等官学的不同而已。

科目由繁而简，学校愈益重要，两项变化给华夏读书人带来的负面影响是不应忽视的。科目由繁而简，反映中国古代取士由比较注重行业人才向"唯有做官高"的演变。科举，最初只是取得做官的资格，后来发展为直接授官。唐代取士尚有"明算"一科，"试《九章》三条，海岛、孙子、五曹、张丘建、夏侯阳《周髀》五经算各一条，十通六，《记遗》、《三等数》帖读十得九，为第。试《缀术》《辑古》三条，十通六，《记遗》《三等数》帖读十得九，为第"。这是科举中选拔古代天文、历算人才的科目。五代开始，连天文、历算这样的传统学科也取消了。学校成为科举必由之路，做官须经读书、科举考试。读书、科举考试为了做官，这样一个封闭圈使绝大多数读书人不能不趋之若鹜地向官场倾斜，营造出一个时时、事事都从"官本位"出发的社会环境。由此，不难理解明、清两代为什么科场案日渐增多，明、清二史《选举志》中关于科举考试的规定不断增多、禁例不断加细的原因。现今高考考生选报志愿热衷管理而冷落技术门类、考场作弊泛滥以及不少毕业生一门心思想报考公务员等，不能说不带有科举制的诸多"遗传基因"。

三

从七史《选举志》内容和相关记载，再谈一谈曾经有过争论的几个问题，包括科举与察举，"投牒自进"，进士科创建时间以及科举利弊与置废之争等问题。

（一）关于科举与察举

在关于科举制定义的讨论中，有的意见认为汉代的察举与唐代的科举"基本一致"，将科举作"广义和狭义"之分：广义的科举指分科举人，狭义的科举指进士科举。

如果从中国历史上选官制度的演变来看这个问题，一般都认同这样的基本观点，大体存在前后相接替的三种基本制度——世卿世禄制度、察举制度和科举制度。

世卿世禄制度，亦称世官制，以宗法血缘关系选官，为夏、商、周三代的基本制度。秦汉以后的恩荫制度，是这种制度的残余或变种。

察举制度，以考察和举荐选官，又称"荐举"，在汉代选官制度中占据主导地位。考察、举荐科目主要有孝廉、秀才（"茂才"），每岁举行为常科，另有贤良方正、明经、明法等科为特科。

常科中，孝廉在西汉不考试，东汉中期始"试家法，课笺奏"。特
科中，贤良方正科"自董仲舒以来，皆对策三道"，不过"当时
未有黜落法，对策者皆被（预）选，但有高下尔（耳）"①。作为
察举制度的补充，汉代还实行朝廷或地方自行选拔录用属吏的征
辟制，魏晋南北朝时期又有九品中正制。自汉至隋，选官制度以
考察和举荐为基本特征。

如果与上述两种选官制度相比较，科举制度的突出特点在于
通过考试选拔官员。用更通俗的话说，世卿世禄制主要靠"祖先"
（或"爹妈"），察举制主要靠"关系"（或"有司"），而科举制
则基本靠自己。比较而言，科举制最能发挥人才的主观能动性，
无疑是一个巨大的进步。尽管中国历史上这三种选官制度并非如
刀切斧断般地截然分开，但其基本特征却存在着明显的差别。因
此，科举与察举不应被认为"基本一致"，或有"广义狭义"
之分。

科举与察举是两种不同的取士制度，从《选举志》的记载能
够看得很清楚。《明史·选举志三》有这样一段记述：

> （洪武六年），遂罢科举，别令有司察举贤才，以德行为
> 本，而文艺次之。其目，曰聪明正直，曰贤良方正，曰孝弟
> 力田，曰儒士，曰孝廉，曰秀才，曰人才，曰耆民。皆礼送
> 京师，不次擢用。而各省贡生亦由大学以进。于是罢科举者
> 十年，至十七年始复行科举，而荐举之法并行不废。②

这段记述清楚地表明，科举与察举，虽然均有科目，但在明
清士人心目中却是两种不同的选官制度，二者必取其一种为主；
其间的差异，除了科举凭考试、察举靠"有司"的不同外，最主

---

① 《石林燕语》卷9；《文献通考》卷33《选举考六》。
② 文中的着重点为笔者所加。

要的区别在：科举以应试之文"评其优劣"，察举"以德行为本，而文艺次之"。如果延伸开来说，科举与察举，一个以文才为主，一个以德行为主，这从其所设科目也可以看得很清楚。所以，科举的特点不仅仅在"分科举人"这一点上。而谈"分科"，更应着眼于科目内涵的不同。不能因为均有"科目"，便认为科举与察举"基本一致"。

（二）关于"投牒自进"

在科举制定义的讨论中，有一种意见在"分科""考试"等基本要素之外，强调以"投牒自进"为科举制的主要特征。

这里，首先对"投牒"略作考察。《新唐书·选举志上》记载："每岁仲冬，州、县、馆、监举其成者送之尚书省；而举选不由馆、学者，谓之乡贡，皆怀牒自列于州、县。"所谓"馆"者，主要有三：门下省弘文馆，生 30 人；东宫崇文馆，生 20 人；崇玄馆，生京、都各 100 人，诸州无常员。州、县学，因州、县等级不同，生徒人数不等，通常为 20—60 人。而国子监六学，国子学生 300 人，太学生 500 人，四门学生 1300 人，律学生 50 人，书学生 30 人，算学生 30 人。需"投牒"者，是不经由弘文馆、崇文馆、崇玄馆和州、县学的乡贡者，须在举格颁布后向州县"投牒"报名。而由"州、县、馆、监举其成者送之尚书省"者，即多数学生无须"投牒"。

《宋史·选举志三》记载：哲宗时，礼部按旧制，"凡试国子监者，先补中广文馆生，乃投牒求试"。元祐七年，随依仿其法，立广文馆生，"遇贡举年试补馆生，中者执牒诣国子监验试，凡试者十人取一，开封考取亦如之"。

从唐、宋的这些具体规定看，"投牒"只是在某些特殊情况下实行，不带普遍性，不能成为科举制的"主要特征"。把"投牒自进"理解为"原则上许平民或官员'投牒自举'报考"也不妥，因为并非所有"平民或官员"都可"投牒自举"报考，而是有前提条件的：在唐必须是"举选不由馆、学者"，即必须是"乡贡"者；在宋是"试国子监者"，"先补中广文馆生"，才可以"投牒求试"。

《宋史》以后各《选举志》不再出现"投牒自举"或"投牒求试"之类的说法。随着学校成为科举的必由之路，唐、宋时期那种"投牒"的情况也已不存在了。

（三）进士科创建时间

这是个长期争执不休的问题，连带着科举创始时间，大致有以下几种主要说法：始于汉代、始于隋代、始于唐代，以及"广义的科举指分科举人，起始于西汉；狭义的科举指进士科举，起始于隋代"。始于隋代，又有好几种具体意见：始于隋文帝开皇七年，始于开皇十五年或十六年，始于隋炀帝大业元年，始于大业二年，始于大业三年，始于大业中。

七史《选举志》中叙及这个问题，最早见于《新唐书·选举志上》，引代宗宝应二年（763）礼部侍郎杨绾上疏的文字："进士科起于隋大业中。"杨绾上疏，收录在《册府元龟》卷六四〇、《全唐文》卷三三一与《旧唐书》卷一一九《杨绾传》中，原文作"隋炀帝始置（制）进士之科"。这一说法，为唐代中期的普遍说法。① 38 年后《通典·选举二》所说"炀帝始建进士科"，流传最广。唐代前中期形成的这一看法或说法，最早可以从李延寿《北史》中得到某种印证。

《隋书·文学传·杜正玄》以杜正玄"开皇末，举秀才"，"授晋王行参军，转豫章王记室，卒官"，说明正玄在炀帝登

---

① 武则天天授中，薛登针对当时"选举颇滥"上《论选举疏》，即已明确提到"炀帝嗣兴，又变前法，置进士等科"。见《文苑英华》卷 696、《全唐文》卷 281 与《旧唐书》卷 101《薛登传》。

基前即已卒官。附记其弟杜正藏"弱冠举秀才……大业中，学业该通，应诏举秀才，兄弟三人俱以文章一时诣阙，论者荣之"。那么，炀帝"大业中"的"兄弟三人"，除了正藏之外的另二人究竟指谁？

《隋书》修成23年以后，李延寿《北史》完成，补充了一些《隋书》中所无的史料，具体到杜正玄兄弟，卷26《杜诠传》有如下添改：

正玄字不作"慎徽"，而作"知礼"；

增补了正玄举秀才的具体时间："隋开皇十五年，举秀才，试策高第……"

正藏"开皇十六年，举秀才。……时射策甲第者合奏，曹司难为别奏，抑为乙科。正藏诉屈，（苏）威怒，改为丙第，授纯州行参军。……大业中，与刘炫同以学业该通，应诏被举。时正藏弟正仪贡充进士，正伦为秀才，兄弟三人同时应命，当时嗟美之"。这段文字，有三项重要增补：一是明确了正藏"弱冠举秀才"的具体时间，开皇十六年；二是增补了正藏射策甲第，被抑为乙第、丙第的遭遇；三是对"兄弟三人俱以文章一时诣阙"，增补了"正藏弟正仪贡充进士，正伦为秀才"，而"正藏弟正仪贡充进士"9字，为最早有关炀帝大业中"贡充进士"的记载。

李延寿私修《北史》，对当时皇家修订的《隋书》是不敢随意改动的，只能增补史料，订正某些失误。李延寿参与修《隋书》时，对未曾见过的梁、陈、齐、周、隋五代旧事，"于编辑之暇，昼夜抄录之"。其后参与修《隋书》十志，"更勘杂史于正史所无者一千余卷"①。因此，《北史》中的这些重要增补，其真实性毋庸置疑。

---

① 《北史》卷100《序传》。

五代后晋皇家修成的《旧唐书》比《北史》晚 286 年，卷七十《杜正伦传》有"隋仁寿中，与兄正玄、正藏俱以秀才擢第。隋代举秀才止十余人，正伦一家有三秀才，甚为当时称美"39 字。对此，应作具体分析、考察。

首先，《隋书》《北史》清楚写着：正玄开皇十五年举秀才，正藏开皇十六年举秀才，正伦大业中为秀才，而《旧唐书》却把正伦"与兄正玄、正藏俱以秀才擢第"的时间统统归为"隋仁寿中"，表现出记事的谬误与混乱，因此不能够以此否定《隋书》《北史》的记载。

其次，《旧唐书》"隋代举秀才止十余人，正伦一家有三秀才，甚为当时称美"，与《北史》"大业中，与刘炫同以学业该通，应诏被举。时正藏弟正仪贡充进士，正伦为秀才，兄弟三人同时应命，当时嗟美之"并不矛盾。《旧唐书》说的"一家有三秀才"，即正玄、正藏、正伦，而《北史》中也是正玄、正藏、正伦三秀才。需要注意的是，《北史》强调的是大业中"兄弟三人同时应命"，与《旧唐书》的"一家有三秀才"侧重点不相同。正玄已于炀帝登基前卒官，大业中"兄弟三人同时应命"者只能是正藏、正仪、正伦三人，所以不应该轻易否定正仪其人的存在，也不应该否定"正仪贡充进士"的记载。

最后，即便正仪其人的存在为孤证，但在唐初（最晚至《北史》成书，659 年），能够有"贡充进士"的说法，总不至于是李延寿杜撰出来的吧！在没有史实证明"正藏弟正仪贡充进士"9 字是在《北史》流传中由后人添加进来的，这一记载就不可以被随意否定掉。

（四）科举的利弊与置废之争

科举的利弊、置废之争，自"进士尤为贵，其得人亦最为盛焉"以来就一直存在。虽然唐太宗在端门见新进士鱼贯而入，得意地说"天下英雄入吾彀中矣",但其心目中对这些进士并不那么赞赏、信用。冀州进士张昌龄、王公谨"有名于当时",考功员外郎王师旦却"不署以第"。太宗问其故,王师旦对答:"二人者,皆文采浮华,擢之将诱后生而弊风俗。"唐太宗很赞同王师旦的看法,以致张昌龄、王公谨二人"卒不能有立",始终没有受到任用。

安史之乱过后,全社会都在思考"盛世"为什么转瞬之间就衰败了下来的问题。最初的反思,即指明是由"取士之失"所造成。宝应二年礼部侍郎杨绾上《条奏贡举疏》,建议停明经、进士及道举。代宗诏左右丞、诸司侍郎、御史大夫、中丞、给事中、中书舍人"同议奏闻"。尚书左丞贾至上《议杨绾条奏贡举疏》,系统反思"取士之失"云:

> 今试学者以帖字为精通,(而)不穷旨义,岂能知迁怒贰过之道乎?考文者以声病为是非,(而)惟择浮艳,岂能知移风易俗化天下之事乎?是以上失其源而下袭其流,(秉流)波荡不知所止,先王之道,莫能行也。夫先王之道消,则小人之道长;小人之道长,则乱臣贼子(由是)生焉。臣弑其君,子弑其父,非一朝一夕之故,其所由来者渐矣。渐者何?谓忠信之凌(陵)颓,耻尚之失所,末学之驰骋,儒道之不举,四者皆(由)取士之失也。①

同时,认为"杨绾所奏,实为正论"。但因"举人循习,难于速变","举进士久矣,废之恐失其业",于是诏以"明经、进士与孝廉兼行"。唐朝末年,由于党争,"附党背公","妨平进之路",以致"进士科当唐之晚节,尤为浮薄,世所共患也"。

---

① 收《旧唐书》卷 119《杨绾传》、《册府元龟》卷 640《贡举部·条制二》、《全唐文》卷 368。《新唐书》卷 44《选举志上》有节录,作"栖筠等议"。

《宋史·选举志》一开头就引"历代议贡举者"之论："取士以文艺，不若以德行。就文艺而参酌之，赋论之浮华，不若经义之实学。"王安石对神宗问亦指出："今以少壮时，正当讲求天下正理，乃闭门学作诗赋，及其入官，世事皆所不习，此科法败坏人材，致不如古。"于是"改法，罢诗赋、帖经、墨义"。

前面已经谈到，明初一度罢科举而令有司察举贤才，主要原因是唐、宋取士"贵文学而不求德艺之全"。

到了清代，康熙初年即出现是否取消八股取士的争议，康熙二年上谕："八股文章，实于政无涉，惟于为国为民之策、论、表、判中出题考试"，"乡、会考试，停止八股文，改用策、论、表、判"①。然而不到五年时间，又"复初制，仍用八股文"。乾隆九年，舒赫德上疏②云：

> 科举之制，凭文而取，按格而官，已非良法。况积弊日深，侥幸日重。……时文徒空言，不适于用，墨卷房行，辗转抄袭，肤词诡说，蔓衍支离，苟可以取科第而止。……表、判可预拟而得，答策随题敷衍，无所发明。实不足以得人。应将考试条款改移更张，别思所以遴拔真才实学之道。

礼部复奏虽然承认"科举之弊，诗、赋只尚浮华，而全无实用。明经徒事记诵，而文意不通"，但又以"圣人不能使立法之无弊，在因时而补救之"为由，强调只要"循名责实，力除积习，杜绝侥幸"，就会"文风日盛，真才自出，无事更张定制为也"。鸦片战争战败，使科举取士的积弊充分暴露，改革科举制度，加

---

① 王先谦：《东华录》康熙二年八月。

② 李世愉教授告知：舒赫德上疏，《清高宗实录》在"乾隆九年"，《清史稿·选举志》误作"乾隆三年"。

试实用学科，逐渐成为全社会的普遍要求，实行了 1300 余年的科举制这才被废除。

（2007 年 8 月 5 日）

（原载《求是学刊》2007 年第 5 期）

关于 20 世纪前半纪史学的几个问题

世纪之交以来，以 20 世纪史学为题的著论内容多为 20 世纪前半纪，大多分门别类，或侧重思潮、派别，或偏重人物、名著，或为专题研究、趋势分析等，尚未形成综合著述。这里试就尘封的史学书刊和纷争的史学问题进行一次清理和条贯，以期对 20 世纪前半纪史学作一综合述论，如实反映这一时段史学的基本面貌。

一 史学发展线索

20 世纪前半纪的史学发展，基本走势是由古及近、由内向外，以如何认识历代史学为发端，逐渐迈向如何认识中国历史。先是如何认识中国传统史学与古代社会，进而为如何认识新史学与近代社会，再进一步则开始认识中国与世界。

世纪初兴起的"新史学"，呼唤"史界革命"，主要围绕如何认识中国史学提出，一面揭露传统史学的"弊""病"，一面对史学重新定义，包括史学对象与任务、自身特质、价值与功用、与相关学科关系等基本内容，初步确立起新史学体系，涉及历史进化、地理环境、英雄与时势、英雄与群众、历史研究法以及编写民史、编写新史等诸多方面。

与此同步，一股强劲的新潮涌入中华大地，对认识中国历史起着巨大的推动作用，这就是近代考古学的传入与本土文化遗存的被发现。

英、法、德、日、俄在中国新疆、甘肃的挖宝式"考古",使得古"丝绸之路"沿线的历史文化遗存,特别是敦煌文化艺术品遭到一次劫掠,迫使中国学者开始接受西方近代考古学思想,把考古学作为"新史学"必不可少的内容。梁启超《中国史叙论》有"史以前之时代"一节,介绍欧洲考古学,以"旧新两石刀期""铜器时代"为"史前三期",来对照中国的史前社会。1907年《国粹学报》第 2 号刊出刘师培《中国古用石器考》,从历史进化角度介绍欧洲考古学成就,引证《尚书》《礼记》《越绝书》《述异记》《说文解字》等,论说中国古代曾经经历过石器时代、铜器时代。

至 20 年代末,史前遗址的主要发现有直立人化石、旧石器时代遗址、新石器时代遗址。旧石器时代文化为周口店中国猿人文化、无定河与水洞沟河套文化、海拉尔达赉文化;新石器时代文化为昂昂溪文化、仰韶文化、龙山文化。30 年代,旧石器时代文化又发现周口店山顶洞人文化。裴文中以仰韶彩陶文化、河套旧石器文化、中国猿人以及山顶洞人的发现为"四个大发现":

> 有了以上四个发见,中国史前人类之历史,已大体可以完成——即由旧石器时代初期起,至新石器时代末期止,我们可以划分为四个大时期,每时期皆有代表者;中间虽有一部分尚未能联结,但中国史前学的基础算是已经奠定了。

同时指明,"研究中国上古史者,亦可追溯上古文化之来源"①。

---

① 《中国史前时期之研究》,商务印书馆 1948 年版,第 4、6 页。

史前遗址之外的新发现，则如王国维所说：

> 古来新学问起，大都由于新发见。……今之殷虚甲骨文字，敦煌塞上及西域各处之汉晋木简，敦煌千佛洞之六朝及唐人写本书卷，内阁大库之元明以来书籍档册。……故今日之时代可谓之发见时代，自来未有能比者也。①

甲骨卜辞、汉晋简牍、敦煌文物、明清档案，再加"中国境内外之古外族遗文"（突厥、回鹘、梵文、西夏文等），此五项发现成为推动 20 世纪中国史学发展不可或缺的前提和基础，在相当大的程度上决定着中国史学研究的路向。

王国维"不以学术为手段，而视学术为目的"，所做甲骨文字、殷周金文、汉晋简牍研究的"划时代的工作"，关于西北地理、蒙古史研究的"惊人的成绩"，深受信仰完全不同的学界代表人物的极高推崇。陈寅恪谓之"皆足以转移一时之风气，而示来者以轨则"，以《王国维遗书》"为吾国近代学术界最重要之产物"，"别有超越时间地域之理性存焉"②。郭沫若将王国维与鲁迅相提并论，王国维为"新史学的开山"，鲁迅为"新文艺的开山"，以《王国维遗书全集》和《鲁迅全集》为"'虽与日月争光可也'的一对现代文化史上的金字塔"③。

与此同时，孔德、理凯尔特、柏格森、杜里舒、杜威、朗普勒西特、鲁滨孙等的思想观点被引进，马克思、恩格斯创立的思想学说开始传播。这些引进和传入的思想观念，对于国人学术思想都不同程度地产生过一定的影响。整个 20 年代，差不多年年都

① 《最近二三十年中国新发见之学问》，《学衡》第 45 期（1925 年 9 月）。
② 陈寅恪：《王静安先生遗书序》，《王静安先生遗书》第 1 册，商务印书馆 1940 年版，序一。
③ 郭沫若：《鲁迅与王国维》，《历史人物》，上海海燕书店 1947 年版，第 166—173 页。

有这方面的译著和论著推出。① 对此，何炳松有过一段形象的
概括：

> 对于西洋史学原理的接受，正与一般政治学家、经济学
> 家、新文学家同，一时顿呈饥不择食、活剥生吞之现象。②

这种取其皮毛的生搬硬套，由于缺乏融会贯通，使人颇有
"学说纷纭，莫衷一是"之感。在"生吞活剥"的盲目过后，留
下了作为时代标志的论著——李守常《史学要论》、何炳松《通
史新义》《历史研究法》、梁启超《中国历史研究法》《中国历史
研究法补编》等。

在新思想、新史料大量涌现之际，引起旧思想、旧史学的强
烈反对，出现"国粹""国学"与"国故"之争。辛亥革命前，
"国粹"和"国学"两个从日本舶来的词汇并行，反映社会变革
当中学术与政治的某种复杂关系："用国粹激动种性"，称"国
学"进行学术研究。民国年间，"国故"与"国学"两种说法并
行，出现"赛先生之'国学'""冬烘先生之'国学'"和"神怪
先生之'国学'"，造成"人莫解国学之实质，而皆以国学鸣其
高，势之所趋"的"致命伤"③。然而，不论章太炎提倡的"国
粹"，还是胡适主张的"整理国故"，也不论是"爱惜汉种的历
史"，抑或"用历史的眼光来扩大国学研究的范围"，所谓"国
粹""国故"都与历史、历史学紧密地联系在了一起。

新观念与新材料一经结合，便遇到如何认识中国历史源头的
问题。先是对已有历史文献表现为"疑古"态度，出现"古史

---

① 参见《八十年来史学书目》，中国社会科学出版社 1984 年版。
② 《通史新义·序》，《通史新义》，商务印书馆 1930 年版，第 13 页。
③ 曹聚仁：《春雷初动中之国故学》，《国故学讨论集》第 1 集，群学社 1927 年
版，第 84—85、88 页。

辨"，胡适、顾颉刚、钱玄同、丁文江、柳诒徵、魏建功、容庚、王国维、傅斯年、张荫麟、马衡、缪凤林、姚名达、周予同、梅思平、冯友兰、郭绍虞、王伯祥、陆懋德、曹养吾、钱穆、李镜池、容肇祖、郑振铎、俞平伯、周作人、刘大白、董作宾、钟敬文、朱自清、罗根泽、梁启超、刘盼遂、游国恩、余嘉锡、张西堂、张尔田、朱希祖、唐兰、高亨、马叙伦、蔡元培、刘汝霖、吕思勉、刘节、范文澜、童书业、谭戒甫、金德建、方国瑜、郭沫若、杨宽、杨向奎、翁独健、蒙文通、齐思和、陈梦家、吴其昌等一大批名家参与讨论，成为 20 世纪影响广泛、久远的一场学术论辩。继而以新发现的地下遗存考证中国古史，使古史得以新证。王国华总结王国维的"治学之方"，谓"其疑古也，不仅抉其理之所难符，而必寻其伪之所自出。其创新也，不仅罗其证之所应有，而必通其类例之所在"①。胡适认为"层累地造成的中国古史"是顾颉刚"讨论古史的根本见解，也就是他的根本方法"，"要研究那一层一层的皮是怎样堆砌起来的"②。陈寅恪发现《蒙古源流》是在《蒙古秘史》"所追加之史层上，更增建天竺吐蕃二重新建筑"，是"糅合数民族之神话，以为一民族之历史"，强调"吾人今日治史者之职责，在逐层剥除此种后加之虚伪材料"③。历史考据从理论到方法得到一次提升，成为辨识后人"层累"古史或"逐层向上增建"古史的一种观念和方法。

新旧体史书编著并驾齐驱，反映直至 20 年代末史学依然新旧杂陈的实际。旧体史书编纂，主要是延续纪传系列、典志系列，有列入"正史"的《新元史》、接续二十四史的《清史稿》以及新修蒙元史《蒙兀儿史记》和列入"十通"的《清朝续文献通

---

① 《王静安先生遗书序》，《王静安先生遗书》第 1 册，序三。
② 《古史讨论的读后感》，《古史辨》第 1 册，北京朴社 1926 年版，第 192 页。
③ 《彰所知论与蒙古源流》（蒙古源流研究之三），《历史语言研究所集刊》第 2 本第 3 分（1931 年）。

考》，这都是迄今研究蒙元史、清史的基本史籍。吕思勉《白话本国史》、王桐龄《中国史》、萧一山《清代通史》、胡适《中国哲学史大纲》、柳诒徵《中国文化史》、张星烺《中西交通史料汇编》，分别为新体通史、断代史、专门史的代表，预示着史书编著的某种新趋势。

1927 年、1929 年，王国维、梁启超先后谢世，标志着 20 世纪初兴起的"新史学"告一段落。他二人所代表的"新史学"两大基本路向，以更新的方式取得长足发展，深深地影响着其后的史学。

王国维侧重史学与史料的关系，以史料新发见带动史学发展。梁启超侧重史学与社会的关系，以社会新需求推动史学发展。史料新发见与社会新需求，都是史学发展不可或缺的基本要素。由于每位学人有各自不同的社会经历、学术渊源、思维方式，因而形成不同的研究路向和研究特点，不应厚此薄彼或厚彼薄此，而应当"见其异同"，既要指出其观念、方法、取材等的差异，更应见其相互吸收、彼此趋同。任何学术研究，都是在彼此吸收、取长补短的过程中逐渐得到发展的。因种种原因只见其"异"而忽视其"同"及相互间的交流与吸收，必然造成偏颇，不利于学术发展，甚或造成对学术发展的危害。

王国维去世一年后，中央研究院历史语言研究所创立；梁启超去世一年，马克思主义历史学"开辟草径"之作——郭沫若《中国古代社会研究》出版，非常巧合地成为中国史学出现重大转折的标志。自此以后，形成民国年间史学的两大主干：以保存史料、研究史料为宗旨的历史语言研究所团队；以唯物史观指导研究中国历史的马克思主义历史学群体。

王国维所代表的路向，以史学与新史料相结合，从 20 世纪初的盗掘和零星研究发展为 30 年代的科学发掘、整理与系统研究，历史语言研究所集中体现了这一路向的实际，推动着中国史的基础研究向纵深发展。面对西洋史学原理"或偏而不全，或似而非是，几无一足当义例"以及中国境内语言学和历史学的材料"毁坏亡失"的实际，为避免"乌烟瘴气"充斥而遭"妄自生事之讥诮"，历史语言研究所在"中央研究院设置之意义，本为发达近代科学"的总原则之下，利用自然科学提供的工具"整理一切可逢着的史料"，把"材料与时增加，工具与时扩充，观点与时推进"作为"此虽旧域，其命维新"的旨趣。在"歧路彷徨，莫知所止"的情况下，"不以空论为学问，乃纯就史料以探史实"，保存下一块避免"乌烟瘴气"的学术"净土"，经过 20 年的努力，使得有关新石器时代、甲骨学、简牍学、敦煌学、西夏学、清史的众多史料不再"坐失毁亡"，取得诸多重大学术成果，证明"科学的东方学"之仰韶文化、甲骨学之"正统"已在中国，敦煌学之"正统"正在回归中国。"以甲骨文金文为研究上古史的对象；以敦煌材料及其他中央亚细亚近年出现之材料，为研究中古史的对象；以明清档案为研究近代史的对象"① 这一以材料定研究的原则，迄今仍然为研究中国史的学人们所遵循着。

　　梁启超所代表的路向，以史学与现实紧密结合，从 20 世纪初的史界革命进而为 30 年代的社会革命，社会史论战体现着这一路向的实际，推动着中国史学观念的转变、部分分支学科的形成。社会史论战对史学的影响，主要表现在两大基本方面，一是唯物史观被广泛接受，极大地推动了中国经济史的研究，形成两支骨干力量：以陶希圣和围绕《食货》的学人为"一支重要力量"，研究成果有多种经济通史和近代经济史，断代经济史有西汉、三国、南北朝、唐代、宋元等，专题经济史包括土地制度、田赋、农业经济、民食、粮政、救荒、蚕业、渔业、水利、新工业、矿业、商业、交通、财政、货币、盐政、盐业等；另一支力量以汤

---

　　① 《中央研究院历史语言研究所十七年度报告》，《傅斯年全集》第 6 卷，湖南教育出版社 2003 年版，第 17 页。

象龙、梁方仲、谷霁光等为代表，成为新中国从事中国社会经济史研究的骨干。二是经过社会史论战，在"草径"已经开辟后的10 年间，郭沫若、吕振羽、翦伯赞、侯外庐、范文澜等，运用唯物史观研究中国古代的社会、政治、思想，为中国马克思主义历史学"建筑"通往未来的"铁路"铺下坚实的路基，中国马克思主义历史学骨干队伍形成。

由于论战者党派不同、意识形态不同、认识不同，引用理论依据、引用国外论著不同，必然造成国外有什么时髦的"名词，中国便就有"的盲目性，这几乎成为 20 世纪中国思想文化领域带"普遍性"的一种弊病，最值得跟风者和谈思潮者深思。同时，暴露出中国马克思主义历史学骨干队伍的重大缺失：一是对社会经济的关注基本集中在对生产方式的研究上，而对现代经济、古代经济则很少问津，社会史论战在他们的研究成果里差不多成了社会发展史或社会发展形态的论战，马克思主义历史学骨干队伍在中国经济史研究领域出现空缺；二是以摩尔根、恩格斯为"向导"的关于文明起源的研究，继郭沫若之后，仅侯外庐《中国古典社会史论》从理论与史实结合上探讨过"中国进入文明社会的方式"，随后这一问题即被长期搁置。仅此两大缺失，就直接影响中国马克思主义历史学科学体系的建立，严重影响 20 世纪后半纪中国主流史学的深入发展。

与两大史学主干同时并存，偏重史学与史料关系者，除陈寅恪之外，顾颉刚、陈垣为代表人物。他们在古史、古代文献、历史地理、民俗学、宗教史、校勘学、年历学、避讳学、史源学、目录学、多种语言文字翻译与研究、唐史、敦煌学、西夏研究、蒙元史、佛教史，以诗证史和以治史方法研治诗词等诸多方面，最大限度地"扩张研究材料""扩张研究范围"，极大地丰富了历史学学科的领域，而且成就卓著，影响久远，在海内外享有极高的声誉，被视为"现在中国学者中，尤为有价值之学者"。偏重历史哲学者，以"文化"或"生命"观念发挥其主体意识，"创造过去"、服务现实，朱谦之、常乃德、林同济与雷海宗是其代表，基本特点是既反对历史语言研究所旨趣，又反对以唯物史观指导研究历史，试图"另谋开辟一条新途径"。

　　1930—1949 年的 20 年间，史书撰著层出不穷，既有作为某"潮"某"派"的代表作，更有不属于某"潮"某"派"的众多撰著。通史撰述，以范文澜《中国通史简编》、钱穆《国史大纲》为两大代表。断代史研究，形成各具影响的代表人物。先秦史，有蒙文通《古史甄微》、徐旭生《中国古史的传说时代》、童书业《春秋史》等。秦汉史，劳榦、杨树达、孙毓棠等为代表。魏晋南北朝史，陈寅恪、周一良影响最著。隋唐五代史，陈寅恪、岑仲勉成就与贡献尤为突出。宋史，邓广铭有"筚路蓝缕之功"，张孟伦、张家驹、陈乐素各展所长。陈述的辽、金史，冯家昇、陈汉章的辽史，王静如的西夏研究，王国维、陈垣的蒙元史，均有重要影响。吴晗以朱元璋研究奠定了其在明史领域的学术地位，王崇武、李晋华关于《明史》的研究，谢国桢《晚明史籍考》《明清之际党社运动考》，均为后人无可企及的成果。清史研究，继萧一山之后，孟森贡献最大，为民国年间清史学的"里程碑"式人物。近代史研究，出现两家代表作，蒋廷黻《中国近代史》以"近代化"观念贯穿全书，范文澜《中国近代史》（上编第一分册）以唯物史观贯穿全书。近百年政治史研究、太平天国研究均已形成名家，尤以罗尔纲的太平天国史研究最受中外学界推崇。专门史著述门类繁多，包括政治、经济、思想、社会、民族、中外关系等方方面面，被纳入广义的"文化史"，商务印书馆自 1936 年开始印行《中国文化史丛书》。虽然多属拓荒之作，但在开阔视野、扩展研究方法等方面产生一定的影响。

　　在中外不断碰撞下，国人视野逐渐从周边、中亚、东南亚、西亚、东非拓展到整个世界。中外关系史、世界史研究的兴起，从一个侧面反映国人认识世界所迈出的步伐。向达《唐代长安与西域文明》、冯承钧《中国南洋交通史》，是中外关系史领域无可替代的撰著。国人编写世界史，以 1908 年晏彪、廖宇春《世界历史》为最早，但以西洋史数量为多。国人所写世界断代史、近代史、各洲史、各国史以及专门史、国际关系史，数量不等，以东洋史、东亚史数量为多。国际关系方面，以近代欧洲外交关系史数量为多。周谷城三卷本《世界通史》，为 20 世纪前半纪世界通史的一项带总结性的成果。

史学史学科，古代史学以金毓黻《中国史学史》为代表，近百年史学以顾颉刚《当代中国史学》为代表。历史文献整理，三大丛书系列——《四部丛刊》《四部备要》《丛书集成》提供了诸多足以补《四库全书》之阙、纠《四库全书》之谬的更好版本。历史文献工具书编纂，以洪煨莲和哈佛燕京学社所编"引得"成绩最为卓著。

20 世纪前半纪的史学是在新史料、新方法、新观念、新理论以及国外某些导向等诸多因素综合推动下全面发展起来并取得巨大成就的，绝非某单一因素或某几种因素所能促成。

二　"最纠纷"之古史

古史问题是研究中国历史"最纠纷之问题"，古老而常新，既是史料问题、方法问题，又是认识问题、观念问题，还包含理论问题。

不同时代有不同的历史观念，不同时代对于历史的认识不完全相同。由于历史观念的差异，记述历史的载体必然带上各个时代的不同色彩。文字出现以前，对于往事只能通过口耳相传的形式流传。数千年无文字的往事，留下来的只是很少的一部分。而这一小部分，每经过一次口耳相传，便有意无意地掺进一次转述者所在时代的观念。

　　春秋战国时期，诸子为了宣扬各自的政治主张和伦理观念，往往从神话传说中选取各自需要的内容，或以寓言寄托其思想，或以古事寄托其理想。神话传说在这种流传过程中被传诵者、各家各派不断改造，以致失去本来面目。而中国最早的一批历史文献，都是经春秋战国至汉初最后写定的，不知掺入了多少转述者、传写者的主观意识。所以，孔孟时代就有"尽信书不如无书"的感叹。

　　战国纷争数百年，北方民族不断融合，需要树立一个在血缘上有连带关系的共同先祖。《礼记·祭法》规定："有虞氏禘黄帝而郊喾，祖颛顼而宗尧；夏后氏亦禘黄帝而郊鲧，祖颛顼而宗禹；殷人禘喾而郊冥，祖契而宗汤；周人禘喾而郊稷，祖文王而宗武王。"就是说，祭拜祖先，夏要祭拜黄帝和黄帝的曾孙鲧以及鲧的儿子禹，殷要祭拜黄帝的曾孙喾和喾的儿子契以及契的后代成汤，周要祭拜黄帝的曾孙喾和喾的儿子后稷以及稷的后代文王和武王。一项祭拜规定就把夏、商、周三代的祖先都划定为黄帝和黄帝之后，甚至连"秦之先"也成了"帝颛顼之苗裔"，全社会一下子变成了以黄帝为共同祖先的血缘亲戚。不仅如此，黄帝还被当作"人神"（天子和诸侯共同崇拜的祖先神）来崇拜，各种被神化了的社会力量便统统加载到黄帝名下。《易·系辞下》把黄帝、尧、舜神化为人类生活万物的发明者：刳木为舟、剡木为楫、服牛乘马、断木为杵、掘地为臼，以利天下；弦木为弧、剡木为矢，以威天下，因此"垂衣裳而天下治"。《管子》更赋予黄帝用火的发明权，赋予黄帝王者的权威。其《轻重戊》篇以"黄帝作，钻燧生火，以熟荤臊，民食之无兹胃之病，而天下化之"，《五行》篇称"黄帝得蚩尤而明于天道，得大常而察于地利，得奢龙而辩于东方，得祝融而辩于南方，得大封而辩于西方，得后土而辩于北方。黄帝得六相而天地治，神明至"。

从秦"焚书坑儒"到汉初"独尊儒术",被奉为儒家经典的《易》《诗》《尚书》《礼》《春秋》都存在着不同的承传系统。《尚书》有今文、古文之争,《礼》有大戴(戴德)、小戴(戴圣)之别,《春秋》分左氏、公羊、穀梁三传,等等。《尚书》有禹而无黄帝,《古文尚书序》也没有黄帝,却以少昊、颛顼、喾、尧、舜为"五帝"。《易·系辞下》以庖牺、神农、黄帝、尧、舜为"五帝",《大戴礼记》以黄帝、颛顼、帝喾、帝尧、帝舜为"五帝"。造成这种有别的根本原因,就在于转述者、传写者都是根据各自的理解或需要在进行转述、传写。

魏晋时期发现汲冢书,被称为《竹书纪年》。当竹书不复存在之后便又有了古本、今本之别:古本起自夏,今本起自黄帝。汉魏以来,古史再次被上推,出现了"盘古开天地"。

自唐至清,对于古史形成这样一种趋势:就观念、认识而言,存在疑古、惑经的情况。就修史而言,重史实者多以东周或春秋战国为起始,以司马光《资治通鉴》为代表;偏重义理者不断上溯,出现"起帝尧元载"的《通鉴前编》、"起伏羲"的《通鉴外纪》、"始于盘古"的《皇王大纪》等。就方法而言,考异、辨伪是比对文献、发现问题的基本方法。

当人们以新的观念对古史进行再探讨时,顾颉刚提出"层累地造成的中国古史"的认识和"打破民族出于一元""打破地域向来一统""打破古史人化""打破古代为黄金世界"的观念。其间,鲁迅、王国维、陈寅恪的相关论述最值得注意。

1924 年 7 月,鲁迅讲《中国小说的历史的变迁》,有一则论述:

> 从神话演进,故事渐进于人性,出现的大抵是"半神",如说古来建大功的英雄,其才能在凡人以上,由于天授的就是。例如简狄吞燕卵而生商,尧时"十日并出",尧使羿射之

的话，都是和凡人不同的。这些口传，今人谓之"传说"。由此再演进，则正事归为史，逸史即变为小说了。①

神话传说演变为论说古事，是中国古代神话传说政治化、历史化的主要形式，也是中国古代神话传说最突出的特点。"正事归为史"，就是"古来建大功的英雄"被人为地政治化，"归为"中国古史的主体。没有被"归为史"的便不成其为历史，只能算作"逸史"或小说家言。这一论述，道出了中国神话传说与历史记载的关系，以及历史记载是如何被当成历史事实的。

1925 年 2—8 月，王国维讲《古史新证》，指出"研究中国古史为最纠纷之问题"：

> 上古之事，传说与史实混而不分：史实之中固不免有所缘饰，与传说无异，而传说之中亦往往有史实为之素地，二者不易区别。

这一对上古史的认识，指出其既有传说成分，更有"与传说无异"的"有所缘饰"成分，也有史实成分。古史新证，就是要将"传说与史实混而不分，史实之中固不免有所缘饰"者区分开来，剔除"有所缘饰"，肯定"得证明者"。弄清传说与史实，弄清"缘饰"与史实，首先面对的是现存各种史料，考辨史料真伪便成为研究上古之事的先决条件。

1929 年冬，陈寅恪在故宫博物院发现《蒙古源流》蒙文本刊本、写本及满文译本，与文津阁本、坊间汉译刊本以及施密德校译本等互校，一连写出四篇"蒙古源流研究"，与顾颉刚"层累地造成的中国古史"相呼应，不仅论证北边蒙古族的古史也是在

---

① 《中国小说的历史的变迁》，《鲁迅全集》第 9 卷，人民文学出版社 2005 年版，第 312 页。

"逐层向上增建"的，而且指出这是一个带普遍性的问题：

> 夫逐层向上增建之历史，其例自不限于蒙古史。其他民族相传之上古史，何独不然。……蒙古民族实从此传授一历史之新观念及方法。蒙古源流即依据此观念，以此方法，采集材料，而成书者。①

鲁迅、王国维、陈寅恪的论述表明，古史中存在着传说、史实以及后人的不断追加，要加以区分就必须从观念、认识、史料、方法等诸多方面进行综合考察。

随着全球人类学、考古学、民族学等学科的发展，古史逐渐成为历史研究中最受关注的一个领域，不但成为历史理论问题，而且成为马克思主义历史观的重要内容。

19 世纪 60 年代以来的数十年间，欧美学者围绕人类原始历史和文明起源出现研讨热。1861 年瑞士历史学家、法学家约·雅·巴霍芬《母权论》根据《古代世界的宗教和法权本质对古代世界的妇女统治的研究》一书论证"由'杂婚'到一夫一妻制的发展，以及由母权制到父权制的发展"，1865 年苏格兰历史学家约·弗·麦克伦南《原始婚姻关于婚礼中抢劫仪式的起源的研究》、英国民族志学进化论学派创始人爱·伯·泰罗《人类原始历史和文明的产生的研究》问世。美国民族志学家、历史学家路·亨·摩尔根 1871 年《人类家庭的血亲和姻亲制度》、1877 年《古代社会，或人类从蒙昧时代经过野蛮时代到文明时代的发展过程的研究》发现"原始的母权制氏族是一切文明民族的父权制氏族以前的阶段"，"为全部原始历史找到了一个新的基础"，预示着"开辟了一条新的研究途径及进一步窥探人类史前史的可能"。

---

① 《彰所知论与蒙古源流》（蒙古源流研究之三），《历史语言研究所集刊》第 2 本第 3 分（1931 年）。

　　上述研究，引起经典作家极大的关注。马克思 1881 年 5 月至 1882 年 6 月研读摩尔根《古代社会》、爱·伯·泰罗《人类原始历史和文明的产生的研究》，1882 年 10—11 月阅读英国学者约翰·拉伯克《文明的起源和人的原始状态。蒙昧民族精神状态和社会状态》，均作有详细摘要和批语。马克思逝世后，恩格斯发现这些读书摘要，并"执行"马克思"遗言"，于 1884 年 6 月写成《家庭、私有制和国家的起源》，副题为"就路易斯·亨·摩尔根的研究成果而作"，序言明确指出：

　　　　摩尔根在美国，以他自己的方式，重新发现了四十年前马克思所发现的唯物主义历史观，并且以此为指导，在把野蛮时代和文明时代加以对比的时候，在主要点上得出了与马克思相同的结果。[①]

　　1891 年 6 月恩格斯写成《关于原始家庭的历史（巴霍芬、麦克伦南、摩尔根）》一文发表，并作为序言编入当年年底出版的《家庭、私有制和国家的起源》，是为第四版序言，进一步强调：

　　　　确定原始的母权制氏族是一切文明民族的父权制氏族以前的阶段的这个重新发现，对于原始历史所具有的意义，正如达尔文的进化理论对于生物学和马克思的剩余价值理论对于政治经济学的意义一样。……在原始历史的研究方面开辟了一个新时代。……自从它被发现以后，人们才知道，应该朝着什么方向研究和研究什么，以及应该如何去整理所得的结果。[②]

---

① 《马克思恩格斯选集》第 4 卷，第 1 页。
② 同上书，第 14 页。

　　从这个时候起，原始历史研究、古代社会研究便与唯物主义历史观紧紧地联系在一起了。

　　再从经典作家对原始历史的考察以及所揭示的欧洲史学对原始历史的认识过程来看，与中国传统史学对古史的认识，确实有着某些惊人的相似之处。

　　其一，恩格斯明确指出，19 世纪 60 年代开始以前，欧洲的"历史科学在这一方面还是完全处在摩西五经的影响之下。人们不仅毫无保留地认为那里比任何地方都描写得更为详尽的这种家长制的家庭形式是最古的形式"[①]。"摩西五经"，希腊文 Pentáteuxos 的意译，即《旧约圣经》的前五卷——《创世记》《出埃及记》《历未记》《民数记》及《申命记》。这是在说，欧洲在 19 世纪 60 年代以前，对于原始历史的认识，深受"摩西五经"即《圣经》前五卷影响，深信那里面描述的家长制的家庭形式，即父系家长制的家庭为最古老的形式。中国在 20 世纪初以前，对于原始历史的认识，深受《易》《诗》《书》《礼》《春秋》"五经"影响，同样深信不疑关于"三皇五帝"等反映父系家长制的传说是"最古的形式"。

　　其二，巴霍芬《母权论》"非常认真地从古代经典著作中搜集来的许多段落"，揭出"现实生活条件"是如何在希腊人头脑中形成"宗教反映"的：

　　　　特别是在希腊人中间——是由于宗教观念的进一步发展，由于代表新观念的新神侵入体现旧观念的传统神；因此，旧神就越来越被新神排挤到后边去了。[②]

---

　　① 《家庭、私有制和国家的起源·第四版序言》，《马克思恩格斯选集》第 4 卷，第 5 页。
　　② 转引自《家庭、私有制和国家的起源·第四版序言》，《马克思恩格斯选集》第 4 卷，第 6 页。

顾颉刚《古史辨自序》说"在我的意想中觉得禹是西周时就有的，尧舜是到春秋末年才起来的。越是起得后，越是排在前面。等到有了伏羲神农之后，尧舜又成了晚辈，更不必说禹了。我就建立了一个假设：古史是层累地造成的，发生的次序和排列的系统恰是一个反背"，不也是在说代表新观念的新神伏羲、神农、尧、舜，渐次侵入体现旧观念的传统神，禹、尧、舜、伏羲、神农等逐渐成为旧神，渐次"被新神排挤到后边去了"吗？虽然顾颉刚提出问题比巴霍芬晚 60 多年，但在中国却是第一次。正因如此，中国以恩格斯《家庭、私有制和国家的起源》为"向导"的第一人郭沫若，看到顾颉刚与巴霍芬在认识上有某些相似之处，才这样认为：

> 顾颉刚的"层累地造成的古史"，的确是个卓识。……在旧史料中凡作伪之点大体是被他道破了。①

关于"四个打破"的提出，更赋予古史研究理论意义。对于"民族出于一元的观念"，经典作家在考察希腊、罗马文明起源时有着非常明确的论述。恩格斯谈希腊人氏族时说：

> 氏族起源于共同祖先，成了"庸人学者"（马克思语）②绞尽脑汁而不能解决的难题。既然他们很自然地认为这种祖先纯粹是神话人物，他们便根本没有可能解释氏族是怎样从许多彼此相邻的、甚至起初没有亲属关系的家庭中产生出来的，然而单是为了解释氏族的存在，他们还非这样做不可。这样他们就陷入了说空话的圈子，不能超出这样一个论题：

---

① 《中国古代社会研究》，上海联合书店 1930 年第 3 版，第 292 页。
② 参看马克思《摩尔根〈古代社会〉一书摘要》，人民出版社 1965 年版，第 171 页。

系谱的确是一种虚构，但氏族是一个现实。①

马克思在《摩尔根〈古代社会〉一书摘要》中这样写道：

> 与原始形态的氏族——希腊人象其他凡人一样也曾有过
> 这种形式的氏族——相适应的血缘亲属制度，使氏族一切成
> 员得以知道相互的亲属关系。……随着一夫一妻制家庭的产
> 生，这种事物就湮没无闻了。氏族名称创造了一个系
> 谱，……但是氏族系谱已经十分湮远，以致氏族的成员，除
> 了有较近的共同祖先的少数场合以外，已经不能证明他们相
> 互之间有事实上的亲属关系了。……由于血族的联系（尤其
> 是一夫一妻制发生后）已经湮远，而过去的现实看来是反映
> 在神话的幻想中，于是老实的庸人们便作出了而且还在继续
> 作着一种结论，即幻想的系谱创造了现实的氏族。②

对照《古史辨》中关于"打破民族出于一元的观念"的论
述——"自从春秋以来，大国攻灭小国多了，疆界日益大，民族
日益并合，种族观念渐淡而一统观念渐强，于是许多民族的始祖
的传说亦渐渐归到一条线上，有了先后君臣的关系，《尧典》、
《五帝德》、《世本》诸书就因此出来"③，简直就像是结合中国古
史，引用经典作家的论述写成似的。希腊的"老实的庸人"以
"幻想的系谱创造了现实的氏族"，中国的《尧典》《五帝德》《世
本》不也是"学者"们"幻想"的系谱，不也是想用来说明"现
实"的族系吗？此后关于"民族多元一体"的提出、50 年代关于

---

① 《家庭、私有制和国家的起源·第四版序言》，《马克思恩格斯选集》第 4 卷，
第 98 页。

② 马克思：《摩尔根〈古代社会〉一书摘要》，人民出版社 1965 年版，第 172—
173 页。

③ 《答刘胡两先生书》，《古史辨》第 1 册，北京朴社 1926 年版，第 99 页。

"汉民族形成"的讨论，都证明"打破民族出于一元"的观念，既是历史理论问题，又是民族理论问题。

上述某些符合唯物主义历史观的认识，足以解释顾颉刚在《古史辨》第四册序为什么明确表示"我自己决不反对唯物史观"了。然而，古史辨止步于"古史年代、人物事迹、书籍真伪"，局限在"打好根柢"、为别人"准备初步工作的坚实基础"的"下学"范围内，使其在提出具有理论意义的历史问题面前留下诸多缺憾。

在古史辨止步的地方，出现了社会史论战。尽管论战者标榜在观点上"是唯物的内部的斗争"，在方法上"以唯物的辩证法做武器"[①]，却无一人从原始婚姻、原始家庭以及氏族、私有财产发展演变、国家起源等"唯物主义历史观"的重要问题入手。没有参加论战的郭沫若以《中国古代社会研究》为恩格斯《家庭、私有制和国家起源》的"续篇"，试图填写"世界文化史上的白页"，写出恩格斯、摩尔根"未曾提及一字的中国的古代"。但多数论战者不是像恩格斯肯定摩尔根那样是"具有专门知识"的人，所以他们对郭沫若从《易》《诗》《书》以及从甲骨卜辞研究中国古代的实际内容视而不见。继郭沫若之后，侯外庐 1943 年出版《中国古典社会史论》（1948 年改版为《中国古代社会史》），是研究中国文明起源最具理论意义的论著。以中国古代文明起源的具体路径、古文献中最初所表现的文明人类、中国古代氏族专政与统治阶级之起源（包括古代文明路径与先王的起源、古代统治者权力的起源）、古文献中最初所表现的道德起源、中国古代社会里秦国文明源流考等五个专章展开论证，在最有"心得"的第五

---

① 《中国社会史论战序幕》，第 6 页，《中国社会史的论战》第 1 辑，神州国光社 1932 年版。按：《中国社会史的论战》没有统一编页，每篇文章各自编页，这里所注均为各篇文章页码。

章——中国古代"城市国家"的起源及其发展，"弄清楚邦和封，城和国的意义"，认为古代的城、国二字同义，筑城即是营国，城市即是国家。

然而，这样的理论探讨却没有在以唯物主义历史观为指导的历史研究中继续深入。经典作家投入那么大精力探讨的事关"唯物主义历史观"的文明起源问题，竟然被从事马克思主义历史理论的研究者们长期冷落。五六十年代关于文明起源研究的停滞，80 年代以来仅限于考古学、古人类学的文明起源探讨，都表明对于古史和史前史研究作为一个理论问题，在认识上还很不到位。古史研究，史前史研究，原本是一项综合性极强的科学研究。考古学、古人类学的研究可以像摩尔根等人那样不问历史理论，但历史理论研究尤其是马克思主义历史理论研究，岂能背离经典作家从历史学、考古学、古人类学、民族学等多学科吸收最新成果，丰富和发展唯物主义历史观的科学做法，致使历史理论因缺乏历史基础而成为空论呢！

三　关于"历史哲学"

"历史哲学"作为书名，以黑格尔《历史哲学讲演录》最为著名，是一个哲学家对历史的哲学思考。后来，逐渐把从哲学层面认识历史泛称为"历史哲学"，或与历史观相提并论，但并无一严谨、科学的定义，而且归属也不明确。历史学家则认为，即使史学与哲学有着极密切的关系，"历史哲学"一词也不宜滥用，尤其不应与历史学混淆。

马克思主义唯物史观创立以来，与之并存的各种历史观或"历史哲学"名目繁多。李大钊在《史学思想史》讲义中专题讲述了鲍丹、孟德斯鸠、韦柯、孔道西、圣西门的历史思想和马克思、理恺尔特（H. Rickert）的历史哲学，认为"韦柯是社会学的先驱者，是历史哲学的建设者，是唯物史观的提倡者"①。常乃德《生物史观与社会》专用一节评述"历史科学上的几种观点"，批评历来的历史家和哲学家努力想拿出一种或数种原则来说明历史的现象，但"多数不根据于事实的归纳，仅凭一己冥想独断而成，所以不免陷于玄学的窠臼"，自斯宾诺莎至黑格尔，"所有历史哲学的解构都是玄学的，而非科学的"。②

在名目繁多的历史哲学或历史观中，马克思主义历史哲学或历史观是建立在对于具体历史事实分析基础上的，有着厚重的历史学基础，如前所叙关于原始历史、文明起源的研究。而其他各种历史哲学或历史观，则未见有多少历史学的基础，如王国维所说："哲学之历史，空想居其半焉。"③

对于在国外较有影响、引进后被冠以"历史哲学"者，郭沫若曾颇具讽刺的批评说："学艺本无国族的疆域。在东西诸邦每每交换教授，交换讲演，以粜籴彼此的文化；这在文化的进展与传布上，本也是极可采法的事。我们中国近年来也采法的惟恐不逮了。杜威去了罗素来，罗素去了杜里舒来，来的时候哄动一时，就好象乡下人办神会，抬起神像走街的一样热闹。但是神像回宫去了，它们留给我们的是些甚么呢？——啊，可怜！可怜只有几张诳鬼的符箓！然而抬神的人倒因而得了不少的利益。"④

"历史哲学"这一说法引进后，从事历史研究者弄不明白，从事哲学研究者也未说清楚，差不多都是在用"哲学"二字"弄玄"。

最早对"历史哲学"有明确、科学认识的是李大钊。《史学要论》分论什么是历史、什么是历史学、历史学的系统、史学在

---

① 李大钊：《史学思想史》，上海图书馆藏（1962 年影印本），第 24 页 b。
② 常乃德：《生物史观与社会》，上海大陆书局 1933 年版，第 1—2 页。
③ 王国维：《国学丛刊序》，《观堂别集》卷四，《王静安先生遗书》第 4 册。
④ 郭沫若：《太戈尔来华之我见》，《创造周报》第 23 号（1923 年 10 月 14 日）。《郭沫若全集·文学编》第 15 卷，第 266—267 页。

科学中的位置、史学与其相关学问的关系、现代史学的研究及于人生态度的影响等六题，第三、五两题都论及"历史哲学"。

第三题历史学的系统，将历史学（最广义的历史学）列成一图表：

历史学（最广义的历史学）之下，分普通历史学（广义历史学）、特殊历史学、历史哲学以及历史研究法、历史编纂法。

普通历史学（广义历史学）之下，分记述历史、历史理论（狭义的历史学）。

特殊历史学之下，分记述之部、理论之部。

图表清楚地表明：与特殊历史学、普通历史学（广义的历史学）并列的"历史哲学"，是"应入哲学系统"的。①

第五题史学与其相关学问的关系，认为文学、哲学、社会学"与史学的关系尤为密切"，以论"史学与哲学"最详。从"以史学为主对于哲学的关系""以哲学为主对于史学的关系"两个方面"分别以为观察"，强调"在严密意义上的历史哲学，不当视为属于一个特殊科学的史学，当视为构成哲学的一部分者。于科学的考察与哲学的考察间，当立区别，而防二者混同"。并一再明确：

> 历史哲学一语，若于严正的意义用之，则为哲学组织的一部分，非能离于哲学系统而别自存在者，即非可属于一个特殊科学的史学范围内者；然于严正意义的历史科学（即历史理论），亦非能为哲学组织的一部分，非可存于哲学系统中，而当与记述历史等共包括于广义的史学内。②

科学地区分历史学与历史哲学、历史理论与历史哲学，具有

---

① 李守常：《史学要论》，商务印书馆 1924 年版，第 47 页。
② 同上书，第 73 页。

重要的理论意义与学术意义。

但在这之后不断出现将"二者混同"的情况，甚至有以历史哲学或历史理论替代历史学之势，民国年间出现过这样的"历史哲学"。

朱谦之自谓其《历史哲学》一书是"中国人第一次对于'历史哲学'的贡献"[①]，但其本人却又在不断变换其"哲学"，先是鼓吹"革命哲学"，有《革命哲学》一书。继而转为"历史哲学"，以《历史哲学》《历史哲学大纲》为代表，"在历史哲学上将黑格尔与孔德结合"，"在生命哲学上将黑格尔与柏格森、克罗采（按：即克罗齐）结合"，即以杜里舒"新生机主义"、柏格森"生命哲学"、孔德"三阶段法则"构筑"综合的生命的历史哲学"。不到两年，又易以"文化史观"，以《文化哲学》为代表，强调"当代的哲学趋势，已经不为观念论，不为唯物论，而为倾向于有较大的涵盖性的文化论，即文化哲学"[②]。而这一"文化哲学"同样是拼凑，除"Comte 之'三阶段法则'"外，"文化地理分布说"来自黑格尔（Hegel），再加上德国文化社会学者雪雷（Max Scheler）关于"人类的知识，可分三种：（一）解脱的知识，（二）教养的知识，（三）实用的知识"[③] 的说法。作为个人研究西方哲学的三部曲无可非议，但硬要说对中国史学产生了多么重要的影响，就未免夸大其词了。首先，所谓生命哲学、历史哲学、文化哲学，是在以哲学认识生命、认识历史、认识文化，讲的是"哲学趋势"，即李大钊所说，是"以哲学为主对于史学的关系"，而不是"以史学为主对于哲学的关系"，"当视为构成哲学的一部分者"；其次，从生命哲学而历史哲学再到文化哲学的

---

① 朱谦之：《历史哲学·自序》，《历史哲学》，上海泰东图书局 1926 年版，第 1 页。

② 朱谦之：《文化哲学·序》，《文化哲学》，商务印书馆 1935 年版，第 3 页。

③ 朱谦之：《文化哲学》，第 262—263 页。

变化，反映其接受国外"哲学"尚且游移不定，怎么会对中国史学有多少实际影响。即便有所谓影响，首先应当看其在哲学史、思想史领域影响如何，只说对史学影响，恰恰是没有弄清楚"历史哲学"属性的一种表现。

另一位"要建立一个系统整然的历史哲学"者常乃德，代表作有《生物史观与社会》《生物史观研究》《历史哲学论丛》等。所谓"系统整然的历史哲学"，如其本人所说，"从生物史观进展到哲学的有机论，从历史相对论进展到历史认识论"。源自赫伯特·斯宾塞《综合哲学体系》《社会学原理》中社会演化与生物演化相提并论的"生物史观"，"特别注重在人类社会的有机组织上"，强调这一有机组织的特性"是支配人类历史的主要原因"。把"由简单组织趋向复杂组织"的生物演化的根本趋势"应用到人类的社会生活上"，将社会演化路线与生物演化类比，分作四个阶段：以血统关系为中心的血族社会，比作海绵动物及腔肠动物的时代；部落社会成立了酋长制，集团自觉意识逐渐发生，相当于无脊椎动物的较高形式，即节足动物的时代；民族社会，社会分工趋于细致，民族意识日益鲜明，大略相当于脊椎动物的初期，即鱼类、爬虫类的时代；近代式的国家社会，具备极复杂的组织结构，国家意识及国民性成熟，颇类似于高等脊椎动物，如鸟类及哺乳类的阶段。认为中国尚停留在第三阶段。① 对于生物史观，李大钊《史学要论》在谈到海尔革（Hellwald）与席克（Seeck）的进化论时，说"海氏著有《自然的发展上的文化史》（一八七五年），席氏著有《古代世界衰亡史》（今已出至五卷，一八九四年——一九一三年），都以生物学上的根本法则解释历史。"② 这至少说明，国外主张"生物史观"者并非一家，而有多家存在。

虽然认为"生命之有少壮衰老的有机生长过程，乃是生命的

---

① 常乃德：《生物史观与社会》，第 29—31 页。
② 李守常：《史学要论》，第 59—60 页。

本质之一"，强调"文化之所以有少壮衰老现象，其根源当从集体生命的少壮衰老现象中求之"①，但常乃德并没有对历史或历史文化做出具体解释。而 30 年代郭沫若在日本却运用过这一观念，并取得举世瞩目的成就，即"以岁时喻之当于春夏秋冬，以人生喻之当于幼壮老死，整个青铜时代之进化亦复如是"②，将青铜器进化分作四期，为中外学界公认不疑。时至 40 年代，再将此类说法当成国外新观念自然显得陈旧，所以郭沫若把当年所写《周代彝铭进化观》作为《青铜时代》一书附录再次发表，就是想告诉读者：这在十多年前已经采用过，不是什么新观念。

朱谦之《历史哲学大纲》列入"新理想的生命的历史哲学"的"文化形态观"，源自斯宾格勒，以《西方的没落》一书为代表。雷海宗在《中国文化与中国的兵》中的《断代问题与中国史的分期》一文［注二十］提到斯宾格勒著《西方的没落》英译本和汤因比著《历史研究》，是因为斯宾格勒认为一切文化只有一个周期，雷海宗则提出"中国文化两周"乃至三周的说法，表达出不认同斯宾格勒的意向。而林同济把雷海宗捧为"中国学界第一位形态历史家"③，一是抓住《中国文化与中国的兵》注文提到斯宾格勒《西方的没落》，二是以雷海宗在《战国策》半月刊、重庆《大公报·战国副刊》上发表《历史的形态与例证》《中外的春秋时代》《历史警觉性的时限》《外交：春秋与战国》等文章为据。在这些文章中，雷海宗对"中国文化的两周"（即《断代问题与中国史的分期》）中一些"讲不通"和"碰壁"的观点做了新的解释，以先前批评过的做法，"把几个独立的线索，用年代先后的死办法，硬编成一个线索"，使所谓文化形态观、中国文化二

---

① 常乃德：《生产力与生命力》，《大公报》（重庆）1942 年 2 月 25 日《战国》副刊第 3 期。

② 郭沫若：《周代彝铭进化观》，《古代铭刻汇考》附录，日本东京文求堂书店 1933 年版。《青铜时代》，文治出版社 1945 年版，第 271 页。

③ 林同济：《战国》第 2 期按语，《大公报》（重庆）1941 年 12 月 10 日。

周三周等"烘托"民族情绪的说法得以"创造"出来。但这种以文化和文化形态分析历史的做法，并不像林同济所说，是新提出来的"第三期学术思潮"。早在 1923 年郭沫若发表《论中德文化书》，就对中国文化与西方文化做出过划分："如容许我们在便宜上或一般常习上把世界旧有的文化粗略划分时，我们可以得四种派别：（一）中国，（二）印度，（三）希伯来，（四）希腊。中国文化与印度文化之不能混同，犹之乎希伯来思想与希腊思想之不能混同一样。"①

整个 40 年代，历史研究者大都十分关注文化形态，但均非外来。《隋唐制度渊源略论稿》作为陈寅恪的代表作之一，对中国文化系统的关注迄今尚未引起足够的重视。其书叙论、礼仪两章反复论证下述观点：

> 秦凉诸州西北一隅之地，其文化上续汉魏西晋之学风，下开（北）魏（北）齐隋唐之制度，承前启后，继绝扶衰，五百年间延绵一脉，然后始知北朝文化系统之中，其由江左发展变迁输入者之外，尚别有汉魏西晋之河西遗传。但其本身性质及后来影响，昔贤多未措念，寅恪不自揣谫陋，草此短篇，藉以唤起今世学者之注意也。②

一再强调"西北一隅之地"保存"中原文化之学术"，"继前启后"，"实吾国文化史之一大业"，这是最值得"今世学者"深思的地方。差不多同一年代，陈垣有"宗教三书"，《明季滇黔佛教考》关注"实为畿辅"的滇黔，《南宋初河北新道教考》关注沦陷的河北，《清初僧诤记》关注"东南各省"。朱谦之讲"文化

---

① 郭沫若：《论中德文化书》，《创造周报》第 5 号（1923 年 6 月 10 日）。《郭沫若全集·文学编》第 15 卷，第 149 页。

② 陈寅恪：《隋唐制度渊源略论稿》，商务印书馆 1946 年版，第 1、14、29 页。

哲学"，表示"贡献一生来从事南方文化之建设运动"①。雷海宗《中国文化与中国的兵》以"抗战的重心在南方"，将抗战比作是第二周末的淝水之战。对比一下，不讲"历史哲学"、偏重考据的陈寅恪的认识，比起讲"历史哲学"、讲"文化形态"、讲"为现实"的种种说法，被证明更具历史的预见性。

上述"历史哲学"，有三个共同点：

其一，既反对历史语言研究所的治史旨趣，又反对用唯物史观指导研究历史，要"设法在'五四'以来 20 年间所承受自西欧的'经验事实'与'辩证革命'的两派圈套外，另辟一条新途径"②。前面已叙，自 30 年代初史学基本格局已经确定。历史语言研究所"不以空论为学问，亦不以'史观'为急图"③，扎扎实实地从事历史学方面的基础研究。马克思主义历史学已经显示出旺盛的生命力，并预示着中国史学的趋势。面对既已形成的这一基本格局，游离于两大主干之外、设法"另辟蹊径"者，只能在国外寻找依据，将一些已陈旧却可迎合"形势"的说法"引进"，掺以"己意"，冠以"哲学"，进行"转手"。社会史论战中"只要国外文献中有着历史发展阶段的名词，中国便就有"的弊病也掺和进来。陶希圣所说"断定中国社会的过程，当从中国社会历史的及现存的各种材料入手。如果把史料抛开，即使把欧洲人的史学争一个落花流水，于中国史毫无用处"，其所批评的"把欧洲的史学当作中国史的自身"④ 的做法，显然应当包括上述"历史哲学"在内。

其二，既没有深层次的哲学分析和论述，也没有对历史事实

---

① 朱谦之：《南方文化运动》，《文化哲学》，第 261—264 页。

② 林同济：《形态历史观》，《文化形态史观》，上海大东书局 1946 年版，第 6 页。

③ 《〈史料与史学〉发刊词》，《历史语言研究所集刊》外编第二种《史料与史学》（1945 年 11 月）。

④ 《中国社会史丛书刊行缘起》，刘道元《两宋田赋制度》，新生命书局 1933 年版，卷首"附言"。

的基本考察或谓"无意于支离破碎的考据之学"，只有一个关于历史分期的列表，加以种种"哲学"或"文化"的名目，试图用以解释世界各国历史发展的基本线索。而其关于历史分期的基本依据，多与孔德的"三阶段法则"相关联，再糅进生命周期说、文化形态说。马克思主义历史学也讲历史分期，但经典作家都是既有深邃的理论论证，又有深厚的历史研究为基础的，尚且还有争论，更不要说这些既缺乏理论又缺乏史实的所谓"哲学"了。只知构建"体系"而不具有"专门知识"的人，看不懂具有"专门知识"的内容，只能空泛地说分期，最明显的一例就是毫无"专门知识"者只对郭沫若《中国古代社会研究》书前"原无心作导论"的那篇关于"社会发展阶段"的论述进行批评、指责，而不知书中其他各篇的价值。极具"专门知识"的董作宾，尽管"不甚赞同"唯物史观的"新古史系统"，不同意"殷代为奴隶社会"，却有如下认识：

> 唯物史观派是郭沫若的《中国古代社会研究》领导起来的……他把《诗》、《书》、《易》里面的纸上史料，把甲骨卜辞、周金文里面的地下材料，熔冶于一炉，制造出来一个唯物史观的中国古代文化体系……郭书所用的旧史料与新史料，材料都是极可信任的。①

这非常清楚地说明马克思主义历史学与上述"历史哲学"的根本区别：中国马克思主义历史学是把唯物史观与中国地下地上的新旧史料"熔冶于一炉"的，而且这些新旧史料在当时"都是极可信任的"。如果批评"公式主义"毛病，首先应该批评上述"无意于支离破碎的考据之学"的"历史哲学"。

---

① 董作宾：《中国古代文化的认识》，《大陆杂志》第3卷第12期（1951年12月）。

其三，赋予历史学过高的社会职能，混淆"历史哲学"与历史学的界限。把历史学拔高为"阐天地造化，握人生国家社会枢纽的全体之学"，甚至将世界各国"立国指导原理"的坚固与否"全系于其历史和哲学的根据正确与否"①。在这一点上，历史语言研究所有着自己明确的态度："历史学和语言学之发达，自然于教育上也有相当的关系，但这都不见得即是什么经国之大业不朽之盛事，只要有十几个书院的学究肯把他们的一生消耗到这些不生利的事物上，也就是以点缀国家之崇尚学术了——这一行的学术。"② 这必然成为"历史哲学""伟大历史学家"批评的对象。然而，混淆"历史哲学"与历史学的结果，使得从事哲学的人不研究历史哲学，从事历史研究的一部分人舍弃历史学基础研究去从事属于哲学的"历史哲学"，以致造成对历史学的误解，误以为从事历史理论研究才是历史学，进行基础研究不是历史学，最终导致少有人愿意"把他们的一生消耗到这些不生利的事物上"，改而去从事所谓"经国之大业、不朽之盛事"。陈寅恪有一段关于"清代经学发展过甚，所以转致史学之不振"原因的分析，简直就像是针对此种现象而发：

以夸诞之人，而治经学，则不甘以片段之论述为满足。因其材料残阙寡少及解释无定之故，转可利用一二细微疑似之单证，以附会其广泛难征之结论。其论既出之后，故不能犁然有当于人心，而人亦不易标举反证以相诘难。譬诸图画鬼物，苟形态略具，则能事已毕，其真状之果肖似与否，画者与观者两皆不知也。往昔经学盛时，其为学者，可不读唐以后书，以求速效。声誉既易致，而利禄亦随之。于是一世

---

① 常乃德：《历史哲学论丛》，民主政治社 1948 年版，第 3—4 页。

② 傅斯年：《历史语言研究所工作之旨趣》，《历史语言研究所集刊》第 1 本第 1 分。

才智之士，能为考据之学者，群舍史学而趋于经学之一途。其谨愿者，既止于解释文句，而不能讨论问题。其夸诞者，又流于奇诡悠谬，而不可究诘。虽有研治史学之人，大抵于宦成以后休退之时，始以余力肆及，殆视为文儒老病销愁送日之具。当时史学地位之卑下，由今思之，诚可哀矣。此清代经学发展过甚，所以转致史学之不振也。①

"夸诞之人"或"主观过于我们的人"，不仅可能造成史学领域的"乌烟瘴气"，还会导致史学研究的"不振"或衰微，这样的教训非常值得警惕！

归结起来，王国维说"哲学之历史，空想居其半焉"，郭沫若讽刺为"哄动一时"的"诳鬼的符箓"，陈寅恪谓之"图画鬼物"，"画者与观者两皆不知也"，陶希圣指责是"把欧洲的史学当作中国史的自身"，常乃德批评其"不根据于事实的归纳，仅凭一己冥想独断而成"，林同济以"一知半解的'专论'写作者"，皆"鹦鹉式地跟着王公大人们的后面大喊"②，凡此种种，不论是出于政治立场的互相指责，还是源于学术研究的论证，却有着一个极为一致的认识：民国年间的"历史哲学"，并非李大钊所论"严正意义上的历史哲学"，既非哲学，又无历史，或"空想居其半"，或为"鹦鹉学舌"，说者与听者"两皆不知"为何物。

四　应注意的问题

在阅读有关 20 世纪史学著论的过程中发现一些带普遍性的问题，提出来供研究者、有爱好的读者参考。

① 陈寅恪：《重刻元西域人华化考序》，《励耘书屋丛刻》第 1 集，励耘书屋锓版，1934 年，第 5—7 页。
② 林同济：《中饱——官僚传统的一面》，《文化形态史观》，第 158 页。

其一，只看序、跋，忽视实际内容。

序、跋固然反映撰著者的基本思想和旨趣，但仅凭序、跋论述某人、某"派"学术，难免有所欠缺。特别是谈"潮"谈"派"，更不能仅看其某一代表人物的这类文字。

《历史语言研究所之旨趣》集中体现傅斯年在中央研究院办院总则指导之下创办历史语言研究所的宗旨，较为完整地反映傅斯年的史学思想。但仅凭这一办所宣言来分析其学术成就和功绩就显得空泛。唯有深入到历史语言研究所三个组的具体学术实践中，才能看清这一旨趣是如何实现的。"上穷碧落下黄泉，动手动脚找东西"的考古组，以殷墟发掘成就最为瞩目。关于新石器时代的考古发掘与研究，关于推进甲骨学由草创迈向成熟，是其两项最大的功绩。"以甲骨文金文为研究上古史的对象；以敦煌材料及其他中央亚细亚近年出现之材料，为研究中古史的对象；以明清档案为研究近代史的对象"的历史组，由此确定了中国史研究的基本路向，成绩卓著。语言组，以 1929—1933 年的西夏研究成绩最为突出。"要科学的东方学之正统在中国"的旨趣，是经历史语言研究所三个组 20 年的努力逐渐实现的，这不是傅斯年个人所能办到，但又是在其《旨趣》指导下取得的。

钱穆《国史大纲》具有"将以记诵、考订之工夫，而达宣传之目的"的特点，因而不能仅凭《引论》来看待其书，应当区分其发挥"记诵、考订之工夫"的内容和为"达宣传之目的"的说法。如第七编元明之部第三十六、三十七章写明代"传统政治复兴下之君主独裁上、下"，说"自秦以来，辅佐天子处理国政的相位，至是废去，遂成绝对君主独裁的局面"，廷杖"残酷无理，殆为有史以来所未见"，"独裁的皇帝不问政事，最著者自推神宗"，第八编清代之部第四十三章清代政制叙清"沿明代不设宰相，以大学士理国政，以便君主独裁"，"用人行政，事事系仰君主一人之独断，务求柄不下移，实中国有史以来之创局也"，"虽无明代厂卫廷杖之惨，而文字狱之深刻,则过于明犹远"等,与《引论》(八)"中国自秦以来,立国规模,广土众民,乃非一姓一家之力所能专制"的说法前后矛盾。诸如此类的情况,应当仔细区分清楚。

其二,忽略写作时间,不注意版本变化。

在分析学术背景时,往往出现本末倒置的情况,将写作或出版之后发生的事作为其产生的背景来进行阐述。陈寅恪强调要究明"今典","须考知此事发生必在作此文之前,始可引之以为解释。否则虽似相合,而是不可能。"某论 20 世纪考据学者,一面强调陈寅恪究明"今典"方法的重要,一面又出现类似的毛病:先引陈寅恪《论李栖筠自赵徙卫事》一文内容,紧接着说"由上述思路的发展,便形成陈氏在《唐代政治史述论稿》的基本观点"。这显然是忽略了《唐代政治史述论稿》1943 年出版,《论李栖筠自赵徙卫事》1956 年发表,才把后发表的文章的"思路的发展"当作"形成"先前出版的专著的"基本观点",造成"硬伤"。

只看修订本,不注意版本变化,有时也难免失误。考察某史家的学术成就和学术贡献,以其最后修订的著作为依据,在通常情况下无可非议。但在对史家学术思想进行分析考察时,就不能只看修订本,还须看其不同时期的不同版本,以见其学术思想的演变。

读金毓黻《中国史学史》,若只看 1957 年"存九章"的重印本,不注意 1944 年版共有十章,第十章之后有一个三页的"结论",便会误以为金毓黻对中国史学史的分期认识"不明确"。金毓黻 1938 年日记中曾有分六期(萌芽期、成立期、发展期、中衰期、复兴期、革新期)的设想,1944 年版《中国史学史》则去掉清中叶讫民国初的"复兴期",确定为五期——创造期、成立期、发展期、蜕变期、革新期,并在书的"结论"部分强调:"愚所述之各章,亦略与之相当,第一、第二两章所述,则创造期之史学也,第三章所述,则成立期之史学也,第四章所述,则发展期之史学也,第五章以下讫于第九章所述,则蜕变期之史学也,第十章所述，则革新期之史学也。"① 这一论述清楚表明：其书章节结构与其史学分期是紧密结合在一起的，认识十分明确。1957 年重印说明表示，"近代史学内容复杂，必须更端另述，将最后一章删去，只存九章，迄于清代而止"。书后的三页"结论"也随之删去，并改写了"导言"，调整了前九章标题。以 1957 年版与 1944 年版比对，确切的说法应该是：40 年代书中"结论"部分对中国史学史分期的认识十分明确，而且将分期认识与全书结构融为一体；1957 年重印时虽然"删去"第十章及后面的"结论"，但反映其古代史学分期的基本结构与内容并未改变，只是不再提"蜕变期"，删去"革新期"而已。

再如对"古史辨"的认识，引文物出版社 1985 年出版的徐旭生《中国古史的传说时代》第一章关于"西欧直到十九世纪中叶以后，评判史料的风气才大为展开……自辛亥革命以后，这个潮流才逐渐扩大到中国。……对于古史才逐渐有所谓疑古学派出现。……这一次参加的人数很多，工作的成绩也很丰富，一大部分由顾颉刚先生及他的朋友们搜集到《古史辨》里面。……由于疑古学派（广义的）历史工作人员及考古工作人员双方的努力，才能把传说时代和狭义历史时代分开"的论述，以为是作者的一贯认识。然而 1946 年版《中国古史的传说时代》第一章并无此段论述，标题为"信古"，认为疑古的路"走不通"，应该"走信古的路"，与上引文字所表达的观念颇有差异。这是作者后来修改全书时重新改写的，表示对"古史辨"认识的变化。

只看全集文字，不注意收入全集时所作修改，也会带来问题。郭沫若 1943 年发表《论曹植》，1959 年收《沫若文集》第 12 卷时有两处重要删改，其中之一是在"同时代的政治家如诸葛武侯，那就比他高明得多"一段末尾"司马氏的篡夺未必便能够实现的吧"句后补写

① 《中国史学史》，商务印书馆 1944 年版，第 328 页。

了一段文字："假使曹家的天下更长久得一些，我看魏武帝和魏文帝会被歌颂为中古的圣王，决不会被斥为'篡贼'，为'奸臣'。曹操在舞台上会表现为红脸，而不是粉脸。这场历史公案，今天应该彻底翻它一下了。"后来又收入《郭沫若全集·历史编》第 4 卷。近年来不少文章以《沫若文集》第 12 卷或《郭沫若全集·历史编》第 4 卷所收《论曹植》为据，以为郭沫若在 1943 年就有了"替曹操翻案"的想法，显然是将后来的认识提前了 16 年。

出版全集者，若能出注注明作者的重要文字修改，对于学术研究将是一件功德无量的大好事。《马克思恩格斯全集》对不同版本的文字均加注说明，非常值得编辑全集者效法。《郭沫若全集·文学编》某些卷有所尝试，但未能贯彻到全书，是为憾事。

此外，在重印名著的流风中，有些情况需加注意。一是将名著和名著作者的相关文章编印在一起，仍用名著原名，造成误解，包括为新印名著所写解题、提要，也将名著以外的文章说成是名著的内容。二是将作者曾经设想但未完成的著作当成名著，把相关的文章集在一起印行，使读者，包括写解题、提要者，都将设想的未完之作当成作者已成的代表作。三是把作者的代表作与作者跟他人合编的论集合印在一起，仍用作者代表作原名，致使一些研究者误将论集中他人文章的观点当成代表作作者的重要观点。四是把作者所写各断代专史合印在一起，冠以新名"中国××史"，甚至写成"史学名著介绍"，更有误导读者之嫌。把一些难找的书、文合印在一起，出发点或许是为方便读者，但从造成的种种误读来看，重印名著应注意原著版本，对于新增篇章须加详细说明。

（2011 年 2 月 27 日）

[原为笔者《民国史学述论稿》（上海人民出版社 2011 年版）一书"叙论"，标题为编入本集时所加]

20世纪前期两次关于"国学"与"国粹""国故"的论辩

80多年前，群学社将当时关于"国学"与"国故"的论辩编辑为《国故学讨论集》出版。其中，曹聚仁《春雷初动中之国故学》形象地概括了讨论中出现的种种不同之"国学"：

> "国学"之为物，名虽为一，实则为三，北京国学研究所之国学，赛先生之"国学"也；无锡之国学专修馆，冬烘先生之"国学"也；上海之国学专修馆，神怪先生之"国学"也。

时下谈"国学"的文章不少，不能说没有"赛先生之'国学'"，也不敢说没有"神怪先生之'国学'"，但仅就所见，大都"冬烘先生之'国学'"。因其一不知"国学""国粹"二词是舶来品，二不知清朝末年和民国年间有过两次关于"国学"与"国粹""国故"的论辩，没有形成一致的认识，三是互相传抄这样几句话，"国故"包含中国固有历史与文化之全部，其中之精华（什么是精华一概语焉不详）称"国粹"，以"国故"为研究对象的学问称"国故学"，简称"国学"，"国故"与"国学"有相同之处，却不知这是率意捏合两次论辩中的不同观点，甚至不知

"国粹"一词辛亥年（1911）后逐渐被废弃。有此"三不知"，难怪听到一些日本学者哂笑中国时下说"国学"者的"国学"知识浅薄，最让人家嗤笑的是某些讲"国学"者竟然不知"冬烘"指什么。为此，将两次论辩的情况作一清理，以供热衷于"国学"（包括"国粹""国故"）者参阅。

两次论辩，清朝末年主要表现为"国粹"与"国学"的论辩，民国年间主要表现为"国故"与"国学"的论辩。两次论辩，对于学术文化产生的影响和推动作用显现出很大的差异，留下不少值得思考的启示。

一　清朝末年："国学"与"国粹"的论辩

"国学"一词，在西学和"欧化主义"的刺激下，由日本学界最先提出来。戊戌变法前夕，屠仁守驳《时务报》所载严复《辟韩》一文，提到《东华杂志·汉学再兴论》中日本学界有"国学勃兴，将压倒西学"的说法。[①]

"国粹"的舶来，几乎与此同时。1901 年 9 月，梁启超《中国史叙论》有"中国民族固守国粹之性质，欲强使改用耶稣纪年，终属空言耳"句，为国人 20 世纪初在报刊上使用"国粹"一词。1902 年 4 月，梁启超致函康有为，说"日本当明治初元，亦以破坏为事，至近年然后保存国粹之议起。国粹说在今日固大善，然使二十年前昌之，则民智终不可开而已"[②]。7 月，《译书汇编》第 5 期刊载佚名《日本国粹主义与欧化主义之消长》，传递日本两种"主义"的对垒情况：

---

① 《屠梅君侍御致时务报馆辨〈辟韩〉书》，《翼教丛编》，上海书店出版社 2002 年版。

② 丁文江、赵丰田：《梁启超年谱长编》，上海人民出版社 1983 年版。

一为国粹主义。国粹主义者谓保存己国固有之精神，不肯与他国强同，如就国家而论，必言天皇万世一系；就社会而论，必言和服倭屋不可废，男女不可平权等类。一为欧化主义。欧化云者，谓文明创自欧洲，欲己国进于文明，必先去其国界，纯然以欧洲为师。极端之论，至谓人种之强，必与欧洲互相通种，至于制度文物等类无论矣。

同年秋，梁启超与黄遵宪商议在日本创办《国学报》，"当以保国粹为主义，取旧学磨洗而光大之"，黄遵宪建议"当以此作一《国学史》"①。梁启超《论中国学术思想变迁之大势》，将"国学"与外学相提并论："今日欲使外学之真精神普及于祖国，则当转输之任者，必邃于国学，然后能收其效。"

1903 年，《新民丛报·学界时评》发表梁启超《游学生与国学》，认为"国学与爱国心相通倚者也"，"真爱国者必使吾国之历史、之现状、之特质日出于吾心目中，然后其爱乃发于自然"，"非深通国学不能为力"，主张在日本铃木町会馆设立国学图书馆。同年年初，章太炎致函刘师培，深信"他日保存国粹，较诸东方神道，必当差胜也"②。同年 6 月，《浙江潮》刊载"社说"《国魂篇》，以"国粹主义"与"世界主义"同为一国进化之"两大主义"。章太炎因"苏报案"入狱，作《癸卯口中漫笔》，自谓"上天以国粹付余"③。

1904 年 3 月，黄节在《政艺通报》第 1 号上发表《国粹学社发起辞》，称"海上学社林立，顾未有言国粹者"，"岁甲辰，同人创为国粹学社"，声明："国粹，日本之名辞也。吾国言之，其

---

① 前引《梁启超年谱长编》。
② 《章太炎与刘申叔书》，《国粹学报》1905 年第 1 号。按："东方神道"，指日本国学。又按：当时出刊，多用甲子纪年，为方便、统一，这里均换算为公元纪年。
③ 《国粹学报》1905 年第 8 号。

名辞已非国粹也。"发布乙巳年（1905）"广告"，表示"于保存国粹之一面，务欲发挥而光大之，以为吾祖国生色"。4月，梁启超在《时报缘起》中再提"于祖国国粹，固当尊重"①。5月，邓实在《政艺通报》第 3 号上发表《国学保存论》，提出"一国有一国之学"。12 月 30 日，黄节在《政艺通报》第 11 号上发表《国粹保存主义》，介绍日本的国粹主义：

> 夫国粹者，国家特别之精神也。昔者日本维新，欧化主义浩浩滔天，乃于万流澎湃之中，忽焉而生一大反动力焉，则国粹保存主义是也。当是时入日本国民思想而主之者，纯乎泰西思想也，如同议一事焉，主行者以泰西学理主行之，反对者亦以泰西学理反对之，未有酌本邦之国体民情为根据而立论者也。文部大臣井上馨特谓此义，大呼国民，三宅雄次郎、志贺重昂等和之。其说以为宜取彼之长，补我之短；不宜醉心外国之文物，并其所短而亦取之，并我所长而亦弃之。

并加解释说：

> 本我国之所有而适宜焉者，国粹也；取外国之宜于我国而吾足以行焉者，亦国粹也。

朝廷方面，光绪二十九年（1903）11 月颁布《学务政纲》，以"外国学堂最重保存国粹，此即保存国粹之一大端"。随后，大臣奏议多有"国粹"的说法，如光绪三十一年（1905）8 月袁世凯、赵尔巽、张之洞等会衔奏请废科举广学校章程，认为学堂

---

① 据《梁启超年谱长编》引。

"首以经学根柢为重","益于保存国粹,尤为竞竞"①。

20 世纪最初几年,谈"国粹"成为一种时髦,如当时报刊所说:

> 近数年来,中国之号称识者,动则称国粹。环海内外,新刊之报章书籍,或曰保存国粹,或曰发挥国粹,甚者则曰国粹之不讲则中国其真不可救药。②

"国粹"或"国学"二词最初出现,基本是转述日本的说法。1905 年 1—2 月间,国学保存会成立,把"研究国学,保存国粹"确定为办会宗旨,将"国学"与"国粹"捏合在一起,创办了《国粹学报》。但不论国学保存会成立之前还是成立之后,黄节、邓实、章太炎、刘师培等所谓"国粹派"对于"国粹"或"国学"始终存在着不尽相同的理解和说法。

黄节以"名从主人,物从中国,吾有取于其义云尔"③,表示与日本所说"国粹"不同。所谓的"吾有取于其义"者,意在"粹"而不在"国",即认为"发现于国体,输入于国界,蕴藏于国民之原质,具一种独立之思想者,国粹也;有优美而无粗悁,有壮旺而无稚弱,有开通而无锢蔽,为人群进化之脑髓者,国粹也",只要适当今中国之用,均为"国粹"④。

章太炎发表《印度人之论国粹》,就像是在针对黄节的"吾有取于其义云尔",认为"义有是非,取是舍非者,主观之分;事有细大,举大而不遗细者,客观之分",明确表示:"国粹诚未必皆是"⑤。1906 年出狱后到日本,他在东京留学生欢迎会上发表演

---

①　《光绪东华录》(五)。

②　《国粹之处分》,《新世纪》第 44 号。

③　《国粹学社发起辞》,《政艺通报》1904 年第 1 号。

④　《国粹保存主义》,《壬寅政艺丛书》政学文篇卷 5。

⑤　《章太炎全集》第 4 册,上海人民出版社 1985 年版。

讲，"用国粹激动种姓，增进爱国的热肠"，提出"为甚提倡国
粹？不是要人尊信孔教，只是要人爱惜我们汉种的历史。这个历
史，是就广义说的，其中可以分为三项：一是语言文字，二是典
章制度，三是人物事迹"①。这一说法，显然与黄节的"国粹"说
有着不同。

邓实为《国粹学报》所写《发刊辞》，强调"一国之立必有
其所以自立之精神焉，以为一国之粹，精神不灭，则国亦不
灭"②。但邓实更强调"国学"，1904 年发表《国学保存论》针对
"异国异学"，将"国学"视为本国之学。1906 年发表《国学讲习
记》，进一步为"国学"定义：

> 国学者何？一国所有之学也。有地而人生其上，因以成
> 国焉，有其国者有其学。学者也，学其一国之学以为国用，
> 而自治其一国也。国学者，与有国而俱来，因乎地理，根之
> 民性，而不可须臾离也。君子生是国，则通是学，知爱其国，
> 无不知爱其学也。

章太炎在《民报》第 7 号上发表《国学讲习会序》，讲的还
是先前"就广义说的"历史的三项内容，使用的却是"国学"一
词，并解释说：

> 吾闻处竞争之世，徒恃国学固不足立国矣，而吾未闻国
> 学不兴而国能自立者也。吾闻有国亡而学不亡者矣，而吾未
> 闻国学先亡而国乃能立者矣。故今日国学之无人兴起，即将
> 影响于国家之存灭，是不亦视前世为尤岌岌乎！

---

① 《东京留学生欢迎会演说辞》，《章太炎政论选集》上册，中华书局 1977 年版。
② 《鸡鸣风雨楼独立书·语言文字独立》，《政艺通报》1903 年第 24 号。

1907 年邓实在《国粹学报》第 2 号上发表《国学真论》，引入西方政治学及其先前论"君史""民史"的理念，说"近人于政治之界说，既知国家与朝廷之分矣，而言学术则不知有国学、君学之辨，以故混国学于君学之内，以事君即为爱国，以功名利禄之学，即为国学，其乌知乎国学自有其真哉！"两者的区分在于："以人君之是非为是非者"为"君学"，"遥遥二千年神州之天下，一君学之天下而已"；"不以人君之是非为是非者"为"国学"，仅赖一二在野君子著书立说，"本其爱国之忧"，得保不绝如缕。所谓的"不以人君之是非为是非者"，在中国历史上大多是通过字里行间表述出来却实现不了的"空想"或"学说"，主要反映在诸子学说和部分文集中。

正是在这前后，《国粹学报》刊载论著的内容开始发生变化。1906 年第 11、12 号发表章太炎《某君与某论朴学报书》《与某书》，俱是论"学"而不说"粹"，强调"鄙意提倡国学，在朴说而不在华辞"。同时，使用"国故"的说法："群言殽乱，国故日衰，得《朴学报》振起之，忻慰无量！"1907 年第 12 号发表章太炎《某君与人论国粹学书》，针对"国粹"研究偏于经世的状况指出："学名国粹，当研精覃思，钩发沈伏，字字征实，不蹈空言，语语心得，不因陈说，斯乃形名相称。若徒摭旧言，或张大其说以自文，盈词满幅，又何贵哉！实事求是之学，虑非可临时足辨"，"若尔抄撮成言，加以论议，万言之文，謦欬可了，然欲提倡国粹，不应尔也"。1909 年第 10 号发表章太炎《致国粹学报社书》，要求"贵报宜力图增进，以为光大国学之原，延此一线，复以自沮"。1910 年第 1 号发表章太炎《与王鹤鸣书》，明确表示不以有用无用作为衡量学术的标准："仆谓学者将以实事求是，有用与否，故不暇计求"，"学在辨名实，知情伪，虽致用不足尚，虽无用不足卑"。1911 年第 9—13 号（《国粹学报》最后一期）发表章太炎《与简竹居》，有这样一段文字：

《尚书》、《春秋》，左右史所记录，学者治之，宜与《史记》、《汉书》等视，稽其典礼，明其行事，令后生得以讨类知原，无忘国故，斯其要也！古今异变，宜弗可以同概，通经致用之说，则汉儒所以求利禄者，以之哗世取宠，非也。

受上述影响，1908 年孟春刘师培在《国粹学报》三周年之际所写祝词提出"不以学术为适时之具，斯能自成一言"，认为"学古为入官之阶梯，变通乃趋时之捷径"是造成"道衰学敝"的原因。《国粹学报》1909 年第 13 号总结办刊大旨，发布《明年之特色》：

力避浮华而趋于朴学，务使文有其质，博而寡要，非关学术源流、有资考证者不录，庶几韩子所云惟陈言之务去者。至于保存古物，不遗故闻，训释周秦诸子之书，使尽可读，引申乾嘉诸儒之学，不绝其绪，诠明小学，以为求学之门径，谨守古谊，以毋越先民之训，五年于兹。

此时的《国粹学报》已非创刊时的《国粹学报》，此时所说"国粹"更非"激动种姓"或"适当今中国之用"的"国粹"！

"国学"与"国粹"两个舶来词并行，反映近代社会变革当中，学术与政治的某种复杂关系。黄节在《国粹学社发起辞》中已经点明："日本之言国粹也，与争政论；吾国之言国粹也，与争科学。"日本谈"国粹"完全出于政治需要，中国谈"国粹"既是学术，又需要借助外来观念做政治宣传。为"激动种姓"，以学术作为革命舆论工具，往往使用"国粹"的说法。但学者的习性注定他们不可能"以学殉时"，让学术沦为政治的奴婢，因而在从事学术研究时，往往使用"国学"的说法。章太炎刚出狱就在东京留学生欢迎会上说，要"用国粹激动种姓"，而在随后的《国学讲习会序》中却改用"国学"一词，即是一明显例证。刘师培自称"为《国粹学报》撰稿，率意为文"，而"民元以还"关于三礼的著述"堪称信心之作"①，可谓又一例证。只有把握住近代社会变革中学术与政治的这一层关系，讨论"国学"与"国粹"才不至于因名词概念而被弄得含混不清。辛亥革命完成"反清"历史使命，"国粹"这一带有政治色彩的词语逐渐被弃用，《国粹学报》即便"力避浮华而趋于朴学"，也难免停刊的命运。

二　民国年间："国故"与"国学"的论辩

辛亥革命推翻帝制的成果被窃据之后，出现一股尊孔复旧的逆流，新旧思想的碰撞、中外文化的交锋更加激烈起来。由北京大学著名教授轮流主持编辑的《新青年》杂志，以"科学"与"民主"为旗帜，掀起影响久远的新文化运动。

1919 年 1 月，北京大学学生傅斯年、罗家伦等创办《新潮》杂志，以"唤起国人对于本国学术之自觉心"。国学保存会成员、北京大学教师刘师培、黄侃与学生张煊、罗常培等，沿章太炎所用"国故"一词成立国故社，"慨然于国学沦夷，欲发起学报，以图挽救"，3 月创办《国故》月刊，"以昌明中国固有之学术为宗旨"，所刊文章全为文言，不用新式标点。

同年 5 月，毛子水针对《国故》的宗旨，在《新潮》第 1 卷第 5 号上发表《国故和科学的精神》，论述什么是国故、国故在今日世界学术上的位置、国故是应当研究的吗、研究国故的人所应当知道的事情以及"我"对于国故和国故学的感想等五个问题。《新潮》主编傅斯年在文章结尾处写了一段"附识"，认

---

① 　参见陈钟凡《周礼古注集疏跋》，《刘申叔先生遗书》第 6 册，宁武南氏 1936 年刊本。

为"研究国故有两种手段，一，整理国故；二，追摹国故"。"整理国故"一词，在这里第一次被提出，指"把我中国以往的学术、政治、社会等做材料研究出些有系统的事物来，不特有益于中国学问界，或者有补于'世界的'科学"。明确指出："国故的研究是学术上的事"，"不是主义"，"必须用科学的主义和方法"。随即，张煊在《国故》第 3 期上发表《驳新潮国故和科学的精神篇》，对毛子水所论问题进行驳论。8 月中旬胡适写信给毛子水，10 月毛子水在《新潮》第 2 卷第 1 号上发表《〈驳新潮国故和科学的精神篇〉订误》，将胡适来信附在后面。胡适提出"当存一个'为真理而求真理'的态度"，"应该尽力指导'国故家'用科学的研究方法去做国故的研究，不当先存一个'有用无用'的成见，致生出许多无谓的意见"。12 月，胡适在《新青年》第 7 卷第 1 号上发表《新思潮的意义》，提出"研究问题，输入学理，整理国故，再造文明"。"整理国故"被赋予新的意义，成为新文化运动的重要组成部分。在谈"新思潮的运动对于中国旧有的学术思想持什么态度"时，胡适持反对盲从、反对调和两种态度，说"若要知道什么是国粹，什么是国渣，先须要用评判的态度，科学的精神，去做一番整理国故的功夫"，并将"整理国故"的步骤分为四步："第一步是条理系统的整理"，"第二步是要寻出每种学术思想怎样发生，发生之后有什么影响效果"，"第三步是要用科学的方法，作精确的考证，把古人的意义弄得明白清楚"，"第四步是综合前三步的研究，各家都还他一个本来真面目，各家都还他一个真价值"。

在随后的两年间，胡适先后在南京东南大学、北京高等师范学校演讲，内容都是"研究国故的方法"。首先对"国故"一词做出解释："'国故'的名词，比'国粹'好得多。自从章太炎著了一本《国故论衡》之后，这'国故'的名词于是成立。如果讲'国粹'，就有人讲'国渣'。'国故'（National Past）这个名词是中立的。"进而将先前的四个步骤提升为四种具体方法：历史的观念、疑古的态度、系统的研究和整理的形式。①

1923 年 1 月，胡适"代表全体"为北京大学研究所国学门学术刊物《国学季刊》所作"发刊宣言"发表在创刊号上。针对"以为西洋学术思想的输入是古学沦亡的原因"，"以为孔教可以完全代表中国的古文化"，"以为古文古诗的保存就是古学的保存"等观念，提出"现在和将来研究国学的方针"：

> 国学的使命是使大家懂得中国过去的文化史；国学的方法是要用历史的眼光来整理一切过去文化的历史；国学的目的是要做成中国文化史。国学的系统的研究，要以此为归宿。一切国学的研究，无论时代古今，无论问题大小，都要朝着这一个大方向走。只有这个目的可以整统一切材料；只有这个任务可以容纳一切努力；只有这种眼光可以破除一切门户畛域。

同年同月，梁启超在南京东南大学做《治国学的两条大路》的演讲，认为"研究国学有两条应走的大路"：一是文献的学问，"应该用客观的科学方法去研究"；二是德行的学问，"应该用内省的和躬行的方法去研究"。明确指出，第一条路"便是近人所讲的'整理国故'这部分事业"。同时提出研究国学的三条标准：一是剔去伪书和伪事，修正前人的误解，谓之"求真"；二是"将同类或有关系的事情网罗起来贯串比较"，谓之"求博"；三是注意别门学问与本门学问的关系，注意本门学问中各方面的相互关系，谓之"求通"。②

随即，应清华学校《清华周刊》记者之请，胡适拟出《一个

---

① 详见《研究国故的方法》，《胡适文集》第 3 册，人民文学出版社 1998 年版。
② 《饮冰室合集》文集之三十九。

最低限度的国学书目》、梁启超拟出《国学入门书要目及其读法》，引发争议，带动起"青年必读书"的论辩。在这一系列论辩中，如何理解"国故""国故学""国学"，始终存在着不同意见。

1924年2月，吴文祺《重新估定国故学之价值》指出，"一二年来，整理国故的呼声，可算是甚嚣尘上了"，"近人往往把国故学省称为国学，于是便引起了许多可笑的误会"，呼吁"正名定义"，为"国故学""下一个定义"：

> 用分析综合比较种种方法，去整理中国的国故的学问，叫做国故学。

吴文祺对"国故学"的认识，突出之点在"国故学是一种科学"，"真正懂得科学的人，都承认国故学是科学的一种"。

曹聚仁《国故学之意义与价值》归纳当时存在的三种不同的"国故观"以及三种对应的态度，明确"'国故'乃研究之对象，'国故学'则研究此对象之科学"，具体解释如下：

> 国故者，五千年间中华民族以文字表达之结晶思想也……
> 国故学者以"国故"为研究之对象，而以科学方法处理之，使成为一种科学也。[1]

由于"整理国故"被作为新文化运动的一个组成部分，引起某种"杞忧"，或认为"这是加于新文化运动的一种反动"，或怀疑"究竟整理国故对于新文学运动有什么影响"。1923年2月，

---

[1] 吴文祺、曹聚仁两文，均收《国故学讨论集》第1集，群学社1927年版。

《小说月报》专门辟出一个专栏讨论"整理国故与新文学运动"。随后，鲁迅、郭沫若、成仿吾等或在《小说月报》，或在其他刊物上发表各自的观点。

1924 年 1 月，鲁迅在北京师范大学附中校友会作《未有天才之前》的演讲，说："自从新思潮来到中国以后，其实何尝有力，而一群老头子，还有少年，却已丧魂失魄的来讲国故了。他们说，'中国自有许多好东西，都不整理保存，倒去求新，正如放弃祖宗遗产一样不肖'"，认为"就现状而言，做事本来还随个人自便……但若拿了这面旗子来号召，那就是要中国永远与世界隔绝了。倘以为大家非此不可，那更是荒谬绝伦！"①

同年同月，郭沫若在《创造周刊》第 36 号上发表《整理国故评价》，指出"整理国故的流风，近来也几乎成为了一个时代的共同色彩了"，"这种现象，决不是可庆的消息"。表示不赞同胡适"四处向人宣传整理国故研究国学"和成仿吾、吴稚晖"本着良心的命令要研究科学或者要造机关枪"的倾向，认为"不能因为有不真挚的研究者遂因而否认国学研究的全部，更不能于自我的要求以外求出别项的实力来禁止别人"。针对胡适"发明一个字的古意，与发现一颗恒星，都是一大功绩"的说法，强调"国学究竟有没有研究的价值？这是要待研究之后才能解决的问题"，"研究的方法要合乎科学的精神，研究有了心得之后才能说到整理。这种整理事业的评价我们尤不可估之过高"。

自此而后，胡适等开始反思"整理国故"中出现的问题。

1926 年 6 月，胡适在北京大学研究所国学门第四次恳亲会上对整理国故中出现偏差表示了"我大约总得负一点点责任，所以不得不忏悔"的态度，指出"流风所被，实在闹出多少弊病来了"，"他也研究国学，你也研究国学，国学变成了出风头的捷

---

① 《鲁迅全集》第 1 卷，人民文学出版社 2005 年版。

径"，"有许多人，方法上没有训练，思想上没有充分的参考材料，头脑里没有弄清楚，就钻进故纸堆里去，实在走进了死路！"①1927 年 2 月，以《整理国故与"打鬼"》反思"整理国故"中出现的问题，认为整理国故"是用精密的方法，考出古文化的真相"，"重新估定一切价值"。1928 年，在《新月》第 1 卷第 9 号上发表《治学的方法与材料》（1929 年《小说月报》第 20 卷第 1号转载），最后这样写道：

> 现在一班少年人跟着我们向故纸堆去乱钻，这是最可悲叹的现状。我们希望他们及早回头，多学一点自然科学的知识与技术：那条路是活路，这条故纸的路是死路。三百年的第一流的聪明才智消磨在这故纸堆里，还没有什么好成绩。我们应该换条路走走了。等你们在科学实验室里有了好成绩，然后拿出你们的余力，回来整理我们的国故，那时候，一拳打倒顾亭林，两脚踢翻钱竹汀，有何难哉！②

最先提出"整理国故"的傅斯年，1928 年 10 月在《历史语言研究所工作之旨趣》中明确表示"反对'国故'一个观念"，并指出：

> 国故本来即是国粹，不过说来客气一点儿，而所谓国学院也恐怕是一个改良的存古学堂。

再来看对于"国学"的认识。

1922 年，北京大学首创文科现代学术研究机构——研究所国

---

① 《研究所国学门第四次恳亲会纪事》，《北京大学研究所国学门月刊》第 1 卷第1 号，1926 年 10 月 20 日。

② 两文均收《胡适文存》第 3 集第 2 卷。

学门，出版《国学季刊》《国学门周刊》（后改月刊）。一时之间，"整理国故"推动了南北新型大学成立专门的国学研究机构，如东南大学国学院（1923 年）、清华国学研究院（1925 年）、厦门大学国学研究院（1926 年）、燕京大学国学研究所（1928 年）、齐鲁大学国学研究所（1930 年）等，纷纷创办国学研究刊物。

据当时编印的《国学论文索引》，民国年间刊载国学论文的杂志 83 种，冠名"国学"或"国粹"者 13 种。[①] 1919 年之前成立的国学社会团体 8 家、创办的国学刊物 6 种，见下表。

团体名称	创办人	存在时间	创办刊物	地点
国学保存会	邓实、黄节	1905—1911 年	《国粹学报》	上海
国学讲习会	章太炎	1906 年	—	东京
南社	柳亚子、陈去病、姚光	1909—1936 年	《国学丛选》	
国学研究会	罗振玉、王国维	1911 年、1914 年	《国学丛刊》	东京、北京
国学会	马玉藻	1912 年	—	北京、杭州
国学扶危社	陈尔锡、吕学沅	1914 年	《国学》	北京、东京
国学昌明社	倪羲抱	1915—1916 年	《国学杂志》	上海
国故月刊社	刘师培、黄侃	1919 年	《国故》	北京大学

1920 年以后成立的国学社会团体 11 家，创办的国学刊物 12 种，见下表。

团体名称	创办人	存在时间	创办刊物	地点
无锡国学专修馆	唐文治	1920—1937 年	《国专月刊》	无锡
国学馆	宋育仁、谢无量、廖平	1923—? 年	《国学月刊》	成都
国学研究会	东南大学、南京师高	1923—1925 年	《国学丛刊》	南京
国学研究社	叶楚伧、胡朴安	1924—1925 年	《国学周刊》（《国学汇编》）	上海

---

① 参见王重民《国学论文索引》一书《后记》及所附《本书所收杂志卷数号数一览》，中华图书馆协会丛书第二种，1929 年。

团体名称	创办人	存在时间	创办刊物	地点
国学研究会	民国大学	1924—1926 年	《国学》	北京
上海国学研究会		1926 年	《国学辑林》	上海
《国学专刊》社	陈衍	1926—1927 年	《国学专刊》	厦门
清华述学社	陆侃如、林召伯、姚名达等	1927—1929 年	《国学月报》	北京
苏州国学会	李根源、陈衍、章太炎、金天翮、吴承仕等	1932—1935 年	《国学商兑》《国学论衡》	苏州
章氏国学讲习会	章太炎、潘承弼等	1934—1941 年	《制言》	苏州
天津国学研究社	李廷玉	1937 年	《国学月刊》	天津

论辩中多数倾向于使用"国学"一词，唯有陈独秀、何炳松明确表示反对。1924 年陈独秀在《前锋》上发表《国学》短文，赞成"看作历史的材料来研究"的"国故"或"中国学"，认为"学问无国界，'国学'不但不成个名词，而且有两个流弊：一是格致古微之化身，一是东方文化圣人之徒的嫌疑犯"①。1929 年何炳松在《小说月报》第 20 卷第 1 号上发表《论所谓"国学"》，认为"由国学两个字生出的流弊层出不穷，将来一定要使得我国的文化在混乱无望固步自封的境界里面"，提出一个口号："中国人一致起来推翻乌烟瘴气的国学。"建议"对于中国学术的各流派如史学、文学、哲学、科学等，都应该各加以三大步研究的功夫：第一步先研究某一科的特质怎样，第二步再用现代科学的眼光去估定他的价值，第三步再把他和世界学术中同一科作一个比较，来断定他对于世界的学术有何等程度的贡献"②。

使用"国学"一词者，认识和理解同样存在着很大的差异，篇前已引曹聚仁的概括性论述。他还指出，"国学"一词的滥用给

---

① 《陈独秀文章选编》（中），生活·读书·新知三联书店 1984 年版。
② 《何炳松论文集》，商务印书馆 1990 年版。

国学研究造成的危害：

> 今则国学如麻，略识"之无"，能连缀成篇，谓为精通
> "国学"，咿唔诗赋，以推敲词句自豪者，谓为保存"国粹"，
> 他则大学设科研究中国文学，乃以国学名其系；开馆教授四
> 书五经，乃以国学名其院，人莫解国学之实质，而皆以国学
> 名其高，势之所趋，国学将为国故学之致命伤。①

一方面是"国学"概念的滥用；一方面各大学的国学研究逐渐纳入西方人文学科的分科理念，分设哲学、文学、历史学、考古学等。这样的分科理念，为取消"国学"一科埋下伏笔。从东洋舶来的"国粹""国学"等概念，经过 30 年左右的滥用之后，在近代人文学科分科的规范中渐渐淡出历史舞台。

三　两次论辩的差异与启示

两次论辩，对于学术文化的影响和推动作用显现出很大差异，留下不少值得思考的启示。

第一，背景、口号的差异。

清末的论辩，是在旧有政治体制之下进行的，提倡"国粹"或"国学"者大多是学者型的革命党人或倾向于革命党。国学保存会的口号是"研究国学，保存国粹"，他们接受社会学原理和进化论，主要用于政治革命宣传；强调"国粹""一国之精神"，主要为煽起民众的"排满革命"情绪。随着其成员政治立场或政治态度的变化，使其口号前后矛盾，难以自圆其说。于是，转而为"学"，强调"提倡国学，在朴说而不在华辞"，开始表示"致用

---

① 《春雷初动中之国故学》，《国故学讨论集》第 1 集。

不足尚，无用不足卑"，进而认为"不以学术为适时之具，斯能自成一言"，甚至批评"通经致用之说，则汉儒所以求利禄者，以之哗世取宠，非也"。从"用国粹激动种姓"的一个极端跳到认为"通经致用之说，非也"的另一个极端，从"率意为文"转变为狭小圈子内的"信心之作"，难以产生影响，无法形成推进学术文化的作用。

民国年间的论辩，是在新文化运动中开展起来的，提倡"国故"或"国学"的主要人物都是学者、教授。新文化运动的口号之一是"整理国故，再造文明"，他们接受"科学"与"民主"的思想，主要用于思想文化宣传；强调"国故""国学"，主要是为了"再造文明"或"还他一个本来真面目"。将国学研究的使命规定为"使大家懂得中国过去的文化史"，包括民族史、语言文字史、经济史、政治史、国际交通史、思想学术史、宗教史、文艺史、风俗史、制度史等十大方面，大大超出"保存国粹"的范围，其成就差不多影响着此后多半个世纪的学术走向。而且，"整理国故"作为新文化运动的一个组成部分，已融入到青年学生之中，因而产生出久远的影响。

一个是用"保存国粹"来"激动种姓"，或由"率意为文"转而为"信心之作"，一个是用"整理国故"来"再造文明"，或"用历史的眼光来整理一切过去文化的历史"。"激动种姓""率意为文"的宣传可以"时髦"一时，却难以推动学术文化深入发展；"再造文明"、用历史的眼光来看待过去的历史文化，是要保持开放的胸襟，创造民族新文化，必然会起到推动学术文化发展的积极作用。

拾"国粹""国学"唾余者，多半是在新思想、新学说面前不知所措，又无力创造民族新文化的一种无奈之举。

第二，观念、方法的差异。

清末的论辩，随着说"国粹"、讲"国学"者历史观念的变化，都不再关注社会历史，只把难以实现的思想学说作为研究重点。

章太炎 1906 年出狱后"就广义说的"历史的三项内容，"语言文字制作之原"不属于史学范畴，而"典章制度所以设施之旨趣"与"古来人物事迹之可为法式者"并没有成为他谈"国粹"、讲"国学"的内容。而且，此时他已开始重新认识旧史，即所谓"方事改革，负继东海，独抱持《春秋》，窥识前圣作史本意"①。这年 9 月发表《俱分进化论》，认为"进化之所以为进化者，非由一方直进，而必由双方并进"，"进化之实不可非，而进化之用无所取"。1908 年发表《四惑论》，称"进化者，本由根识迷妄所成，而非实有此进"。不仅弃"进化"不用，而且一改先前"熔冶哲理"的观念，认为史学无须名理统括："诸学莫不始于期验，转求其原，视听所不能至，以名理刻之。独治史志者为异，始卒不逾期验之域，而名理却焉。"② 讲"国学"主要在"学说"，包括经学、诸子学以及佛学，不包括史学。由此可以明白，为什么1906 年出版《国学讲习会略说》只收《论语言文字之学》《论文学》《论诸子学》，1911 年印就的《国故论衡》只包括小学 10 篇、文学 7 篇、诸子学 9 篇。

刘师培《国学发微》没有界定"国学"，但重点分析经学流变，分门研究诸子。论汉代学术，注意"东汉末年，诸子之术朋兴。治儒家者有徐幹，治阴阳家者有管辂，治医家者有华佗，治法家者有魏武、诸葛亮、王昶，然以法家学术为最昌"③。这与邓实所说"孔子之学固国学，而诸子之学亦国学"④ 基本一致。

在方法上，章太炎《致国粹学报社书》说得非常清楚：

---

① 《检论》卷 3《订孔》下。
② 《太炎文录初编》卷 1《征信论》下。
③ 《刘申叔先生遗书》第 13 册。
④ 《古学复兴论》，《国粹学报》1907 年第 9 号。

> 弟近所与弟子讨论者，以音韵训诂为基，以周、秦诸子为极，外亦兼讲释典。盖学问以语言为本质，故音韵训诂，其管籥也；以真理为归宿，故周、秦诸子，其堂奥也。①

《国粹学报》逐渐放弃社会学原理、进化论思想，还怎么谈史？其基本倾向和方法大都因袭"以音韵训诂为管籥""以周秦诸子为堂奥"的"朴学"方法，自然难以与史相涉。

新文化运动前后，章太炎的思想进一步回归，改变早年孔不如老，中年孔、老不如佛的观念，基本回到"仍以儒术为佳"②的原地。论经史关系，以经为史的价值标准："但究史学而不明经学，不能知其情理之所在，但究经学而不明史学，亦太流于空论，不能明其源流也。"③认为"信神教之款言、疑五史之实录、贵不定之琦辞、贱可征之文献"，"横欲寻求鸟迹"，"以金石匡史传"，都是"空穴来风"，"只自罔耳"④。1922年6月致书柳翼谋（诒徵），以"胡适所说《周礼》为伪作，本于汉世今文诸师；《尚书》非信史，取于日本人"，"此种议论，但可哗世，本无实证"，"则在抹杀历史"⑤。对于"科学"也表异议，1933年10月在《适宜于今日之理学》一文中直言："科学者流，乃谓道德礼俗，皆须合于科学，此其流弊，使人玩物丧志，从（纵）欲而败度。"1934年2月9日致书邓之诚，不仅认为"三代彝器，作伪者众；更有乍得奇物，不知年月名号者，其器既非可信，而欲持是以考史之崇（专），盖见其愚诬也"，而且不满新型学校的历史教学，认为"史书宜于阅读，不宜于演讲也。然苟因是使学子得见崖略，所谓聊胜于无者。若诚欲昌明史学，非

---

① 《国粹学报》1909年第10号。

② 《与吴承仕书》（1918年12月6日），《章炳麟论学集》。

③ 《章太炎十次讲学记》，《申报》1922年6月18日。

④ 《信史》，《说林》1910年第1期。

⑤ 《史地学报》第1卷第4期，1922年8月。

学校改制不可"①。

与章太炎思想回归相反，此时的"国故""国学"论辩从一开始就与"科学的精神"紧紧联系在一起。引发论辩的第一篇文章题目即为《国故和科学的精神》，明确提出：

> "科学的精神"这个名词，包括许多意义，大旨就是从前人所说的"求是"。

吴文祺《重新估定国故学之价值》将科学与国故学加以对比，点明二者的相通之处：

> 科学只是要求真，并不含什么浅狭的功利观念；而国故学的目的，也是要求真。科学用分析综合比较的方法，以求事物的秩序关系，国故学也是如此。科学家有"无信不征"的口号，国故学家也最重客观的证据。

虽然论辩中各家对于"国故"或"国学"的认识与理解很不一致，但几乎没有不把"国故"或"国学"与"科学的精神"联系在一起的。

对于"科学的精神"的认识与理解，可以归纳出最基本的一条，即"求真"，或叫作"还他一个本来真面目"。正是基于这一"科学的精神"，"整理国故"或研究国学从观念到方法被逐渐系统化。"整理国故"、研究国学在注入"科学的精神"之后，其范围逐渐出现史学化的趋势。

胡适"代表全体"所写《国学季刊发刊宣言》归纳国学研究三大方向的第一条就是"用历史的眼光来扩大国学研究的范

---

① 《制言》第 51 期，1939 年 4 月 25 日。

围"，并说明"历史是多方面的"，"过去种种，上自思想学术之大，下至一个字、一支山歌之细，都是历史，都属于国学研究的范围"。

梁启超在东南大学做《治国学的两条大路》的演讲，说第一条路"便是近人所讲的'整理国故'这部分事业。这部分事业最浩博、最繁杂而且最有趣的，便是历史"。

吴文祺《重新估定国故学之价值》也作如是说："中国枉为有数千年的文化，但是到现在还没有一部完全的历史。……研究国故，一方面他自身本来具备历史所有的优点，一方面又是完成这种历史的重要工作。"

1925 年 4 月，清华国学研究院成立，"先设国学一科"，延聘王国维、梁启超、陈寅恪、赵元任为专任教授，李济为特约讲师。"五大导师"之中，王国维、梁启超、陈寅恪均以史学见长。日后，历史语言研究所以陈寅恪、赵元任、李济分别主持历史、语言、考古工作，正是延续着史学化的国学研究路径。

1925 年年底，顾颉刚为《北京大学研究所国学门周刊》作《一九二六年始刊词》，明确提出："研究国学，就是研究历史科学中的中国的一部分，也就是用了科学方法去研究中国历史的材料。"

这些演讲、言论，首先深入到学界，进而及于学生，产生出"整理国故"或研究国学史学化的久远影响，推动着 20 世纪学术文化的长足发展。

概括而言，"科学"的观念，使"整理国故"或国学研究范围史学化；"科学"的方法，赋予"整理国故"或国学研究史学方法。由此，"整理国故"或国学研究朝着史学化方向推进。以"科学"观念生出的疑古精神，引发古史论辩，推动着对中国上古社会的重新认识；以"科学"观念生出的缜密精神，形成"古史新证"的科学方法，为中国古代研究"另辟一新纪元"。

第三，留下的几点启示。

1. 两次论辩，正当社会变革、新旧交替之际。提倡"国粹""国学"，是为保存，还是为创新，成为一个重要标志。凡遇到"国粹"或"国学"被滥用时，不妨先弄清楚是"赛先生之'国学'"，"冬烘先生之'国学'"，抑或"神怪先生之'国学'"，不要"莫解国学之实质，而皆以国学名其高"，弄出一些懵懂浅陋、神怪迷信出来，使得研究不是研究，学术不是学术。

2. 考订学、文字学、校勘学、训诂学等，是国学研究的基本方法，从事国学研究、国故整理乃至历史研究，都离不开这些最基本的方法。但如果缺乏历史的眼光、疑古的态度、系统的条理等"科学的精神"，难以取得更大的成绩。

3. "科学的精神"与 20 世纪学术文化的关系，以"国学"与"国故"论辩为契机，经疑古辨伪、古史新证，以及随后兴起的文化史热，成为 20 世纪学术文化发展的重要环节，需要进行认真细致、科学缜密的总结。

总之，谈"国故"要有"述往事，思来者"的历史观念，不只是从"国故"中寻找所谓的"精粹"，而是要创造民族新文化；讲"国学"需要科学精神，不只是担心"国故"的沦丧，而且必须具有包容人类一切先进思想、科学文化的博大胸怀。不愿接受人类先进思想、科学文化，不以创造民族新文化、推动社会进步为旨归，谈"国故"、讲"国学"，已有上述说"国粹"、讲"国学"者的前车之鉴。

最后，说一下"冬烘"的出典。《唐摭言》卷 8《误放》记述：唐宣宗大中八年（854），"郑侍郎薰主文，误谓颜标乃鲁公之后。时徐方未宁，志在激励忠烈，即以标为状元。谢恩日，从容问及庙院。颜标曰：'寒畯进也，未尝有庙院。'薰始大悟，塞默而已。寻为无名子所嘲曰：'主司头脑太冬烘，错认颜标作鲁公。'"由此，"冬烘"即用来形容主观、懵懂。

（2008 年 6 月 13 日）

（原载《探索与争鸣》2008 第 11 期，
《新华文摘》2009 年第 2 期转载，此为原稿文字）

学术史视野下的社会史论战

20 世纪 30 年代的社会史论战，指大革命失败后中国知识界自 1928 年开始，对如何认识中国社会进行的长达 10 年之久的论战，包括中国社会性质、中国社会史和中国农村社会性质三方面的问题。本文从学术史的视野作一通盘考察，以澄清事实，认识意义，获取启示。

一　缘起与经过

早在 1925—1927 年大革命之前，共产国际、苏联共产党对中国社会性质、中国革命性质的认识就存在分歧。"两派的政见在苏联闹了好几年，尤其在国民革命时代，争论得特别起劲，特别严重。接着这些不同的见解，又传播到中国来。"① 1927 年 "四一二" 政变，中国共产党党内分歧公开化，使中国社会问题进一步引起全社会的广泛关注。

（一）　陶希圣的三本书

1928 年 8 月 19 日，陶希圣提出 "中国社会到底是什么社会" 的问题，12 月在《中国史会之史的分析》一书 "绪论" 开

---

① 　何幹之：《中国社会性质问题论战》，生活书店 1937 年版，第 39 页。

头说："中国的革命，到了今日反成了不可解的谜了。革命的基础是全民还是农工和小市民？革命的对象是帝国主义和封建势力，还是几个列强和几个军阀？……要扫除论争上的疑难，必须把中国社会加以解剖；而解剖中国社会，又必须把中国社会史作一决算。"①

1929 年中秋节前夕，为《中国社会与中国革命》出版作"绪论"，副标题为"如何观察中国社会"，第一段提出："中国社会构造是中国目前要解决的一切问题的根源。不认识中国社会构造便不知中国的问题。不知道中国的问题，便无从提出解决中国问题的主张。"② 第四部分"中国问题解决之基点"，在"中国社会构造之论争"一目下罗列了中国的社会构造是封建制度、资本主义社会、半封建社会三种认识之后，亮出自己的观点：

> 依社会史观察，则中国封建制度的崩坏，实开始于公元前五世纪，而直至今日，中国的主要生产方法还不是资本主义。……此二千五百年的中国，由封建制度言，是后封建制度时期；由资本主义言，是前资本主义社会。③

1930 年 5 月，编辑出版《中国问题之回顾与展望》一书，选录"中国社会形式为何物"的代表性文论 18 篇，掀开"论战"帷幕：第一编"社会构造及其变迁"：封建半封建社会说（2 篇）、封建势力支配说（1 篇）、资本主义社会说（1 篇）、商业资本社会说（2 篇）、小农商阶级社会说（1 篇）、亚细亚生产方法说（1 篇）。第二编"农民与土地问题"，是以资本为中心而成立，还是

---

① 《中国社会之史的分析》，新生命书局 1929 年版，第 1 页。
② 《中国社会与中国革命》，新生命书局 1929 年版，第 1 页。
③ 同上书，第 195 页。

由于封建制度或封建势力的崩坏而造成（4篇）。第三编"资本问题"，"前途应当是资本主义，抑应当非资本主义"（3篇）。第四编"知识分子及过剩人口问题"（2篇）。第五编"家族问题"（1篇）。

（二）郭沫若等三家的研究

在陶希圣所谓"中国革命的回顾与展望的时期"，出现了三家不同意向的研究论著：

1. 郭沫若《中国古代社会研究》，上海联合书店1930年2月初版。

郭沫若开始写《诗书时代的社会变革与其思想上的反映》，正是陶希圣完成《中国社会到底是什么社会》时。引马克思"亚细亚的，古典的，封建的，和近代资产阶级的生产方法，大体上可以作为经济的社会形成之发展的阶段"之后，解释中国历史的进化："大抵西周以前就是所谓的'亚细亚的'原始公社社会，西周是与希腊、罗马的奴隶制时代相当，东周以后，特别是秦以后，才真正进入了封建时代。"陶希圣推出《中国社会之史的分析》《中国社会与中国革命》之际，郭沫若正以恩格斯《家庭、私有制和国家的起源》和摩尔根《古代社会》为"必须知道的准备智识"，发表《中国社会的历史的发展阶段》，归纳出"一个表式"：西周以前，原始共产制，氏族社会；西周时代，奴隶制；春秋以后，封建制；最近百年，资本制。

从马克思《政治经济学批判·序言》的"大体说来，亚细亚的、古代的、封建的和现代资产阶级的生产方式可以看做是社会经济形态演进的几个时代"[①]，到恩格斯《家庭、私有制和国家的起源》的"奴隶制是古代世界所固有的第一个剥削形式；继之而

[①]　《马克思恩格斯选集》第2卷，第83页。按：郭沫若译文与中共中央马恩列斯著作编译局译文不尽相同。

来的是中世纪的农奴制和近代的雇佣劳动制。这就是文明时代的三大时期所特有的三大奴役形式"①，反映经典作家关于社会发展形态学说形成完整体系的历程。资本主义以前的社会形态，马克思生前没有完全确定，由恩格斯继续完成，把《家庭、私有制和国家的起源》看作"在某种程度上是执行遗言。不是别人，正是卡尔·马克思"②。马克思用"大体说来"表述，恩格斯只说"所特有的"，都没有作为"规律"的意思。1919 年 7 月列宁做《论国家》的讲演，强调说：

> 世界各国所有一切人类社会数千年来的发展，是这样向我们表明这种发展的一般规律性、常规和次序的：……
>
> 你们应当时刻注意到社会从奴隶制的原始形式过渡到农奴制、最后又过渡到资本主义这一基本事实，因为只有记住这一基本事实，只有把一切政治学说纳入这个基本范围，才能正确评价这些学说，认清它们的实质，因为人类史上的每一个大的时期（奴隶占有制时期、农奴制时期和资本主义时期）都长达几千年或几百年……③

至此，"世界各国所有一切人类社会数千年来的发展"的"一般规律"，才形成这样的公式：原始公社制—奴隶制—农奴制（封建制）—资本制。

郭沫若是否察觉到马克思、恩格斯关于社会发展形态学说形成完整体系的漫长历程，这里不敢断言，但从其先引马克思的论述，后以恩格斯著作为"向导"，的确表明写《中国古代社会研

① 《马克思恩格斯选集》第 4 卷，第 172 页。
② 《〈家庭、私有制和国家的起源〉第一版序言》，《马克思恩格斯选集》第 4 卷，第 1 页。
③ 《列宁选集》第 4 卷，第 45—47 页。

究》的过程，正是逐渐认识马克思主义社会发展形态学说形成完整体系的过程。

不过，郭沫若发表批评陶希圣的《读〈中国封建社会史〉》，用的是后来他自己并不承认的"杜荃"之名。而《中国古代社会研究》丝毫没有针对陶希圣的意思，并自序其主张：其一，"欲清算中国的古代社会，我们不能不以罗、王二家之业绩为其出发点"，"要跳出了'国学'的范围，然后才能认清所谓国学的真相"。其二，清算中国的社会，"不是外人的能力所容易办到"，"事实是中国的史料，中国的文字，中国人的传统生活，只有中国人自身才能更贴切地接近"。其三，"外国学者已经替我们把路径开辟了，我们接手过来，正好是事半功倍"。

总的来讲，《中国古代社会研究》虽然有意"认清楚过往的来程"以"决定我们未来的去向"，却无心社会性质问题论战，主要是以马克思、恩格斯的研究为"向导"，在他们所知道的美洲印第安人、欧洲的希腊、罗马之外，"提供出来了他们未提及一字的中国的古代"，"写满这半部世界文化史上的白页"①。其中关于原始婚姻、家庭形式以及"私有财产制的成立，奴隶的使用，阶级的划分，帝王和国家的出现"的论述，是国内最早关于"文明起源"问题的探讨。

王礼锡编辑《中国社会史的论战》第一、三、四辑收有专评郭沫若的3篇文章，第一辑书后"编者的话"有郭沫若在日本的信息，书前有一整页郭沫若译马克思《政治经济学批判》的广告，说是"经郭沫若亲身校改"，表明论战"高潮"期间郭沫若与王礼锡有密切的联系，知道论战的进展。然而，未见郭沫若对正在

---

① 《中国古代社会研究》，上海联合书店1930年版，第4—6页。

进行的论战直接表态①，却见其对安阳殷墟发掘的浓厚兴趣。1929年 10 月 31 日致容庚："李济安阳发掘，是否即在小屯，发掘之结果如何？可有简单之报告书汇否？仆闻此消息，恨不能飞返国门也。"11 月 16 日致容庚有这样一段文字：

> 安阳发掘时被人阻碍，甚可惜。然仆意小屯实一无上之宝藏，其地底所淹没者当不限于卜辞，其他古器物必当有所得，即古代建筑之遗址，亦必有可寻求。应集合多方面之学者，多数之资金，作大规模的科学发掘，方有良效。不然，恐反有所得不及所失之虞也。董君《新获卜辞写本》未见，京门可购否？亦急欲购置一部，以备观摩。

不仅知道何日章阻碍史语所考古组在殷墟的发掘，在肯定"小屯实一无上之宝藏"的同时还建议"集合多方面之学者，多数之资金，作大规模的科学发掘"。1930 年 2 月 1 日致容庚，以"安阳第二次发掘复有所获，闻之雀跃，将来如有报告书汇出世，急欲早读。尺二大龟契字是否乃系卜辞，此等古物，弟意急以从速推广"。同日，据容庚来信说"李济之发掘殷虚，得商代石象，花纹与彝器同，可称创获"，在《中国古代社会研究》附录一"殷虚之发掘"中写有"李君之发掘据闻亦有董君同事，能得多

---

① 虽然未见郭沫若对正在进行的论战直接表态，其间却对中国社会性质有所认识，只不过是在谈文学革命作为社会变革的"表征"时表达出来的："中国的一大部分依然是封建社会，而封建社会却在外来的资本主义的羽翼之下庇护着。中国的薄弱的资产阶级势力，受着内外的夹攻，不能够遂行它的使命，而始终是萎缩避易以图其妥协的存在"，"中国的资产阶级是遇着了三重的敌人，国内的封建势力、国外的资本帝国主义、新兴的无产者集团"，"中国的资产阶级在未能遂行其完全打倒封建势力以前，它便不能不和利害较近的封建势力妥协苟合，而向同阶级的帝国主义者投降。就这样中国的资产阶级革命便不能不成为一个畸形的革命。"题为《文学革命之回顾》，署名"麦克昂"，1930 年 4 月发表在神州国光社《文艺讲座》第一册上。收入《文艺论集续编》、《沫若文集》第 10 卷。以上引文，见《郭沫若全集·文学编》第 16 卷，第 95 页。

种珍奇之物识诚可为发掘者贺，为考古学的前途贺"，希望较前"更有进境"。9 月 6 日致容庚，问"《安阳发掘报告》第二期不识已出否？甚为渴望。"① 从这几封信中"恨不能飞返国门""急欲购置""闻之雀跃""急欲早读""急以从速推广""甚为渴望"等语，足见其对殷墟发掘的喜悦、急切、渴望之情！

至于 1936 年 7 月在《文物》第 1 卷第 2 期上发表《社会发展阶段之新认识——主于论究所谓亚细亚的生产方式》，郭沫若认为"卡尔所说的'亚细亚生产方式'或'东洋的社会'是等于'家长制'或氏族财产形态"，"作为社会发展一阶段的所谓亚细亚的生产方式，是奴隶以前的一个阶段的命名，这是不能和泛论亚细亚的生产方法相混同的"。何幹之认为"这个结论，与日本史学家相川春喜和平野义太郎的，如同一辙，可以说是相川和平野的中国版"②。显然，郭沫若在日本，是受日本四种主要说法中相川春喜和平野义太郎观点的影响。

2. 熊得山《中国社会史研究》，1929 年 3 月上海昆仑书店初版。

第一章"绪论"第五节指出："本来以地主豪绅们打出一个中华民国的幌子，算是再滑稽没有的事，既以封建势力相号召，封建势力又安得不从而附和之？……就是说封建基础没有打毁，封建势力决不会消灭的，光是一个民国的幌子要他作甚？"③

"绪论"之后六章：中国的土地制度研究、封建思想的根蒂、中国史上的重农轻商、中国史上的地主豪绅与目前、从耒耜说到产业革命、从中国社会史上说到中国革命。神农以前的社会叫作原始共产社会，为渔猎，为畜牧，迁徙无恒，社会纽带完全为血

---

① 《郭沫若书简（致容庚）》，广东人民出版社 1981 年版，第 27、29、43—44、69 页。

② 何幹之：《中国社会史问题论战》，生活书店 1937 年版，第 65 页。

③ 《中国社会史研究》，第 22 页。

缘。神农以后约至陶唐止叫作村落共产社会，土著的，农业的，社会纽带完全为地缘。"中国的封建社会，大概发轫于夏代，至周初算是繁荣到极端了，可是其命运已于周末衰歇。"秦汉以来"简直完全在停顿中似的"，原因"大概还就是土地资本阶级当权的原故"。近代中国"还是封建社会"，军阀割据、官僚主义、士绅权威，地方主义、个人主义、宗法主义。帝国主义侵入以后，"中国的社会——土地资本，就开始崩溃，中国的农业经济，就日趋破产"。个人资本主义虽然发生，却不能进展，"离开了帝国主义的怀抱，中国的工商业者便不能独立存在"①。

3. 周谷城《中国社会之结构》《中国社会之变化》《中国社会之现状》，新生命书局1930年、1931年、1933年出版。

《中国社会之结构》五章，"目的只是要把中国社会之阶级的结构，或不平等的结构暴露出来"②。第一章第二节"政治制度"末尾这样表示："我们若多费气力去争：中国社会是某种某种社会，或不是某种某种社会，都不值得。我们应当注意的是：中国如果没有压迫与被压迫，或剥削与被剥削的残酷事实，社会的形式任如何都要得。反之，中国如果有压迫与被压迫，或剥削与被剥削的残酷事实存在，社会的形式任如何都要不得。我写这本书的目的，只在把中国社会里面压迫与被压迫或剥削与被剥削的残酷事实找出来。他如：中国社会为封建社会？半封建社会？工业资本主义社会？商业资本主义社会？等问题，我都不置辩。"③

《中国社会之变化》四章，"只在说明中国社会全体怎样套在世界经济网里面去的。此外没有其它大得了不起的目的"④。

---

① 《中国社会史研究》，第227、231—233页。
② 《中国社会之结构·弁言》，新生命书局1930年版，第1页。
③ 《中国社会之结构》，第46页。按：《弁言》声明：《政治制度》"因同陶希圣先生谈话，受了他的暗示，自己的见解变了，很想再写过或修改一下"，"但都来不及了，且与标题之下，各注'附录'两字以志之。"
④ 《中国社会之变化·弁言》，新生命书局1931年版，第1页。

《中国社会之现状》六章，强调"近三十年之内，变化的速度更大"，与第二本书《中国社会之变化》相衔接。

"无暇理会"论战，却又看到中国被压迫民众的前途系于"根本推翻私有财产，废除资本主义的生产，彻底改造世界的经济系统"任务的完全实现，① 是周谷城三本书的基本思想。

（三）《新思潮》与《动力》的论战

1930 年 4 月，中国社会科学家联盟成立，创办《新思潮》。同年 5 月，出版《中国经济研究专号》，王学文《中国资本主义在中国经济中的地位、其发展及其前途》明确指出："中国经济是帝国主义侵略下的半殖民地的封建经济"，而"在中国经济中占优势，占主要地位的，是封建半封建"。同年 6 月，光华书局刊行《社会科学讲座》第 1 卷，潘东周在《中国国民经济的改造问题》中这样说："中国一方面是在国际帝国主义的统治下，使全国成为一个半殖民地的国家，已经开始了资本主义方向的发展，但另一方面仍然保持强有力的封建关系。"对王学文、潘东周之论，何干之称之为是"在中国思想界最先规定中国社会为半殖民地性与半封建性"的，是"中国社会性质问题论战的第一声，是非常可宝贵的"②。

与《新思潮》针锋相对的《动力》，1930 年发表严灵峰《中国是资本主义经济还是封建制度的经济》一文，认为中国封建经济已被破坏，中国是一个资本主义国家。随后，严灵峰出版《中国经济问题研究》，任曙出版《中国经济研究》，认为中国是资本主义关系占统治地位。这两本书，在随后《读书杂志》的论战中，成为主要批判对象之一。

---

① 《中国社会之现状》，新生命书局 1933 年版，第 431 页。
② 《中国社会性质问题论战》，第 59—60 页。

（四）以《读书杂志》为战场的论战

如果说陶希圣提出"中国社会到底是什么社会"，论战的主题基本属于社会性质问题，那么《读书杂志》编辑出版《中国社会史的论战》，则是社会性质和社会史论战的并驾齐驱。

1931 年 10 月—1933 年 3 月，王礼锡、陆晶清夫妇利用《读书杂志》编辑出版《中国社会史的论战》专辑四辑，将"论战"推向高潮。

四辑收文分别为 13 篇、10 篇、15 篇、11 篇，总计 49 篇。除通信、连载、"口水仗"之外，实际收文 41 篇（四辑之外，《读书杂志》刊登文章未计），大致归为四类：

1. 综论社会史论战的 5 篇：王礼锡为第一、二辑所写两篇"序幕"，王宜昌《中国社会史短论》（第一辑）、《中国社会史论史》（第二辑）、李季《对于中国社会史论战的贡献与批评》（按：第二、三、四辑连载，篇幅最长，论述问题广泛，故归入综论）。

2. 重点为理论与方法的 6 篇：田中忠夫《中国社会史研究上之若干理论问题》、张横《评陶希圣的历史方法论》（第二辑）、王礼锡《中国社会型态发展史中之谜的时代》、胡秋原《亚细亚生产方式与专制主义》（第三辑）、季雷《马克思的社会形式论》、刘苏华《唯物辩证法与严灵峰》（第四辑）。

3. 重点为社会性质的 13 篇：以"中国经济"或"中国现代经济"为论题的 11 篇：孙倬章《中国经济的分析》、镜园（刘仁静）《评两本论中国经济的著作》、刘梦云（张闻天）《中国经济之性质问题的研究——评任曙的〈中国经济研究〉》、朱伯康《现代中国经济的剖析》（第一辑）、刘镜园《中国经济的分析及其前途之预测》、朱其华《动力派的中国社会观的批判——中国经济现状的估计》（第二辑）、任曙《怎样切实开始研究中国经济问题的商榷》、钟恭《刘镜园的中国经济新论》、周谷城《现代中国经济变迁概论》、白英《中国经济问题之商榷》（第三辑）、余沈《经验主义的，观念主义的和马克思主义的中国经济论》（第四辑）。专题研究中国资本主义的2篇：熊得山《中国商业资本的发生之研究》、学稼《资本主义发展之中国农村》（第三辑）。

4. 重点为社会史的17篇：

（1）重点在分期的8篇：戴行轺《中国官僚政治的殁落》（第一辑）、杜畏之《古代中国研究批判引论》、胡秋原《略复孙倬章君并略论中国社会之性质——A Memorandum》（第二辑）、陶希圣《中国社会形式发达过程的新估定》（第三辑）、陈邦国《"关于社会发展分期"并评李季》（第三、四辑连载）、梁园东《中国社会各阶段的讨论》（第三辑）、王礼锡《古代的中国社会》、胡秋原《中国社会＝文化发展草书（上）》（第四辑）。

（2）讨论封建社会的4篇：朱新繁（朱其华）《关于中国社会之封建性的讨论》、陈邦国《中国历史发展的道路》（按：重点在中国封建社会的发展道路）、王亚南《封建制度论》（第一辑）、王宜昌《中国封建社会史》（第四辑）。

（3）关于奴隶社会的1篇：王宜昌《中国奴隶社会史——附论》（第三辑）。

（4）农民问题之史的1篇：熊得山《中国农民问题之史的叙述》（第一、四辑连载）。

（5）专评郭沫若的3篇：周绍溱《对于〈诗书时代的社会变革及其思想的反映〉的质疑》（第一辑）、王伯平《中国古代社会研究之发轫》（第三辑）、王伯平《易经时代中国社会的结构》（第四辑）。

（五）《中国经济》和《中国农村》的论战

《读书杂志》被查禁，正在高潮的论战中断。但论战留下的问题，1934 年又卷起风波：

> 论争的主题，特别侧重于金融资本与中国农村的关系。在论战史上，可名为"中国农村社会性质论战"。参加辩论的分子，以"中国经济"和"中国农村"这两个单位为对抗中心。①

所谓"中国经济"即指以《中国经济》为阵地的王宜昌、张志澄、王景波等，认定中国农业生产中是资本主义占据着优势，中国农民沾了金融寡头的恩惠，已登上近代的殿堂。

所谓"中国农村"即指以《中国农村》为阵地的钱俊瑞、陶直夫、薛暮桥、孙冶方等，认定帝国主义只促进了农业生产的商品化，只通过交换市场，支配了中国农村经济，但农业仍然停留在过渡时期，停留在由封建社会到资本主义社会过渡时期，这是半封建社会的特点。

（六）论战的总结与落幕

自《读书杂志》停刊至抗战爆发，刊登社会性质或社会史文章的期刊多达 80 余种，包括一些大学学报，如《清华学报》《燕京学报》等。这一期间，发表文章近 200 篇。

大约自 1935 年起，不断出现总结论战的著作，以何幹之《中国社会性质问题论战》《中国社会史问题论战》两书为代表。《中国社会性质问题论战》八章，由上海生活书店 1937 年 1 月出版，主要是"正面把几年来文化界对于这个问题所得的成果，用极压缩的形式写出来"，"指出现代中国社会是什么，我们应该怎样做"。《中国社会史问题论战》三编九章，上海生活书店 1937 年 7

---

① 何幹之：《中国社会性质问题论战》，生活·读书·新知三书店 1937 年版，第 123 页。

月出版，作为"中国社会性质问题论战的续编"，"指出过去中国社会是什么，以加强我们对于怎样做的决心"①。

真正对论战作出总结的，是中国共产党领导的革命实践。论战初起之日，正是探寻中国革命道路之时。经过10年的革命实践，中国共产党走出一条通往胜利之路。1939年年底，找到中国革命特殊道路的毛泽东，在延安与部分历史学家合作完成《中国革命和中国共产党》一文。论述中华民族的发展和世界上许多民族一样，经历了原始公社、奴隶社会、封建社会，"直到现在"的历史。自奴隶制度进入封建制度，一直延续了3000年左右。总结封建社会四大主要特点，指出封建社会的主要矛盾、创造财富和创造文化的基本阶级，强调农民的阶级斗争、农民的起义、农民的战争是历史发展的真正动力。1840年鸦片战争以后，中国社会一步步沦为半殖民地半封建社会。1931年以后，逐渐沦为半殖民地半封建的社会，归纳其六大特点，指出帝国主义和中华民族的矛盾、封建主义和人民大众的矛盾是近代中国社会的主要矛盾。②既回答了论战之初提出的"中国社会到底是什么社会"的问题，又对"中国社会之史"作出系统总结，把"中国社会与中国革命""中国革命与中国共产党"三者紧紧联系在一起，从篇名到内容都显示其是对论战进行的理论总结，成为宣告论战终结的最重要标志。自此之后，这一名篇成为中国马克思主义历史学长期遵循的"最高指示"。

当年8月王礼锡病逝，似乎也在示意：他"序幕"的社会史论战到1939年落下大幕。③

---

① 《中国社会史问题论战·前记》，《中国社会性质问题论战》，第1页。

② 详见《毛泽东选集》第2卷，第585—594页。

③ 王礼锡（1901—1939），江西安福人。1939年8月26日病逝，10月8日重庆各界举行追悼会，陈铭枢、冯玉祥、于右任、陈立夫等送挽联。郭沫若作挽诗："海外归来一放翁，欣然执笔事从戎。平生肝胆留天地，旷代文章振聩聋。志在求仁仁自得，才堪率众众金同。湘江此日新传捷，誓扫倭奴以报功。"

二　对史学的影响

论战对中国史学的影响，主要在以下两大方面。

（一）唯物史观被广泛接受，极大地推动了中国经济史的研究

王礼锡《中国社会史论战序幕》指出：论战在哲学观点上"是唯物的内部的斗争"，在方法上"论战各方都是以唯物的辩证法做武器"。这反映以下基本事实：不管论战者政治态度、意识形态、思想信仰是否一致，唯物史观作为一种理论与方法，已经被普遍接受和运用。陶希圣为《中国社会与中国革命》出版作《绪论》，提出观察中国社会"应取三个观点"，第三点便是"唯物的观点"。在《中国社会形态发达的新估定》一文中，也曾希望"把唯物史观的中国史在学术界打下一个强固的根基"①。

那么，唯物史观是如何被广泛接受的呢？接受联合国教科文组织委托撰写《当代史学主要趋势》的英国著名历史学家杰弗里·巴勒克拉夫，做有这样的分析：

> 1917年的俄国革命迫使俄国以外的历史学家开始认真地对待马克思主义对历史所作的解释。即使如此，他们的反应本质上仍然是敌意的。然而，这却是意识形态而不是科学的或学术的思考产生的结果。促使这种状态开始真正转变的事件是1929—1930年的世界性大萧条和资本主义社会的深刻危机。马克思的历史判断的正确性这时看来得到了证实。1929年的大萧条结束了无视或蔑视地排斥马克思主义的时期。

---

① 《中国社会形态发达的新估定》，第8页，《中国社会史的论战》第3辑。按：《中国社会史的论战》各辑均无统一编页，都是每篇文章各自为页。有着重号者，为原文所带。下引《中国社会史的论战》，均同此例。

1930 年以后，马克思主义的影响广泛扩展，即使那些否定马克思主义历史解释的历史学家们（他们在苏联以外仍占大多数），也不得不用马克思主义的观点来重新考虑自己的观点。①

十月革命的胜利，使俄国以外的人们开始思考马克思主义对历史的解释。1929—1930 年世界经济大萧条，证明马克思对资本主义社会的判断的正确，迫使那些敌视或排斥马克思主义的人不得不以马克思主义的观点来重新认识社会。在这一世界历史背景下，唯物史观在中国成为一种"时髦"的理论。随着唯物史观基本原理的广泛传播，研究社会问题不再局限于孤立的事件，特别是孤立的政治事件，而是"从描述孤立的——主要是政治的——事件转向对社会和经济的复杂而长期的过程的研究"。这种"对社会和经济的复杂而长期的过程的研究"，即"经济发展的历史"②的研究，推动了对中国社会经济史的研究。

论战以前的经济史已经呈现诸多成果，但大都没有与社会历史发展联系在一起。论战期间，北平社会调查所汤象龙、吴晗、梁方仲等创办了第一个以"经济史"命名的刊物——《中国近代经济史研究集刊》，1932 年 11 月出版第 1 卷第 1 期，比美国经济史学会 *Journal of Economic History*（1941 年 9 月创刊）差不多早 9 年。社会调查所创办经济史刊物，表明此时的社会调查要与经济史研究结合。陈翰笙主持中央研究院社会科学研究所，组织农村社会经济调查，同样表明将二者联系在一起的意向。1934 年 5 月社会调查所与社会科学研究所合并，由社会学家陶孟和主持，汤象龙、梁方仲等继续社会经济史研究，搜集整理经济史资料。至1937 年出版第 5 卷，《中国近代经济史研究集刊》改名《中国社

---

① 杰弗里·巴勒克拉夫：《当代史学主要趋势》，杨豫译，上海译文出版社 1987年版，第 32 页。

② 《当代史学主要趋势》，第 27 页。

会经济史研究集刊》。汤象龙、梁方仲、谷霁光等，成为新中国成立后从事中国社会经济史研究的骨干力量。

《读书杂志》停刊前后，陶希圣组织出版《中国社会史丛书》六种，除曾謇《中国古代社会史》上（1935 年）外，均属社会经济史：刘道元《两宋田赋制度》（1933 年）、刘道元《中国中古时期的田赋制度》（1934 年）、鞠清远《唐代官私手工业》（1934年）、全汉昇《中国行会制度史》（1934 年）、陈啸江《两汉经济史》（1936 年）。1934 年底，陶希圣因《新生命》停刊转而创办"中国社会史专攻刊物"——《食货》半月刊。《编辑的话》言明办刊宗旨："集合正在研究中国经济社会史尤其是正在搜集这种史料的人，把他们的心得、见解、方法，以及随手所得的问题、材料，披露出来。……这个半月刊的意思只是这样，并不像过去所谓的'中国社会史论战'那样的激昂，那样的趋时。"对此，何干之这样评说："自从《读书杂志》停刊以后，中国社会史问题，也沉寂下来，一直到陶希圣先生创办《食货》（1934 年 12 月），这问题方才再引起人们的注意。但《食货》的特点，在于'搜集''史料'和'搜求''社会现象'"，其好处是"向有志于中国社会史的朋友，提供丰富的史料"①。至 1937 年 7 月停刊，发表文章 345 篇，涉及经济史研究的理论方法、社会经济形态、社会经济综述、经济思想以及土地制度、财政赋役、寺院经济、农业、手工业、商业、都市、市场、货币、家庭、人口及社会生活诸多方面，主要集中在中国古代的秦汉、魏晋南北朝、隋唐时期。

论战期间，研究机构刊物如《历史语言研究所集刊》，大学学报如《清华学报》等，纷纷刊登社会经济史文章。前面提到的《中国经济》以及中山大学史学研究会主办的《现代史学》，都出版了"中国经济史研究专号"。中山大学法学院也成立起中国经济

---

① 何干之：《中国社会史问题论战》，生活·读书·新知三联书店 1937 年版，第201 页。

史研究室。经济史研究蔚然成风，使经济史研究成果累累。通史方面，有王渔邨（王亚南）《中国社会经济史纲》（生活书店 1936 年版）、马乘风《中国经济史》（商务印书馆 1937 年版）、霍衣仙《中国经济制度变迁史》（北新书局 1936 年版）、刘南骓《中国经济史》（古代部分，南京爱吾编译馆 1936 年版）等；断代经济史，除上面已述之外，有陶希圣《西汉经济史》（商务印书馆 1931 年版）、陈啸江《三国经济史》（中山大学文科研究所 1936 年版）、武仙卿《南北朝经济史》（与陶希圣合著，商务印书馆 1937 年版）、鞠清远《唐代经济史》（与陶希圣合著，商务印书馆 1936 年版）、王志瑞《宋元经济史》（商务印书馆 1931 年版）等；近代经济史，有侯厚培《中国近代经济发展史》（大东书局 1929 年版）、施复亮《中国近代经济史》（上下，良友图书印刷公司 1932 年版）、陈安仁《中国近代经济史纲》（前进出版社 1938 年版）、钱亦石《近代中国经济史》（生活书店 1939 年版）等。专题经济史（土地制度、田赋、农业经济、民食、粮政、救荒、蚕业、渔业、水利、新工业、矿业、商业、交通、财政、货币、盐政、盐业等），都有不止一种著作问世。

（二）经过社会史论战，中国的马克思主义历史学骨干队伍形成

郭沫若《中国古代社会研究》最后一篇文章的最后一句话是："草径已经开辟在这儿，我希望更有伟大的工程师，出来建筑铁路。"

《中国古代社会研究》之后，最先系统研究中国社会史的是吕振羽。1934 年 4 月在《文史》创刊号上发表《中国经济之史发展阶段》，将中国历史划分为：殷代以前为原始社会，殷代以后为奴隶社会，西周至战国为初期封建社会，秦至鸦片战争为"变种的"（后改为"专制主义的"）封建社会，鸦片战争以后为半封建半殖民地社会。7 月出版《史前期中国社会研究》，即中国原始社会研究，是其设想的《中国社会史纲》的第一部。1936 年 11 月《殷周时代的中国社会》出版，是其设想的《中国社会史纲》中的第二部。

与吕振羽同时参加社会史论战的翦伯赞，1930—1931 年发表《中国农村社会之本质及其历史的发展阶段之划分》的长篇论文，论证中国农村社会的本质"不是一个独特的或是亚细亚的生产方法，而是封建的生产方法"①。随后，发表《前封建时期之中国农村社会》上、中、下，利用文献和甲骨文资料，论述"前封建时期"的中国社会。② 两文均被王礼锡《中国社会史论战序幕》第四部分列入"散见各杂志中的论文"目录。1935—1937 年，在《劳动季报》《中山文化教育馆季刊》《世界文化》等刊物上陆续发表《殷代奴隶社会研究之批判》《关于"亚细亚的生产方法"问题》《关于历史发展中之"奴隶所有者社会"问题》《关于"封建主义破灭论"之批判》《"商业资本主义社会"问题之清算》《关于前阶级社会的构成之基本诸问题》等与论战密切相关的文章。1938 年出版《历史哲学教程》一书，1939 年新写《群众、领袖与历史》作为"再版代序"，较全面、系统地阐述了唯物史观的基本原理，对于社会史论战涉及的主要问题均有论述，反映当时马克思主义历史学的理论水平。

受郭沫若影响转向史学研究道路、颇富理论素养的侯外庐，在翻译《资本论》第 1 卷之际，已将翻译与研究中国历史同时并行，先后写下《社会史导论》（1933 年）和《中国古代社会和老子》（1934 年）。前者针对社会史论战中的理论问题的某些混乱，力求从经济学和历史学统一应用的角度讨论生产方式问题，自认为是转向史学研究的"一个标志"。后者是其"中国经济思想史"

---

① 《三民半月刊》第 5 卷第 6 期（1930 年 11 月 16 日）。

② 《三民半月刊》第 5 卷第 7、8、11 期（1930 年 12 月 1 日、16 日，1931 年 2 月 1 日）。

讲义中的一章，表明其社会史与思想史并重的研究路向。

20世纪30年代末，已是国学名家的范文澜转向唯物史观研究道路。1940年初发表《关于上古历史阶段的商榷》，肯定郭沫若"用唯物史观的方法来研究中国古代历史，其功甚伟，其影响亦甚大"，以斯大林《辩证唯物主义和历史唯物主义》关于奴隶社会的特征为标准，认为"考之殷代盘庚以后，无不俱备"，而盘庚以前"不能率断"①。

在"草径"已经开辟的10年间，郭沫若、吕振羽、翦伯赞、侯外庐、范文澜等，自觉运用唯物史观研究中国古代的社会、政治、思想，为中国的马克思主义历史学"建筑"通往未来的"铁路"铺下坚实的路基。

毋庸讳言，上述成长历程也显露出中国马克思主义历史学骨干队伍的天然缺陷。一是以摩尔根、恩格斯为"向导"的关于文明起源的探讨，继郭沫若《中国古代社会研究》之后，仅侯外庐《中国古典社会史论》从理论与史实结合上做过探讨，随后即被搁置。二是论战初期普遍关注的问题是中国社会性质问题，首先是中国的现实问题，并非中国古代，更非分期问题。陶希圣编选《中国问题之回顾与展望》，王礼锡编辑《中国社会史的论战》第1—4辑，"现在中国经济问题"是主题之一。但就马克思主义历史学骨干队伍形成的实际而言，他们对于社会经济的关注基本集中在生产方式的研究上，对现代经济、古代经济很少问津，不见有中国经济和中国经济史的研究成果，社会史论战在他们的研究成果里差不多成了社会发展史或社会发展形态的论战。这些情况，在随后的岁月里仍在继续。

马克思主义历史学骨干队伍关于文明起源的探讨被搁置，在中国经济史研究领域出现空缺，这两点直接影响着中国马克思主

① 《中国文化》第1卷第3期（1940年5月）。

义历史学科学体系的建立，也影响着此后作为主流史学的发展，这是不应回避的事实，也是值得认真思考的问题。

（三）在上述两大基本方面之外，补充几例被忽略的史事

其一，熊得山认为"奴隶这一个阶段"中国"容或有的"。在《中国社会史研究》第七章第三节"夏商周时代的中国社会"，针对梅思平的说法，特别提道："中国有没有这个阶段？现还不敢断定，或者虞书上所列举的如所谓'九族'，'百姓'，'黎民'，就是这个描写？九族即贵族（？）百姓即自由民（？）黎民即奴隶（？）在这一个阶段之后，夏商周三代才有农奴？……所谓奴隶这一个阶段容或有的。"[①] 这本书初版于1929年3月，比郭沫若《中国古代社会研究》初版要早近一年。虽然没有断定中国存在奴隶社会这一阶段，但毕竟是在以"中国社会史研究"为题的专门论著中最早提到这个问题的，不应毫无所知。

其二，王宜昌、戴行轺始终认为中国古代存在奴隶社会。

王宜昌在论战第1辑发表《中国社会史短论》，第四节"中国底奴隶社会"指出："郭沫若寻出了中国奴隶社会之存在于中国古代所谓为'封建'的周代。这是一个重要的研究。但他以为中国奴隶社会，在秦便完了。这是误解了。"在论战第3辑发表《中国奴隶社会史》，依次论述了殷代及以前、周代、春秋时代、战国时代、西汉时代、三国及西晋的奴隶社会。

在《新生命》上发表过《中国政治的进化》的戴行轺，在论战第1辑论中国官僚政治的殁落，"以下列各时期为准则"："（一）原始社会时代（自太古起至殷庚止）、（二）奴隶社会时代（自殷庚起至周初止）、（三）封建社会时代（自周初起至秦朝止）、（四）过渡社会时代（自秦朝起至清鸦片之役止）、（五）资

---

① 《中国社会史研究》，第211、219—220页。梅思平的观点，见《中国问题之回顾与展望》，第119页。

本主义社会时代（自鸦片战役起）。"①

至于陶希圣，1929 年《中国封建社会史·绪论》已将战国秦汉划为奴隶社会。1932 年重新估定古代中国社会形式，认为"战国到后汉是奴隶经济占主要地位的社会。其中的主要阶级是奴主与奴隶"，"中国社会发达过程与欧洲大同小异。由氏族的生产到家长经济，奴隶经济，封建的生产，城市手工业及先资本主义"②。

上述情况表明，中国古代存在奴隶社会这一阶段，正在被更多的人所接受，不能以是否承认中国古代存在奴隶社会作为衡量马克思主义历史学的标准。

其三，王宜昌最早提出"东晋封建说"。在《中国社会史短论》第三节"中国底封建社会"明确提出："五胡十六国之乱华和中原人民南迁，才把中国封建社会建立起来的。"③ 在随后的《中国封建社会史》第四节"中国封建制度之起源"，重申"中国的封建制度，由于异族侵入中原，和中原人民的南迁，氏族制度在奴隶经济废墟之上，重新组织着经济，于是建立起来了"④。不论其人如何，其论是否有据，不应完全无视王宜昌的一贯说法。

其四，论战第四辑封底"研究中国社会史论战之必读书目"列有薛农山《中国农民战争史之研究》上、下册（神州国光社1935 年版）。此前，亚东图书馆 1933 年出版有蔡雪村《中国历史上的农民战争》。两书都强调唯物史观的意义，又都认为中国过早地形成"商业资本主义社会"，大规模的农民暴动"是商业资本发展下的直接产物"⑤。对历次农民战争全过程考察后，都充分肯

---

① 《中国官僚政治的殁落》，第3—4页，《中国社会史的论战》第1辑。
② 《中国社会形式发达过程的新估定》，第5、7页，《中国社会史的论战》第3辑。
③ 《中国社会史短论》，第23页，《中国社会史的论战》第1辑。
④ 《中国封建社会史》，第24页，《中国社会史的论战》第4辑。
⑤ 蔡雪村：《中国历史上的农民战争》，亚东图书馆1933年版，第1页。

定其历史作用："每一次的农民暴动，都是历史变革的动力"①，
"成了推动中国历史向前演进的一个主要因素"②。分析农民战争
的局限性，蔡雪村认为农民政权"根本不能建立"，必须"受另
一个阶级的领导，才能完成历史进步的任务"③，薛农山则认为
"中国历史上曾经有过两度的农民政府，这一点也是中国历史的特
色"，"这个政权在很短的时间之内已经发生了内部的转变，离开
了农民利益的立场，而变成另一阶级统治农民的工具"④。"农民
政权转变为地主政权""农民暴动的前途"等，也都是由陶希圣
提出、王礼锡列入论战范围，这些问题直至 20 世纪 80 年代依然
在论争。

三 问题与启示

（一）存在的问题，论战者自有批评和检讨

论战第一辑出版"不到五天"接到的批评是：第一，"意气
的谩骂应极力避免"，"说某人是行尸走肉，某人为买办或帝国主
义辩护，都无丝毫根据"。第二，"将一些名词和观念搬来搬去，
令人看见头昏"⑤。在随后的论战中，始终存在的问题，归纳起来
主要有三：

其一，运用唯物史观简单化、公式化。王礼锡《论战第二辑
序幕》已指出："虽然谁都以唯物自居，而时常会陷于唯心的魔
窟；谁都以辩证自居，而时常会拘于机械的公式。"事后郭沫若承
认："我的初期的研究方法，毫无讳言，是犯了公式主义的毛病

---

① 薛农山：《中国农民战争之史的研究》，神州国光社 1935 年版，第 133 页。
② 《中国历史上的农民战争》，第 31 页。
③ 同上书，第 94 页。
④ 《中国农民战争之史的研究》，第 226—227 页。
⑤ 《中国社会史论战第一辑出版以后——通信十一则》，《中国社会史的论战》第
1 辑，第 9—10 页。

的。我是差不多死死地把唯物史观的公式，往古代的资料上套，而我所据的资料，又是那么有问题的东西。"① 侯外庐也回忆说："那时候，我感觉到一个问题，即在讨论中，每每产生公式对公式，教条对教条，而很少以中国的史料作为基本立脚点。"② 正是由于"人们不满足于论战中那种粗枝大叶的或公式化的论述"，才"迫切要求在进一步发掘材料的基础上把研究深入下去，从而推动了中国经济史学科的形成和发展"，直接导致了随后出现的"中国经济史研究热潮"③。至于王宜昌在《中国社会史短论》中所说的那种"人们都利用着历史的唯物论研究所得的结论作为根本的指导原理，而将中国史实嵌进去。但同时是不了理清楚历史的唯物论，或者有意滑头而曲解而修改而捏造了他们的所谓历史唯物论"④，更是贻害无穷，尤其值得警惕！

其二，"或急近攻，或囿成见"，"证据不足，谩骂补足"。由于不同政见、不同意识形态的人参加论战，出现"大部分只是革命的宣传家，而缺少真正的学者"的状况。于是，认识上、学术上的分歧，往往与政治态度、意识形态交织在一起，形成"短兵相接"的态势，"各位雄赳赳的战士白刀子进，红刀子出，杀得头破血流，各不相下"⑤。陶希圣一面以"汉儒的僵尸出祟"为题发表论战文章，一面又在文中指责"证据不足之处，以谩骂补足"，"这样的论战，大家（我也是一个）同是在中国史的大门外呐喊"⑥。陈啸江批评说："当时之所论辩者，实为名词之争，往往空言盈幅，无裨实际，即有一二巨篇，亦皆未经精密研究之价

① 《海涛集·我是中国人》，《郭沫若全集·文学编》第 13 卷，第 357 页。
② 《回顾历史研究五十年》，《中国史学集刊》第 1 辑，江苏古籍出版社 1987 年版，第 18 页。
③ 李根蟠：《二十世纪的中国古代经济史研究》，《历史研究》1999 年第 3 期。
④ 《中国社会史短论》，《中国社会史的论战》第 1 辑，第 2—3 页。
⑤ 李季：《对于中国社会史论战的贡献与批评》，第 1 页，《中国社会史的论战》第 2 辑。
⑥ 《汉儒的僵尸出祟》，第 5、6—7 页，《中国社会史的论战》第 2 辑。

值"，"时下研究风气之弊，或急近攻，或囿成见，其结果虽以缀拾成文，但绳以严正科学之眼光，则多不值一读。"①

其三，在批评公式主义的同时，更尖锐地指出"跟风"盲目引进外来思想观点的做法：

> 一些从来未摸着历史之门的，而偏要赶时髦的作家，把活的历史填塞在死的公式中，在他们那种机械的脑袋里，凡是马克思、恩格斯的文献中有着历史发展阶段的名词，中国便就有了。所以各人都努力向这里找，找着一个时髦的名词便划分一下历史发展的阶段，然而，他们这种猜谜似的论战虽是象杀（煞）有介事的，可是，这样瞎猫拖死老鼠的乱撞，便由于缺乏高深的研究。②

何止是马克思、恩格斯的文献，差不多参加论战者都在"努力"找他们认为时髦的外国人的论著，"煞有介事"地用来作为自己论战的根据。

陶希圣批评说："断定中国社会的过程，当从中国社会历史的及现存的各种材料入手。如果把史料抛开，即使把欧洲人的史学争一个落花流水，于中国史毫没用处。于今的学者不独把欧洲的史学当作中国史的自身，并且把中国古代学者的史学当作古代史的自身。笑话太闹得悲惨了。"③ 这话简直就是在批评他自己！他在《中国社会之史的分析》《中国社会与中国革命》《中国封建社会史》中使用"商业资本主义""初期封建国家""次期封建国家"等有关"历史发展阶段的名词"，不正是从欧洲的波格丹诺

---

① 《中国经济史研究计划书》，《现代史学》1934年第2卷第4期。
② 《历史科学创刊之辞》，《历史科学》1933年第1卷第1期。
③ 《中国社会史丛书发行缘起》，见刘道元《两宋田赋制度》，新生命书局1933年版，卷首《附言》。

夫、奥本海末尔等人的论著中找来的吗？翻译奥本海末尔《国家论》，"译者序"毫无讳言地表示自己"从此书受了多少的暗示，在最近所作中国社会史论文中，颇有引用之点"①。翻译科窪流夫《古代社会的经济》，更是在欧洲"找"符合自己意向的观点，用来"洗涤"国内所谓的"成见"②。

论战所辑 41 篇文章，引用马克思、恩格斯、列宁之外，引用最多的国外论著是普列汉诺夫《马克思主义基本问题》、马札尔亚《中国农村经济研究》、杜勃罗夫斯基《亚细亚生产方法，封建制度农奴制度及商业资本主义之本质问题》、拉狄克《中国革命运动史》、沙发诺夫《中国社会发展史》等。这些论著，当时被视为代表国外最高研究水平，译成中文引进，由波格丹诺夫《经济科学大纲·译者序》可见一斑："读了这本书，我们才能真正了解社会底演进过程。……我们可以根据它来研究中国历史，也可以根据它来研究中国的现状。"③ 这种介绍国外译著的状况，必然使不少"中国人"从中寻找"历史发展阶段"的"时髦的名词"。在论述具体问题时，又"各取所需"地引用国外的不同研究成果。如陈邦国论中国历史发展道路，引拉狄克的同时，还引考瓦列夫斯基关于封建社会的定义；王亚南《封建制度论》，以英国大百科全书关于封建社会的定义和俄国干部派的主张为据；李季论秦汉至清为前资本主义时代，引德文原文《资本论》、考茨基《资本论》注释以及《乌里耶诺夫全集》中《俄国资本主义的发展》；王礼锡谈中国社会形态发展之谜，对专制主义理论的说明，引米诺贾托夫《英国中世纪的领地》、波克罗夫斯基《关于俄国封建主义俄国专制主义之起源及其特质》；王宜昌论中国奴隶社会，引山川均《资本主义以前经济史》、Horrabin *An Outline of Economic*

---

① 奥本海末尔：《国家论》，陶希圣译，新生命书局 1929 年版。
② 科窪流夫：《古代社会的经济》，陶希圣译，《食货》1935 年第 2 卷第 9 期。
③ 波格丹诺夫：《经济科学大纲》，施存统译，上海大江书铺 1929 年版。

Geography 关于奴隶制度的定义或解释；胡秋原作《中国社会 = 文化发展草书（上）》，分析希腊社会，引波克西卡林等著《唯物史观世界史》以及考茨基关于古典的封建社会的定义。

（二）留下的启示，最值得深思

仔细考察起来，差不多确实如此：只要外国"文献中有着历史发展阶段的名词，中国便就有"。这种情况反映当时在引进外来思想观念方面的自由度，不论马克思主义，还是非马克思主义，一律可以引进，并用来解释现实中国社会、古代中国社会。同时，也反映出更深层次的问题：近代中国，社会出现巨大变革，从老祖宗那里找不到解决现实社会问题的"遗训"，不得不从国外"先进思想"中寻找改造中国的"良方"。由于大家对国外的社会、思想、文化并不了解多少，只凭人云亦云，将一些在国外有代表性的论著不分青红皂白地拿过来往中国的社会、中国的历史上硬套。一部分人读了一些外国人写的论著，出于种种不同目的，翻译过来作为自己发表议论的根据。中国共产党党内斗争，又深受苏联共产党党内斗争影响，各有各的理论"权威"。论战者由于党派不同、意识形态不同、认识不同，引用理论依据、外国人的论著各不相同。这一切，势必造成"国外有什么时髦的名词，中国便就有"的盲目性。这种现象，几乎成为近代以来，特别是 20 世纪中国思想文化领域"规律性"的一种普遍现象，最值得跟风者和谈思潮者深思！

当论战被尘封后，以学术史视野来回顾这段历程，除了补充史实、纠正不确说法外，在 20 世纪中国史学上值得书写的是：随着唯物史观得到广泛传播，中国的马克思主义历史学队伍成长起来，中国的社会经济史研究队伍得到壮大。前者以郭沫若为代表，后者以陶希圣为其中"一支重要力量"的代表。因此，顾颉刚总结 20 世纪上半世纪史学时这样写：

　　研究社会经济史最早的大师是郭沫若和陶希圣两位先生，事实上也只有他们两位最有成绩。郭先生应用马克思、莫尔甘等的学说，考索中国古代社会的真实情状，成《中国古代社会研究》一书，这是一部极有价值的伟著，书中虽不免有些宣传的意味，但富有精深独到的见解。……

　　……陶先生的贡献却在揭发整个中国社会史的真相，虽然他的研究还是草创的，但已替中国社会经济史的研究打下了相当的基础。①

通盘考察 20 世纪 30 年代的社会史论战后，结论只有一个：以不断发展的马克思主义唯物史观为指导，从社会史的角度研究经济，从经济史的角度剖析社会，才是研究社会史和研究经济史的正确的、科学的路向。而缺乏联系的支离研究、公式主义的空泛论争，都将可能使研究误入歧途。

（2009 年 9 月 16 日）

［原载《学术研究》（广州）2010 年第 1 期］

---

① 《当代中国史学》，胜利出版公司 1947 年版，第 100—101 页。

唯物史观历史学在中国的
发展及面临的挑战①

英国著名历史学家杰弗里·巴勒克拉夫（G. Barraclough）受联合国教科文组织委托，在考察世界范围内历史学发展趋势时指出：19世纪中叶以来，兰克学派力图"如实地"发掘历史事实，马克思主义历史学则"深入到历史的辩证发展进程中"，这两个学派反映了欧洲历史学出现的"重大变化"。兰克学派虽然影响到"辛亥革命后和国民党统治时期的中国"，但"20世纪20年代以后，这种影响才逐渐地被马克思主义和历史唯物主义的影响所取代"②。姑且不论兰克学派是否影响到"辛亥革命后和国民党统治时期的中国"，但"20世纪20年代以后"，"逐渐地被马克思主义和历史唯物主义的影响所取代"的论述，则无疑是事实。

一　唯物史观历史学创建的艰难历程

唯物史观历史学或马克思主义历史学成为中国史学的主流，

---

① ［补注］关于中国马克思主义历史学的形成与初步发展，请看拙著《民国史学述论稿》（上海人民出版社2011年版）第十一章。

② 《当代史学主要趋势》（*Main Trends of Research in Social and Human Sciences：History*），上海译文出版社1987年版，第151—153页。

经历了 1919—1949 年整整 30 年的艰难历程。

新文化运动和"五四"运动，推动了先进知识分子开始运用唯物史观研究中国历史和中国现状。在问题与主义的论争中，李大钊第一次详细阐述了"马克思独特的唯物史观"，并先后发表《唯物史观在现代史学上的价值》《研究历史的任务》等文，出版了《史学要论》。李大钊的主要理论贡献在三个方面：其一，阐释了唯物史观的基本原理，"一是说人类社会生产关系的总和，构成社会经济的构造。这是社会的基础构造。……凡是精神上的构造，都是随着经济的构造变化而变化"；"二是说生产力与社会组织有密切的关系。生产力一有变动，社会组织必须随着它变动"。[①] 其二，指出唯物史观对于史学和人生的重要意义。《史学要论》专有一章"现代史学的研究及于人生态度的影响"，强调"有生命的历史，实是一个亘过去现在未来的全人类的生活"，现代史学给我们以"乐天努进的人生观"[②]。其三，提出唯物史观派的治史方法。一是基本方法，即将唯物史观的基本原理运用于历史研究之中；二是具体方法，包括搜集、整理、编制、材料，编写史书、绘制图表等。同时，第一次"严正"地提出"建立历史科学"的"整齐的系统"的任务。这些基本论述虽然带有早期传播马克思主义阶段的种种痕迹，却成为了呼唤中国唯物史观历史学的先声。

继后，蔡和森的《社会进化论》阐述了人类社会的演进变化以及家族的起源与进化、财产的起源与进化、国家的起源与进化，为中国第一部运用唯物史观写成的社会发展史。

经过这一阶段的介绍与传播，唯物史观在中国当时的思想文化界受到从未有过的重视。国民党创办的《建设》杂志，刊载胡汉民等人的文章，说唯物史观"这个学说出，而社会学、经济学、

---

① 《李大钊选集》，人民出版社 1959 年版，第 185—186 页。下引《李大钊选集》，均为此版。

② 同上书，第 506 页。

历史学、社会主义，同时有绝大的改革，差不多划出一个新纪元。许多人拿来比达尔文的进化论，确是有同等的价值"①。古史辨派的创始人顾颉刚认为："研究古代思想及制度时，则我们不该不取唯物史观为其基本观念。"②

当唯物史观逐渐被中国思想界所接受之际，由于不同政治党派和利益集团的不同理解，引发了关于中国社会问题的大论战，即社会史大论战。

1928 年 2 月，亡命日本的郭沫若已经清楚地看到："辩证唯物论的阐发与高扬，使它成为了中国思想界的主流。"然而又深感"在物质上虽然已经被外来的资本主义吮吸得几乎成了瘫痪，而在思想上却俨然横亘着一道难攻不破的万里长城。一句老话：国情不同"。因此，研究方向"便主要地倾向到历史唯物论这一部门来"。研读恩格斯《家庭、私有制和国家的起源》，发现书中"没有一句说到中国社会的范围"，便以这部著作的研究方法为"向导"来撰写"续篇"，"提供出来了他未曾提及一字的中国的古代"③。自 1928 年 8 月至 1929 年 11 月，一连写成 5 篇以唯物史观剖析中国古代社会的论文，1930 年 2 月结集成《中国古代社会研究》出版。这部论著所以具有重大意义，产生久远的影响，主要有这样几个方面为同时代其他任何论著所不能取代：其一，不论当时或过后，亦不论中国大陆、台湾或国外，取得共识的一点是，将地上的古代文献资料和地下的甲骨、金文资料"熔冶于一炉，制造出一个唯物史观的中国古代文化体系"④。其二，在"风雨如晦"的年代，传出"鸡鸣不已"的信息，展示出其领导学术文化潮流的多方面成就，第一次真正自觉地填写着世界文化史的白页。

①　《唯物史观的批评之批评》，《建设》第 1 卷第 5 号。
②　《古史辨》第 4 册"顾序"，北京朴社 1933 年版。
③　《〈中国古代社会研究〉自序》，《沫若文集》第 14 卷。
④　董作宾：《中国古代文化的认识》，《大陆杂志》第 3 卷第 12 期（1950 年）。

其三，针对"中国国情不同"的说法，对中国历史发展的过程进行了一次全新的"清算"，跳出"国故"的范围，然后认清国学的真相，"就中国的思想，中国的社会，中国的历史，来考验辩证唯物论的适应度"，证明在当时的历史条件下，中国社会只能走马克思主义所指明的道路。

差不多与此同时，李季、叶青、陶希圣等从不同的侧面或否认中国历史上存在过奴隶社会，或否认鸦片战争以后的中国社会是半殖民地半封建社会，中国共产党关于中国社会性质的认识和分析面临着严重挑战。《中国古代社会研究》一书在李一氓"督促斡旋"下在上海出版，恰恰适应了当时思想文化领域内的迫切需要。尽管郭沫若远在东海彼岸，甚至冒着"玩物丧志"的风险考释甲骨、金文，但思维敏锐的特性使其紧紧把握住了时代的脉搏，因而自然成为中国共产党第六次代表大会路线需要的杰出代表。

> 草径已经开辟在这儿，我希望更有伟大的工程师，出来建筑铁路。

这是郭沫若《中国古代社会研究》最后一篇论文的最后一句话，写于 1929 年 11 月 7 日。历史的发展，证实着他的这一"希望"。

在《中国古代社会研究》开辟的"草径"上，经过社会史论战的推动，中国的唯物史观历史学逐渐成长起来。

最先追随郭沫若运用唯物史观系统研究中国古代社会并投入社会史论战、成果卓著的是吕振羽，1934 年 4 月在《文史》创刊号上发表《中国经济之史发展阶段》，依据马克思、恩格斯关于人类社会发展的论述，将中国社会划分为：殷代以前为原始社会，殷代以后为奴隶社会，西周至战国为初期封建社会，秦朝至鸦片

战争为"变种的"（后改为"专制主义的"）封建社会，鸦片战争
以后为半殖民地半封建社会。同年 7 月出版《史前期中国社会研
究》一书，以考古资料结合神话传说，揭示出中国原始社会的真
实情况，填补了因疑古思潮而造成的古史研究中的一大段空白。
紧接着进入对殷代奴隶制度和周代社会的研究，1935 年 5 月完成
《殷周时代的对中国社会》一书，在理论与史料的结合上，从财产
形态、阶级构成、国家出现、意识形态等方面进行全方位考察，
一面支持郭沫若关于中国历史上存在奴隶社会的论断，一面又以
"西周为初期封建制社会"，提出与郭沫若有分歧的见解，成为中
国历史分期问题讨论中颇具影响的一派。社会史论战，扩大到中
国哲学史问题的论战。吕振羽又推出《中国政治思想史》一书，以
唯物史观和方法论系统研究中国古代的哲学思想、政治思想，划分
社会发展各阶段，又划分思想发展的不同时期，从各阶段各时期的
阶级、阶层的构成及相互关系变化上去论述政治思想的各个流派，
又将各个流派中各个思想家的思想作为其单独的一个体系去考察，
为中国的唯物史观哲学史、思想史研究做出开拓性贡献。

　　与吕振羽同时介入社会史论战的是翦伯赞，1930—1931 年发
表《中国农村社会之本质及其历史发展阶段之划分》的长文，论
证中国农村社会的本质"不是一个独特的或是亚细亚的生产方法，
而是封建的生产方法"，以及历史上的西周为封建社会。随后又发
表《前封建时期之中国农村社会》上、中、下三篇文章，以文献
和甲骨文等资料充实前文的立论。[①] 接下来转到唯物史观理论和方
法的探索方面，1938 年出版《历史哲学教程》一书，1939 年再版
时新写了《群众、领袖与历史》作为"再版代序"。这是一本比
较全面、系统地阐述唯物史观基本原理的论著，代表着当时唯物
史观历史学理论的水平。翦伯赞深感历史哲学虽然在社会史论战

---

　　① 《三民半月刊》第 5 卷第 6、7、8、11 期（1930 年 11 月 16 日，12 月 1 日、16
日，1931 年 2 月 1 日）。

中附带地提到，但大多只注意文句的抄袭，以抽象的定义去歪曲真正的历史，把史学玄学化。"历史哲学在中国，或者沉溺于刻板的公式主义，或者使理论脱离实践，陷于纯经院式的无病呻吟。""由于历史哲学在中国历史科学的领域上，没有展开其更高的发展，所以中国的历史家，至今还不曾写出一部正确的中国通史，即使分期史，也还相当的贫乏，至于世界史，更没有提到研究的课程上。"[①] 书中着重阐述了历史科学的任务、历程和阶级性，历史发展的合法则性，历史的关联性，历史的实践性，历史的适应性，关于中国社会形势的发展等理论问题。

在社会史论战中受到郭沫若影响而转向唯物史观史学研究道路的，还有颇富理论素养的侯外庐。他后来回忆说：

> 如果说，大革命时期，李大钊同志曾经是指引我学习马克思主义理论的老师，那么，从三十年代初开始，我已经把郭沫若同志看作是指引我学习和研究中国历史的老师。[②]

在与王思华翻译《资本论》第 1 卷之际，侯外庐即将翻译与研究中国古史同时并行，先后写下《社会史导论》（1933 年）和《中国古代社会和老子》（1934 年）。前者针对社会史论战中的理论问题的某些混乱，做了一个"总的批判"，力求从经济学和历史学统一应用的角度讨论生产方式问题，并自认为这是其转向史学研究的"一个标志"，是其"古史研究的开端"。后者则是"中国经济思想史"讲义中的一章，典型地表明其社会史与思想史并重的研究格局。

20 世纪 30 年代末，已是国学名家的范文澜转向唯物史观的研究道路。1940 年 5 月发表《关于上古历史阶段的商榷》一文，表

---

① 《〈历史哲学教程〉序》，《历史哲学教程》，长沙新知书店 1938 年版。

② 《韧的追求》，生活・读书・新知三联书店 1985 年版，第 223—224 页。

示："郭氏是世界著名的考证家和历史学家，他用唯物史观的方法
来研究中国古代历史，其功甚伟，其影响亦甚大。"① 同时，表示
对郭沫若西周是奴隶社会的异议，赞同吴玉章关于殷代是奴隶社
会、西周是封建社会的主张。

在"草径"已经开辟的 10 年间，唯物史观历史学同中国共产
党领导的中国革命结下不解之缘——为着解决中国革命应该走什
么道路的问题而"清算过往的来程"，寻找社会发展的规律。以郭
沫若、吕振羽、翦伯赞、侯外庐、范文澜为代表的一批信仰马克
思主义的知识分子，先后自觉运用唯物史观研究中国古代的社会
及其经济、政治、思想，力求澄清在社会史论战中的理论混乱与
资料混沌，逐渐形成唯物史观历史学的骨干队伍。他们的代表性
论著，为中国唯物史观历史学"建筑"通往未来的"铁路"铺下
了坚实的路基。在取得诸多共识的同时，也透露出日后长期存在
的分歧，即在承认中国历史上存在过奴隶社会的大前提下，出现
对西周社会性质的不同认识：郭沫若始终坚持西周为奴隶制社会，
侯外庐的秦统一封建社会说实际上也是认为西周为奴隶制社会的；
而翦伯赞、吕振羽、范文澜等，则坚持西周为封建社会的看法。

二　唯物史观历史学基本框架的形成

20 世纪 30 年代末 40 年代初，毛泽东发表一系列有关学习历
史遗产、研究历史与现状的重要讲话。从这些讲话当中，可以寻
出中国唯物史观历史学发展的轨迹。

1938 年，毛泽东发表《中国共产党在民族战争中的地位》，
明确提出：

---

① 《范文澜历史论文选集》，中国社会科学出版社 1979 年版，第 82 页。

　　学习我们的历史遗产，用马克思主义的方法给以批判地总结，是我们学习的另一个任务。……今天的中国是历史的中国的一个发展，我们是马克思主义的历史主义者，我们不应当割断历史。从孔夫子到孙中山，我们应当给以总结，承继这一份珍贵的遗产。

　　1939年在《中国革命和中国共产党》一文中，简要叙述了中华民族的历史，总结了封建时代经济制度和政治制度的四大构成特点，指出封建社会的主要矛盾是农民阶级和地主阶级的矛盾，农民起义和农民战争是历史发展的真正动力。同时，又对近百年来的中国社会做出分析。文章明确指出："现阶段上中国社会的性质、中国革命的对象、任务、动力和性质这些基本问题弄清了之后"，"对于中国革命的前途问题"自然"也就容易明白了"。这无疑在告诉人们，这篇文章是对社会史论战中基本问题的一次最权威的理论总结。1941年毛泽东更加强调，"不注重研究历史"是"极坏的作风"，批评党内对"鸦片战争以来的中国近百年史，真正懂得的很少"，"简直还没有人认真动手去研究"，因此发出号召：

　　凭客观存在的事实，详细地占有材料，在马克思列宁主义一般原理的指导下，从这些材料中引出正确的结论。
　　对于近百年的中国史，应聚集人材，分工合作地去做，克服无组织状态。应先作经济史、政治史、军事史、文化史几个部门的分析的研究，然后才有可能作综合的研究。[①]

　　《中国革命和中国共产党》一文中关于中国封建社会的论述与

① 《改造我们的学习》，《毛泽东选集》第2卷。

剖析，无疑在中国共产党内被认为是带有指导性的原则，是研究中国历史的基本论纲。因此，党内的历史学家首先推出的便是一批通史著作。

1941 年吕振羽最先出版了《简明中国通史》上册，初版序强调该书"写法与从来的通史著作颇多不同"，主要是"把中国史作为一个发展的过程来把握"，"注重于历史的具体性，力避原理式的叙述和抽象的论断"，"尽可能照顾到各民族的历史和其相互作用"。1948 年又写成下册，下限到鸦片战争。在定稿序中强调："我的基本精神，在把人民的历史面貌复现出来。"这是中国历史学运用唯物史观为指导编写中国通史的最早尝试。

差不多同时，范文澜自 1940 年 8 月至 1941 年年底，在集体编写的基础上独自完成《中国通史简编》上册（五代以前）、中册（宋至鸦片战争），1941 年、1942 年分册出版。这部通史著作，初步建立起一个新的中国通史体系，并"使古代史与近代史联结起来"。下册至 1945 年写成，从鸦片战争到义和团运动，题名《中国近代史》上册，1946 年出版。习惯上把这一近代史上册视为单独的著作，但其实是范文澜通史著述的一个组成部分。这部近代史，可以视为对毛泽东关于综合研究"近百年的中国史"的直接响应。其书奠定的近代史基本格局，具有先驱开路的功绩，影响近代史研究数十年。

两部通史，代表当年中国马克思主义通史的最高水平，并为此后的中国通史编写奠定了基础。时至 20 世纪 50 年代，人们对于这两部通史的认识是："直到今天，象这样的通史，还只有本书（按：指吕著《简明中国通史》）和范著《中国通史简编》。这两部书在现阶段确实给治史者以新的启示，指示了新史学的方向。"①

不应忘记的还有翦伯赞 1943 年出版的《中国史纲》第一卷、

---

① 柴德赓：《对吕著〈简明中国通史〉的几点意见》，《光明日报》1950 年 9 月 3 日。

1946 年出版的《中国史纲》第二卷。这是一部未完成的通史著作，但已显示出其独特的特色。重视考古资料与文献资料结合，把中国历史置于世界历史的总环境中加以考察，并插入大量图、表。

继续着社会史论战的余绪，总结社会史论战的问题，自 20 世纪 30 年代末至 40 年代，唯物史观的社会史研究也取得显著的成绩。

1938 年何幹之在《中国社会史问题论战》一书中回顾论战的经过、总结论战的成果时说：《中国古代社会研究》"在过去的八九年间，附和他的人极少，而反对他的人却极多"，"这本书在他的祖国得不到历史家的支持"，"但是自从 1935 年以来，郭沫若的中国古史观，好像复活起来。六七年来为思想界所集中抨击的观点，忽然变成了大家共同信奉的真知灼见，甚至许多从前反对过他的人，也改变了态度。"①

进入 20 世纪 40 年代，邓初民出版了《社会史简明教程》（1940 年，后改名《社会进化史纲》）和《中国社会史教程》（1942 年）。前者是继蔡和森《社会进化史》之后又一部唯物史观的社会发展史，后者为中国社会历史的发展过程。《中国社会史教程》在竖的分期方面，把中国社会进化分为原始共产社会、古代社会、封建社会、资本主义社会各阶段；在横的内容方面，把人类的主要社会生活分为经济的、政治的、精神的，由社会的经济结构进而考察政治形式、意识形态，以探求各发展阶段的特征。

1942 年吕振羽《中国社会史诸问题》一书出版，是对 30 年代社会史问题论战的比较系统的总结。新版序这样写道：这部书"反映了中国新史学在历史科学战线上的斗争过程中的若干情况，也反映了有关各派对中国史问题的基本立场、观点、方法及其在

---

① 《中国社会史问题论战》，上海生活书店 1938 年版，第 95—96 页。

一定时期的发展过程，可作为中国马克思主义史学史的参考资料。"

侯外庐看到社会史论战中存在的两大缺点，一是缺乏马克思主义的基本理论修养，二是缺乏足以征信的史料作为基本立足点。为此，把翻译《资本论》作为必要的思想理论准备，并以王国维考辨史料的谨严方法，对于争论较大、难度较大的问题，从理论与史料的结合上做出系统探索和考察，1943 年出版了《中国古典社会史论》（1955 年再版时改名《中国古代社会史论》）一书。这是一部研究中国古代社会史的颇富创见的论著，涉及许多重大历史理论问题，既是其本人的代表作之一，又是唯物史观中国古代社会史研究深入发展的标志。

社会史论战，推进了"深入地开展民族文化思想之史的研究"。进入 40 年代，侯外庐在思想史研究和撰著方面独树一帜，形成一个在唯物史观指导下研究中国思想史的学派。1941 年下半年至 1942 年底，首先完成《中国古代思想学说史》一书，与《中国古典社会史论》为姊妹篇。这本书的出版（1944 年），侯外庐自谓是他本人"从社会史转向思想史研究的一个界碑"。后经杜国庠、赵纪彬等增补，成为《中国思想通史》第一卷（1947 年出版）。侯外庐原本打算转入中古思想史研究，经周恩来提出希望后即转向近代思想史研究，这显然是在贯彻毛泽东关于研究近百年思想史的意图。1944 年、1945 年，80 万言的《中国近世思想学说史》上册（17 世纪至 19 世纪中叶）、下册（19 世纪中叶至 20 世纪 20 年代）先后出版。他认为：17 世纪的启蒙思想"气象博大深远"，18 世纪的汉学运动"为学问而学问，正是乾（隆）嘉（庆）对外闭关、对内安定的学术暗流"，19 世纪中叶至 20 世纪初"更接受了西洋学术的直接影响，内容殊为复杂多面"。上册经补充修订，单独出版为《中国早期启蒙思想史》，后来编为《中国思想通史》第五卷。1947 年春夏之交，侯外庐拟订《中国思想通史》第二、三卷的编写计划，至 1945 年 5 月上海解放前夕定稿。除唐宋元以外，中国 3300 余年思想史全部追踪一遍，对历代的思想主潮、重要的思想家、主要的学术流派等都做出论述，并说明其间的承传关系或相因相革的历史。这一思想通史，在基本观点和研究方法上，形成一个比较完整的学派体系。

1945 年郭沫若推出《青铜时代》和《十批判书》两部论著，修订了《中国古代社会研究》一书中的某些主要失误，着重考察了先秦的社会变革和诸子思想的演变，成为唯物史观历史学中专论先秦诸子学说的重要著作。

范文澜在延安中共中央党校的讲座《中国经学史的演变》，毛泽东称赞"用马克思主义清算经学这是头一次"①。

民族史研究方面以吕振羽《中国民族简史》（1948 年出版）为代表，这是第一部应用唯物史观民族和社会形态理论撰写的中国民族史，考察和论述了汉、满、蒙、回、藏、维、苗等族的起源、发展、所经历的历史阶段以及各自的历史贡献。

到 20 世纪 40 年代末，以郭沫若、吕振羽、范文澜、翦伯赞、侯外庐为代表，分别推出各领风骚的一批历史新著，出现唯物史观历史学五大家的基本格局，标志着在中国已经形成一个代表中国历史学发展方向和拥有未来的唯物史观派群体。这个群体并不仅仅只是上述五大家，在他们周围还环绕着一批有志于以唯物史观研究历史的历史学家、考古学家。

20 世纪 40 年代刚刚过去，人们便可以看到唯物史观历史学阵营以外历史学家的新感受，这或许是唯物史观历史学阵营内所感觉不到的。齐思和在肯定郭沫若、陶希圣对于中国社会史研究的贡献之后，高度评价了吕振羽和范文澜的成就，认为"吕氏自民国二十年来到现在共著成了关于中国社会史六七种著作。他用了

---

① 《致范文澜》（1940 年 9 月 5 日），《毛泽东书信选集》，人民出版社 1983 年版。

唯物辩证法,将中国社会史分期来研究"。"中国社会史之唯物辩证法的研究,到了范文澜先生所编著的《中国通史简编》才由初期的创造而开始走进了成熟的时期。"① 甲骨文和商史专家胡厚宣在回顾 1919—1949 年中国史学发展时认为,中国史学有三股潮流,即所谓"疑古、考古、释古三大潮流",并解释说:"疑古是旧史料的鉴定,考古是新史料的开发。释古偏重史观,旨在应用马列主义的经济观点,以说明历史发展的意义。"胡厚宣对唯物史观的解释虽然只是其个人的理解,但他强调"其中尤以最后释古一系,是历史学的真正目的,也是近三十年来最新最盛而且最重要的一大潮流。"② 这一结论,确实反映了 1919—1949 年的 30 年间唯物史观历史学逐渐成为"最新最盛而且最重要的一大潮流"的实际。

20 世纪 40 年代对唯物史观历史学的深入研究,逐步形成区别于其他各个史学流派的基本框架,并影响着此后历史学的发展。

毛泽东关于中国封建社会和半殖民地半封建社会的概括性论述,尤其是关于农民的阶级斗争和农民战争"才是历史发展的真正动力","人民,只有人民,才是创造世界历史的动力"等论断,成为当时唯物史观历史学的基本指导思想。唯物史观历史学研究,除了继续前面 10 年间关于中国社会诸问题的探讨和争论,基本上围绕"人民本位"、农民革命和国内各民族史展开。毛泽东在总结中国革命取得基本胜利的历程时,用"阶级斗争,一些阶级胜利了,一些阶级消灭了"作为对"几千年的文明史"基本内容的概括,并把这一认识提升到历史唯物主义与历史唯心主义分水岭的高度。③ 这样,20 世纪 40 年代即已形成唯物史观历史学的基本框架:以阶级斗争为研究历史的基本线索,探寻中国历史的

---

① 《近百年来中国史学的发展》,载《燕京社会科学》第 2 卷第 2 期(1949 年)。
② 《古史研究的史料问题》,上海商务印书馆 1950 年版,第 1 页。
③ 详见《丢掉幻想,准备斗争》,《毛泽东选集》第 4 卷。

发展规律，肯定人民群众的历史地位和作用，正确认识和研究中国历史上的民族和民族关系。在当时条件下，对于大多数有着深厚传统史学功力的史学家，是以其政治态度来画线的。毛泽东提出的批判总结历史遗产的任务，包括系统地总结批判传统史学的工作，没有，也不可能真正进行。

三　唯物史观历史学成为主流后的基本模式

进入 20 世纪 50 年代，随着马克思主义成为指导全国的思想理论基础，唯物史观占据了历史研究的主导地位。

由于初步形成的历史学基本框架和渐渐发展起来的"左"的思潮的干扰，历史学发展局限在已有的模式圈中。重大历史问题的讨论，如古史分期、封建社会长期延续、资本主义萌芽以及亚细亚生产方式等，都与社会发展规律问题相关；人民群众是历史的创造者、历史人物评价、农民战争等，也是关系唯物史观的基本问题。这些问题，大体上是 20 世纪 20—40 年代问题讨论的延伸、扩展或深化。再加上汉民族形成、古代民族关系、爱国主义与民族英雄等问题，在 20 世纪 50—60 年代一直被视为唯物史观历史学的重大理论问题。这一系列历史问题的深入讨论，使得在运用唯物史观说明历史方面，较之新中国成立以前有很大程度的提高。同时，讨论各方提供了不少新的材料，对许多历史问题的认识深入了一步。然而，李大钊关于"建立历史科学系统"的思想，并没有受到应有的重视。唯物史观历史学自身的理论，包括方法论建设等，也没有能够提到日程上来。历史唯物主义被当作唯物史观历史学的理论和方法论，二者被完全等同起来。

各领风骚的唯物史观历史学大家，多把他们先前的课题带到新中国来。在对先前论著进行修订再版的同时，郭沫若继续关于奴隶制问题的探讨以及考古研究和史剧创作，翦伯赞、吕振羽不断进行对唯物史观的宣传和阐释，侯外庐主要编写《中国思想通史》第四卷，范文澜将重点放在《中国通史简编》的修订上，实际上都是在继续实践着从 20 世纪 40 年代就逐步形成的历史学框架。《中国通史简编》第一编"再版说明"和"绪言"所论列的问题，代表了当时唯物史观历史学的基本认识，集中了作者试图建立中国通史体系的主要构想，即"企图用历史唯物主义的观点和方法给中国古代史画出一个基本的轮廓来"：（1）"说明中国古代社会的发展规律，与世界上别的许多民族同样（同样不等于一个公式），曾经经过了原始公社制社会、奴隶社会和封建社会诸阶段，并无亚细亚特殊之说"；"在明、清两朝，中国资本主义的萌芽是存在的，但远不曾发展到足以破坏封建社会的程度。鸦片战争以前，中国还是完整的封建社会，其中并无封建制崩解之说"。（2）"肯定历史的主人是劳动人民，把旧型类历史以帝王将相作为主人的观点否定了"。（3）"阶级斗争论是研究历史的基本线索"，"着重叙述腐化残暴的封建统治阶级如何压迫农民和农民如何被迫起义"；"写农民起义和反抗外族统治者的侵略，意在说明中国人民确实富于阶级斗争与民族斗争的伟大革命传统"。（4）"重视古代科学上的成就，只是因为知识缺乏，不能作适当的批评和说明"。（5）"自秦汉起中国成为统一国家"以及"历史上的爱国主义""历史上战争的分类"等。①

另外，在唯物史观历史学逐步成为新中国历史学发展主流的同时，原来尚未接受唯物史观的历史学家也在不断地学习历史唯物主义。限于当时的理解水平，他们大体是跟着上述导向而进步的，接受的自然也是那样一个基本框架。陈垣 1959 年的一段话颇能说明这一点，他这样表示："运用历史唯物主义理论来研究历史，才能真正获得历史知识，真正懂得社会发展的必然进程，认

---

① 《中国通史简编》修订本第一编，人民出版社 1963 年版。

识到阶级社会的历史是阶级斗争的历史。"① 传统史学基本被放在旧史观的改造方面，由于在一定程度上沿袭着以政治态度画线的做法，未能从历史学发展的角度对传统史学进行系统的批判和总结。20 世纪 60 年代初，曾就史学遗产问题展开过讨论，也提出了批判地继承史学遗产的任务。但事实上并未真正开展起来，因为那时是把"厚古薄今、烦碎的考据、唯史料论"等当成是"资产阶级历史学的特点，也是资产阶级历史学路线"来批判的，考据学、史料学等实际上被排斥在唯物史观历史学之外。

四　唯物史观历史学发展面临的新挑战

20 世纪 80 年代开始，反思以往运用唯物史观研究历史的失误和方法上的形而上学，涉及的都是唯物史观历史学基本框架和基本模式中的问题。

反思对人类社会历史的整体认识，原始社会解体以来的全部文明史都是阶级斗争史的说法被认为过于狭窄、片面，应当全面地从整体上把握人类社会历史的内容。关于社会形态的含义、区分不同社会形态的标准、社会形态的发展阶段、历史发展的统一性与多样性等问题，都提出新的认识和解释。对于亚细亚生产方式、古史分期、封建社会长延续等争论数十年的问题，认识的深度和广度也都有了新的变化，并引出一些以往没有涉及的理论问题，研究方法呈现出五彩缤纷的景象。客观历史过程中主体问题，历史创造者问题的再认识，反映了整个理论界、学术界研究向主体化转变的趋势。历史发展动力问题同对人类社会历史整体认识的变化相连，这是从对阶级斗争是历史发展唯一动力的反思的开始。农民战争问题、历史人物研究、关于民族的定义、中国"自

---

① 《史学工作的今昔》，《光明日报》1959 年 10 月 22 日。

古就是统一的多民族国家"、如何理解"中国"、历史上民族关系的主流、历史上民族战争的性质等，都进行了新的探讨。但是，反思已经过去 20 多年了，对于唯物史观的理解和认识，对于李大钊提出的建立"历史科学系统"，要么继续教条地沿引马克思、恩格斯的语录做标签，要么各人按照各人的理解随意诠释，完整而科学的理论解释并没有被提出来。

由于对人类社会历史的整体认识的新变化，历史学研究领域空前拓展。原来单一的政治史、农民战争史、思想史扩展到经济史、社会生活史、文化史等更为广阔的范围，一些不得问津的禁区也程度不同地被打破。交叉学科、边缘学科研究出现。专门史几乎包罗了社会历史各个领域（如经济、政治、法制、军事、民族、科技、思想、伦理、宗教、教育、家庭、婚姻、民俗、饮食、旅游等）。中外关系史、边疆史、区域史更以前所未有的态势长足发展。外国史、国外史学引进、中西史学比较，都成为历史研究的热门。这一切，为历史学的发展注入了新的血液，增添了新的活力。然而，唯物史观在这诸多的研究中究竟起着什么样的作用？"历史科学系统"如何涵盖已经大大拓展了的历史研究领域？

在反思的同时，历史研究方法的探索越来越受重视，朝着三个方向分别展开：一是总结、反思唯物史观基本方法的运用，认为长期存在忽视或违背辩证法的倾向；二是总结传统的治史方法，唯物史观历史学与考据学的关系被提了出来；三是探索引进自然科学方法，曾经发生过激烈争论。唯物史观与现代自然科学方法的关系、"终极原因"与"相互作用"的讨论，以及经济结构方法、控制论方法在历史研究中的具体运用等，都提到了原则的高度。创立唯物史观历史学方法论体系，成为一时的呼声。可是，唯物史观的研究方法应当如何兼容古今中外，以科学的态度批判地继承与吸收传统史学方法的遗产以及现代自然科学方法和西方新兴的史学方法，作为建立具有中国特色的唯物史观历史学方法论新体系的元素和材料。呼声虽高，有成效的实践却不见，原因就在于并没有真正弄清楚什么是唯物史观历史学的方法论。

总之，20 世纪最后 10 年，历史学开始走多元化、纵深化的发展道路。不论历史理论、史学理论、史学方法，都不再局限于某一种框架或模式中了。唯物史观历史学应当如何适应这一个客观过程，在这一过程中不断积累、不断完善，并能够不断更新、不断创新！

唯物史观作为一种思想体系，要赢得世界性的意义，就必须不断调整自身机制，真正建立起一个科学的唯物史观历史学体系。这个体系必将是唯物史观历史学同传统史学、国外史学在激烈碰撞后融合的结果，必然是同各种文化观念激烈碰撞后融合的结果，不应当是某些"急功近利"的炒作或宣传；必须是包容人类思想文化发展中一切有价值的遗产，经得起时代检验的体系，绝不仅仅是某个或某几个所谓思想文化流行派别的简单撮合。中华民族善于吸收外来文化的传统不能在我们这里终止，具有悠久影响的历史学不能在我们这个时代被断送！

21 世纪已经来临，唯物史观历史学必须站在时代前沿，引导人们向前看，一要发扬传统史学中"述往事，思来者"的传统，即发扬唯物史观历史学在中国"草创"时期"认清楚过往的来程也正好决定我们未来的去向"的传统；二要准确理解马克思主义关于"个人全面发展"的思想，引导人们充分展示个性、展示人生。

最后，引用中国唯物史观历史学先驱李大钊《史学要论》中的两段话作为结语：

　　从前史学未发达的时代，人们只是在过去的纪录里去找历史，以为历史只是过去的事迹。现代的史学告诉我们以有生命的历史不是这些过去的纪录。有生命的历史，实是一个亘过去现在未来的全人类的生活。过去现在未来是一线贯下来的。这一线贯下来的时间里的历史的人生，是一趟过的，是一直向前进的，不容我们徘徊审顾的。

我们既认定世界是进步的，历史是进步的，我们在此进步的世界中，历史中，即不应该悲观，不应该拜古，只应该欢天喜地的在这只容一趟过的大路上向前行走，前途有我们的光明，将来有我们的黄金世界。这是现代史学给我们的乐天努进的人生观。①

（1998 年 4 月、2011 年 11 月）

［原为《二十世纪中华学案·史学卷》2 "导言：唯物史观史学成为主流"（北京图书馆出版社 1999 年版）。经修改后，2001 年 11 月提交北京 "唯物史观与 21 世纪中国史学研讨会"。中国社会科学院建院 30 周年之际，收入中国社会科学院科研局编辑《马克思主义研究论丛》，社会科学文献出版社 2007 年版］

---

① 《现代史学的研究及于人生态度的影响》，《李大钊选集》，第 506 页。

民国年间的几种
"历史哲学"与历史观

20 世纪 30 年代以来，中国史学逐渐呈现两大基本格局：一是以历史语言研究所这一学术研究机构为代表，包括与之保持密切联系的研究；一是以延安、重庆两地马克思主义历史学骨干为代表，包括分散在各地的研究。在这之外，另有一种情况："引进"历史哲学，既反对历史语言研究所的治史旨趣，又反对用唯物史观指导研究历史，代表人物是朱谦之、常乃德、雷海宗与林同济，其共同点是用各种"文化"观念发挥主体意识，鼓吹为现实服务、为政府服务。

一 不断变换的"哲学"

"现代的新史家，都已知道史学观念是常常有许多变迁的，所以只要时代有变迁，历史的观念也变迁了。"[1] 引进历史哲学或历史观，不断进行变换，反映 20 世纪 20—40 年代学人引进国外思想观念的基本态势，朱谦之最具代表性，从革命哲学到生命哲学，再到文化哲学，耗尽了大半生的精力。

朱谦之（1899—1972），字情牵，福建福州人。1916 年入北

---

① 朱谦之：《历史哲学》，上海泰东图书局 1926 年版，第 31 页。

京大学法学预科，1919 年转哲学系本科。信奉无政府主义，发起废除"鸡鸭式"的考试，"绝对不要卒业文凭"，并以起草《中国无政府革命计划书》、散发传单、自首入狱闻名全国。其无政府主义言论，曾经给毛泽东留下深刻印象。他鼓吹"宇宙革命"，写成《革命哲学》一书，郭沫若为之作序，题为《宇宙革命的狂歌》。两年以后，转而为"唯情论者"。1924 年北京大学毕业，曾在厦门大学执教，又在黄埔军校做教官。1929 年留学日本，专攻西方历史哲学。1931 年回到上海，在暨南大学讲授历史哲学、西方史学史等课程。次年，为中山大学教授，先后兼任史学系主任、哲学系主任、文学院院长、研究院文科研究所主任、历史学部主任等职。他还组织史学研究会，创办《现代史学》杂志，倡导"现代史学运动"。就学术研究而言，他的研究大体分三个时期：1924年以前，致力于宇宙观、人生观探寻；1924—1949 年，致力于历史哲学体系构筑和历史理论探究；1949 年以后，专攻东方哲学史。这里，主要考察第二个时期构筑历史哲学体系的三段变化。[①]

第一段，以《历史哲学》（1926 年初版、1928 年再版）为代表，自谓是"中国人第一次对于'历史哲学'的贡献"[②]。以杜里舒"新生机主义"和柏格森"生命哲学"为体，以孔德三阶段法为用，提出所谓"生机主义史观"，认为生物的演进与物理界的变化明显不同，生物的演进是有目的的，是由"生机力"造成的，因此称"进化"，而物理界的变化是盲目的，只能叫作"堆积"。人类社会的"进化"是由人类本能决定的一种"知识线上的进化"。

第二段，以《历史哲学大纲》《黑格尔主义与孔德主义》

---

① 朱谦之在 1934 年 8 月所写《文化哲学·后序》列表将自己著述分作四个时期：1915—1923 年，以《革命哲学》为代表；1923—1928 年，以《一个唯情论者的宇宙观及人生观》为代表；1928—1932 年，以《历史哲学》《历史哲学大纲》《黑格尔主义与孔德主义》为代表；1932 年至今，以《文化哲学》《文化历史学》为代表。

② 《历史哲学·自序》，《历史哲学》，第 1 页。

（1933年出版）为代表，受日本学术思想影响，接受当时流行的新黑格尔主义，自称已成为"半黑格尔主义者"，主张"在历史哲学上将黑格尔与孔德结合"，"在生命哲学上将黑格尔与柏格森、克罗采（按：即克罗齐）结合"，建立"综合的生命的历史哲学"。

以"真有生命的历史，都是现在的"，"一切真的历史都是现代史"，都是"超越时间"的，"包括过去现在未来的 eternal present（永恒的现在）"①，倡导"现代史学运动"。把"过去的历史"说成是"失却现在之思想的意义"的无生命的"形骸"和"空音"，提出"要建设历史、创造文化，便不得不毅然决然舍弃了历史的残骸，而从事现代性的历史之把握，所以现代性的历史之把握，就是'现代史学'之第一使命"②。"现代史学不应只是'考古'，更应该注重'考今'"，"乃在怎样理解目前世界历史和中国历史的大转变"。不知"现代"的史学，是没有任何"价值"和"益处"的。批评"竟有人主张'近代历史学只是史料学'（见《历史语言研究所工作之旨趣》一篇，《集刊》第一本第一分），竟有人主张'历史本是个破罐子，缺边，掉底，折把，残嘴'（见《古史辨》第二册《谈两件努力周报上的物事》）"，"不能'执古之道，以御今之有'，历史学当然只好是史料学了"③。虽然强调"考今"，尚未否定历史考证，认为研究历史有两种方法，一是"历史进化的方法"，一是"历史构成的方法"。前者能为人类历史建立进化的根本法则，后者能为历史进化法则建立史料之确实基础。"敢于疑古，敢于发表违背旧说的种种意见，在历史辅助科学（如考古学、金石学）上的贡献，是永远值得我们钦佩的"，如伯伦汉、瑟诺博司等"对于史料的搜集，史料的批判，是有很

---

① 《历史哲学大纲》，上海民智书局1933年版，第333—334页。
② 《现代史学·发刊辞》，《现代史学》第1卷第1期。
③ 《考今》，《现代史学》第5卷第1期。

卓著的成绩的"①。

他所提倡的"现代史学",以伯伦汉所说历史学进化是"从故事式的历史到教训的历史,从教训的历史到发展的(发生的)历史"②为依据,对应于黑格尔的原始、省察和哲学的三分法,以故事式的历史对应"原始的历史",教训的历史对应"省察的历史",发展的历史对应"哲学的历史"③。根据科学在史学中地位的不同,提出史学发展四期的说法:第一期,"历史(学)属于修辞学之内,为一种文学";第二期,"历史(学)属于'记忆'的范围,为一种主观的知识";第三期,"历史(学)属于生物学、心理学、社会学之内,为一种科学,或一种复杂科学";第四期,"历史学为精神科学或文化科学"。他认为中国现代历史学正处于第三时期,以"考证考古派"和"历史观派"为主流,前者"主张政治史的方法或历史科学的方法",后者"主张文化史的方法或历史哲学的方法"。而"现代史学"则是要在"考证考古派"与"历史观派"的"正"与"反"中实现"合",并列表如下:④

	(一)考证考古派	(二)历史观派	(三)现代史学
史之基础	事实	理论	事实与理论
史之认识	历史为叙述的科学	历史为说明的科学	历史为叙述兼说明的科学
研究法	过小	过大	小大兼容
着重点	古代史	现代史	注重现代性的历史并提倡以现代治史方法整理古史
优 点	史料的搜集和整理	历史进化的方法	均有
劣 点	无中生有侥幸成名	公式主义	均有
论理的次序	正	反	合

① 《现代史学·发刊辞》,《现代史学》第 1 卷第 1 期。
② 《史的论理主义与史的心理主义》,《现代史学》第 1 卷第 2 期。
③ 《经济史研究序说》,《现代史学》第 1 卷第 3、4 期。
④ 《中国史学之史的发展》,《现代史学》第 2 卷第 1、2 期。

在说明"现代史学"特点和意义时,以西方现代史家"倾全力于社会史、经济史与科学史之研究",呼吁国人"要努力摆脱过去史学的束缚",积极从事这些方面的研究,"不断地把现代精神来扫荡黑暗,示人以历史光明的前路"①。《史学研究新阶段》一文专门论述研究科学史的现实意义:"我们史学研究者,应该适应现代的环境、抗战建国的计划,另辟历史研究的新途径。……现在乃是军事科学时代,我们从今以后,为实践'抗战建国纲领',更应注意与国防有关各专业史的研究,在军事上有特殊重要的历史科目,如战术史、兵器史、军事地理沿革、国防史、边疆史之类。……如欲民族生存,便须迅速发达此种有军事意义的科学系统,而欲建立此种军事科学系统,便须首先从事于此种军事科学史的研究,因为中国,只有这种研究,才是现代我们史学研究的新途径。"② 这正是其"一切历史都是现代的历史",强调史学"考今"的目的所在。

同时,表明其本人已把目标移向第四时期,既"认历史学为社会科学之一",又"承认历史学为文化科学",即"为叙述人类文化的进化现象,使我们明白自己同人类的现在及将来的一种文化科学"③。虽然不具有多少"哲学"意味,却反映其正从历史哲学向文化哲学的过渡。

第三段,以《文化哲学》(1935年出版)为代表。全书十章,试图以"文化主义"建起一个"有较大的涵盖性"的"文化史观"。

序(1933年9月)以"当代的哲学趋势,已经不为观念论,不为唯物论,而为倾向于有较大的涵盖性的文化论,即文化哲学。"所谓文化,指"人类生活的一切表现"。"真正的文化史

---

① 《现代史学·发刊辞》,《现代史学》第1卷第1期。

② 《历史科学》第9期。

③ 《历史科学论》,《现代史学》第2卷第3期。

家，只要他对文化的观察愈深广，愈深刻，愈敏锐，即愈应该需要一种文化哲学，历史家应该承认文化哲学应冠于一切历史学之上，而为文化史之理论的基础，不然即不成其为代表现代的史家了。"强调研究文化哲学的"最大旨趣"是要"说明文化的本质及其类型，对于宗教、哲学、科学、艺术等各种知识生活，均加以根本研究，又分析文化在地理上的分布，以明中外文化关系及本国文化之新倾向，并谋建设未来之世界文化"，而"最切要的紧迫的企图，却在提倡南方文化运动，所以本书附录，有关于'南方文化运动'论文一束"①，以此构筑其"文化哲学"的基本体系。

绪论谈什么是文化、文化哲学与文化社会学、文化哲学的概念三个问题。以下八章依次为：文化的进化、文化类型学、文化分期之原理、宗教的文化概念、哲学的文化概念、科学的文化概念、艺术的文化概念、文化之地理上分布（上）、文化之地理上分布（下）、文化与文明。

后序（1934年8月）追述，"九一八"事变后即"以为欲救中国，须根本上从文化着手"，随着战局不断恶化而"深感于民族之不能复兴，乃由于文化之不能复兴，因此便毅然决然提出'文化哲学'"这一课题，用两年时间完成《文化哲学》和《历史文化学》两部著作。

附录五篇：南方文化运动、南方文化之创造、中国文化的现阶段、中国文化之地理的分布及文化教育发端。

《文化哲学》全书以人类文化发展已经经历宗教、哲学、科学三个时代，并"以艺术文化为文化之理想境"，认为中国文化将"从独特之哲学文化，走向艺术的文化"而进入艺术时代。同时，将中国文化从地理分布上分为三种类型、三个时代：其一，北方

---

① 《文化哲学·序》，《文化哲学》，商务印书馆1935年版，第3、7—8、13页。

文化，即黄河流域文化，是宗教时代的文化，属于解脱的知识，因过于成熟，"老到好比一座'死城'，在死城中充满着安静寂然的乐，然而这种古化必然凝结成封建势力之无抵抗的策略，和学术上的考古倾向"。其二，中部文化，即扬子江流域文化，是哲学时代的文化，属于教养的知识，"学说思想发达，人民富有国家观念，这种优秀的文化，自然而然趋于调合适中，政治上表现则力求进步而忌极端，当然在反抗强权的战线上，也是只求'顺应'环境，而不能积极抵抗的"。其三，南方文化，即珠江流域文化，是科学时代的文化，属于实用的知识，其"特质就是反抗强权，现在中国所需要的正是反抗强权之革命的文化"。结论是："在反抗强权的战线上，北方是已经绝望了，中部富于妥协性质，亦不足以见我民族抵抗的能力；中华民族复兴的唯一希望，据我观察，只有南方，只在南方。"因此，决心"贡献一生来从事南方文化之建设运动"。①

全书的思想构成，大体源自三个方面：

第一，"文化三阶段说"，源自孔德（Comte），自谓"文化的进化是完全依据历史哲学上所谓'三阶段之法则'的，有名的法国孔德（Comte）曾将人类进化分为神学的，形而上学的，与实证科学的三段"②。在文化类型学一章强调："非以 Comte 之'三阶段法则'解释文化的本质不可。"在文化分期原理一章表示："文化分期的学说，它的本身也是按着三阶段的法则而分为三个时期，文化分期直等到现在，才走上科学的路径，才有人去注意它。"

第二，"文化地理分布说"源自黑格尔（Hegel），第八章文化之地理上分布（上）称"Hegel 以为'历史上成为重要问题的自然定性之普遍的关系，是海与陆的关系，就陆地说是有三个基本的区

---

① 《南方文化运动》，《文化哲学》，第 261—264 页。
② 《南方文化之创造》，《文化哲学》，第 265 页。

别'：第一、没有河流灌溉的高地；第二、河流灌注的峡谷所形成的地带；第三、沿海地带。简言之，就是高原，平原与沿海地带了"。以此为文化之地理的基础，就地形而言，三个基本区别划分出"高地发生宗教文化——以印度为代表"，"平原发生哲学文化——以中国为代表"，"海洋发生科学文化——以欧洲为代表"。

第三，人类知识三基型，源自雪雷（Max Scheler），请看第八章的这段论述：

> Max Scheler 在所著书中，已经提出人类知识之三基型，这三基型之地理上的根据，即完全和我们的说法相当，即是：
> （一）实用的知识……………………………西欧之征服自然的知识；
> （二）教养的知识或本质的知识……………中国及希腊支配阶级的知识；
> （三）解脱的知识…………………………印度佛教的知识。①

并在附录的"南方文化运动"中重复：德国文化社会学者雪雷（Max Scheler）说"人类的知识，可分三种：（一）解脱的知识，（二）教养的知识，（三）实用的知识。"

对于所谓"文化形态学"创始人斯宾格勒（Spengler），在《历史哲学大纲》中将其列入"新理想的生命的历史哲学"，在《文化哲学》中有这样一些基本认识，"我们讲文化哲学的，更可不管那些主张原始文化为'原始的学问文化＝魔术'的说法，而当采取 Spengler 说法"，但又不同意 Spengler 将世界文化分为埃及、巴比伦、印度、中国、希腊罗马、亚拉伯、墨西哥、西欧

---

① 《文化哲学》，第188页。

（浮士德）及俄罗斯九种形态的说法，认为"归根及底，又只有印度，中国，西欧成为世界文化之三元了"①。

当林同济提出"文化形态观"后，朱谦之1943年3月发表《中国文化的新时代》的演讲，称以"文化空间"与"文化时间"的交互作用，促成中国文化的老而不衰，危而不殆。在周期划分上，将先前的文化发展三种类型、三个阶段揉进雷海宗、常乃德的说法，重新发表：第一周期，黄河流域的宗教文化期，起于公元前3300年，止于公元1300年，以公元前300年为界，前3000年为第一小周，为中国文化独立发展期；后一小周，为印度文化融入期。第二周期，长江流域哲学文化期，始于宋代，至抗战爆发，前后约1100年，以鸦片战争为界，前一小周为中国文化第二次独立发展期，后一小周为西洋文明传播期。第三周期，珠江流域的科学文化期，以抗战爆发的1937年为始。②

对待唯物史观的态度，有着一个曲折的变化。如果说《历史哲学》的主旨"是摭拾流行的西洋学说，凑成一'生命史观'，以抗拒因国共合作而日渐抬头的唯物史观"③的话，那么《历史哲学大纲》则认为唯物史观与社会史观是当时的"两大思潮"，并以数十页的篇幅论述辩证唯物论，历史唯物论的源流、原理，由马克思、恩格斯说到考茨基、伯恩施坦，由列宁说到普列汉诺夫、布哈林、德波林，甚至比某些侈谈马克思主义历史理论者更见理论功力。而在《文化哲学》中则沿引孙中山关于"马克思只可说是一个社会病理家。不能说是一个社会生理家"的论述，认为唯物辩证法"在研究社会病理的时候，是很有用处了"，却

---

① 《文化哲学》，第65、183页。

② 《中国文化的新时代》，《现代史学》第5卷第3期。［补注］此文历史年代混沌，第一周期止公元1300年，已是元代，怎么又以第二周期始于宋代？第二周期自宋至抗战爆发，即公元960—1937年，总共977年，约1000年，怎么约1100年？是缺乏年代学知识，还是误排未经细校，抑或臆想？

③ 许冠三：《新史学九十年》（下），香港中文大学出版社1989年版，第24页。

"只解释了社会进化底果，并没有解释到社会进化底因，在这一点我又不得不深深感到以社会进化为中心的社会生理学的阶段说的重要性了"[①]，因而认为"第三阶段"必须兼容"病理"和"生理"二说，而以"社会生理学"为主。等到了《中国史学之阶段的发展》这一长文中，竟一再抨击唯物史观死抱公式，不顾"中国社会发展的真实情形"。这一认识的反复，折射出当时此类观念史学究竟在如何紧跟形势、为现实服务了。

二　以生物史观为基础的历史相对论

在引进历史哲学"热"中，"从生物史观进展到哲学的有机论，从历史相对论进展到历史认识论"，代表人物为常乃德。

常乃德（1898—1947），字燕生，山西榆次人。1916 年考入北京高等师范学校史地部，随即与陈独秀讨论孔教、文学革命问题，受到陈独秀的重视。"五四"时期参与编辑《国民》杂志。1925 年加入中国青年党，次年被选为中央执行委员兼宣传部长，先后主编《醒狮》《国论》杂志及《新中国日报》。抗战期间任国民参政会参政员，直至病逝。自 20 年代起，任燕京大学、山西大学、四川大学、华西大学、齐鲁大学等校教职。自述学术兴趣"偏重于历史文化的理论探讨"，代表作有《社会科学通论》《生物史观与社会》《生物史观研究》《历史哲学论丛》等。多数著作收入黄欣周编辑的《常燕生先生遗集》，由台北文海出版社于1967 年出版。

（一）对各种历史观的评述

《生物史观与社会》（1933 年出版）为其代表作之一，署常燕

---

① 《文化哲学》，第 51—52 页。

生著。全书八节：历史科学上的几种观点、何谓生物史观、民族意识的构成与发展、国民性、民族与自然环境、生物史观与政治及生物史观与宗教。

在提出生物史观之前，先用一节来评述"历史科学上的几种观点"。首先批评历来的历史家和哲学家努力想拿出一种或数种原则来说明历史的现象，但他们的说明"多数不根据于事实的归纳，仅凭一己冥想独断而成，所以不免陷于玄学的窠臼"，认为自斯宾诺莎至海格尔（按：即黑格尔）"所有历史哲学的解构都是玄学的，而非科学的"。进而，对社会学、历史学作出明确区分："社会学是将人类的全部集团活动分析开来，抽象地加以研究的，历史学则比较地具体一点。社会学的领域较大，而历史学则较小。社会学的研究结果虽然可以帮助历史学者对于历史现象的了解，但不能因此就省略了历史学本身的理论研究。"①

归纳通行的历史观，在英雄史观外，列出一元论、二元论、多元论的种种历史观。

英雄史观，名义上是一种史观，但在理论上"否认一切历史事实中必然的原动力的探讨，而看重了偶然事变的价值"。

一元论，可以分为"唯心论"和"唯物论"两种。

"唯心论"下又有唯神史观、唯理史观、唯数史观、唯性史观、本能史观之分；"唯物论"下亦有物理史观、地理史观、经济史观、种族史观之分。

二元史观有四：善恶对立、精神与物质对立、遗传与环境对立、个人与社会对立。"共同优点是在持论公平，能够顾及于事实的各个方面；共同的缺点则在不能提出一个中心观点来，因此所说明的等于未说明一样。"多元史观更为复杂，"比二元论的说法更近于事实，但是所说明的也更少"②。

---

① 《生物史观与社会》，上海大陆书局 1933 年版，第 1—2 页。
② 同上书，第 20—21 页。

最后表示："我们需要一个统一的'一元史观'来解答历史之谜。"而这个"元"，就是其本人所要详细论证的生物史观。

（二）生物史观

人类"是生物之一种，其一举一动当然不能不受生物学公例的支配，由此而产生历史，自亦不能超出生物学公例的范围"，这是其生物史观的基础。界定广义生物史观的内涵："凡是企图以生物学的一切法则来说明人类历史的现象，都可以叫做是'生物史观'。"同时表明"我们所主张的生物史观"，"特别注重在人类社会的有机组织上"，认为这一有机组织的特性"是支配人类历史的主要原因"。将"由简单组织趋向复杂组织"视为生物演化的根本趋势，认为"也可以应用到人类的社会生活上"。以社会演化路线与生物演化类比，分作四个阶段：第一阶段，以血统关系为中心血族社会，除去自然的亲子长幼关系外，几乎别无组织，相当于个体复细胞动物的最下等形式，如海绵动物及腔肠动物的时代，是由个体演化到集体的第一步。第二阶段，部落社会，成立了酋长制，以酋长及其左右的长老、巫师、战士等，构成社会的核心，集团自觉意识逐渐发生，相当于无脊椎动物的较高形式，即节足动物的时代。第三阶段，民族社会，以国王、贵族、教士及官吏合组而成政府，社会分工趋于细致，民族意识日益鲜明，大略相当于脊椎动物的初期，即鱼类、爬虫类的时代。中国尚停留在这一阶段。第四阶段，近代的国家社会，具备极复杂的组织结构，国家意识及国民性成熟，颇类似于高等脊椎动物，如鸟类及哺乳类的阶段。[①] 同时指出，作为自然社会演进的四阶段，是指一般演进的常态轨道而言，因外部环境及社会本身的原因，中途不免时时发生挫折，出现分裂、吞并、融化、复兴、联合、蜕变、衰颓、

---

① 《生物史观与社会》，第 24、29—31 页。

死亡等现象。但自认社会一经发展到民族社会的阶段，集团的组织已经相当完备，集团的意识也逐渐成熟，便会构成固定的民族意识与国民性。再演化下去，便进入第四阶段的国家社会组织，民族意识更成熟而变为国家意识，也即民族性，更固定为国民性。

在阐述生物史观之后，结合社会演进四阶段，论述民族意识的构成与发展，强调"民族意识是一个民族所以成立的最主要原素"，"民族意识越强，个人为集团牺牲的可能性也越大，这个民族的团结也就越稳固"[1]。在民族意识发展的同时，民族性也就铸成。

进而，讨论国民性问题。以国家与民族为同一社会发展的两个不同阶段，民族是未进步以前的国家，国家是成熟以后的民族。民族意识与国民意识，民族性与国民性"本是一物"，只不过在发展次第上分作两个阶段更恰当些。这里所讲国民性，即"现代国民的性格表现"，"有限制各个人性格的能力，他是一个国家从组成以来无数代国民活动的总结果，同时又是造成过去，现在，未来，无数代国民活动方向的总原因。"国民性的构成，"并不是种族先天的遗传不同，而是受了后天环境影响所成"，有三种要素不可缺少：先天遗传种性、自然环境和社会环境。其中，"社会环境的力量可以改变遗传的性格，可以反抗自然环境的压迫，所以是最有力的，最主要的"。在说到"这种国民性一经形成以后就变成了整个社会进化的原动力，具有规定全体文化形态及性质的能力"时，强调"支配社会制度和文化形态的原动力，不是经济的组织，不是生产的工具和技术，而是国民性"，认为马克思"经济是决定社会制度和文化形态的原动力"的"见解是错误的"[2]。

在论述一个国家的政治、经济、宗教等组织及思想都为国民

---

[1]　《生物史观与社会》，第35页。
[2]　同上书，第60、62—65页。

性所支配之前，用一节篇幅从"民族与自然环境"入手，论证其所主张的生物史观就是"特别看重社会环境的力量的学说"，区分其与自然环境史观或地理史观的界限："自然环境是历史的舞台，人类才是各种不同的角色演员。戏的好坏固然不能说完全与舞台无关，但是毕竟主要的原因在于演员的好坏。这就是生物史观比地理史观较合于真理的理由。"①

论生物史观与政治，以人类的政治组织也是从最简单的血族组织逐渐依次进化到高等国家组织的，说"从生物史观的见地看来，政治组织的成立和发展，完全是生存竞争的结果"，并举出"不能用经济史观或其他史观来解释得清楚，只有用生物史观才可以充分了解"的几个"西洋政治史"的实例，说明"人类政治的演化受生物史观原则的影响为如何之大"。而当社会发展到民族及国家的阶段以后，集团性已经成熟，故其表现在思想方面更为显明，同一社会主义"在英国则为基尔特和费滨社会主义，在法国则为工团主义，在德国则为社会民主主义，在俄国则为布尔什维克主义"②，都是因国民性不同而影响到政治思想的例证。

论生物史观与经济，批评唯物史观"将人类的经济欲望看得太神秘了，以为可以为人类一切活动的总根源，所以他们说社会的构成完全是以经济为基础"，其"根本错误"在于不懂"社会的发展是依于生物的本性而推进的"。批评苏俄的马克思主义有"四大缺点"，所以"终难征服全世界的国家"。不过，又认为社会主义"能顺应社会演化的大势，所以未来的社会，仍然是社会主义占最后的胜利"。针对"马克思派"，提出"阶级的起源并不是经济的，而是生物的"，"完全是生物斗争的结果"③。

最后，论生物史观与宗教，强调"只有从生物史观的立场，

---

① 《生物史观与社会》，第 67、89 页。
② 同上书，第 91、94、99 页。
③ 同上书，第 101、105—106、110 页。

才能充分了解宗教所以产生的原因和对于社会的贡献"。以"家庭分子的爱情是生物经多年生存竞争的演化结果才产生出来的",认为"这种爱情便是社会意识的起源"。"因为受生存竞争的公例所支配,人类需要扩大的组织以维持自己的生存,因此凡是能够生存于世界的种族便自然会产生一种制度以维持集团意识的凝结。"最初出现的就是图腾,一种共同的信仰,"这种图腾的信仰是许多年中生存竞争的结果自然淘汰而成功的",而这种图腾信仰便是宗教的最原始形式。在以生物史观说明原始宗教起因及其社会功用之后,再论宗教所受生物史观的影响。从上古几个文明古国,埃及、巴比伦、吕底亚、腓尼基,乃至希腊,都因为"失去本来的宗教而至于种族完全灭亡,就可知宗教对于一个自然社会的生存发展其功用为如何之大"。社会性可以决定宗教的内容,从基督教发展的史迹看"是很显然的"①。至于佛教的变化,受社会性的影响就更为显著。

(三)　历史相对论

《历史哲学论丛》(1944 年初版、1948 年再版)为其另一代表作,署常乃惪著。"系辑历年发表有关历史文化问题的十几篇文字而成",收入历史与哲学、历史与历史学观念的改造、史观的意义及其可能性、历史的本质及其构成的程序、历史的重演问题、关于思想、历史文化之有机的发展、人生的悲剧与国家的悲剧、文化与国家、中国民族在世界中的地位与其前途、中国民族怎样生存到现在、日本民族的人格分析 12 篇,"由友人黄君欣周一手完成","依论文的性质而非依发表年代的先后"②。其中,以《历史与哲学》(1941 年 10 月)、《历史与历史学观念的改造》(1941 年 3 月)、《史观的意义及其可能性》(1937 年 5 月)、《历史文化

① 《生物史观与社会》,第 111、112—114、116—118 页。
② 《历史哲学论丛·自序》,民主政治社 1948 年版,第 1 页。

之有机的发展》（1942 年 4 月）等篇集中反映其历史相对论思想。

《历史与历史学观念的改造》把史学当作一门"理解"的学问，强调"单纯地诉之于记忆而不诉之于理解，在理不得称之为'学'"，由此给"史学"一个"最简单的说法，就是必须对于历史这一件整个的事实加上点理解作用，才能叫作史学"。而历史考证、历史著述和历史方法，都只是"史学的预备工作而非即史学本身"，甚至认为"如果《史通》可以叫做史学，则一切历史研究，历史编纂法，历史教学法等类著述都可以叫作史学了"。以"历史是活的，不是死的，他的本身就是一种有机的构造"，"必须用历史的方法，从历史本身的发展次第形态去研究，才能真正把握了历史的意义"①。

强调"从相对论发现以来，我们已经知道即使是天文学上的观察，也不能脱离了观察者的地位而另有所谓绝对超然的不变标准，何况由复杂人事构成的历史家本身即属于其中一分子的历史呢?"史论或史事批评虽有史学的意味，但"属于价值判断者多，属于理法探讨者少"，"只能说是史学的原始形态，还不能就配称为真正的史学"。只有用"历史的方法""发生学的态度"和方法层层剖析构造历史的进程，才能了解历史是活的、变化的，才能知道"一部历史是怎样构成的，其中含有多少主观的成分"。进而得出这样的结论："他们不过发现了许多片断的史料，事实的真相永远不会看到，等他们将这些史料排比成一部像样的历史的时候，他已经不是发现过去的事实真相，而是创造了他自己以及他的时代和民族的哲学了。"②

《史观的意义及其可能性》既强调史观的意义，"接受时代的潮流，以其个人伟大的天才与社会心灵相互渗入，反映社会之要求，并进而指导社会的新趋向"，又讲史观的相对性，即一切史观

---

① 《历史哲学论丛》，第 5、7、8 页。
② 同上书，第 10、11、12 页。

和理论，"说到头来也只是一种概然的假设，只要这种假设未经事实反证其错误，就可以当作是相对的真理"。

　　一面认为"历史均为相对的""社会科学上之所谓真理是因社会之不同而异"，一面又在对历史专业学生讲《历史与哲学》时说，"诸位所学的才是阐天地造化，握人生国家社会枢纽的全体之学"，"现今世界各国家没有一个没有他的'立国指导原理'，而立国指导原理之坚固与否就全系于其历史和哲学的根据正确与否而判"①。"相对的历史"和"因社会之不同而异"的哲学，如何成为"立国指导原理之坚固与否"的依据呢？这或许如其自序所说，时间相去"有将近七年以上"，"内容措辞颇欠一致"，抑或顾此失彼，强调某一面而未顾及另一面。

　　《历史文化之有机的发展》以中国文化有三个时期：第一周期自西汉结束开始衰老，东汉至东晋进入隆冬衰老时期，南朝更迭代表这一没落过程，隋灭陈标志肇自殷商的中国古代文化寿终正寝。与此同时，一个新的文化正在开始孕育，经过胡武汉文的混合与中外交流，产生了辉煌尤盛于秦汉的隋唐帝国文明，以开元、天宝为极盛时代，过后便是夏去秋来的衰落时光。五代这一隆冬季节延长到两宋，两宋文化乃第二生命周期的回光返照。"东亚大陆上又开始了第三次的异族接触，酝酿着一个文化的新生时代"，宋元之际进入第三周期，开始了第三帝国时代。至明末清初又进入秋季，乾隆过后冬季即已降临。鸦片战争以后，中国文化第三周进入将亡的严冬，同时孕育着一个新的文化周期，"第四帝国的春季已经开始，我们可以预想到极盛的夏季在今后一世纪中将会到临"，当务之急便是努力"在文化接枝之外还应当加紧民族混血的工作"②。

　　附表一，文化发展阶段表，虽然没有对应中国历史的具体朝

---

①　《历史哲学论丛》，第3—4页。

②　同上书，第62、64页。

代，却明显地以春夏秋冬四季表示社会发展的初期、盛期、中期、晚期：

幼年期	壮年期	中年期	老年期
春季	夏季	秋季	冬季
初期	盛期	中期	晚期
壮相	住相	异相	灭相

其间，常乃德为呼应林同济、雷海宗而发表《生产力与生命力》，以"生命之有少壮衰老的有机生长过程，乃是生命的本质之一"，强调决定历史发展的因素"不是由经济的因素所构成的生产力，而是由生物的因素所构成的生命力"。而文化体系"是集体生命力的反映"，亦有其少壮衰老，只不过"每一期的年代长短却不必然一律，要看各民族的先天禀赋和后天摄养情形而定"，因此"文化之所以有少壮衰老现象，其根源当从集体生命的少壮衰老现象中求之"①。

针对唯物史观，发表《生物史观与唯物史观的比较》的专论，详述两种史观的异同，认为生物史观异于并优于唯物史观。②

至于说其"无意于支离破碎的考据之学，而要建立一个系统整然的历史哲学"，实在是不知道历史哲学属于哲学范畴，又不习惯用历史考据的方法分辨史料中掺杂的"主观"成分。将历史哲学与历史学混为一谈，研究历史不具有"专门知识"，却鼓吹当"伟大的历史家"，只能美其名曰"决不仅以搜求史料为满足"。这种"历史哲学"，既无哲学，又无历史，如前引《生物史观与社会》一书所批评，"不根据于事实的归纳，仅凭一己冥想独断而

---

① 《生产力与生命力》，《大公报》（重庆）《战国》副刊第 3 期，1942 年 2 月 25 日。

② 详见《常燕生先生遗集》第 2 卷，台北文海出版社 1989 年版，第 635—643 页。

成，所以不免陷于玄学的窠臼”。这种借“哲学”之名掩饰无历史之实，连其本人都知道，“说到头来也只是一种概然的假设”。此类“引进”加“有机构造”，必然亦如其所说：“对于历史的观点如果错误，足以导社会集团于自杀自灭之路。”①

三　“偏于‘统相’摄绎”的“文化形态观”

1940 年初，林同济从“时代的意义”提出中国处在“战国时代的重演”之中，要“栽培能作‘战国之战’的本领”②，创办《战国策》半月刊和《大公报》副刊《战国》双月刊。当其在《战国策》第 14 期上发表的《中国的第三期学术思潮》遭到郭沫若批评之后，便在 1941 年 12 月 3 日写成的《形态历史观》一文中提出所谓“历史形态学（Horphology of History）”和“形态历史观”。同时，把雷海宗捧为“中国学界第一位形态历史家”③。待到 1942 年 8 月讲《民族主义与二十世纪——列国阶段的形态观》时，林同济第一次将斯宾格勒、汤恩比与雷海宗联系在一起，说“斯宾格勒曾应用这方法写出他的《西方的没落》的杰作。最近英国史豪汤贝的《历史研究》一巨著（二十一个文化体系的研究）也是这方法的另一个应用的结果。在中国方面应用这方法而有卓著成绩的，恐怕是畏友雷海宗先生。他的《中国的兵与中国文化》一小书，国人应当注意”④。

① 《史观的意义及其可能性》，《历史哲学论丛》，第 14 页。

② 《战国时代的重演》，《战国策》半月刊创刊号（1940 年 4 月）。

③ 林同济《战国》第 2 期按语，《大公报》（重庆）1941 年 12 月 10 日。

④ 《文化形态史观》，上海大东书局 1946 年版，第 47 页。［补注］该书把雷海宗《中国文化与中国的兵》一书书名颠倒为《中国的兵与中国文化》，此为编辑《文化形态史观》粗疏之一。

（一）雷海宗与《中国文化与中国的兵》

雷海宗（1902—1962），字伯伦，出生于河北省永清县一个牧师家庭。1919 年入清华学堂高等科，1922 年毕业后公费留美，在芝加哥大学主科修历史，副科修哲学。1924 年考入该校研究院历史学研究所。1927 年获芝加哥大学哲学博士学位回到南京，任中央大学史学系副教授、教授和系主任，兼金陵女子大学历史系教授和中国文化研究所研究员。1931 年转任武汉大学史学系和哲学系合聘教授。1932 年回清华大学讲授中国通史、殷周史和秦汉史。在《清华学报》和清华《社会科学》上连续发表《皇帝制度之成立》和《中国的兵》《中国的家族制度》《世袭以外的大位承继法》《无兵的文化》《断代问题与中国史的分期》等 6 篇文章。抗战爆发后，在汉口《扫荡报》上发表《此次抗战在历史上的地位》。1938 年 12 月，将已发表的六文与新写的《建国——在望的第三周文化》一文合刊，名以《中国文化与中国的兵》。其后，为西南联合大学历史系教授、系主任及文学院代理院长，讲授西洋史、中国通史、中国哲学史、史学方法论等。为《战国策》半月刊、重庆《大公报·战国副刊》撰稿，发表《历史警觉性的时限》《中外的春秋时代》《外交：春秋与战国》《历史的形态与例证》等，被林同济收入《文化形态史观》一书。1952 年后，为南开大学历史系教授。

《中国文化与中国的兵》，作为"文史丛书"由商务印书馆 1940 年出版。

上编：总论——传统文化之评价；一、中国的兵；二、中国的家族；三、中国的元首；四、无兵的文化；五、中国文化的两周。下编：总论——抗战建国中的中国；六、此次抗战在历史上的地位；七、建国——在望的第三周文化。附录——世袭以外的大位承继法。先前发表的《皇帝制度之成立》改为《中国的元首》,《断代问题与中国史的分期》改为《中国文化的两周》,《中国的家族制度》改为《中国的家族》,其余文字"除一二字的修改外,此次合刊仍保留初刊时的原像"①。

上编:总论——传统文化之评价,明确表示:"前三篇由三个不同的方向探讨秦汉以上的中国——动的中国。第四篇专讲秦汉以下的中国——比较静止的中国。第五篇合论整个的中国历史。"最初虽然分别问世,"但勉强尚有一贯的线索可寻"。

中国的兵,占全书四分之一多的篇幅,分春秋、战国、秦代、楚汉之争、西汉时期、汉武帝、武帝以后——光武中兴、东汉、后言——汉末至最近九节。主要目的在考察春秋至东汉末,什么人当兵以及兵的纪律、风气、心理,认为"这是明了民族盛衰的一个方法"。由春秋到西汉,"先是军民不分,后来军民分立,最后军民对立"。东汉时"民众已不是战国时代人人能战的民众,士大夫更不是春秋时代出将入相的士大夫。"结论是:两千年来中国长期积弱,"东汉以下永未解决的兵的问题是主要的原因"②。加注说明:"文武兼备的人有比较坦白光明的人格,兼文武的社会也是坦白光明的社会。这是武德的特征。中国二千年来社会上下各方面的卑鄙黑暗恐怕都是畸形发展的文德的产物。偏重文德使人文弱,文弱的个人与文弱的社会难以有坦白光明的风度,只知使用心计;虚伪,欺诈,不彻底的空气支配一切,使一切都无办法。中国兵制的破裂与整个文化的不健全其实是同一件事。"③

中国的家族,分春秋以上、战国、秦汉以下、结论四节,分析与"整个政治社会的发展又有密切的关系"的中国大家族制度由"极盛,转衰,与复兴的变化",指出"春秋以上是大家族最

---

① 《中国文化与中国的兵·序》,《中国文化与中国的兵》,商务印书馆 1940 年版,第 1 页。

② 《中国文化与中国的兵》,第 61 页。

③ 同上书,第 69 页〔注八十六〕。

盛的时期，战国时代渐渐衰微，汉代把已衰的古制又重新恢复，此后一直维持了二千年"。结论是：这种大家族"是社会国家的基础。大家族是社会的一个牢固的安定势力"。大小家族制度，各有利弊，在建国进程中是否可以调和，希望得到解决。

中国的元首，分列国称王、合纵连横与东帝西帝、帝秦议、秦始皇帝、汉之统一与皇帝之神化、废朝议与皇帝之制度的完全成立、后言七个步骤叙述"皇帝成立的事实经过"。以"废旧容易，建新困难"提出"在未来中国的建设中，新的元首制度也是一个不能避免的大问题"。

无兵的文化，与前文"中国的兵"相呼应，分政治制度之凝结、中央与地方、文官与武官、士大夫与流氓、朝代交替、人口与治乱、中国与外族七个方面讨论。秦以前为自主自动的历史，人民能当兵，肯当兵，对国家负责任。秦以后人民不能当兵，不肯当兵，对国家不负责任，一切都不能自主。秦以前为动的历史，有政治社会演化更革。秦以后为静的历史，只有治乱骚动，没有本质的变化。这是一种完全消极的文化，"主要特征就是没有真正的兵，也就是说没有国民，也就是说没有政治生活"，称之为"无兵的文化"。

中国文化的两周，最初发表题为《断代问题与中国史的分期》，分正名、中国史的分期、中国史与世界史的比较三节。针对中国人"依样葫芦"跟着西洋史分期的状况进行"正名"："无论关于西洋史或中国史，各种名义都不严正，这是断代问题所以混乱的一个主要原因。"指出"泛义的西洋实际包括埃及，巴比伦，希腊，罗马，回教，欧西五个独立的文化，各有各的发展步骤，不能勉强牵合。"强调"人类历史并不是一元的，必须分开探讨。""断代当然以每个独立的文化为对象，不能把几个不同的个体混为一谈而牵强分期。"在"正名"基础上谈中国史的分期，以公元383年的淝水之战为分界，将中国四千年来的历史分为两大周。第一周是"纯粹的华夏民族创造文化的时期，外来的血统与文化没有重要的地位"，可为"古典的中国"。"黄河流域是政治文化的重心，长江流域处在附属的地位，珠江流域到末期才加入中国文化的范围。"除了史前期之外，可分为封建（前1300—前771年）、春秋（前770—前473年）、战国（前473—前221年）、帝国（前221—公元88年）、帝国衰亡与古典文化没落（公元88—383年）五个时代。第二周，公元383年以来，是"北方各种胡族屡次入侵，印度的佛教深刻的影响中国文化的时期。无论在血统或文化上，都起了大的变化"。中国不再是纯华夏的古典中国，而是"胡汉混合、梵华同化的新中国，一个综合的中国"。第一周处在附属地位的江南与边疆地位的岭南，到了第二周地位日渐提高，"政治上成了一个重要的区域，文化上最后成了重心"。这一周，也可分为五期：南北朝隋唐五代（公元383—960年）、宋代（公元960—1279年）、元明（公元1279—1528年）、晚明盛清（公元1528—1839年）、清末中华民国（公元1839年以后）。大体上保守秦汉帝国所创设的制度，"只在文物方面，如宗教，哲学，文艺之类，才有真正的演变"。近百年来中国文化的各个方面"受了绝大的冲动，连固定不变的政治社会制度也开始动摇"。以中国史与世界史比较，主要以埃及、希腊罗马与中国三个文化区的历史进行比较，提出"一个文化区由成立到统一，大致不能少于一千年，不能多于一千五百年。以此类推，其他民族的历史可以大体断定"的说法。

下编：总论——抗战建国中的中国，说明上编的文字是抗战前发表，"注意力集中于传统文化的弱点，对于中华民族的坚强生力，只略微提及"，"抗战开始以后，这种缄默已不能继续维持了"。

此次抗战在历史上的地位，自谓是"解释此次抗战的意义与士兵之所以英勇"，实际是基本重申《断代问题与中国史的分期》中的观点，将中国文化换用"文化潮流"的说法，将第二周与第一周列表在一起，以宗教时代、哲学时代、哲学派别化的时代、哲学消灭与学术化的时代、文化破坏时代，对应第一周的五个时代、第二周的五个时期。强调"抗战的重心在南方"，"二千年来养成的元气，今日全部拿出，作为民族文化保卫力量"。将抗战比作是第二周末的淝水之战，认为"第二周的结束与第三周的开幕，全都在此一战"。

新中国成立在望的第三周文化，提出"建设第三周的崭新文化""创造民族的新生"的希望，主张"恢复战国以上文武并重的文化"。每个国民，"尤其是处在社会领导地位的人，必须文武兼备"。要有光明磊落的人格、社会风气，才能够"创造光明磊落的文化"。"所有的兵必须直接出自民间，兵与民必须一体，二千年来兵民对立的现象必须彻底打破。"总结说：

> 兵可说是民族文化基本精神的问题，家族可说是社会的基本问题，元首可说是政治的基本问题。三个问题若都能圆满的解决，建国运动就必可成功，第三周文化就必可实现。

附录——世袭以外的大位承继法，分罗马皇帝、回教教主、结论三节，看到罗马帝国的皇帝与回教初期的教主"都是专制的，但都不是世袭的"。所得结论：各国独裁者都要"用罗马与回教那种实际指定而名义选举的方法产生承继人"。

就全书内容而言，还见不到"文化形态史观"之类的说法。只在以埃及、希腊罗马与中国三个文化区的历史进行比较时，加注提到"参考 Oswald Spengler 著 *Decline of the West*，与 Arnold J. Toynbb 著 *A Study of History*"[1]，然后说"这种由详知的例推求不详的例的方法，是我们细密分期的第一个收获"[2]。这或许可以说

---

①　《中国文化与中国的兵》，第 202 页。
②　同上书，第 196—197 页。

是雷海宗接受斯宾格勒和汤因比观点的根据，然而，这又与前面"正名"一节所说"到处碰壁"。"正名"一节批评"把几个独立的线索，用年代先后的死办法，硬编成一个线索，当然要使读者越读越糊涂了"；"每个文化都有它自然发展消长的步骤，合起来讲，必讲不通；若把人类史认为是一个纯一的历史，必致到处碰壁"。① 因此，雷海宗既不取斯宾格勒历史文化一周说，也未采纳汤因比封建、列国、大一统帝国三段分期说，而是将第一周、第二周均分作五个时代，第一周五个时代为封建、春秋、战国、帝国、帝国衰亡与古典文化没落。

（二）林同济与《文化形态史观》

1943 年林同济将自己 8 篇文章与雷海宗 4 篇文章结集为《文化形态史观》，写了卷头语，1946 年由上海大东书局出版。篇目如下：形态历史观（林同济）、历史的形态与例证（雷海宗）、民族主义与二十世纪（林同济）、中外的春秋时代（雷海宗）、战国时代的重演（林同济）、外交：春秋与战国（雷海宗）、大夫士与士大夫（林同济）、士的蜕变（林同济）、官僚传统（林同济）、中饱（林同济）、文化的尽头与出路（林同济）、历史警觉性的时限（雷海宗）。

1. 林同济"摄绎"出"文化统相法"

1940 年 4 月，林同济在《战国策》创刊号上发表《战国时代的重演》，提出"每个时代有一个时代偏重的中心现象。这个中心现象一面决定了那时代的'统相'（Gestalt）。"②

在 1940 年 9 月 15 日发表的《中饱——官僚传统的一面》一文写道："不久前我曾说过了，真正有意义的历史必定要采取'文化综合'Cultural – Synthetic 或'文化统相'Cultural – Configative

---

① 《中国文化与中国的兵》，第 170、171—172 页。
② 《文化形态史观》，第 81 页。

的方法。(参阅拙作《第三期的中国学术思潮》)"①。

1941 年 12 月 3 日《形态历史观》一文说方法论时，提出"一个根本又根本的问题——我以为中国学术界到了今天应当设法在五四以来二十年间所承受自欧西的'经验事实'与'辩证革命'的两派圈套外，另谋开辟一条新途径。憧憬展望之中，我把它名叫'文化统相法'。粗浅的发凡，曾有《中国的第三期学术思潮》一文论及（战国策第十四期），详情改日再谈。此处要提醒的，并不是主张回到中古的缥缈恍惚的'玄学'办法，（郭沫若先生去年十月间在重庆文化座谈会对我的评语——见大公报。）大凡对欧美三四十年来社会科学方法论的发展略加留意之人，恐怕都晓得他们各科门的权威学者正在如何不谋而合地朝着我所指出的方向迈进。其中尤堪参照的，我认是所谓'历史形态学'（Horphology of History）者。我不打算在本文有限的篇幅内，讨论历史形态学以及这形态学与我所谓统相法的异同，让我且把统相法所探到的一个文化历史观，提供出来以就正于读者。为简便起见，无妨且把它叫做形态历史观。"②

1942 年 8 月《民族主义与二十世纪——列国阶段的形态观》再次提出"中国思潮，自五四以迄现在，二十二年经过了三个阶段变迁。……第三，可说是文化综合或文化统相（Cultural configurative）的阶段。""而在研究方法上曾给予历史学以一种新的路径，特别值得我们注意的，我以为是历史上形态学（Horqhology of History）。我们亦可名之曰历史统相法。""历史形态学或统相学是利用一种综合比较方法来认识各个文化体系的'模式'或'形态'的学问。"③ 这是唯一一处给"历史形态学或统相学"所下定义，但不知是斯宾格勒或汤因比的原论，还是林同济的"摄绎"。

---

① 《文化形态史观》，第 155 页。
② 同上书，第 6—7 页。
③ 同上书，第 45—47 页。

1943 年 2 月为出版《文化形态史观》写卷头语说："我与雷先生这些文字，多少是根据于形态历史观的立场而写作的"，"雷先生较偏于例证的发凡，我较偏于'统相'的摄绎"。

"时代的'统相'（Gestalt）"——"'文化综合'Cultural - Synthetic 或'文化统相'Cultural configurative 的方法"——"所谓'历史形态学'（Horphology of History）"——"我们亦可名之曰历史统相法。"①

Gestalt 究为何意？"统相"是什么？Cultural configurative 明明"文化结构"之意，却要弄出个"文化统相"来。Horphology of History 又怎么可名之曰"历史统相法"？

一面憧憬"文化统相法"，一面又拉出"各科门的权威学者正在如何不谋而合地朝着我所指出的方向迈进"的"尤堪参照"的"历史形态学"，并躲躲闪闪地表示"不打算"讨论"历史形态学以及这形态学与我所谓统相法的异同"，只用一句"为简便起见，无妨且把它叫做形态历史观"，就将"文化统相法"与"历史形态学"（或"形态历史观"）两者画上等号，至少是不严谨、不规范的表现。若说是玩弄概念，倒是可以借用其"圈套"二字。所谓"我较偏于'统相'的摄绎"，"摄绎"两个字不正是"摄取所需，任加演绎"的同义语吗？

编选《文化形态史观》既然是要"摄绎"其"文化统相法"，却又不选收其提出"文化统相法"的《中国的第三期学术思潮》，不仅《文化形态史观》不选收，另一本"可当作战国文存"的《时代之波》（创造出版社 1944 年版）也不选收，是让郭沫若揭出要害不敢再示人，还是想借郭沫若的评语炒作自己？再者，林

---

① ［补注］《文化形态史观》书中，林同济"摄绎"的"文化统相"一词的外文不一，第 46 页作 Cultural configurative，第 155 页作 Cultural - Configative，都是让参阅其《第三期的中国学术思潮》一文，后者却少了字母 ur，是校对脱误，还是弄玄？此字应是 configuration，还是 configurative？此为《文化形态史观》粗疏之二。

同济每每提到此文，有时说《中国的第三期学术思潮》，有时说
《第三期的中国学术思潮》，连自己得意之作的篇名都说不确切，
足见其写文章的随意性了。

《形态历史观》一文亮出其文化分期的依据："历史上真实存
在的文化是分有若干体系，布在各个空间时间的。例如古埃及文
化是一个体系的，印度文化又是一个体系的，中国文化，希腊罗
马文化，欧美文化也都各成体系的。（如何断定文化体系，而文化
体系又共有若干，参阅 A. T. Toynbee：A. Study of History。）""在
过去的历史上，凡是自成体系的文化，只须有机会充分发展而不
受外力中途摧残的，都经过了三个大阶段：（一）封建阶段，
（二）列国阶段，（三）大一统帝国阶段。"① 如果说这是汤因比的
观点，那么《中饱——官僚传统的一面》一文用文化统相（Cul-
turalConfigative）的方法"为中国划期"，"第一是殷商后期至西周
之末。第二期是秦汉以至清末。在这两大期间，则有五百五六十
年空前激变的春秋战国时期——尤其是战国时期——为其转
捩"②，又是谁的观点呢？

总之，名为"文化形态史观"，对于斯宾格勒、汤因比关于
"历史形态学"（Horphology of History）的原论丝毫不作介绍，对
运用这一方法写成的名著的内容也不涉及。除简单的分期而外，
只有"摄绎"出的"统相"。如其本人所云："说到中国文化，一
般一知半解的'专论'写作者，类皆能鹦鹉式地跟着王公大人们
的后面大喊"③，喊出一个"历史形态学"或"文化形态史观"。
不懂中国历史的"'专论'写作者"，捧出一位历史学家为自己
"摄绎"的"统相""相辅为用"，这大概就是《文化形态史观》
的"形态"。

①　《文化形态史观》，第 8 页。
②　同上书，第 155 页。
③　《中饱——官僚传统的一面》，《文化形态史观》，第 158 页。

2. 雷海宗观点的调整

前面已说过林同济怎样把雷海宗捧为"中国学界第一位形态历史家"，也考察了《中国文化与中国的兵》一书的内容。《文化形态史观》一书选收雷海宗 4 篇文章，运用"历史的形态"观念最有代表性的是 1942 年 2 月所写《历史的形态与例证》一文。

以此文比较《中国文化与中国的兵》上编"五、中国文化的两周"，新增内容在篇首及前三部分，开篇讲"所谓历史，有特殊哲学意义的历史，并不是由开天辟地以迄今日演变的种种。历史的时间以最近五千年为限"。提出"历史进展大步骤的公同点，现在已逐渐成为学者所公认的现象。这种公同点，就是历史的形态"。论述文化发展阶段，第一个阶段封建时代，前后约 600 年；第二个阶段贵族国家时代，前后约 300 年；第三个阶段帝国主义时代，前后约 250 年；第四个阶段大一统时代，前后约 300 年；第五个阶段政治破裂与文化灭亡的末世，时间不定，可长可短。长达 8 页的论述，未注出处，显然透露出一个信息：虽然使用了"历史的形态"这一概念，但在认识中国历史时并没有接受斯宾格勒历史文化一周说，更没有采纳历史三阶段的分期说，只是将先前所说"埃及，巴比伦，希腊罗马，回教，欧西五个独立的文化"，改为"五千年的高等文化区域共有七个：埃及，巴比伦，印度，中国，希腊罗马，回教，西欧"[1]。在"一般文化历程的梗概"之后，增加（一）埃及文化、（二）希腊罗马文化、（三）欧西文化三节文字。

文章重申了《中国文化与中国的兵》上编"五、中国文化的两周"的内容，主要在第四部分"独具两周的中国文化"，基本观点没有改变，直接将《中国文化与中国的兵》下编"六、此次抗战在历史上的地位"那个"第二周与第一周的文化朝流列表"

---

[1]　《历史的形态与例证》，《文化形态史观》，第 18、20、19 页。

原封不动移了过来①，不再提"抗战的重心在南方"，也不再将抗战比作淝水之战。

雷海宗《中国文化与中国的兵》批评"把几个独立的线索，用年代先后的死办法，硬编成一个线索，当然要使读者越读越糊涂了"，林同济《文化形态史观》"摄绎"的"统相"说确实让读者"越读越糊涂"，不仅使当时人"糊涂"，也让后人"糊涂"。半个多世纪之后，有一本专门研究史学思潮的论著，竟将林同济《形态历史观》一文所说研究文化"第一步关键工夫就是要断定文化的体系"，《民族主义与二十世纪——列国阶段的形态观》一文所说"历史形态学或统相学是利用一种综合比较方法来认识各个文化体系的'模式'或'形态'的学问"② 等基本观点，统统当成是雷海宗的观点来加以发挥，不知是阅读时的疏忽，还是因为"摄绎"的"统相"说使其"越读越糊涂"了。

（原为《民国史学述论稿》第十章，上海人民出版社 2011 年版）

---

① 《中国文化与中国的兵》，第 208—209 页；《文化形态史观》，第 41—42 页。
② 《文化形态史观》，第 7、46—47 页。

王国维的杰出贡献与学术影响

　　王国维是 20 世纪最富学术预见的大师，对中国史研究的贡献最为巨大、影响最为深远。他不赶时髦"倒卖"那些"几曾摸着"中国历史"一些儿边际"的西洋史学理论，不发表空洞无物的"宏篇大论"，甚至政治立场相当保守，拒绝"以学术为手段"，只默默地从事"以学术为目的"的艰辛而深邃的研究。1925 年发表《最近二三十年中中国新发见之学问》、写成讲义《古史新证》，为其史学研究的结晶和总结。前者以其史学实践预见了 20 世纪中国史研究的基本走势，后者以其史学实践总结出研究中国史的科学方法。

一　卓著的成就，杰出的贡献

　　《最近二三十年中中国新发见之学问》开篇即亮出"古来新学问起，大都由于新发见"的观念，从学术史的角度论述"中国学问上之最大发现"，以殷虚甲骨文字、敦煌塞上及西域各处之汉晋木简、敦煌千佛洞之六朝及唐人写本书卷、内阁大库之元明以来书籍档册四者之一，已"足当孔壁、汲冢所出"，"故今日之时代可谓之发见时代，自来未有能比者也"，并对上述四项与"中国境内之古外族遗文"（突厥、回鹘、梵文、西夏文等）分别"说之"。这一独具慧眼的远见卓识，几乎囊括了 20 世纪研究中国史的主要内容。最后希望：

> 此等发见物，合世界学者之全力研究之，其所阐发尚未
> 及其半，况后此之发见，亦正自无穷，此不能不有待少年之
> 努力也。

在后此发现的基础上，经王国维身后"少年之努力"，甲骨
学、简牍学、敦煌学、西夏学既成为国际"显学"，也成为研究殷
商、汉晋、唐五代、西夏史不可或缺的坚实基础；利用大库档案
研究清史，正在全面展开。凡谈20世纪中国史研究，基本无出王
国维此文所论范围。早在85年前，据新发现史料科学地预见中国
史研究基本走势者，王国维为唯一一人。

有此预见，与其本人的史学实践密不可分。下面，以《观堂
集林》中《史林》所收著论，对王国维的史学成就和贡献作一
综述。

《观堂集林》中《史林》所收著论大致包括八个方面：甲骨
文研究（史林1—2），司马迁研究（史林3），历史地理研究（史
林4），古代北方民族研究（史林5、14），辽金元研究（史林6—
8），汉晋简牍研究（史林9），青铜器物、石经、碑刻、度量研究
（史林10—12），敦煌研究（史林13）。① 其中，以甲骨文、汉晋
简牍、敦煌文书文物和古代北方民族、辽金元研究五大方面成就
最为卓著，贡献最为杰出。

（一）"对于卜辞作综合比较研究之始"

系统考释卜辞，用以研究殷商史，自王国维始。《观堂集林》
卷九《史林》一《殷卜辞中所见先公先王考》《殷卜辞中所见先

---

① 本文所引《观堂集林》，为商务印书馆1940年版《王静安先生遗书》所收24
卷本。

公先王续考》，是王国维考释卜辞，研究殷商史的两篇杰作。第一次以坚实的考证确认了殷墟甲骨文中所记殷商先公、先王的名号，使《史记·殷本纪》的殷商王室世系得到地下新发现的印证，并纠正了其中的某些错误。这是甲骨文被发现 19 年之后所取得的一项具有划时代意义的成就。由此，甲骨文的价值得到世人公认，商史成为信史。后经过郭沫若、董作宾、吴其昌、于省吾等数十年努力，《史记·殷本纪》中商先公先王名号，上甲微以下，除中壬外，都在卜辞中得到证实。对商王世系的分析，对商代社会血缘关系、王位继承等问题的考察，极大地开阔了甲骨文研究的视野，赋予其深厚的社会史意义，影响着此后数十年的古史研究和古文字研究。就研究方法言，以地下新发现与文献记载相印证，开出古史研究新途径，更对 20 世纪中国史研究产生出巨大而久远的影响。

（二）研究汉晋简牍，考证西陲地理沿革

以汉晋简牍出土地为出发点，考察西陲地理沿革，认定一些史实，纠正某些谬误。《观堂集林》卷十七《史林》九《流沙坠简序》《流沙坠简后序》《敦煌汉简跋》（十四首）《罗布淖尔东北古城所出晋简跋》《尼雅城北古城所出晋简跋》《罗布淖尔北所出前凉西域长史李柏书稿跋》等为研究汉晋简牍的篇章，以《流沙坠简序》为集中代表。

汉代简牍出土敦煌迤北之长城，由此考察西汉敦煌郡玉门、中部二都尉，确定大煎都侯官、玉门都侯官"皆在汉龙勒县境"，平望侯官、步广侯官在"汉敦煌县境"。

魏晋木简残纸出土罗布淖尔固泽北之古城，考定"此地决非古楼兰。其地当前凉之世，实名海头，而《汉书·西域传》及《魏略·西戎传》之居庐仓，《水经·河水注》之龙城，皆是地也"，"自魏晋以后，为西域长史治所"。

通西域之路，即丝绸之路，历来认为由敦煌分别出玉门和阳关。《流沙坠简序》以"玉门一县正当酒泉出敦煌之孔道，太初以前之玉门关当置于此"，"嗣后关城虽徙而县名尚仍其故"，"故古人有误以玉门县为玉门关者"。据出土诸简及《汉书·地理志》考定："太初以前之玉门关当在酒泉郡玉门县"，而太初以后之玉门关在"东经九十四度以西之小盐湖"，"汉及新莽时玉门都尉所有版籍，皆出于此，可为《汉志》玉门关之铁证"。敦煌、龙勒两县之北境"实汉时屯戍之所，又由中原通西域之孔道"，足见阳关不在这条孔道。《敦煌汉简跋十四》考证在玉门发现的两则木简，指出"汉时南北二道分歧，不在玉门、阳关，而当自楼兰故城始。自此以南，则从鄯善傍南山北波河，西行至莎车；北则东趣车师前王庭，或西趣都护治所，皆随北山波河西行至疏勒。故二道皆出玉门"，而"楼兰以东，实未分南北二道也"。《罗布淖尔北所出前凉西域长史李柏书稿跋》以北凉"北道诸国车师已亡，惟有焉耆、龟兹、疏勒三国。而龟兹、疏勒之使当取碛道（即《魏略》之中道），不得从北虏中。惟往焉耆者，则或从北虏中经高昌而西，或由碛道而北"，这条通道经李柏书稿证明，更加精准无误。

（三）　开以敦煌吐鲁番出土物研究唐五代史之先声

《观堂集林》卷二十一《史林》十三《唐写本残职官令跋》《唐写本食疗本草残卷跋》《唐写本灵棋经残卷跋》《唐写本失名残书跋》《唐写本太公家教跋》《唐写本兔园册府残卷跋》《唐写本大云经疏跋》《唐写本老子化胡经残卷跋》《唐写本韦庄秦妇吟跋》《又跋》《唐写本云谣集杂曲子跋》《唐写本春秋后语背记跋》《唐写本残小说跋》《唐写本敦煌县户籍跋》《宋初写本敦煌县户籍跋》等为考释出土文书，《史林》九《唐李慈艺授勋告身跋》，《史林》十二《于阗公主供养地藏王菩萨画象跋》《曹夫人绘观音菩萨象跋》为考释出土物。

　　均田制在唐代是否实行,长期争论不决。王国维见到英国伦敦博物馆藏沙州敦煌县户籍写本后,认定为唐大历四年户籍,写成《唐写本敦煌县户籍跋》,考察代宗时均田制在沙州实施的具体情况。自此而后,以敦煌吐鲁番出土文书考证唐代均田制及相关问题,成为唐史研究中一项经久不衰的课题,并取得巨大进展和丰硕成果。《唐写本大云经疏跋》考察武则天时期政治与佛教的关系,纠正历代史书关于武则天时"伪造"《大云经》的说法,指出薛怀义等借《大云经》"附会穿凿,无所不至"。1935 年陈寅恪发表《武曌与佛教》称赞其"考证甚确",强调"此类政治与符谶关系,前人治史,多不知其重要,故特辨之如此"①。《唐写本韦庄秦妇吟跋》《又跋》,使韦庄《秦妇吟》诗重见天日,成为研究唐末历史和文学的重要资料。《于阗公主供养地藏王菩萨画象跋》《曹夫人绘观音菩萨象跋》考察唐代安西四镇之一的于阗自被吐蕃攻陷,与唐隔绝,直至宋初的史事,填补了这一段历史空白。《唐写本残职官令跋》考察唐初官制,《唐李慈艺授勋告身跋》考察唐代北庭都护府瀚海军设置时间及地理位置。其他考释,涉及方面广泛,经、史书而外,类书、家训、棋经、食疗本草、小说等,无所不包,为王国维考释敦煌吐鲁番文书的一个突出之点。说以敦煌吐鲁番出土物考察唐五代史,由王国维发其端、开其先,决非过论。三年之后,陈寅恪为陈垣《敦煌劫余录》作序,提出作"敦煌学之预流"的希望,使王国维开启的敦煌研究得以发扬,终成 20 世纪一显学。

(四) 古代北方民族研究

　　《观堂集林》卷十三《史林》五《鬼方昆夷狁狁考》这一长

---

① 陈寅恪:《金明馆丛稿二编》,上海古籍出版社 1980 年版,第 149—150 页。

篇，是研究匈奴族源及先秦北方游牧部族的代表作。从地理分布及音韵学论证鬼方、混夷、獯鬻、狎狁与后来的匈奴、胡皆系同一族名的异译，"曰戎、曰狄者，皆中国人所加之名，曰鬼方、曰混夷、曰獯鬻、曰獯狁、曰胡、曰匈奴者，乃其本名。而鬼方之方，混夷之夷，亦为中国所附加。当中国呼之为戎、狄之时，彼之自称，决非如此"，否定《史记·匈奴列传》以匈奴先祖乃"夏后氏之苗裔"的说法，为提出殷代鬼方为匈奴族祖的第一人。在考释铜器的《史林》十有一短篇《匈奴相邦印跋》，认定此印"年代较古，又为匈奴所自造，而制度、文字并同先秦"，由此推断"匈奴与中国言语虽殊，尚未自制文字。即有文字亦当在冒顿老上以后，非初叶之事"，对研究匈奴官制、文化以及汉匈关系有重要参考价值。

《观堂集林》卷二十二《史林》十四《胡服考》，考察自赵武灵王至唐末宋初，北方游牧部族服装穿戴，包括冠、带、褶、袴、靴等，"入中国后变革之大略"，反映我国古代内地与北边民族的关系。

《观堂集林》卷十三《史林》五《西胡考》（上、下）、《西胡续考》《西域井渠考》，《观堂集林》卷二十《史林》十二《高昌宁朔将军麹斌造寺碑跋》《九姓回鹘可汗碑跋》《书虞道园高昌王世勋碑后》，为研究西域、突厥、回鹘的主要篇章。

《西胡考》（上、下）及《西胡续考》，探讨西域民族及匈奴族属。"汉人谓西域诸国为西胡，本对匈奴与东胡言之"，"前汉人谓葱岭以东之国曰西胡"，"后汉人于葱岭东西诸国皆谓之西胡"，"南北朝人亦并谓葱岭东西诸国为西胡"。"西胡亦单呼为胡"，但"其所谓胡，乃指西域城郭诸国，非谓游牧之匈奴"。六朝以后，史传、释典所用"胡"字，专指"西戎"。"隋朝彦琮始分别胡、梵，唐人皆祖其说，然除印度外，凡西域诸国皆谓之胡。"《西胡考下》在指出古希腊、大食，近世俄罗斯来自西土而外，"自来西域之地，凡征伐者自东往，贸易者自西来"的事实之后，提出了一个关于发达地区政权与多民族聚居的非发达地区政权的关系问题："凡西徙之种族，于其所征服之国，不过得其政权及兵权而自成统治者之一级。其时人民之生活，仍如故也。"特别强调：

> 当时统治者与被治者间，言语、风俗固自不同，而统治一级人数较少，或武力虽优而文化较劣，狎居既久，往往与被治者相融合，故此土之言语、风俗非统治者之言语、风俗，实被治者之言语、风俗也。世或以统治者之名呼其种族及言语，如大月氏人、睹货逻语之类，盖非尽当。

最后总结道："汉时此族以大宛为东界者，至南北朝已越葱岭，而以高昌为其东界。虽此种人民或于有史以前本居东土，然于有史以后自西徂东亦为事实。故高昌以西语言文字与波斯、大秦同属一系，汉魏以来总呼为胡，深合事理。然则论西胡之事，当分别统治者与被治者二级观之，否则鲜不窒阂矣。"这一论述，迄今仍有现实意义。

《西胡续考》更加明确地提出匈奴与西域同种的关系，"自唐以来，皆呼多须或深目、高鼻者谓胡或胡子"，"岂知此语之本源出于西域胡人之状貌乎！且深目多须不独西胡为然，古代专有胡名之匈奴疑亦如是"。"晋时胡羯，皆南匈奴之裔"，"晋之羯胡，则明明匈奴别部，而其状高鼻多须，与西胡无异，则古之匈奴盖可识矣"。

《西域井渠考》针对伯希和以西域凿井方法和波斯凿井方法相似，自波斯传来的说法，引《史记·河渠书》《大宛列传》《汉书·乌孙传》，证明"穿井为秦人所教，西域本无此法"；汉通西域之后，塞外乏水，且沙土易崩，故以井渠法施之。最后指出："东来贾胡以此土之法传之彼国者，非由彼土传来也。"

吐鲁番出土高昌麴宝茂建昌元年（555）所立麴斌造寺碑，被王国维视为"考高昌麴氏事者第一史料"，作《高昌宁朔将军麴斌造寺碑跋》，为研究突厥官职、突厥与属国、属部关系以及突厥与麴氏高昌关系的重要篇章。

《九姓回鹘可汗碑》原碑碎为八段，经王国维以俄国人拉特禄夫《蒙古图志》所载影本与李文田《和林金石录》所录碑文，并据伯希和"所引诸氏厘定之本"等进行综合研考，"为碑图以明全碑之形状及碑文之次序"，终使"碑文略可通读"，并作《九姓回鹘可汗碑跋》考证人名、地名、部族名，考订阙字，说明纪事。碑题"爱登里啰汨没蜜施合毗伽可汗"，即保义可汗，"在位凡十四年，为回鹘极盛之世"。自拔贺那王，九姓回鹘势力日臻强大，"南破吐蕃，北服葛禄，兵力直至葱岭以西，而其事史皆不书。异时回鹘西徙之事，惟由此碑始得解之。"

《书虞道园高昌王世勋碑后》，以虞道园所撰《高昌王世勋碑》所据《高昌王世家》是"畏吾儿旧谱牒"，"所记回鹘源流，可与《唐书·回鹘传》互相发明"。

（五）蒙古与辽金元研究

蒙元研究，是王国维最后两年的研究重点。《观堂集林》卷十四《史林》六《黑车子室韦考》《西辽都城虎思斡耳朵考》《鞑靼考》，《观堂集林》卷十五《史林》七《萌古考》《金界壕考》《南宋人所传蒙古史料考》，《观堂集林》卷十六《史林》八《元朝秘史之主因亦儿坚考》《蒙古札记》等，为研究蒙古与辽金元的重要成果。

《鞑靼考》为研究早期蒙古的代表作。"鞑靼之名，始见于唐之中叶。阙特勤碑之突厥文中，有三十姓鞑靼、九姓鞑靼，是为鞑靼初见纪录之始。"两宋著述"屡见其名"，《辽史》本纪中三见，《金史》"乃并绝其迹"，至《明史》"始复有鞑靼传实蒙古传也"。正史中三百多年间"竟不概见"，发之疑问，即以所见辽金宋史籍，结合地理考证，得出"唐宋间之鞑靼，在辽为阻卜，在金为阻鞑，在蒙古之初为塔塔儿，其漠南之汪古部，当时号为白达达者，亦其遗种也"的结论。分析辽、金二史无"鞑靼"的原因，是由于元朝时汉人、南人以"鞑靼"称呼蒙古人，而元末修史之臣"已不知鞑靼与蒙古之别"，"误以蒙古之先朝贡于辽金"，"虑其有损国体，故讳之尤深"。最后，对漠南鞑靼即阴山鞑靼进行分析，认为与漠北鞑靼在唐"并为鞑靼"，在辽"并为阻卜"，"自不视为异种"，只不过南徙之后与沙陀、党项诸部杂居，"与党项之关系尤较沙陀为密，故昔人多互称之"而已。所附《鞑靼年表》，汇集散见材料，自唐咸通九年（868）至金泰和四年（南宋嘉泰四年，1204），表列以室韦系统蒙古族游牧部落为主的鞑靼诸部 336 年间的主要活动，注明出处，为进一步研究提供了坚实的基础。

继《鞑靼考》之后的《萌古考》（1925 年 12 月初名《辽金时蒙古考》，1927 年 4 月改定），"就书传所记蒙古上世事实，汇而考之"，为研究成吉思汗建立元朝以前蒙古诸部的重要篇章。以《旧唐书·北狄传》室韦所在地为蒙古诸部发源地，最初"蒙兀室韦亦只在额尔古讷河之下游"，"后来蒙古住地在额尔古讷河、敖嫩河流域"。以《新五代史·四裔附录》引胡峤《陷虏记》有"鞵劫子"的说法，认为"蒙兀室韦之讹转，后世所以称蒙古者，曰梅古悉、曰谟葛失、曰毛割石、曰毛揭室、曰毛揭室韦、曰萌古子、曰盲骨子、曰蒙国斯、曰蒙古斯、曰萌子、曰蒙子，皆与此鞵劫子之音相关系"。文中反复论说"当辽之世，蒙古人已有一部南徙阴山左右"，"蒙古未兴之前，阴山左右早有蒙古人移居此"，与《鞑靼考》对"阴山鞑靼"的分析相呼应，为一重要见解。

《黑车子室韦考》针对日本津田左右吉博士《辽代乌古敌烈考》误将黑车子室韦分为黑车子及室韦两部，指出黑车子室韦即《旧唐书·回纥传》"和解室韦之异名"，地"当在今呼伦泊东南""兴安岭左右"。当回鹘衰亡之时，随回鹘南下，出现在"幽、并近塞"地区。最后指出："回鹘既衰，契丹将兴之际，北方民族间受一种之感应，故有移徙之事。"

《西辽都城虎思斡耳朵考》，以西辽事迹见于中土记载至为简略，其建都之地各种史书名目不一，《辽史》作虎思斡耳朵，《金史》作骨斯讹鲁朵，斯拉特《蒙古史》作八喇沙衮，经考察认为"虎思斡耳朵者，契丹之新名，其名行于东方；八喇沙衮者，突厥之旧名，早行于东西二土"，"即《唐书地理志》之裴罗将军城"，"当是西突厥故名"。八喇沙衮，《元史》又略称巴里沙，从地理上提出三证论证其"即裴罗将军城"。不想这样一篇关于西辽都城的考证，竟成为论述中亚碎叶最早、最详的篇章。郭沫若受此启发，写成《李白与杜甫》中"李白出生于中亚碎叶"一节，后文详述。

以日本学者就辽金史中之乣军发表新说"成为史学上一大问题"，遂读《元朝秘史》，"就史实上发见于金末乣军相当之名称"，作《元朝秘史之主因亦儿坚考》。认为主因亦儿坚即金后期之乣军，"大抵多契丹人。当金之中叶，远戍呼伦贝尔两湖之间，与塔塔儿人杂居，故中有塔塔儿人，后复徙泰州近塞。大安之季，刺史术虎高琪率之以援中都，因与于怀来之役。后复叛金，与蒙古共围中都。旋有异志，蒙人恶其反复，遂分其众以赐功臣"。所附《致藤田博士书》两通，第二书所说"辽金元三史中之乣字，绝非误字，其或作乣者，乃乣字之省"，今已得到确证。① 乣、乣

---

① 黑龙江省博物馆藏泰来县塔子城古城遗址西南隅出土的辽泰州城辽道宗大安七年残断刻石，此字作乣不作"乣"。呼和浩特市东郊万部华严经塔（俗名"白塔"）内第一层现存六块金代石碑，此字亦作乣不作乣。（李逸友：《呼和浩特市万部华严塔的金代碑铭》，《考古》1979 年第 4 期，图 1 至图 6，第 1—6 号碑铭拓本）。

读作"主"或"竹"。

《金界壕考》以金章宗承安三年（1198）壕堑开成，"起东北，迄西南、几三千里，此实近古史上之大工役"，"遗迹虽湮没，而见于载籍者尚可参稽而得其概"，考证了东北路、临潢路、西北路、西南路界壕的大致路线以及沿线若干重要地名的位置，成为后来实地考察和进一步确定界壕线路的重要参考。

围绕蒙古及元史研究，《史林》七有一篇《南宋人所传蒙古史料考》，集录原文，逐条考辨。此外，校勘、注释早期蒙古史料有：《蒙鞑备录笺证》《黑鞑事略笺证》《圣武亲征录校注》《长春真人西游记校注》《王延德使高昌记校注》、刘祁《北使记注》、刘郁《西使记校注》等。编辑出版的蒙元重要史料有：徐松、文廷式从《永乐大典》中辑出的《元经世大典》佚文《大元马政记》《元高丽纪事》《大元官制杂记》《大元仓库记》《大元画塑记》《大元毡厨工物记》等，均收《广仓学窘学术丛编》。

陈寅恪特别看重王国维的蒙古与辽金元研究，将其视为"取异族之故书与吾国之旧籍互相补正"的代表，与"取地下之实物与纸上之遗文互相释证"的考古学及上古史之作、"取外来之观念与固有之材料互相参证"的文艺批评及小说戏曲之作，同为其学术内容、治学方法三大特点，认为：

> 此三类之著作，其学术性质固有异同，所用方法亦不尽符会，要皆足以转移一时之风气，而示来者以轨则。吾国文史考据之学，范围纵广，途径纵多，恐亦无以远出三类之外，此先生之遗书所以为吾国近代学术界最重要之产物也。今先生之书流布于世……盖别有超越时间地域之理性存焉。①

---

① 陈寅恪：《王静安先生遗书序》，《王静安先生遗书》序一。

因为有上述深邃的研究实践，才能够真正认识殷墟甲骨文、汉晋简牍、敦煌卷子写本、内阁大库档案、境内之古外族遗文的重要学术价值，"移一时之风气"。因为有上述深邃的研究实践，才能够具备"今日之时代可谓之发见时代"的慧眼，预见出此后中国史研究的主要内容和基本走势，"示来者以轨则"。王国维同时代人，哪一位如此关注地下之新发现？哪一位从时代高度总结出地下新发现的重大学术价值？唯有具备上述研究实践者，才有如此之卓识远见。这正是王国维在认识上远远超越同时代其他学者的最重要之处，即"别有超越时间地域之理性存焉"！

二　学术思想与科学方法

对于王国维学术思想的研究，在整个学术思想史研究中显得薄弱。或许是王国维在这方面的论述确实很少而被"忽略"，或是其学术成就巨大，影响广泛，这方面的论述往往被掩盖。这里，以其学术实践结合所写四篇论著作简要分析。

辛亥革命前，《静庵文集》所收《论近年之学术界》、《观堂别集》卷四所收《国学丛刊序》，反映其前期已形成的学术思想；辞世之前发表《最近二三十年中国新发见之学问》、印出讲义《古史新证·总论》，反映其研究古史的学术思想。

（一）学无中西、新旧、有用无用之分

从"学"的分类、认识科学以及文化事业出发，《国学丛刊序》提出学无中西、新旧、有用无用之分的论断。

强调"学无中西"，认为"世界学问，不出科学、史学、文学，故中国之学，西国类皆有之，西国之学，我国亦类皆有之，所异者广狭疏密耳"。尤其认为，"虑西学之盛之妨中学，与虑中学之盛之妨西学者，均不根之说也，中国今日实无学之患"。这在

当时不仅是很具卓识的远见，而且显示出极强的学术研究自信力。王国维的学术实践与成就，证明了他的这一远见与自信！

论"学无新旧"，强调"事物必尽其真，而道理必求其是"，"凡吾智之不能通而吾心之所不能安者，虽圣贤言之有所不信焉，虽圣贤行之有所不慊焉"。一切以"别真伪"为标准，不信"圣贤之言"，这与当时的疑古辨伪风气有相一致之处，且有更深的寓意。

分析"学无有用无用"，站在人类思想文化发展的高度，批评"世之君子可谓知有用之用，而不知无用之用者"：

> 夫天下之事物，非由全不足以知曲，非致曲不足以知全。虽一物之解释、一事之决断，非深知宇宙人生之真相者不能为也。而欲知宇宙人生者，虽宇宙中之一现象、历史上之一事实，亦未始无所贡献。故深湛幽渺之思，学者有所不避焉；迂远繁琐之讥，学者有所不辞焉。事物无大小、无远近，苟思之得其真，纪之得其实，极其会归，皆有裨于人类之生存福祉。己不竟其绪，他人当能竟之。今不获其用，后世当能用之。此非苟且玩愒之徒所与知也。学问之所以为古今中西所崇敬者，实由于此。凡生民之先觉，政治教育之指导，利用厚生之渊源，胥由此出，非徒一国之名誉与光辉而已。

这一段论述，不仅充满了辩证思想，而且直指目光短浅的"实用主义"或"功利主义"。天下事物，不经全不知有曲，没有曲也难以懂得全。因此，解释一物、决断一事，都需要深知宇宙、人生真相。而对于认识宇宙、人生，只要是弄清宇宙中某一局部现象、历史中某一局部事实就有用，不能说无所贡献。正因如此，学者们才不顾"深湛幽渺之思"、不怕"迂远繁琐之讥"，不论事大事小、离现实远近，都要"得其真""得其实"。汇总起来，必然"有裨于人类之生存福祉"。所以，自己未完成，他人会继承。今天看来无所用，将来或许有大用。学之可贵、学问之为古今中外所推崇，就在于其不断求索，不断前进，将有限融入无限之中，这正是实用主义、功利主义等"苟且玩愒之徒"根本弄不明白的地方。作为研究学问的重要思想方法，坚持"当以事实决事实，而不当以后世之理论决事实"，是最难得的论断！对于学之为用，说出"非徒一国之名誉与光辉而已"的话，更是骇世惊俗之论！

"学无有用无用"的认识，早在此 10 年之前既已形成。《论近年之学术界》是一篇值得注意的短篇。20 世纪初由日本介绍而传入的法国 18 世纪之自然主义，在中国曾引起"一时学海波涛沸渭"，似乎形成所谓"思潮"。王国维认为"附和此说者非出于知识而出于情意，彼等于自然主义之根本思想固瞢无所知，聊借其枝叶之语以图遂其政治上之目的耳。由学术方面观之，谓之无价值可也"。说到"蒙西洋学说之影响而改造古代之学说，于吾国思想界上占一时之势力"的康有为《孔子改制考》，肯定其"震人耳目之处在脱数千年思想之束缚"，但用的却是"西洋已失势力之迷信"，这正是"其学问上之事业不得不与其政治上之企图同归于失败"的根本原因。换句话说，用人家已经"失势"的思想来改造我们的古代学说，怎么会不归于失败呢！对于当时"惟有学术上之目的"治学者，则认为"固有可褒者"。批评近数年之学术不重自身之价值，"唯视为政治教育之手段"的现象，认为如此下去，"欲求其学说之有价值，安可得也"。强调："欲学术之发达，必视学术为目的，而不视为手段而后可。"此后的数十年间，不止一次出现过此类现象。何炳松《通史新义·自序》举出 30 年代"对于西洋史学原理之接受"，"一时顿呈饥不择食活剥生吞之现象"，以致"学说纷纭，莫衷一是，大有处士横议百家争鸣之概"，更加证明王国维的上述预见：对于各种西洋史学原理之"根本思想固瞢无所知"，才会表现为"饥不择食，活剥生吞"；"借其枝叶之语以图遂其政治上之目的"，才会形成"处士横议，百家争鸣"的假象。然而，所有这一切，"由学术方面观之"，则均"无价值可言"。

《论近年之学术界》通篇所论，对于学术有用无用的辩证关系分析得十分透彻。首先对学术之用做出区分，有为学术自身用、为政治用以及为其他用（如为名利用等）。而为政治、为名利所用，都是以学术为"手段"，对于学术自身基本无用，甚至在一定程度上还会影响学术发展。为学术用，以学术为"目的"，不以政治、名利为目的，对于政治、名利无用，而对于学术则正当其用。学者从事学术研究，其本职应当是为学术自身发展发挥作用，而不是给学术以外的东西当"手段"被利"用"。学术不为自身发展所用，甘为政治、名利的"手段"被利"用"，是扭曲了学术的作用，也是学人、学术的悲哀。因此，感叹"近数年之留学界或抱政治之野心或怀实利之目的，其肯研究冷淡干燥无益于世之思想问题"的现状，并在篇末强调：

> 学术之所争，只有是非真伪之别耳。于是非真伪之别外，而以国家、人种、宗教之见杂之，则以学术为一手段，而非以为一目的也。未有不视学术为一目的而能发达者。学术之发达，存于其独立而已。

王国维正是以其"独立"的学术研究实践着自己的学术主张，宁肯以"学术为目的"，"研究冷淡干燥无益于世之"所谓"无用"之学术，也不以学术为"手段"，"抱政治之野心或怀实利之目的"，从事所谓"有用"之学术。20世纪的史学已然证明：王国维以"学术为目的"的所谓"无用"之研究最具学术价值，预示了近一个世纪中国史研究的基本走势，正如他本人所预见，"今不获其用，后世当能用之"，真可谓"无用之用"了。

（二）科学与史学之异同

虽为《国学丛刊》作序，却不局限于"国学"，而以当时的新思想——科学思想论述学术。其中，谈到科学与史学的关系，首先指出"二学之异"：

> 夫天下之事物，自科学上观之，与史学上观之，其立论各不同。自科学上观之，则事物必尽其真，而道理必求其是。……自史学上观之，则不独事理之真与是者足资研究而已，即今日所视为不真之学说，不是之制度风俗，必有所以成立之由，与其所以适于一时之故，其因存于邃古，而其果及于方来。故材料之足资参考者，虽至纤悉，不敢弃焉。故物理学之历史，谬说居其半焉；哲学之历史，空想居其半焉；风俗制度之历史，弁髦居其半焉，而史学家弗弃也。此二学之异也。

接着强调史学与科学应当互补：

> 然治科学者，必有待于史学上之材料；而治史学者，亦不可无科学上之知识。今之君子，非一切蔑古，即一切尚古。蔑古者出于科学上之见地，而不知有史学；尚古者出于史学上之见地，而不知有科学。即为调停之说者，亦未能知取舍之所以然。

尽管没有展开论述，但与其接受近代科学思想密切相关，而且比较彻底地贯彻到其学术研究领域中，应当引起足够的重视，进一步发掘其在这一方面的闪光之论。而其晚年提出"古史新证"，正是因为有这样的思想认识为基础。

(三)"古史新证":思想方法的学术总结

晚年的王国维,在预见中国史研究基本走势的同时,自觉将其史学实践经验提升到方法论的高度,对自己的学术思想和方法作出理论性总结,《古史新证·总论》最为引人瞩目。

《古史新证》第一章总论,为其思想方法的理论总结。第二章至第五章分别为禹、殷之先公先王、商诸臣、商之都邑与诸侯,为其研究商史和传说时代的精粹。

总论开篇即从历史考据学的高度提出"研究中国古史为最纠纷之问题"这一命题:

> 上古之事,传说与史实混而不分:史实之中固不免有所缘饰,与传说无异,而传说之中亦往往有史实为之素地,二者不易区别。

这一对上古史的基本认识,指出其既有传说成分,更有"与传说无异"的"有所缘饰"成分,也有史实成分。因此,如何区分传说与史实、"缘饰"与史实,就不仅仅是如何认识和对待上古史史料的问题,更有方法的问题,也包含观念和认识问题,即史实中掺杂的"缘饰",往往是史学被当作"手段"而"用",人为地伪造出来的,需要仔细分辨作伪的"目的"、所用的"手段"等。

深刻的认识,长期研究殷商史与神话传说的实践,两者一经结合,提出"二重证据法"便成水到渠成之势了。

> 吾辈生于今日,幸于纸上之材料外更得地下之新材料。由此种材料,吾辈固得据以补正纸上之材料,亦得证明古书之某部分全为实录,即百家不雅驯之言亦不无表示一面之事

实。此二重证据法惟在今日始得为之。虽古书之未得证明者不能加以否定，而其已得证明者不能不加以肯定，可断言也。

"二重证据法"不只是取两种或两种以上的材料（地下的、地上的）相互印证，更深刻的所在是如何正确认识传世文献，如何对待"有所缘饰"问题。

如何认识传世文献，"在中国古代已注意此事"，太史公作《五帝本纪》取孔子所传《五帝德》及《帝系姓》而斥不雅驯之百家言，作《三代世表》取《世本》而斥黄帝以来皆有年数之《谍记》，表现出"至为谨慎"的态度。汉魏以来，既存在"信古之过"的现象，也存在"疑古之过"的现象。"疑古之过"者的"怀疑之态度及批评之精神不无可取，然惜于古史材料未尝为充分之处理"。"百家不雅驯之言亦不无表示一面之事实"者，"缪悠、缘饰之书如《山海经》《楚辞·天问》，成于后世之书如《晏子春秋》《墨子》《吕氏春秋》，晚出之书如《竹书纪年》，其所言古事亦有一部分之确实性"，即整体上不能证明某文献可靠，仍可从其局部获取可信材料。

如何对待"有所缘饰"问题，不仅纸上材料存在"缘饰"，地下材料也有局限。针对"有所缘饰"的纸上材料《商颂》，作《说商颂》指明："自其文辞观之，则殷虚卜辞所纪祭礼与制度文物，于《商颂》中无一可寻；其所见之人、地名，与殷时之称不类，而反与周时之称相类，所用之成语，并不与周初类，而与宗周中叶以后相类。"由此得出结论："《商颂》盖宗周中叶宋人所作"，"当为宋诗，不为商诗"。① 对于卜辞、金文等"地下新材料"，也取同样态度。《毛公鼎考释序》提出："今人之知古代不如知现代之深"，必须"考之史事与制度文物，以知其时代之情

---

① 《观堂集林》卷 2《艺林》2。

状"，由《诗》《书》"求其文之义例"，考其古音"以通其义之假借"，再参照"彝器以验其文字之变化"，由此及彼，甲以推乙，然后才会"有获"①。归总起来说，不论纸上之材料，还是地下之新发现，都需要"考之史事与制度文物"，弄清其"时代之情状"，再经过种种比对和由此及彼的推论，然后方可有所收获。

无论史学实践或对方法论的阐述，都表明王国维将史料考证作为史学研究的首要任务。这固然是当时对于"科学"的理解在史学研究中的一种反映，试图使史事求证成为如同自然科学一样的"精准"，但更主要的是与研究上古史的具体实际直接相关。要弄清传说与史实，弄清"缘饰"与史实，面对现存的纷繁史料，首先要做的就是进行科学鉴别。理论的指导和方法的运用，总归离不开鉴别史料中存在着的"传说与史实""缘饰与史实"这一基本前提。因此，考辨史料真伪，在实际上便成为研究上古史的先决条件。

至于认为王国维几乎完全是"乾嘉考据"那种细密的考据方法，只不过比起"乾嘉考据"更为"近代化"的说法，大概是没有弄明白"古史新证"与"乾嘉考据"的本质区别。王国华为《王静安先生遗书》作序，似乎料到会有这种认识，特别写有下面一段文字，道出王国维治学方法与"乾嘉诸老"的区别所在：

> 先兄治学之方，虽有类于乾嘉诸老，而实非乾嘉诸老所能范围。其疑古也，不仅抉其理之所难符，而必寻其伪之所自出。其创新也，不仅罗其证之所应有，而必通其类例之所在，此有得于西欧学术精湛绵密之助也。

乾嘉诸老集历代治经、考史方法之大成，但其考据基本没有

---

① 《观堂集林》卷6《艺林》6。

跳出"以经治史"的局限，王国维"古史新证"超越乾嘉诸老之处就在于要将经史中"混而不分"的传说与史实区分开，找到其中"有所缘饰"的成分，认定"得证明"之史实。具体而言，乾嘉诸老尚停留在"抉其理之所难符"的一步，王国维则深入到"必寻其伪之所自出"的一步，清楚意识到由于某些讲义例的"主体意识"造成史家的"固不免"作伪，不仅要辨伪，更要指出作伪缘由，这是乾嘉诸老所不及者。另外，乾嘉诸老虽也"罗其证之所应有"，却未"通其类例之所在"，找出相关的内在联系，如上述《毛公鼎考释序》所提示的那些方面。因此，"古史新证"不仅仅是考辨史料的问题，在实际上已将历史考据学提升为科学方法论，一种揭穿以义理伪造历史的科学方法论。"必寻其伪之所自出"，找出"百家不雅驯之言"的"有所缘饰"，自王国维"古史新证"提出，便成为历史考据学肩负的一项重大使命。正因如此，历史考据学才被某些要"创造过去""另谋开辟新途径"的"历史哲学家"所敌视，企图使学人钻进其"摄绎"的历史哲学"圈套"。这从另一个方面证明，"古史新证"不再只是考辨史料的问题，而具有将历史考据学提升为方法论的重要意义，历史考据学也因此上升到一个新的理论高度。

任何人都是时代的产物，王国维的古史研究和史学方法同样如此。但有一点是确定的：20 世纪的中国史研究，凡汲取王国维史学成就及其方法论长处者，则成就大、影响久；反之，无视或不汲取王国维史学成就及其方法论长处者，虽被"用"作"手段"而"热闹"过一时，用王国维的话说，"由学术方面观之，谓之无价值可言"，正可谓"有用而无用"了。

三　对中国史学的影响

1927 年、1929 年，王国维、梁启超先后谢世，标志着 20 世

纪初兴起的"新史学"告一段落。他二人所代表的"新史学"的
两大基本路向，以更新的方式取得长足发展。梁启超所代表的路
向，以史学与现实结合，为马克思主义历史学取代。王国维所代
表的路向，以史学与新史料结合，由历史语言研究所直接实践。
与此同时，王国维对中国马克思主义历史学骨干成员也有不可忽
视的重要影响。

（一）承继王国维路向的历史语言研究所

王国维离世一年零三个月之后，1928 年 10 月，傅斯年发表
《历史语言研究所工作之旨趣》①，向世人宣告建所缘起：

> 在中国境内语言学和历史学的材料是最多的，欧洲人求
> 之尚难得，我们却坐看他毁坏亡失。我们着实不满这个状态，
> 着实不服气，就是物质的原料以外，即便学问的原料，也被
> 欧洲人搬了去乃至偷了去。我们很想借几个不陈的工具，处
> 治些新获见的材料，所以才有这历史语言研究所之设置。

不满于中国境内丰富的历史学、语言学等做学问的材料被外
人掠去这一状态，想借用新的方法研究"新获见的材料"，才有历
史语言研究所的创建，表明的正是对王国维《最近二三十年中
国新发见之学问》的一种积极响应和承继。

对历史学、语言学的作用，更显出与王国维"学无有用无用"
极为相似的认识：

> 历史学和语言学之发达，自然于教育上也有相当的关系，
> 但这都不见得即是什么经国之大业、不朽之盛事，只要有十

---

① 《国立中央研究院历史语言研究所集刊》（以下均简称《历史语言研究所集
刊》）第 1 本第 1 分。

几个书院的学究肯把他们的一生消耗到这些不生利的事物上，也就是以点缀国家之崇尚学术了——这一行的学术。这个反正没有一般的用处，自然用不着去引诱别人也好这个。

没有把历史学的作用看得有多么大，不是什么经国之大业、不朽之盛事，只是一种本行的学术，一种"消耗一生"而又"不生利"的学术。这种书斋或书院的学究肯做的事业，至多不过起一点"点缀国家崇尚学术"的作用而已，不需要很多人，更不需要普及。

当然，两者最大的区别在于：王国维是以个人之力，根据他人新发现的零散材料，从事多方面但缺乏系统的研究，预见了中国史研究的基本走势；历史语言研究所以团队之力，对中国境内的新材料进行科学发掘和整理，以总体研究成果实践着王国维的科学预见，向海内外学界证明："科学的东方学之正统在中国"。

1. "最注意求新材料"

《历史语言研究所工作之旨趣》明确写着："我们最注意的是求新材料，第一步想沿京汉路，安阳至易州，安阳殷虚以前盗出之物并非彻底发掘，易州、邯郸又是燕赵故都，这一带又是卫邺故域。这些地方我们既颇知其富有，又容易达到的，现在已着手调查及布置，河南军事少静止，便结队前去。第二步是洛阳一带，将来一步一步的西去，到中央亚细亚各地，就脱了纯中国材料之范围了。为这一些工作及随时搜集之方便，我们想在洛阳或西安、敦煌或吐鲁蕃、疏勒，设几个工作站，有志者事竟成！"这一"求新材料"的设想，除了未提及内阁大库档案，都是围绕王国维《最近二三十年中中国新发见之学问》的内容展开的。

在"求新材料"中，以殷墟发掘成就最为瞩目。殷墟 15 次科学发掘，是自甲骨出土以来空前未有的重大收获，才形成"雪堂导夫先路，观堂继以考史，彦堂区其时代，鼎堂发其辞例，固已极盛一时"① 的局面。甲骨学由草创迈向成熟，与王国维的卜辞研究密不可分。

2. "以材料定研究对象"

历史语言研究所十七年（1928）年度报告规定，"史学各方面以及文籍校订等属之"历史组，主要工作有三项：一是编定藏文籍、敦煌卷子、金石书等目录；二是整理明清内阁大库档案；三是研究历史上各项问题，以材料定研究对象：

> 以甲骨文金文为研究上古史的对象；以敦煌材料及其他中央亚细亚近年出现之材料，为研究中古史的对象；以明清档案为研究近代史的对象。②

这一规定表明，历史组是以王国维所论近二三十年中国新发见之学问为学问的，并由此确定了中国史研究的基本路向。

（1）三项工作之一，以编定敦煌卷子目录，推动敦煌学发展成绩最著。陈垣应历史语言研究所之嘱，1930 年完成《敦煌劫余录》。陈寅恪为之序，强调《敦煌劫余录》一书"诚治敦煌学者不可缺之工具"，提出作"敦煌学之预流"的希望："庶几内可以不负此历劫仅存之国宝，外有以襄进世界之学术与将来。"③ 经王国维以及历史语言研究所陈垣、陈寅恪等"预流"，推动各相关部门收集海外敦煌残卷，至 1944 年敦煌艺术研究所成立，敦煌学的两个基本方面——卷子研究和艺术研究齐头并进。

（2）三项工作之二，收购明清档案，整理明清档案，为历史语言研究所成立之初的一项最重要工作。历史语言研究所一成立，

---

① 唐兰：《天壤阁甲骨文存·自序》，辅仁大学 1939 年版。

② 《中央研究院历史语言研究所十七年度报告》，《傅斯年全集》第 6 卷，湖南教育出版社 2003 年版，第 17 页。

③ 陈寅恪：《敦煌劫余录序》，《历史语言研究所集刊》第 1 本第 2 分。

傅斯年即致函院长蔡元培，以"其中无尽宝藏"，强调"此后
《明史》改修，《清史》编纂，此为第一种有价值之材料"，"此事
如任其失落，实文化学术上之大损失，明史、清史，恐因而搁笔，
且亦国家甚不荣誉之事也"。[①]　随后，组建明清史料编刊委员会，
陈寅恪、朱希祖、陈垣、傅斯年、徐中舒为委员，总其整理编辑
之事，自 1930 年 9 月开始出版，至历史语言研究所迁台之前，陆
续编成《明清史料》甲、乙、丙、丁四编，每编 10 册，共 40 册，
为明清史研究必不可少的原始素材。

（3）整理居延汉简，是一项"不应忘记"的重要成绩。1930
年、1931 年，西北科学考察团在汉代张掖郡居延和肩水都尉辖区
首次发现一万余枚简牍，1934 年由北京大学与北平图书馆联合整
理，历史语言研究所指派助理员劳榦参加。联合整理因抗战中辍，
劳榦一人在艰苦条件下独力完成《居延汉简考释》释文之部（四
卷四册）、《居延汉简考释》考证之部（两卷两册）。同时按照历
史组"以敦煌材料及其他中央亚细亚近年出现之材料为研究中古
史的对象"的规定，自 1934 年至 1949 年陆续发表关于汉晋史研
究、简牍研究的著论，开出以居延汉简研究汉代历史的新局面。
罗振玉、王国维《流沙坠简》、劳榦《居延汉简考释》，可谓"简
牍学之正统在中国"的代表作。

3. 开西夏研究"风气之先"

王国维谈近二三十年新发见之学问的第五项为"中国境内之
古外族遗文"，在突厥文、回鹘文、粟特文、梵文、佉卢文、吐火
罗语及东伊斯兰语之外，特别提出"宣统庚戌，俄人柯智禄夫大
佐于甘州古塔得西夏文字书，而元时所刻河西文《大藏经》后亦
出于京师，上虞罗福苌乃始通西夏文之读。今苏俄使馆参赞伊凤
阁博士 Ivanoff 更为西夏语音之研究，其结果尚未发表也"。自

---

①　引自李光涛《记内阁大库残余档案（下）》，《大陆杂志》第 11 卷第 6 期（1955
年 9 月 30 日）。

1929 年至 1933 年，是历史语言研究所语言组西夏研究成绩最为突出的四年。自王静如《西夏文汉藏译音释略》在《历史语言研究所集刊》第二本第二分发表，西夏研究一直为所长傅斯年所关注。1932 年《历史语言研究所集刊》第二本第四分发表陈寅恪《西夏文佛母大孔雀明王经夏梵藏汉合璧校释序》，称王静如的西夏研究"开风气之先，示国人以治国语之正轨"。至 1933 年，先后出版《西夏研究》三辑。

总归一句话，20 世纪前半纪，除新石器时代考古外，历史语言研究所没有一项研究不以王国维《最近二三十年中中国新发现之学问》为源头。

（二）对中国马克思主义历史学骨干成员的重要影响

中国马克思主义历史学骨干队伍形成期间，与其他"史观派"（仅有史观，而无史事者）的区别，除史观上的分歧外，最明显的一点就在如何对待王国维的史学成就和史学方法方面。

1. 对开辟中国马克思主义历史学"草径"的郭沫若的影响

早在 1921 年 5 月，郭沫若为泰东书局编印《西厢》，参考王国维《宋元戏曲史》，认为"是极有价值的一部好书"。

郭沫若"真正认识了王国维"是在王国维去世一年多以后。1928 年 8 月底用两个月时间读完日本东洋文库"所藏的一切甲骨文字和金文的著作，也读完了王国维的《观堂集林》"，自认为"对于中国古代的认识算得到了一个比较可以自信的把握"[1]，随即依据恩格斯《家庭、私有制和国家的起源》、摩尔根《古代社会》"基本完成"《卜辞中的古代社会》一文。在《序说》中肯定罗振玉、王国维对于甲骨文的蒐集、保存、传播之功以及考释之功，特别提到王国维《戬寿堂所藏殷虚文字考释》《殷卜辞中所

---

[1]　《海涛集·跨着东海》，《郭沫若全集·文学编》第 13 卷，第 365 页。

见先王先公考》《续考》《殷周制度论》四种著述，认为这是"对于卜辞作综合比较研究之始"，然后便是人们熟知的一则评述："谓中国之旧学自甲骨之出而另辟一新纪元，自有罗王二氏考释甲骨之业而另辟一新纪元，决非过论。"对商代是"金石并用的时代"，商业尚在"实物交易，与货币交易之推移中"的结论，主要依据罗振玉、王国维的甲骨文字考释，以"新兴科学的观点"揭示出来。王国维《殷周制度论》关于"中国政治与文化变革莫剧于殷周之际"的论断，更是此间郭沫若以"殷周之际当即所谓'突变'之时期"① 的依据之一。

1929 年 12 月 29 日郭沫若致函容庚，表示"欲读"王国维《古史新证》。1930 年 2 月初连连致函容庚，"《古史新证》迄今未收到，将无邮失耶？望查核"，"《古史新证》迄今未到，恐有遗失，心甚不安，请查"，急切心情溢于言表，直至 2 月 5 日夜收到。② 自 1928 年 8 月始读甲骨文和金文著作，至 1937 年 5 月，郭沫若依次出版了《甲骨文字研究》《殷周青铜器铭文研究》《两周金文辞大系》《金文丛考》《金文余释之余》《卜辞通纂》《古代铭刻汇考》及《续编》《两周金文辞大系图录考释》《殷契粹编》等 10 部甲骨文、金文著述，后来自谓这是冒犯"沉溺"的危险和"玩物丧志"的危险③，恰恰表明其此间的甲骨文、金文研究是以"学术为目的"而不以是"学术为手段"，这或许可以解释在社会史论战高潮的那几年，郭沫若为什么关注殷墟发掘和金文研究，而对论战几乎置若罔闻了。

1944 年作《古代研究的自我批判》，郭沫若检讨"关于卜辞的处理"，主要是先前对王国维《殷周制度论》的"特别强调"，

---

① 郭沫若：《中国古代社会研究》，上海联合书店 1930 年版，第 225、254、280—281 页。

② 《郭沫若书简（致容庚）》，广东人民出版社 1981 年版，第 39、42、45、47 页。

③ 郭沫若：《金文丛考·重印弁言》，《沫若文集》第 14 卷，第 539—540 页。

"把它的范围更扩大了","由于演绎的错误","一开始便把路引错了"。自己弄错了自己承认,对于王国维卜辞研究的历史功绩仍然给予极高评价:

> 卜辞的研究要感谢王国维,是他首先由卜辞中把殷代的先公先王剔发了出来,使《史记·殷本纪》和《帝王世纪》等书所传的殷代王统得到了物证,并且改正了它们的讹传。……我们要说殷虚的发现是新史学的开端,王国维的业绩是新史学的开山,那样评价是不算过分的。[①]

30年代只是从甲骨学的角度评价王国维的卜辞研究,此时则提升到史学的高度来认识。鼎堂如此认识观堂的史学,彦堂则以观堂的理念来评价鼎堂的史学,这便是经常引用的董作宾在50年代初写的一段评论:

> 大家都知道的,唯物史观派是郭沫若的《中国古代社会研究》领导起来的。……他把《诗》《书》《易》里面的纸上材料,把甲骨卜辞、周金文里面的地下材料,熔冶于一炉,制造出来一个唯物史观的中国古代文化体系。[②]

以唯物史观指导古代社会研究,是郭沫若此间史学研究的一大特色;把《诗》《书》《易》里面的纸上材料,把甲骨卜辞、周金文里的地下材料熔冶于一炉,是郭沫若此间史学研究的又一大特色。这后者既是王国维最突出的治学特点,也是王国维最重要的治学方法,在"甲骨四堂"之一的董作宾看来,唯物史观派带头人郭沫若继承王国维治学特点和方法成就最为卓著,这也正是马克思主

---

① 郭沫若:《古代研究的自我批判》,《十批判书》,群益出版社1945年版,第4页。
② 董作宾:《中国古代文化的认识》,《大陆杂志》第3卷第12期。

义历史学与其他形形色色"史观派"史学的一大重要区别。

在总结古代研究之后不几年，1946 年郭沫若将王国维与鲁迅相提并论，发表《鲁迅与王国维》一文，对二人的学术成就做有一总评：

> 他们用科学的方法来回治旧学或创作，却同样获得了辉煌的成功。王先生的《宋元戏曲史》和鲁先生的《中国小说史略》，毫无疑问，是中国文艺史研究上的双璧；不仅是拓荒的工作，前无古人，而且是权威的成就，一直领导着百万的后学。王先生的力量自然多多用在史学研究方面去了，他的甲骨文字的研究，殷周金文的研究，汉晋竹简和封泥等的研究，是划时代的工作。西北地理和蒙古史料的研究也有些惊人的成绩。……大抵两位先生在研究国故上，除运用科学方法之外，都同样承继了清代乾嘉学派的遗烈，……严格地遵守着实事求是的规则。……就和王国维是新史学的开山一样，鲁迅是新文艺的开山。但王国维初年也同样是对文学感觉兴趣的人。……根据叔本华的美学思想写过《红楼梦评论》，尽力赞美元曲，而在词曲的意境中提倡"不隔"的理论（"不隔"是直观自然，不假修饰），自己对于诗词的写作，尤其词，很有自信，而且曾经有过这样的志愿，想写戏曲。

> 《王国维遗书全集》（商务版，其中包括《观堂集林》）和《鲁迅全集》这两部书，倒真是"虽与日月争光可也"的一对现代文化史上的金字塔呵！①

对王国维的死表现出"至今感觉着惋惜"的心情，认为王国

---

① 郭沫若：《鲁迅与王国维》，《历史人物》，上海海燕书店 1947 年版，第 166—167、173 页。

维"好像还是一个伟大的未成品"。

1971 年《李白与杜甫》开篇《李白出生于中亚碎叶》有"中亚碎叶，玄奘《大唐西域记》中译作'素叶'。……可见中亚碎叶实为当时之一重镇"一段论述，曾有人误以为"资料是从冯家昇等人那里得来的"。其实，这正是郭沫若在逆境中不忘王国维的一个见证。《观堂集林》卷 14《西辽都城虎思斡耳朵考》一文有三则涉及中亚碎叶的论述：

> 《唐书地理志》载贾耽《皇华四达记》云：至热海后百八十里，出谷至碎叶川口……又西四十里至碎叶城，北有碎叶水……案热海者，今之特穆尔图泊。碎叶水者，今之吹河。

> 据《大唐西域记》及《慈恩法师传》则五百八十九里（两书无裴罗将军城，今以自素叶水城至呾罗私之里数加裴罗至素叶之里数计之）。

> 考隋唐以来热海以西诸城，碎叶为大。西突厥盛时，已为一大都会。《慈恩传》言至素叶水城，逢突厥可汗方事畋游，军马甚盛。及唐高宗既灭贺鲁，移安西都护府于龟兹，以碎叶备四镇之一（《唐书西域传》）。调露中，都护王方翼筑碎叶城……

对照郭沫若的论述可以清楚看到：受王国维启发，查看了《大唐西域记》《大清一统志》《大慈恩寺三藏法师传》，弄清"素叶水"译作"吹河"，知道贞观三年玄奘在此处见西突厥叶护可汗，引用了王国维没有引用的文字："（自凌山）山行四百余里至大清池（原注：'或名热海，又谓咸海。'案即今之伊塞克湖。）……清池西北行五百余里至素叶水城，城周六七里，诸国商胡杂居也。"这是 1928 年第一次读完《观堂集林》40 多年后又一次查阅《观堂集林》，足以印证郭沫若 1946 年说过的话："在近代学人中我最钦佩的是鲁迅与王国维"，"他们的遗著吸引了我的几乎全部的注意"，王国维"在史学上的划时代的成就使我震惊"①。

2. 对颇富马克思主义理论素养的侯外庐的影响

取名外庐，是因为"王国维深信君子三畏"，"以'畏'自戒"，自己则将苏东坡的"不识庐山真面目""反其意而用之，一九二八年初，起名'外庐'，以'外'自戒"。同样也是在"王国维去世一年多"以后初识王国维，并把王国维作为某种效仿的榜样。晚年谈翻译《资本论》心得："我之所以一向欣赏乾嘉学派的治学严谨，一向推崇王国维近代研究方法，而未至于陷入一味考据的传统，一个相当重要的原因，便在于《资本论》方法论对我的熏陶。"②虽然强调《资本论》方法论未使自己"陷入一味考据的传统"，却不掩饰对王国维近代研究方法的推崇，并将其与《资本论》方法论对自己的熏陶相提并论。

在与郭沫若讨论屈原思想时发表《屈原思想的秘密》，将屈原与王国维相提并论，赞誉屈原与王国维为"两个中国学术大师，是中国历史上可以夸口的人物"③。

1942—1946 年完成《中国古典社会史论》《中国古代思想学说史》《中国近世思想学说史》期间，侯外庐对王国维有了更进一步的认识。

《中国古典社会史论》的写作，是"一见郭沫若的《中国古代社会研究》，立刻就沿着他开辟的'草径'，研究起王国维的遗产和郭沫若的方法"，"渐渐掌握了一些殷周留下来的第一手史料，

---

① 《鲁迅与王国维》，《历史人物》，第 163—164 页。
② 侯外庐：《韧的追求》，生活·读书·新知三联书店 1985 年版，第 68、91 页。
③ 重庆《新华日报》1942 年 2 月 17 日，收《侯外庐史学论文选集》（上），作为《论屈原的思想》一文的第一部分，人民出版社 1987 年版，第 341 页。

并用经典作家关于古代社会的理论，考核了这些存在数千年才初被人识的'新'史料"所取得的"收获"。① 1946 年 2 月写《中国古代社会史》自序，表示 15 年来"我自己从事此一种研究亦有来历，一则是步着王国维郭沫若二先生的后尘，二则是继亚细亚生产方法论战的绪统，更在这两方面要求一个统一的说明"。确定研究中国古代社会的三个步骤，"第二个步骤"便是"谨守着考证辨伪的一套法宝，要想得出断案，必须遵守前人考据学方面的成果，并进一步订正其假说"，"我们治古史，地下资料已成为必要的论据"，"今文家常犯的毛病就是'托古'，'影古射今'，而实事求是的研究，则要远乎此道，尤其治古代史，不能一丝一毫来眩染"②。这完全可以视为"王国维的遗产"的同义语。第三章论证中国古代文明起源的具体途径，释"土"字，引王国维最初释社土之义，说明殷代已有土地的所有问题；研究殷周之际的制度转化，引《殷周制度论》"中国政治与文化之变革，莫剧于殷周之际，都邑者，政治与文化之标征也"，赞赏说："好一个合于科学的断言！"整章论证基本是结合王国维《殷周制度论》及相关文字考释，解释恩格斯《家庭、私有制和国家的起源》，即其所谓的"若与《起源论》之说明对照，就知道底里"③。第五章中国古代"城市国家"的起源及其发展，肯定"王国维先生根据卜辞，证古代邦、封为一字，卓见超绝"，从"邦"字证"封"字。经过综合分析得出结论：封、邦两字的含义，实在是古代社会筑城的第一阶段，"营国"是筑城的第二阶段，是国家形态的发展。古代的城、国二字同义，城市＝国家。这一论证，成为侯外庐关于中国古代社会研究的一个重要论点。

《中国近世思想学说史》从明末清初写到清末民初，第三编

---

① 《韧的追求》，第 116 页。

② 侯外庐：《中国古代社会史》，新知书店 1948 年版，卷首（第 1—2 页）。

③ 《中国古代社会史》，第 75—79 页。

19 世纪思想活动之巨变，论述龚自珍、康有为、谭嗣同、章太炎、王国维的学术思想，这是学术思想史中系统论述王国维学术思想的重要篇章。其间，编著《王国维古史考释集解》，重庆三友书店 1943 年出版；写成《王国维古史决疑的诸范例》，发表在 1945 年 9 月《中苏文化》第 16 卷第 8 期。

晚年的侯外庐，念念不忘与王国维有关的一段往事、一篇杂文，写在《韧的追求》书中。1948 年春香港文化界针对"第三条路线"即"自由主义运动"召开座谈会，作为中国学术工作者协会华南分会法人的侯外庐写过几篇文章，其中一篇题为《自由与自由主义》，分析清华大学两位有代表性的教授王国维、闻一多所走的路，引述了王国维的这一表白："余知真理，而余又爱谬误伟大之形而上学，尊严之伦理学，与纯粹之美学，此吾人所酷爱也；然求其可信者，则知识上之实证论，伦理学上之快乐论，与美学上之经验论。知其可信而不能爱，觉其可爱而不能信，此……最大之烦闷。"并作评述："王国维宁可殉身'可爱'的谬误，而不皈依'可信'之真理，可见是抱着'自由主义'投水的"，闻一多则"为人民争取自由解放的理想而殉道"①。虽然针对"第三条路线"，但对二人之死却都充满着深深的惋惜之情。

侯外庐提出的研究中国古代社会的"第三个步骤"，即"把中国古代的散沙般的资料，和历史学的古代发展法则，作一个正确的统一研究……这种研究方法，是高级的，要在不断的试验写作之中，才能有所创获"②。这既是侯外庐治学基本思路的自我总结，也是对马克思主义历史学治学思路的基本概括。正是在这一点上，划清了马克思主义历史学与其他诸多"史观派"在方法论上的根本区别：仅有史观（历史发展法则、历史哲学等）而无具体历史事实（散沙般的资料等）的"史观派"，最显著特征就是

---

① 《韧的追求》，第 201—202 页。
② 《中国古代社会史·自序》，《中国古代社会史》，卷首（第 4 页）。

"以论代史"（以理论、法则代替史实研究、代替对散沙般资料的系统整理），而马克思主义历史学则要在"资料"和"法则"两方面"作一个正确的统一研究"，即以理论与史料相结合。所以，不应将马克思主义历史学简单地视为"史观派"。而且，对"以论代史"的"空洞无物"，马克思主义历史学骨干成员是反对的。

请看深谙王国维史学的郭沫若在 50 年代的两次公开表态：1951 年 5 月在《给开封中国新史学研究会分会》信中指出：精通辩证唯物主义与历史唯物主义才能治好历史，"犹如必须精通烹调术才能治好烹调"，但"厨司不能专门拿烹调术来享客，历史家当然也不能专门拿研究方法来教人"①。1959 年 4 月发表《关于目前历史研究中的几个问题》，仍然用上述比喻批评说：

> 固然，史料不能代替历史学，但在历史研究中，只有历史唯物主义的一般原理而没有史料，那是空洞无物的。炊事员仅抱着一部烹调术，没有做出席面来，那算没有尽到炊事员的责任。由此看出，没有史料是不能研究历史的。②

显然，对于"没有史料"却非要"研究历史"，包括"只有历史唯物主义的一般原理而没有史料"的研究，都在郭沫若批评之列。

（2010 年 3 月 6 日）

（原载《王国维与中国现代学术国际学术研讨会论文集》，
华东师范大学，2010 年 5 月）

---

① 《给开封中国新史学研究会分会》，《奴隶制时代》，人民出版社 1954 年版，第 168—169 页。

② 《新建设》1959 年 4 月号。《沫若文集》第 17 卷，第 606 页。

[补记]

大会发言过后，在海宁分组讨论时，一位台湾教授提到笔者20 多年前在纪念王国维诞生 110 周年、逝世 60 周年的"国际王国维学术研讨会"上的一段话，希望笔者再发表意见。

1987 年 6 月那次会议，笔者提交的是一篇综述——《建国以来王国维研究述评》，将新中国成立以来的王国维研究分作 50 至60 年代、70 年代以来两个阶段，归纳为六大方面：王国维及其学术的基本估价、史学研究、文学（包括美学）思想研究、中国古典戏曲研究、与罗振玉的关系、死因的探讨，提出推进研究的三点建议——加强对其学术思想的考察，深入对其治学方法的认真研究，在分析研究基础上逐步走向综合研究。这里，再重述一次那篇综述最后的一段论述：

> 王国维的学术思想、学术方法是寓于他的学术成就之中的，而王国维的学术成就又是多方面的，几乎囊括了当时社会科学的基本领域。……我们需要进一步加强更高层次的、把王国维作为近代杰出学者来进行完整的研究。同时，还应当把王国维放在中国近代学术文化发展的进程乃至世界近代学术文化发展的进程中加以考察，把他同近代以来的著名学者相比较，从而肯定其在近代学术文化发展中应有的地位和作用，给人以中国近代杰出学者的一个完整形象。①

---

① 《王国维学术研究论集》（三），华东师范大学出版社 1990 年版，第 517—518页。

历史语言研究所与"科学的东方学之正统在中国"

  1927 年、1929 年，王国维、梁启超先后谢世，标志着 20 世纪初兴起的"新史学"告一段落。两人所代表的"新史学"两大基本路向，以更新的方式取得长足发展。梁启超所代表的路向，以史学与现实紧密结合，出现以唯物史观为指导研究中国历史的马克思主义历史学群体。王国维所代表的路向，以史学与新史料相结合，出现以保存史料、研究史料为旨归的历史语言研究所团队。当马克思主义历史学群体与历史语言研究所团队成为 20 世纪前半纪史学两大主干之际，却遭到了某些玩弄"历史哲学"名词者的否定，说"中国学术界到了今天应当设法在五四以来二十年间所承受自欧西的'经验事实'与'辩证革命'的两派圈套外，另谋开辟一条新途径"①。针对"辩证革命"出于政治原因姑且不论，针对欧西"经验事实"实即针对历史语言研究所办所方针，说什么"竟有人主张近代历史学只是史料学（见《历史语言研究所工作之旨趣》一篇，《集刊》第一本第一分三）"②云云。

  首先，应当客观、完整地审视《历史语言研究所工作之旨趣》。

---

 ① 林同济：《形态历史观》，《文化形态史观》，上海大东书局 1946 年版，第 6 页。
 ② 朱谦之：《考今》，《现代史学》第 5 卷第 1 期。

留学期间，傅斯年看到"欧洲近代的语言学在梵文的发现影响了两种古典语学以后才降生"，18 世纪、19 世纪之交"印度日耳曼系的语言学已经成了近代学问最光荣的成就之一个"，"最近一世纪语言学所达到的地步，已经是生物发生学，环境学，生理学了"，无论综比的系族语学，还是各种的专语学"在现在都成大国"。而这些学问发达甚早的中国，却出现了"自己的原料也让别人制造"的窘境：不仅不能去扩张材料，就连大自然留给的出土物"还由他毁坏了好多，剩下的流传海外"，或"任其搁置"。特别是"西洋的东方学者之拿手好戏，日本近年也有竟敢去干的，中国人目前只好拱手谢之而已"。面对如此状况，决计创建历史语言研究所，以光大"有光荣的历史"的中国历史学、语言学：

> 在中国境内语言学和历史学的材料是最多的，欧洲人求之尚难得，我们却坐看他毁坏亡失。我们着实不满这个状态，着实不服气，就是物质的原料以外，即便学问的原料，也被欧洲人搬了去乃至偷了去。我们很想借几个不陈的工具，处治些新获见的材料，所以才有这历史语言研究所之设置。

这里说得非常明白：历史语言研究所的设置，是要用中国境内丰富的历史学和语言学的材料，借用欧洲的先进研究方法做出新的成就。所以，在最后明确提出：

> 我们要科学的东方学之正统在中国！

同时强调：

> 历史学和语言学之发达，自然于教育上也有相当的关系，但这都不见得即是什么经国之大业不朽之盛事，只要有十几

个书院的学究肯把他们的一生消耗到这些不生利的事物上，也就是以点缀国家之崇尚学术了——这一行的学术。这个反正没有一般的用处，自然用不着去引诱别人也好这个。如果一旦引了，不特有时免不了致人于无用，且爱好的主观过于我们的人进来时，带进了些乌烟瘴气，又怎么办？

这段文字有几点很少为人注意或提及：（1）历史学和语言学的发达，"不见得即是什么经国之大业，不朽之盛事"，"也就是以点缀国家之崇尚学术"而已。（2）"只要有十几个书院的学究肯把他们的一生消耗到这些不生利的事物上"，"用不着去引诱别人也好这个"，以免"爱好的主观过于我们的人"带进"乌烟瘴气"。（3）"动手动脚得有结果，因而更改了'读书就是学问'的风气，虽然比不得自然科学上的贡献较为有益于民生国计，也或者可以免于妄自生事之讥诮"。

历史语言研究所的创办，有三方面的情况制约着其制定办所方针，不应当无视或忽略。

其一，在"中央研究院设置之意义，本为发达近代科学"的办院总则下，"不欲新其工具，益其观念，以成与各自然科学同列之事业，即不应于中央研究院中设置历史语言研究所"。"今者决意设置"历史语言研究所，只能"以自然科学看待历史语言之学。此虽旧域，其命维新。材料与时增加，工具与时扩充，观点与时推进，近代在欧洲之历史语言学，其受自然科学之刺激与补助，昭然若揭。以我国此项材料之富，欧洲人为之羡慕无似者，果能改从新路，将来发展，正为有艾。故当确定旨趣，以为祈响"①。据此，不能把历史语言研究所要"与各自然科学同列"的所谓"科学史学"简单地归结为是傅斯年一人的认识。这是由中央研究

---

① 《国立中央研究院历史语言研究所十七年度报告》（以下简称《历史语言研究所××年度报告》），《傅斯年全集》第6卷，湖南教育出版社2003年版，第9页。

院办院总方针决定的，傅斯年只是积极赞成并身体力行者，两者应当区分清楚。

其二，在观念方面，如何炳松所说，"吾国学者正在厌故喜新之时，露有急不暇择之态"，对西洋史学原理"呈饥不择食活剥生吞之现象"，"一时学说纷纭，莫衷一是"，"或偏而不全，或似而非是，几无一足当义例"①。在这种情况下，是把历史语言研究所办成宣传某种思想观念的部门，还是办成学术研究机构？是紧跟形势为当局制造舆论，还是"点缀国家之崇尚学术"？恐怕任何一个学问家或有学问眼光的政治家都不希望是前者！唯此，只有"不以空论为学问，亦不以'史观'为急图"②，才是最为切实可行的抉择。否则，就会让"乌烟瘴气"充斥进来，遭"妄自生事之讥诮"，不成其为学术研究机构了。

其三，在材料方面，如傅斯年本人感慨，"中国境内语言学和历史学的材料是最多的，欧洲人求之尚难得，我们却坐看他毁坏亡失。我们着实不满这个状态"。面对此情此景，将何以对？只有利用自然科学提供的工具"整理一切可逢着的史料"，证明"科学的东方学之正统在中国"，才能够使历史语言研究所安身立命，实现其"此虽旧域，其命维新"的变革。

客观历史雄辩地证明，历史语言研究所的上述抉择是正确的，在"歧路旁皇，莫知所止"的情况下，"不以空论为学问，乃纯就史料以探史实"，才得以保存下一块学术"净土"，通过"上穷碧落下黄泉，动手动脚找东西"，使得有关新石器时代、甲骨学、简牍学、敦煌学、西夏学、清史的众多史料不再"坐失毁亡"，并取得诸多划时代的重大学术成果，为 20 世纪的中国史研究做出无可替代的业绩。

---

① 何炳松：《通史新义·自序》，《通史新义》，商务印书馆 1930 年版，第 13 页。
② 《〈史料与史学〉发刊词》，《国立中央研究院历史语言研究所集刊》（以下简称《历史语言研究所集刊》）外编第二种《史料与史学》（1945 年 11 月）。

在弄清办所宗旨之后，再来仔细检视历史语言研究所的业绩。

最初设想，两年内设立九组。历史五组：文籍考订、史料征集、考古、人类及民物、比较艺术。语言四组：汉语、西南语、中亚西亚语、语言学。1929年迁北平后，正式设历史、语言、考古三组，分别以陈寅恪、赵元任、李济为主任。

1. 最能体现"上穷碧落下黄泉，动手动脚找东西"的考古组

1937年12月14日考古组在长沙清溪阁二楼举行离别宴时，参加者有李济、董作宾、梁思永、刘燿（尹达）、李景聃、李光宇、石璋如、王湘、祁延霈、胡福林、高去寻、潘悫、杨延宾以及魏喜臣、胡占奎、王文林、李连青，被视为是考古组"惊天动地的一件大事，国仇组恨终身难忘"①。刘燿，赴延安后改名尹达。胡福林，即胡厚宣。

《历史语言研究所工作之旨趣》明确写道："我们最注意的是求新材料，第一步想沿京汉路，安阳至易州，安阳殷虚以前盗出之物并非彻底发掘，易州、邯郸又是燕赵故都，这一带又是卫邺故域。这些地方我们既颇知其富有，又容易达到的，现在已着手调查及布置，河南军事少静止，便结队前去。第二步是洛阳一带，将来一步一步的西去，到中央亚细亚各地，就脱了纯中国材料之范围了。为这一些工作及随时搜集之方便，我们想在洛阳或西安、敦煌或吐鲁蕃、疏勒，设几个工作站，有志者事竟成！"

在设想的"求新材料"的发掘中，以殷墟发掘成就最为瞩目。1928年秋至1937年夏的15次发掘，系指殷代王都即小屯村发掘12次，殷代王陵侯家庄西北冈发掘3次。此外，殷都近郊遗址发掘，后冈4次，大司空村、四盘磨各2次，侯家庄南地、侯家庄高井台子、武官南霸台、武官四面碑、秋口同乐寨、范家庄、王裕口及霍家小庄各1次。

---

① 石璋如：《照林与侯家庄1001大墓》附记，《中国历史博物馆馆刊》1995年第1期。

殷墟以外，与河南省联合组成河南古迹研究会，先后在浚县辛村发掘 4 次，在浚县刘庄、大赉店、山彪县，辉县琉璃阁、毡匠屯、固维村，巩县塌坡、赵沟、马峪沟，广武陈沟、青合，永城造律台、黑孤堆、曹桥各发掘 1 次。与山东省联合组成山东古迹研究会，先后在历城城子崖发掘 2 次，在滕县安上村、曹王墓、王坟峪、日照瓦屋村、大孤堆各发掘 1 次。

抗战期间，在极艰苦的条件下，考古组与其他文化团体合作组织西康古迹考察团、苍洱古迹考察团、川康古迹考察团、西北史地考察团和西北科学考察团等，调查发掘过西南、西北的一些地方。

殷墟发掘，有两大重要成就影响着此后的考古学与历史学。

第一，关于新石器时代的考古发掘与研究。

1921 年、1923—1924 年瑞典人安特生先在河南渑池仰韶发现新石器时代末期遗存，代表中国远古的一种文化，命名为"仰韶文化"，后将"甘肃远古时代"分为齐家期、仰韶期、马厂期、辛店期、寺洼期、沙井期六期。1943—1947 年，又陆续发表、出版《中国史前史研究》《朱家寨遗址》《河南史前遗址》，其同事比林—阿尔提发表《甘肃齐家坪与罗汉堂遗址》，"基本观点并没有改变；他的旧说在我国的影响尚未清除，其新著却又在我国一部分历史学者中发生了影响"[①]。就是说，关于中国新石器时代的话语权长达 20 多年都在以安特生为代表的一部分国外学者手里。

国人关于新石器时代的科学考古，1926 年李济在山西夏县西阴村遗址发现和仰韶相同的文化遗存，梁思永将其部分陶面加以分析，写成《山西西阴村史前遗址中之新石器时代的陶器》（*New Stone Age Pottery from the Prehistorical Site at Hsi Yin Tsun, Shansi, China*）。1931 年北京师范大学在山西万泉发掘荆村附近遗址得有

---

① 尹达：《论中国新石器时代的分期问题——关于安特生中国新石器时代分期理论的分析》，《考古学报》1955 年第 9 期。

仰韶文化遗存，1934 年徐炳昶在陕西宝鸡斗鸡台发掘得仰韶文化遗存。除此而外，以下均为历史语言研究所考古组发掘：

1928 年秋董作宾等开始发掘河南安阳的小屯村北地，至 1937 年夏共发掘 12 次。1930 年于小屯期（殷代遗存）堆积之下发见龙山文化遗存。

1930 年吴金鼎在山东历城县龙山镇发掘城子崖遗址，1931 年秋后继续发掘，遗物和仰韶村遗存是两种不同的风格，处在中国新石器时代末期，乃有"龙山文化"这一新问题。梁思永在黑龙江的昂昂溪作发掘，著有《昂昂溪史前遗址》。

1931 年梁思永在河南安阳县西高楼庄后冈做考古发掘，得小屯、龙山和仰韶三种文化的堆积关系，著有《后冈发掘小记》及《小屯龙山与仰韶》两文，使"小屯、龙山与仰韶各期之时代的系列问题，得到了固定的具体的观念。以这遗址各期的文化遗存作基石，精密的去考究中国所发现的其他新石器时代的遗址，则它们的先后系列不难找到"①。

1932 年吴金鼎在河南安阳侯家庄发掘村北高井台子，发现龙山与仰韶两种文化的堆积关系，著有《摘记小屯迤西之三处小发掘》及《高井台子三种陶业概论》。② 河南古迹研究会在浚县发掘辛村及大赉店遗址，刘燿在大赉店遗址中复得龙山与仰韶两者的堆积关系，著有《河南浚县大赉店史前遗址》。

1933 年石璋如、王湘在河南浚县刘庄发掘附近遗址，得龙山与仰韶的层位关系。

1934 年和 1935 年梁思永在河南安阳同乐寨附近，亦得龙山与仰韶两者的堆积关系。郭宝钧在河南西部广武的青台发掘，得龙山和仰韶两种文化遗存。

1936 年梁思永、祁延霈、刘燿在山东日照两城镇西做考古发

---

① 刘燿：《河南浚县大赉店史前遗址》，《田野考古报告》第 1 册（1936 年 8 月）。
② 据历史语言研究所年度报告，吴金鼎 1930—1932 年为考古组助理员。

掘，得龙山文化遗存及同期的葬地，陶器收获最多。李景聃在河南永城王楼黑孤堆发掘，得龙山文化遗存。

1937 年 7 月刘燿完成研究论文《龙山文化与仰韶文化之分析》，得出的结论有："龙山文化与仰韶文化同为中国新石器时代末期的两种不同系统之文化遗存"；"安特生先生所谓'仰韶文化'实杂有龙山文化遗物，应加以分别，不得混为一谈"；"齐家坪遗址是否早于仰韶期，其间问题正多，不得遽为定论"①。

抗战时期，新石器时代考古发掘被迫中断。夏鼐 1941 年回国为考古组副研究员，1945 年完成其成名之作《齐家期墓葬的新发现及其年代的改订》，从地层上的证据证明 8 年前刘燿关于齐家文化不可能早于仰韶文化的论断。至此，安特生关于"仰韶文化"的错误认识，关于中国新石器时代的错误分期体系得到彻底清算。

总归一句话，经考古组梁思永、刘燿、夏鼐实地发掘与科学研究，突破安特生旧的错误分期体系，开始建立新的科学的分期体系，使中国新石器时代的话语权逐渐回归国人。

第二，推进甲骨学由草创迈向成熟。

殷墟 15 次科学发掘，出土甲骨 24832 片，是自甲骨出土以来空前未有的重大收获。在这一轮科学发掘中断之后不久便有了"卜辞研究，雪堂导夫先路，观堂继以考史，彦堂区其时代，鼎堂发其辞例，固已极盛一时"② 的著名断语，而"彦堂区其时代，鼎堂发其辞例"则与历史语言研究所考古组殷墟发掘有着密切的关系。

"彦堂"董作宾是科学发掘殷墟的主持人和重要成员，1928 年秋往殷墟调查、试掘，1929 年 1 月编成《新获卜辞写本》，并作《新获卜辞写本后记》，"若干考古学的基本问题，已在这试验的发掘中列出"。此间，陆续发表《商代龟卜之推测》《大龟四版

---

① 《中国考古学报》第 2 册，第 281 页；《北方杂志》第 2 卷第 1、2 期，第 70 页。
② 唐兰：《天壤阁甲骨文存·自序》，辅仁大学，1939 年。

考释》《卜辞中所见之殷历》《甲骨文断代例研究》《骨文例》等。
所谓"区其时代",即甲骨文断代研究,提出甲骨文分期的十项标
准:世系、称谓、贞人、坑位、方国、人物、事类、文法、字形、
书体,并将甲骨文分为五期:第一期,盘庚、小辛、小乙、武丁;
第二期,祖庚、祖甲;第三期,廪辛、康丁;第四期,武乙、文
丁;第五期,帝乙、帝辛。同时,将龟腹甲划分为中甲、首左甲、
首右甲、前左甲、前右甲、后左甲、后右甲、尾左甲、尾右甲九
个部位①,根据龟甲刻辞研究,得出龟板刻辞文例:"沿中缝而刻
辞向外者,在右右行,在左左行。沿首尾之两边而刻辞者,向内,
在右左行,在左右行。"② 又据兽骨刻辞研究,得出骨版刻辞文
例:"凡完全之胛骨,无论左右,缘近边两行之刻辞,在左方皆为
下行而左,间有下行及左行者。在右方皆为下行而右,亦间有下
行及右行者。左胛骨中部如有刻辞,则下行而右,右胛骨中部反
是,但亦有下行而右者。"③

"鼎堂"郭沫若的三部甲骨文著述——《甲骨文字研究》《卜
辞通纂》《殷契粹编》,不仅与考古组殷墟 15 次发掘遥相呼应,起
迄时间同步,而且起到一个极为重要的作用——将国内殷墟的科
学发掘和相关研究"从速推广"到海外。其间,正值社会史论战
高潮,郭沫若关注殷墟发掘,喜悦、急切、渴望之情溢于言表,
几乎置社会史论战于不顾。1929 年 10 月 31 日致函容庚:"李济安
阳发掘,是否即在小屯,发掘之结果如何?可有简单之报告书汇
否?仆闻此消息,恨不能飞返国门也。"11 月 16 日再致函容庚,
肯定"小屯实一无上之宝藏",建议"应集合多方面之学者,多
数之资金,作大规模的科学发掘,方有良效",希望"急欲购置一

---

① 《商代龟卜之推测》,《安阳发掘报告》第 1 期。
② 《大龟四版考释》,《安阳发掘报告》第 3 期。
③ 《骨文例》,《历史语言研究所集刊》第 7 册第 1 分。

部"董作宾《新获卜辞写本》。① 1930 年 2 月 1 日，在即将出版的《中国古代社会研究》卷末《追论及补遗》写了《殷虚之发掘》一则短文，称"董君于 1928 年冬从事殷墟之发掘……足为中国考古学上之一新纪元，亦足以杜塞怀疑卜辞者之口"②。同日致函容庚，以"安阳第二次发掘复有所获，闻之雀跃，将来如有报告书汇出世，急欲早读。尺二大龟契字是否乃系卜辞，此等古物，弟意急以从速推广"。1930 年 2 月 16 日致函容庚："董彦堂《新写本》如发表时，望兄代为营谋一份。"9 月 6 日致函容庚，问"《安阳发掘报告》第二期不识已出否？甚为渴望"③。"恨不能飞返国门""急欲购置""闻之雀跃""急欲早读""甚为渴望"等语，表达出的是一种什么样的心情，不言而喻。

容庚时为历史语言研究所历史组特约研究员，自 1929 年 8 月 27 日至 1935 年 11 月 28 日，郭沫若给容庚写过 56 封信，从"未知友"发展成"文字交"：郭沫若提出需要的图书或器铭，容庚全力保证提供，郭沫若又一连推出《殷周青铜器铭文研究》《两周金文辞大系》《金文丛考》《金文余释之余》《古代铭刻汇考》及《续编》《两周金文辞大系图录考释》等七部金文著述。

通过容庚，郭沫若与傅斯年有过两次间接关系，与董作宾有了书信往来。与傅斯年的两次间接关系，使傅斯年知道郭沫若有《甲骨文释》（《甲骨文字研究》初名）、《两周金文辞大系》两部著述。与董作宾的书信来往，成为鼎堂、彦堂"十年神交"的开始。围绕《卜辞通纂》，鼎堂、彦堂的交往最为频繁，这在《卜辞通纂》序、后记、述例、书后有清楚的记录。《序》以纂录之初原拟作《卜辞断代表》，"继得董氏来信言有《甲骨文断代研

---

① 《郭沫若书简（致容庚）》，广东人民出版社 1981 年版，第 27、29 页。

② 郭沫若：《中国古代社会研究》卷末《追论与补遗》，上海联合书店 1930 年版，第 1—2 页。

③ 《郭沫若书简（致容庚）》，第 43—44、51、69 页。

究》之作……故兹亦不复论列。"《后记》有"承董氏彦堂以所作
《甲骨文断代例研究》三校稿本相示……既感纫其高谊，复惊佩其
卓识"等语。《述例》六"中央研究院历史语言研究所李济之博
士及董彦堂氏以新拓之《大龟四版》及《新获卜辞》之拓墨惠
假，并蒙特别允许其选录"。"别录一"录入大龟四版拓本同时，
录入董作宾《新获卜辞写本》用摹本发表的甲骨精品22片，"从
速推广"到海外，及时反映殷墟科学发掘的最新成就。《书后》
几乎都是与董作宾交往的内容，不再赘述。《卜辞通纂》由日本东
京文求堂书店出版后，郭沫若寄赠国内名单中有："上海曹家渡小
万柳堂董作宾氏三部（包括赠中央研究所者）"，即董作宾、考古
组或李济、历史语言研究所或傅斯年各一部。一再嘱咐文求堂店
主田中庆太郎："上海曹家渡小万柳堂中央研究院历史语言研究所
董作宾先生函云，彼友欲购《通纂》，盼寄三、四部，并谓一切由
彼负责，包括邮费。此事当无碍也。"①

《卜辞通纂》通过传世甲骨精品，确立起认识甲骨文的"系
统"，将甲骨文按照干支、数字、世系、天象、食货、征伐、畋
游、杂纂8类编排，先从判读卜辞干支、数字、世系入手，进而
探寻其所显示的社会内容。这一"系统"的建立，既使其得以纠
正罗振玉、王国维的错误考释，认识罗振玉、王国维未认识的字
句，更使其洞悉了甲骨卜辞本身的诸多奥秘，主要表现在两个方
面：一是当时如何占卜记事（包括占卜、刻写、用词、行文等），
二是后人如何科学利用（包括区分时代、断片缀合、残辞互足以
及校对去重等）。

当时如何占卜记事，郭沫若没有亲身发掘甲骨的经历，凭着
对传世甲骨的细心观察和认真研究，即获得了与董作宾差不多是
殊途同归的巨大成就。关于占卜的次数即"兆序"、占卜用骨和卜

----

① 《郭沫若致文求堂书简》，文物出版社1997年版，第275—276、277页。

后刻写，都提出了带规律性的概括和有预见性的合理探索。特别是甲骨文的刻写部位、行款顺序，即所谓甲骨文例，《卜辞通纂》阐发尤多，纠正前人不少错读。书中约有一小半是按甲骨原大摹画片形，在相应位置做出隶定（即用今天的文字标识），不仅给初学者提供了方便，对研究者也有助于使其减少失误。

在科学利用卜辞方面，郭沫若虽然没有将其断代分期的探索系统化，但断片缀合和残辞互足却是重大创获。断片缀合，是将二片乃至三片、四片残破、分散的甲骨片经过缀合而基本恢复原貌，使片断记事得以完整。由于一事多卜，记录同一事的残损严重的卜辞可以相互补足，成为较比完整的史料，这就是所谓的"残辞互足"。通过缀合和互补，发现著录重复的甲骨片，《卜辞通纂》中校出重片 18 片。

郭沫若在甲骨文、金文研究方面取得的杰出成就，与《历史语言研究所之旨趣》"能充量的辨别着去用一切材料，如金文、甲骨文等，因而成就的文字学，乃是科学的研究"的宗旨完全吻合，所才被傅斯年列入考古与美术史领域"提名中不（应）忘了的"名单，并在《院士候选人提名表》"被提名人资格之说明"一栏写着："郭君研究两周金文以年代与国别为条贯"，"其于殷商卜辞，分别排比，尤能自成体系，其所创获，更不限于一字一词之考订，殆现代治考古学之最能以新资料征史者，合乎第一项之规定"。这样，郭沫若才与考古组李济、梁思永、董作宾一同当选为中央研究院院士。

"彦堂区其时代，鼎堂发其辞例"，使甲骨学的发展由草创迈向成熟，并预示着后来推进的基本趋势。

2. "扩张研究材料、扩张研究工具"的历史组

历史语言研究所十七年（1928）年度报告规定，迁移北平之后，"史学各方面以及文籍校订等属之"第一组，主要工作有三项：一是编定藏文籍敦煌卷子金石书等目录，二是整理明清内阁

大库档案，三是研究历史上各项问题，以材料定研究对象：

> 以甲骨文金文为研究上古史的对象；以敦煌材料及其他中央亚细亚近年出现之材料，为研究中古史的对象；以明清档案为研究近代史的对象。[①]

这一规定，确定了历史组的基本研究路向，也确定了中国古代史研究的基本路向。

（1）编定藏文籍敦煌卷子金石书等目录，以编定敦煌卷子目录成就为最，以敦煌学研究成就最著。

1929 年春邀陈垣"重理旧稿，删其复出，补其漏载，正其误考"，至 1930 年 3 月完成《敦煌劫余录》，作为历史语言研究所专刊刊行。"总目"依佛经种次汇编，排成目录，并在每经之下记其所有卷子数目。"正录" 13 帙，依"总目"著录的卷子数目，按佛经目次，先记每卷起讫、纸数、行数、品第，并在附记内移录题记，兼及残缺情况，著录佛经、律、论、杂文 396 种，道经 9种、摩尼教经 1 种，共计 8527 卷。"续考诸经" 1 帙，著录 86 种，为周叔迦从失名诸经中陆续考出者。又著录"俟考诸经" 66 种。

陈寅恪为之序，强调《敦煌劫余录》"诚治敦煌学者不可缺之工具"，提出做"敦煌学之预流"的希望："今后斯录既出，国人获兹凭藉，宜益能取用材料以研求问题，勉作敦煌学之预流。庶几内可以不负此历劫仅存之国宝，外有以襄进世界之学术于将来。"[②] 此间，陈寅恪所撰专论敦煌经卷者多达 12 篇。经过各界"预流"和多方努力，至 1944 年敦煌艺术研究所成立，敦煌学研究的两个基本方面——文书研究和艺术研究齐头并进。尽管当时未能改变"敦煌在中国，敦煌学在国外"的状况，但"敦煌学之

---

① 《历史语言研究所十七年度报告》，《傅斯年全集》第 6 卷，第 17 页。
② 《历史语言研究所集刊》第 1 本第 2 分（1930 年）。

正统在中国"的理念却未间断。

（2）收购明清档案，整理明清档案，是历史语言研究所成立之初的一项重要工作。

1928 年春马衡致函傅斯年，请设法筹款收购内阁档案。接受陈寅恪建议，傅斯年致函蔡元培，以"其中无尽宝藏。……此后《明史》改修，《清史》编纂，此为第一种有价值之材料"，"昨日适之、寅恪两先生谈，坚谓此事如任其失落，实文化学术上之大损失，明史、清史，恐因而搁笔，且亦国家甚不荣誉之事也。……此实非一浪费不急之事也"①。1929 年 9 月组建明清史料编刊委员会，陈寅恪、朱希祖、陈垣、傅斯年、徐中舒为委员，总其整理编辑之事。自 1930 年 9 月至 1948 年迁台之前，先后编成甲、乙、丙、丁四编，每编 10 册，共 40 册。甲编 1930 年 7 月至 1931 年 7 月出版，乙编 1936 年 6 月出版，丙编 1936 年 11 月出版，丁编 1948 年交上海商务印书馆，1951 年改由中国科学院出版。题名简称《明清史料》，时限"大致在明清之交"，取材原则从宽，凡"感觉其可供某事某义之参考，即以编入。与其过而废之也，无宁过而存之"②。编有年表，起明隆庆元年，讫清乾隆三十一年。

（3）整理居延汉简，是一项"不应忘记"的重要成绩。

1930 年、1931 年，中瑞联合组成西北科学考察团，瑞典团员福克·贝格曼（Folke Bergman）在汉代张掖郡居延和肩水都尉辖区首次发现 10000 余枚简牍，谓之居延汉简。1931 年运抵北平，1934 年由北京大学与北平图书馆联合整理，参与其事者马衡、向达、贺昌群、余逊，时为历史组助理员的劳榦参加到整理队伍行列。抗战事起，联合整理中辍。劳榦一人在四川南溪独力完成

---

① 引自李光涛《记内阁大库残余档案（下）》，《大陆杂志》第 11 卷第 6 期（1955 年 9 月 30 日）。

② 傅斯年、徐中舒：《〈明清史料〉发刊例言》，《明清史料》甲编第 1 册。

《居延汉简考释》释文之部（四卷四册）、《居延汉简考释》考证之部（两卷两册），分别于 1943 年 6 月、1944 年 9 月作为历史语言研究所专刊出版。因条件所限，均为手写、石印、线装，各 300 部。1949 年上海商务印书馆将释文之部排印出版（平装两册），附录劳榦《敦煌汉简校文》和《居延汉简考释简号索引》。

释文之部，改变了罗振玉、王国维《流沙坠简》分小学术数方技书、屯戍丛残、简牍遗文三类的做法，完全按照简牍种类排列，分文书、簿册、信札、经籍、杂类五类。直至 1957 年出版《居延汉简》（图版之部），1960 年出版《居延汉简考释·释文之部》增订本，才改以按图版排次。

完成《居延汉简考释》全书同时，劳榦按照历史组"以敦煌材料及其他中央亚细亚近年出现之材料为研究中古史的对象"的规定，一连发表多篇著论，开拓出以居延汉简研究汉代历史的新局面。

劳榦《居延汉简考释》与罗振玉、王国维《流沙坠简》，亦可谓"简牍学之正统在中国"的两部具有标志性的代表。

3. 西夏研究

西夏研究在语言组，1929 年至 1933 年是语言组西夏研究成绩最为突出的四年。

自王静如《西夏文汉藏译音释略》在《历史语言研究所集刊》第二本第二分发表，西夏研究一直为傅斯年所关注，先看傅斯年所写年度报告。

民国十九年（1930）年度报告最详尽，几乎逐月报告：3 月王静如"成《西夏文汉藏译音释略》一篇，以西北方音，唐末日译汉音，《广韵》至《中原音韵》之分合论证西夏掌中珠汉译音质而较其藏译残文，条理俱合，足明西夏音及宋代西北方音之涯略。盖欲作西夏语与印支语族比较研究，必先明其音质，此其初步也"。4 月王静如"研究西夏文《金光明最胜王经》，先考其刊

印及组织。已定其为西夏仁宗乾祐年重造，经前有冥报传，序为
兰山慧觉集，二者内地久付缺如，惟今日敦煌写经及突厥、吐蕃
译经始见之，方译其传"。5 月王静如"成《河西字藏经雕版考》
一篇。考订北平图书馆西夏文藏经雕印之源流及其与番僧管主人
之关系；复较于闽、粤、浙、杭诸版风尚之不同，明其刻本之时
代，探芳号之异于宋、元，定其依乎盛教标目"。6 月王静如"成
《西夏番汉合时掌中珠补》一篇，据俄人 Nicolas Nevsky 所获照片
以补罗本缺遗，版本考订除己意外兼采日人所论，并拟举新见之
字加以考释，先付油印，以求教正"。10 月王静如"拟集近年来
本人研究西夏语史诸论文汇为《西夏研究》专刊，其第一号现正
计划印刷，约 12 月初出版，要目为：1.《河西字藏经雕版考》。
2.《新见西夏官印考释》。3.《西夏国名考》。4.《东汉西南夷白
狼王慕化诗歌译证》（与西夏西藏语之比较研究）。5.《西夏民族
语言与夏国史料》（改定稿）"①。民国十九年年度总报告第四章研
究之经过，有"王静如于本年内开始作西夏文金光明经全部之考
释，约计下年度内可完成；又据中国古音发音部位不同之谐声字，
与西藏、暹罗等语比较，以测拟上古复辅音之可能，关于西夏之
研究，已编成为《西夏专刊》，第一期于本年内编成"。民国十九
年年度总报告第七章国立中央研究院历史博物馆筹备处民国十九
年度报告，增加物品总数一节，有西夏官印拓本和王静如考释：
"印背所凿文字为：大庆三年，即西夏仁宗之大庆三年也。若其纽
上夏字，即是：'弥'字，亦即元史中之'于弥'或'乌弥'，是
为夏国自称之族或国名。"各方研究状况一节，介绍"国内人士研
究文字书籍者"，首先提到王静如"研究西夏文字，鉴定馆藏西夏
印二方，并代考释印文。本馆现已根据王君注释另加说明矣。"

　　民国二十年（1931）年度报告，"王静如除编辑《西夏研究》

---

　　① 《国立中央研究院院务月报》（1930 年 4 月、5 月、6 月，7 月、10 月）第 1 卷
第 10、11、12 期，第 2 卷第 1、6 期。

四辑，发表研究西夏史地语文之结果外，并作《佛母大孔雀明王经夏梵藏汉合璧校释》，《中台藏缅数目字及人称代名词之语源试探》，及《释定海方氏所藏至元通宝四体钱文》等论文"。其年6月，《西夏研究》（第一辑），作为历史语言研究所单刊正式出版。其中，收有陈寅恪《斯坦因所获西夏文大般若经残卷跋》，谈经文译汉为夏的问题：金光明最胜王经译汉为夏，"凡中文原本之名词，其义同而字异者，但依字直译为夏文"；而大般若经残本"译者之旨趣与其所用方法，当有异于翻金光明最胜王经之人"。二者优劣得失，实为"翻译事业不易解决之问题"。

民国二十一年（1932）年度报告，"王静如继续考释西夏文，著有《西夏研究》第二、第三两辑（单刊甲种之十一及十三）。此两辑除对于金光明《最胜王经》（Suvrna‐Prabhāsa）之藏汉夏三种译本加以考释外，并关于四川羌语，及敏尔雅克语在西夏语之比较立场上亦加以讨论。每辑约有三百页"。同年，《历史语言研究所集刊》第二本第四分发表陈寅恪《西夏文佛母大孔雀明王经夏梵藏汉合璧校释序》，称王静如的西夏研究"开风气之先，示国人以治国语之正轨"：

> 西夏语为支那语同系语言之一，吾国人治其学者绝少，即有之，亦不过以往日读金石刻辞之例，推测其文字而已，尚未有用今日比较语言学之方法，于其同系语言中，考辨其音韵异同，探讨其源流变迁，与吾国语言互相印证发明者。有之，以寅恪所知，吾国人中盖自王静如君始。然则此一卷佛母孔雀明王经之考释，虽其中或仍有俟他日之补订者，要已足开风气之先，而示国人以治国语之正轨，洵可称近日吾国学术界之重要著述矣。

遗憾的是，系统的西夏研究刚刚开启"风气之先"，便在

1933 年历史语言研究所出版了单刊《西夏研究》第三辑之后戛然而止，致使西夏研究之"正统"长期不在中国。

综上所述，历史语言研究所 20 年间形成以追求"科学""客观"为目的，以扩充和整理材料为旨趣，以"求真"和"务实"为风格的研究集体，为历史语言研究规范化和科学化做出重要贡献。20 世纪前半期，关于仰韶文化、敦煌研究、简牍研究、西夏研究以及与我国语言同系的其他种语言研究，话语权大都掌握在洋人手中。在《历史语言研究所之旨趣》指引下，经过整整 20 年的努力，证明"科学的东方学"之仰韶文化、甲骨学之"正统"已在中国。敦煌学之"正统"正在回归中国。"以甲骨文金文为研究上古史的对象，以敦煌材料及其他中央亚细亚近年出现之材料为研究中古史的对象，以明清档案为研究近代史（清史）的对象"，迄今依然为研究中国历史的人们所遵循着。

这种"肯把他们的一生消耗到这些不生利的事物上"的为学术而学术的研究，虽然称不了"什么经国之大业、不朽之盛事"，却实现了"科学的东方学之正统在中国"的初衷，比起那些想要"建立一个系统整然的历史哲学"，想让史学成为"阐天地造化，握人生国家社会枢纽的全体之学"而最终一无所成、被证明是在搞"骗人的把戏"的"空论"来，历史语言研究所的历史功绩更加让人感觉不可磨灭！

（2010 年 5 月 25 日）

（原载《江海学刊》2011 年第 1 期）

郭沫若与陈寅恪交往考

郭沫若最好的著作是《青铜时代》。

——陈寅恪

《再生缘》之被再认识，首先应该归功于陈寅恪教授。

——郭沫若

壬水庚金龙虎斗，郭聋陈瞽马牛风。

这副流传至今的对联，是 20 世纪两位学术大师在 60 年代研讨弹词《再生缘》的两次会晤中产生的。短短的 14 个字，包含着两位大师的生辰、属相、生理特征，也反映着那个年代的某些时代特征。

"郭聋"，指早年因病双耳失聪的郭沫若。"陈瞽"，指 40 年代中期双目失明的陈寅恪。郭沫若 1892 年出生，干支纪年为壬辰年，壬于五行中属水，辰于生肖中为龙，故 "壬水""龙"，暗指郭沫若。陈寅恪 1890 年出生，干支纪年为庚寅年，庚于五行中属金，寅于生肖中为虎，故 "庚金""虎"，暗指陈寅恪。

关于这副对联，一说是郭沫若在与陈寅恪见面寒暄时吟出的，一说是郭、陈二人各半联。这两种说法，都不确切。郭沫若的记录是：1961 年 3 月、11 月两次到广州，两次看望陈寅恪，在第二次见面时作成此联。所谓 "龙虎斗""马牛风"，更有不同解释。

下面，让我们循着岁月的变迁，回顾一下两位大师的基本情况和他们在 1949 年以后的交往，特别是 1961 年的两次相见，将有助于理解对联中的"龙虎斗""马牛风"的意蕴。

一　未谋面时存异同

迄今尚未见有材料说明郭沫若与陈寅恪两位大师在 1949 年以前曾经谋面，但陈寅恪因在清华大学、中央研究院历史语言研究所任职，有可能了解郭沫若当时的学术研究成果，知道他是"甲骨文专家，是'四堂'之一"。1948 年中央研究院选举郭沫若为首届院士（郭沫若缺席），在评选过程中，陈寅恪肯定会看到郭沫若的一些著作的。所以，后来陈寅恪曾称赞郭沫若"最好的著作是《青铜时代》"。而郭沫若对陈寅恪的学术成就也不是一无所知，陈寅恪自己就说过："郭沫若在日本曾看到我的王国维诗。"不管他们 1949 年以前是否谋面，也不论他们相互了解多少，两位大师在各自的学术领域都取得举世瞩目的成就。

20 世纪二三十年代，正是中国社会发生激烈变动的年代，也是外来思想文化以全然不同的内涵冲击东方文明的时代。人们普遍都在探索中外思想文化的关系，陈寅恪、郭沫若是其中成就卓著、颇具影响的两位大师。当我们追踪他们的学术生涯时，非常清楚地看到：陈寅恪自幼留意佛事、佛典，早年治学门径大体以比较语言学为本，故其思辨缜密，注意诗文的"古典"与"今典"。但因健康方面的原因和人生道路的实际，使其性格孤清、倨傲，气质偏于忧郁、感伤。而郭沫若则是另一种情况，自幼喜摆脱羁绊，又是以白话诗登上文坛的，所以思想开放、富于想象，"好发议论""好写翻案文章"，加之人生道路方面的原因，使其性格浪漫、好胜、趋新。这些，都程度不同地决定着他们思考和研究问题的取向与方式。

　　尤其应当注意的是两位大师对待中国文化和外来文化的基本态度。其相近之处，两人都不是"全盘西化论"者，也不是"文化本位论"者，都主张中外文化应当相辅相成。

　　陈寅恪认为：

　　　　其真能于思想上自成系统，有所创获者，必须一方面吸收输入外来之学说，一方面不忘本来民族之地位。此二种相反而适相成之态度，乃道教之真精神，新儒家之旧途径，而二千年吾民族与他民族思想接触史之所昭示者也。[1]

　　稍早几年，郭沫若亦有如此说法：

　　　　要建设新文化，不先以国民情调为基点，只图介绍外人言论，或发表些小己的玄思，终竟是凿枘不相容的。[2]

　　　　我们要唤醒我们固有的文化精神，而吸吮欧西的纯粹科学的甘乳。[3]

　　但在这当中，又透露出两位大师的不同见解。

　　陈寅恪主张：

　　　　既融成一家之说以后，则坚持夷夏之论，以排斥外来之教义。……窃疑中国自今日以后，即使能忠实输入北美或东欧之思想，其结局当亦等于玄奘唯识之学，在吾国思想史上，

---

　　[1]　《冯友兰中国哲学史下册审查报告》，《金明馆丛稿二编》，上海古籍出版社1980年版，第252页。

　　[2]　《郭沫若致宗白华》（1920年1月18日），《郭沫若全集》文学编第15卷，第20页。

　　[3]　《论中德文化书——致宗白华》，《郭沫若全集》文学编第15卷，第157页。

既不能居最高之地位，且亦终归于歇绝者。①

郭沫若则主张吸收外来科学文化，弥补中国固有文化的不足。他注意到世界上各民族的文化大都"有兴有替""有盛有衰"，唯独中国文化具有如下特点：

> 五千年中永远保持着了它的一贯的进化体系。……看着便要达到老境了，立地便有一针青年化的血清注射。②

这"青年化的血清"，便是"异民族的文化之优秀成分"，我们吸收来"使之成为自己的血肉，或成为自己文化创造力的触媒"。

很明显，陈寅恪的主张，如他本人所说，是一种"不古不今之学"，或谓"以新瓶装旧酒"，更多偏重于传统之学。而郭沫若的主张，亦如他本人所说，是"一贯的进化体系"，更多偏重于变革、创造。

上述治学门径、思维方式、性格特征以及看待中外文化的态度等，使他们对另一位近代学术大师王国维都非常推崇、赞许。但在王国维之死的问题上，认识却不尽一致。

王国维投颐和园昆明湖死后，陈寅恪作《王观堂先生挽词并序》，刊于 1928 年出版的《国学论丛》第 1 卷第 3 号"王静安先生纪念专号"。其论王国维所以死之故：

> 凡一种文化值衰落之时，为此文化所化之人，必感苦痛，其表现此文化之程量愈宏，则其所受之苦痛亦愈甚；迫既达极深之度，殆非出于自杀无以求一己之心安而义尽也。……

---

① 上引《冯友兰中国哲学史下册审查报告》。
② 《青年化，永远青年化》，《郭沫若全集》文学编第 18 卷，第 323—324 页。

盖今日之赤县神州值数千年来未有之巨劫奇变；劫尽变穷，则此文化精神所凝聚之人，安得不与之共命而同尽，此观堂先生所以不得不死，遂为天下后世所极哀而深惜者也。①

很明显，陈寅恪强调的是，神州大地剧变，传统文化沉沦，深深凝聚传统精神的王国维不能不为之殉身！一年以后，清华研究院同学为王国维竖立纪念碑，请陈寅恪作碑铭，于是对王国维之死便有了如下说法：

士之读书治学，盖将以脱心志于俗谛之桎梏，真理因得以发扬。思想而不自由，毋宁死耳。斯古今仁圣所同殉之精义，夫岂庸鄙之敢望。先生以一死见其独立自由之意志，非所论于一人之恩怨，一姓之兴亡。②

几乎是同时，郭沫若也论及王国维之死：

王国维，研究学问的方法是近代式的，思想感情是封建式的。两个时代在他身上激起了一个剧烈的阶级斗争，结果是封建社会把他的身体夺去了。③

这与陈寅恪论王国维为传统文化衰落而殉身的说法是相通的，却与陈寅恪论王国维"思想不自由，毋宁死耳"大相径庭。

① 又见《寅恪先生诗存》，第6—7页，附《寒柳堂集》，上海古籍出版社1980年版。
② 《清华大学王观堂先生纪念碑铭》，《金明馆丛稿二编》，第218页。
③ 《〈中国古代社会研究〉自序》，《郭沫若全集》历史编第1卷，第8页。

二 初次交往有波折

1953 年，郭沫若、陈寅恪开始了书信交往。

这一年，中共中央决定组建中国历史问题研究委员会。9 月，委员会第一次会议根据中共中央宣传部的提议，决定在中国科学院设立三个历史研究所，分别以郭沫若、陈寅恪、范文澜为所长。

11 月下旬，曾经是陈寅恪助教、时为北京大学历史系副教授的汪篯，带着中国科学院院长郭沫若、副院长李四光写给陈寅恪的两封信到中山大学，正式传达请陈寅恪担任历史研究二所所长的意见。遗憾的是，目前看不到这两封信的原件，也就无法知道其具体内容。12 月 1 日，陈寅恪口述、汪篯笔录，形成一份《对科学院的答复》。其要点如下：

> 我的思想，我的主张完全见于我所写的王国维纪念碑中。……独立精神和自由意志是必须争的，且须以生死力争。正如词文所示，"思想而不自由，毋宁死耳。斯古今仁圣所同殉之精义，夫岂庸鄙之敢望"。一切都是小事，惟此是大事。碑文中所持之宗旨，至今并未改易。
>
> ……
>
> 我提出第一条："允许中古史研究所不宗奉马列主义，并不学习政治。"其意就在不要桎梏，不要先有马列主义的见解，再研究学术，也不要学政治。不止我一人要如此，我要全部的人都如此。
>
> ……
>
> 我又提出第二条："请毛公或刘公给一允许证明书，以作挡箭牌。"其意是毛公是政治上的最高当局，刘少奇是党的最高负责人。我认为最高当局也应和我有同样看法，应从我之

说。否则，就谈不到学术研究。

至如实际情形，则一动不如一静。我提出的条件，科学院接受也不好，不接受也不好。两难。我在广州很安静，做我的研究工作，无此两难。去北京则有此两难。动也有困难。我自己身体不好，患高血压，太太又病，心脏扩大，昨天还吐血。

你要把我的意见不多也不少地带到科学院。碑文你带去给郭沫若看。郭沫若在日本曾看到我的王国维诗。碑是否还在，我不知道。如果做得不好，可以打掉，请郭沫若做，也许更好。郭沫若是甲骨文专家，是"四堂"之一，也许更懂得王国维的学说。那么我就做韩愈，郭沫若就做段文昌，如果有人再做诗，他就做李商隐也很好。我的碑文也流传出去，不会湮没。

前面提到，陈寅恪早在30年代就曾经说过："窃疑中国自今日以后，即使能忠实输入北美或东欧之思想，其结局当亦等于玄奘唯识之学，在吾国思想史上，既不能居最高之地位，且亦终归于歇绝者。"[1] 他所说的"东欧之思想"，当指马克思主义。新中国成立后，他反对把马克思主义放在"最高之地位"，拒绝学习马克思主义，这是完全可以理解的。但是为什么在这份《对科学院的答复》中，要围绕他1929年所写王国维纪念碑文大加发挥，并且要汪篯把碑文带去给郭沫若，说也许郭沫若"更懂得王国维的学说，那么我就做韩愈，郭沫若就做段文昌"呢？

陈寅恪《对科学院的答复》中的这段文字，说的是唐史中的一则典故。唐宪宗年间，为削平淮西藩镇，宰相裴度亲赴前线节度各路兵马。李愬雪夜袭取蔡州，一举擒获淮西藩镇首领，平

---

[1]　前引《冯友兰中国哲学史下册审查报告》。

定了淮西割据势力。韩愈当时为裴度行军司马，事后奉诏撰《平淮西碑》（后称韩碑）以记其事。不久，讨伐淮西主将李愬妻、唐安公主之女，不满"韩碑""多叙裴度事"。于是，唐宪宗下令磨掉"韩碑"，命翰林学士段文昌重撰《平淮西碑》（后称段碑）。后来，诗人李商隐有七言古诗《韩碑》记述此事，认为"韩碑"不会被磨去。① 陈寅恪引用这则典故，很明显有其用意。前面已经叙及陈寅恪关于王国维之死的两次说法，其第一次"论王国维所以死之故"，与郭沫若的说法有相通之处，其第二次的说法强调"思想而不自由，毋宁死耳"，与郭沫若认为王国维是"封建社会把他的身体夺去了"的认识则是大相径庭的。而郭沫若在《〈中国古代社会研究〉自序》中的这一认识，后来在史学界具有广泛的影响，这难免不引起陈寅恪心中不快。所谓"韩碑"与"段碑"的说法，表明在陈寅恪看来，他所撰的"王国维纪念碑"，会像李商隐所称赞的"韩碑"那样，"今无其器存其辞"，不会湮没。段文昌由翰林学士拜相，入相出将近20年，在当时名声胜过韩愈，但后来在文化史方面的影响却不如韩愈。陈寅恪把自己比作韩愈，把郭沫若比作段文昌，含义正在于此。

汪篯带着陈寅恪《对科学院的答复》和陈寅恪的两篇新作、四首诗回到北京，向科学院作了汇报。12月10日，正在"校读管子《侈靡》，颇有收获"的郭沫若，听科学院党组成员、学术秘书刘大年来谈陈寅恪，想到的是"第二史所只好改由陈垣担任"，并感慨"人之冥顽，大可悲悯"。14日下午，郭沫若"看了汪篯关于陈寅恪的报告"，但作何反应，未见评骘。② 特别是对陈寅恪所说"韩碑""段碑"有何感触，更不得而知。一个月后，

---

① 　两篇同名的碑文，一首古诗，今俱留存，读者自可对照史实，明其曲直。

② 　［补注］据郭平英1997年10月3日致笔者信所附郭沫若1953年12月10日、14日日记增补。

即 1954 年 1 月 16 日，郭沫若致函陈寅恪。信函的内容虽然迄今无人披露，但 1 月 23 日陈寅恪作出这样的回复：

> 沫若先生左右：
>
> 　　一九五四年一月十六日手示敬悉。尊意殷拳，自当勉副。寅恪现仍从事于史学之研究及著述，将来如有需要及稍获成绩，应即随时函告并求教正也。
>
> 　　专此奉复，敬颂
>
> 著祺！
>
> 陈寅恪敬启
> 一九五四年一月廿三日①

　　虽然陈寅恪拒绝重返京华，但"尊意殷拳，自当勉副"8 个字却透露出：当历史问题研究委员会决定创办《历史研究》，郭沫若为编辑委员会召集人，请陈寅恪为编辑委员时，陈寅恪欣然同意了。汪篯带回的陈寅恪的两篇文章，先后刊登在《历史研究》的创刊号和第 2 期上，一为《记李唐之李武韦杨婚姻集团》，一为《论韩愈》。同时，中国科学院以陈垣为历史研究二所所长。

　　1954 年 4 月，中国科学院开始筹设学部，郭沫若兼哲学社会科学部主任。经杜国庠同陈寅恪联络，9 月初杜国庠致函中国科学院党组书记、副院长、哲学社会科学部副主任张稼夫，说："陈寅恪先生已答应就委员职。日前给您电报想已收到。"② 9 月 30日，郭沫若致函陈寅恪：

---

　　① 《陈寅恪先生编年事辑》，上海古籍出版社 1981 年版，第 146 页引录，称"此信据师母手写底稿"。

　　② 《刘大年来往书信选》（上），中央文献出版社 2006 年版，第 93 页。

寅恪先生大鉴：

学友杜守素先生来京，获悉尊体健康，并蒙慨允担任中国科学院社会科学学部委员，曷胜欣幸！

学部乃科学院指导全国科学研究工作与学术活动之机构，不致影响研究工作，目前正积极筹备，详情将由守素兄返粤时面达。

尊著二稿已在《历史研究》上先后发表，想已达览。《历史研究》编辑工作缺点颇多，质量亦未能尽满人意，尚祈随时指教，以期有所改进。尊处于学术研究工作中有何需要，亦望随时赐示，本院定当设法置备。专此，

著祺！

郭沫若九、卅①

此信通过刘大年交杜国庠，转达陈寅恪。刘大年回忆说："科学院当时制定有资助院外学者工作办法。郭信中表示了对陈研究工作的关心，不是客套。"② 陈寅恪的学部委员之职，此后始终保持未变。

三 "厚今薄古"生枝节

1958 年，"厚今薄古"的问题又将郭沫若与陈寅恪联系在一起。这就是郭沫若 5 月 16 日关于"厚今薄古"问题写给北京大学历史系师生的一封信，6 月 10 日、11 日先后被《光明日报》《人民日报》刊载，内中提到陈寅恪，被认为是"公开点出陈寅恪的名"。

让我们来看一看当时的实际情形，再仔细品味一下郭沫若写

---

① 《郭沫若关于〈历史研究〉的六封信》，《历史研究》1994 年第 1 期。
② 《郭沫若致陈寅恪》注释 [1]（三），《刘大年来往书信选》（上），第 99 页。

给北京大学历史系师生的信。

在 1958 年 3 月国务院学科规划委员会第五次会议上，郭沫若代表访苏科学技术代表团作总结报告《加强中苏科学合作，为促进科学事业的大跃进而战斗》。陈伯达作为中央政治局委员、中央宣传部副部长，10 日到会作报告，题为《厚今薄古，边干边学》，说"资产阶级知识分子想逃避社会主义现实生活"，以为"积累了些资料，熟悉了些资料，就很有学问了"。第二天，《人民日报》以发消息的形式摘要报道了陈伯达的主要观点。两个星期以后，3 月 25 日出刊的《中山大学周报》第 246 期刊登《历史系教工揭露些什么》的报道，说"'厚今薄古'的现象，亦是这次揭发的主要内容之一"。显然，这是陈伯达报告在中山大学激起的最早、最直接的反响，距郭沫若给北大历史系师生写信要早 1 个多月的时间。

4 月 3 日，《人民日报》刊登复旦大学关于"厚今薄古"的辩论。

4 月 28 日，范文澜在《人民日报》上发表《历史研究必须厚今薄古》，前三个小标题是："厚今薄古是中国史学的传统""厚古薄今是资产阶级学风""厚今薄古与厚古薄今是两条路线的斗争"。短短两个月的时间，各主要报刊发表的论文和有关各地讨论情况的报道，多达 40 篇。

如何正确理解和把握"厚今薄古"，对于从事古代史、从事考古的人来说，成为亟待弄清楚的迫切问题。特别是历史系的青年教师和学生，更希望听到一种比较科学、客观的说法。北京大学历史系的部分师生，5 月 15 日写信给郭沫若，系主任翦伯赞亲自到郭沫若家，希望郭沫若能够就这个问题到北大历史系作一次报告。但因郭沫若数日后要同全国文联的朋友赴张家口地区参观，便于 5 月 16 日写了这封给北京大学历史系师生的回信。

如果说自 3 月 10 日陈伯达提出"厚今薄古"的口号，引发了学术界主要是史学界的强烈反响，复旦大学召开辩论，范文澜随后发表文章，郭沫若应北大历史系之邀作回复，是"大跃进"年代的时代产物，这无可非议。但如果认定从陈伯达3月10日的报告，到范文澜4月份的文章，郭沫若5月份的信6月份公开发表①，反映"一种设计与布局的从容"，却难以令人置信！

郭沫若信中的一些说法，如"今天是自觉发展的时代了，我们正应该标榜'厚今薄古'，来打破迷信，解放思想，形成发展上的大跃进"，无疑是时代在他身上打下的明显印记。但他紧接着又说："当然'厚今薄古'也不是说只要今，不要古，或者是把所有古代的遗产都抛弃，并不是那样。"信中特别指出：

> 由于肤浅地了解了"厚今薄古"的含义，有些人发生了轻视资料、轻视旧书本的念头，甚至搞历史的人也感到苦闷，这也是一种偏向。总之，"厚今薄古"必须同时并提，古今是相对的，厚薄也是相对的，"厚今薄古"同时并提便成为合理的辩证的统一。

那个年月，肤浅了解"厚今薄古"含义的情况确实普遍存在，但郭沫若并不在这"肤浅"之列。以今天的眼光来比较当时各种有关"厚今薄古"的言论，这封信的许多基本认识要算是最能经得起历史发展的检验的了。

至于"点陈寅恪名"的问题，信中有这样一整段文字：

---

① 郭沫若信的发表，先是北大历史系师生转送《光明日报》。郭沫若6月7日从张家口地区回京，收到《光明日报》送来的清样。他在9日给翦伯赞的信中说："我略略添改了一点。我已请他们登在普通版面上。"10日，《光明日报》刊出，题为《关于厚今薄古问题——答北京大学历史系师生的一封信》。11日，《人民日报》转载。

　　搞历史是要掌握资料的，但这不是目的。我们不能成为资料的俘虏，要掌握它，据有它，成为资料的主人或支配者。资产阶级的史学家只偏重资料，我们对这样的人不求全责备，只要他有一技之长，我们可以采用他的长处，但不希望他自满，更不能把他作为不可企及的高峰。在实际上我们需要超过他。就如我们今天在钢铁生产等方面十五年内要超过英国一样，在史学研究方面，我们在不太长的时间内，就在资料占有上也要超过陈寅恪。这话我就当到陈寅恪的面也可以说。"当仁不让于师"。陈寅恪办得到，我们掌握了马克思列宁主义的人为什么还办不到？我才不相信。一切权威，我们都必须努力超过他！这正是发展的规律。

　　这一整段文字，意思十分清楚：（1）非马克思主义史学家偏重资料，不求全责备，可以采用他的长处。（2）非马克思主义史学家的代表陈寅恪在资料占有上是一座高峰，但不是不可企及，必须努力超过他。毋庸讳言，郭沫若在那使人头脑发昏的年代也有"热昏了头"的地方。但是，要把中山大学 1958 年 6 月以后"厚今薄古"运动逐步升级、"直捣陈寅恪学术独立王国"的种种狂热行动，都归结到是由于郭沫若的这封信"点出陈寅恪的名"，这就未免有点让偏见蒙住眼睛，不顾事实真相了。在信中，人们丝毫看不到什么阶级斗争、路线斗争的影子，也没有认为陈寅恪是"白专方向"的代表、陈寅恪的学术是"资产阶级伪科学"等的意思。郭沫若是承认在资料占有上不如陈寅恪，就如同钢铁生产不如英国一样，所以才要超过他们，而且必须努力才有可能超过。

　　需要补写一笔的是，当人们从另一个层面来看待这件事情的发展时便会发现：郭沫若在"厚今薄古"问题上，始终是在努力澄清陈伯达所造成的思想"混乱"的，直至陈伯达改变说法。1958 年 5 与 16 日写给北京大学历史系的信是第一个反响，1959

年 3 月答《新建设》编辑部问则是系统的回应。在这篇题为《关于目前历史研究中的几个问题》的问答中，郭沫若强调"从新的历史观点出发，固然应该着重写劳动人民的活动，但以往的社会既是阶级社会，统治阶级的活动也就不能不写。"针对陈伯达的"资产阶级知识分子想逃避社会主义现实生活"，以为"积累了些资料，熟悉了些资料，就很有学问了"，郭沫若特别写了这样的一段话：

> 固然，史料不能代替历史学，但在历史研究中，只有历史唯物主义的一般原理而没有史料，那是空洞无物的。炊事员仅抱着一部烹调术，没有做出席面来，那算没有尽到炊事员的责任。由此看出，没有史料是不能研究历史的。因此，对搜集、考察史料的工作，不能一概加以否定。我们反对的是为考据而考据，以史料代替史学。但如有少数人一定要那样作，我认为也可以由他去，因为这总比"饱食终日，无所用心"的要好一些。①

一个月以后，翦伯赞也发表《目前历史教学中的几个问题》，同样指出："厚今薄古的问题，既不能用过多地压缩古代史的办法来求得解决，也不能用先今后古的办法求得解决。"②于是，"一九五九年五月在一个座谈会上"，陈伯达重新发表《批判的继承和新的探索》的讲话，承认"厚今薄古"的口号"有一定的局限性"，出现了"把这个口号加以简单化和庸俗化的偏向"，"在思想上有点混乱"，并明确表示："我原先没有把问题说得很清楚，

---

① 《关于目前历史研究中的几个问题——答〈新建设〉编辑部问》，原载《新建设》1959 年 4 月号。后收《郭沫若全集》历史编第 3 卷，第 477—488 页。

② 原载《红旗》1959 年第 10 期。后收《翦伯赞史学论文选集》（三），人民出版社 1980 年版，第 32—47 页。

这是要由我负责的。"同时，把《厚今薄古，边干边学》"略加整理"，作为附录发表。① 事情发展到此，是否也包括在"设计与布局从容"的范围之内呢？

四　评赏弹词两相逢

要深入探讨郭沫若与陈寅恪的交往，最应该注意的是他们对弹词《再生缘》的研究。

几乎与中国科学院酝酿以陈寅恪为历史研究二所所长同时，陈寅恪自 1953 年 9 月开始撰写《论再生缘》，至 1954 年 2 月完成，自费油印。其后，油印本被友人带到香港。1958 年香港《人生》杂志 12 月号刊载余英时文章《陈寅恪先生〈论再生缘〉书后》。1959 年，香港友联图书编辑所将油印本排印出版。1960 年，正式出版的《论再生缘》传回大陆。

1983 年，余英时说："《论再生缘》出版后，在海外轰动一时，我的《书后》并曾为陈先生惹了一些麻烦。"② 究竟惹了什么麻烦，他自己并不知道，而只是引录牟润孙先生《敬悼陈寅恪先生》一文中的一段话："有人借给友联研究所一本（按：指《论再生缘》油印本），友联将它排印出来，有人作了篇序（也许是跋，记不清了），大发挥其中蕴义。后来听说，果然给他老人家招了祸。幸而有人替寅老解说，广东的红朝人员对他又正在优礼，没有追究下去。"这位先生也是"听说"，但招了什么祸，仍然语焉不详。"有人替寅老解说，广东的红朝人员对他正在优礼"，这倒是实话！

友联将陈寅恪《论再生缘》排印出来，传回大陆后，究竟是

---

① 均载《红旗》1959 年第 13 期。

② 《陈寅恪的学术精神和晚年心境》，原载香港《明报月刊》1983 年 1 月、2 月号。

怎么样的一种情况呢？

　　蒋天枢《陈寅恪先生编年事辑》在 1954 年 2 月条下写道：
"《论再生缘》初稿完成。自出资油印若干册。后郭院长沫若撰文
辨难，又作《校补记》。（校补记后序，写成于六四年甲辰冬，见
后。）"余英时引录了这段文字中括号以前的部分，紧接着说：
"郭沫若文未正式发表，不知究作何等语。"然后，抓住《校补记
后序》中"所南心史""孙盛阳秋"等语，说："可见陈先生《论
再生缘》初稿完成之后必曾直接受到政治压力，要他'删改'原
文。郭沫若的'辨难'或与此有关，恐不尽关乎学术异同。"

　　下面，就让我们来看一看郭沫若文是不是"未正式发表"，郭
沫若的"辨难"是不是使陈寅恪"直接受到政治压力"。

　　1960 年 12 月上旬，郭沫若读到《论再生缘》。他说：

　　　　陈寅恪的高度的评价使我感受到高度的惊讶。我没有想
　　出，那样渊博的、在我们看来是雅人深致的老诗人却那样欣
　　赏弹词，更那样欣赏《再生缘》……于是我以补课的心情，
　　来开始了《再生缘》的阅读。当然，我也是想来检验一下：
　　陈教授的评价究竟是否正确。①

　　这是郭沫若对陈寅恪《论再生缘》的读后第一印象。接下来，
便开始读"同陈教授所听人诵读的版本一样"的三益堂翻刻本
《再生缘》。下旬，郭沫若率代表团出访古巴，一路不忘阅读《再
生缘》。1961 年 1 月底回到北京，2 月中旬赴海南岛，直至 3 月中
旬。于是，便有了 1961 年 3 月 13 日郭沫若对陈寅恪的第一次
拜访。

　　关于这次会面的详细情况，人们已经回忆不起多少。郭沫若

---

① 《序〈再生缘〉前十七卷校订本》，初载《光明日报》1961 年 8 月 7 日。

的日记是这样写的：

> 同（冯）乃超去看陈寅恪，他生于丙寅，我生于任辰，我笑说今日相见是龙虎斗。伊左目尚能见些白光，但身体甚弱，今年曾病了好久。胃肠不好。血压不大高。不相信中药，自言平生不曾用过参。①

谈话谈到"钱柳因缘"的事，陈寅恪提出"要原稿纸，另要在北京图书馆抄谢三宾的《一笑亭集》"。"将近一小时"的交谈，《再生缘》是话题之一。两人的一些基本认识是相通的，下面详述。

不久，郭沫若回到北京。4月上旬得见"海内孤本"《再生缘》抄本，即与读过的三益堂翻刻本进行核对。5月4日在《光明日报》上发表第一篇关于《再生缘》的长文《〈再生缘〉前十七卷和它的作者陈端生》，说："近年，陈寅恪有《论再生缘》一文，考证得更为详细，我基本上同意他的一些见解。"现就陈寅恪所论"再生缘之思想、结构、文词三点"，与之略加对照。

陈寅恪认为："再生缘一书之主角为孟丽君，故孟丽君之性格，即端生平日理想所寄托，遂于不自觉中极力描绘，遂成为己身之对镜写真也。"同时，举出其"颠倒阴阳"诸例，如孟丽君抗旨不肯代为皇帝脱袍；孟丽君在皇帝面前斥责父母，使之招受责辱；孟丽君夫父欲在孟丽君前屈膝请行，向孟丽君跪拜；皇甫少华（孟丽君夫）向孟丽君跪拜，等等。陈寅恪随后说：

> 则知端生心中于吾国当日奉为金科玉律之君父夫三纲，皆欲藉此等描写以摧破之也。端生此等自由及自尊即独立之

---

① 1997年9月24日，在郭沫若纪念馆，抄自郭平英所录郭沫若1961年3月13日日记。其中"丙寅""任辰"均有笔误，当作"庚寅""壬辰"。

思想，在当日及其后百余年间，俱足惊世骇俗，自为一般人所非议。

请注意陈寅恪关于"自由与独立之思想"的含义！

郭沫若认为："作者的思想富于叛逆性。她的胆子相当大。她假想了一个孟丽君，女扮男装，中状元，做宰相……"然后分析说：

> 在男性中心的封建社会，女性的才能得不到发展，故往往生出这些要与男子并驾齐驱的幻想。不过作者的叛逆性更进了一步，她使她的主要人物发展到了目无丈夫，目无兄长，目无父母，目无君上的地步。特别是她揭露元成宗的好色心理是相当痛快淋漓的，在作品中揭穿了封建帝王的虚伪和胡作非为，这在旧时代是难能可贵的。

关于《再生缘》的结构，陈寅恪称其"结构精密，系统分明"，"为弹词中的第一部书"。郭沫若则用的是这样的说法："全书波浪层出，云烟缭绕，神龙游戏，夭矫不群。"

至于"文词"方面，陈寅恪强调"再生缘之文，质言之，乃一叙事言情七言排律之长篇巨制"，说：

> 弹词之作品颇多，鄙意再生缘之文最佳，微之所谓"铺陈终始，排比声韵"，"属对律切"，实足当之无愧，而文词累数十百万言，则较"大或千言，次犹数百"者，更不可同年而语矣。

这里，陈寅恪引用了唐代元稹（字微之）赞赏杜甫、贬抑李白的评论。虽然郭沫若不同意元稹的"抑李扬杜之论"，但仍然直接引录了陈寅恪的这段文字，认为陈寅恪"更使陈端生远远超过了杜甫"，并在文章最末一段这样写道：

> 陈寅恪说，他是"噤不敢发，荏苒数十年，迟至暮齿，始为之一吐"；他是"不顾当世及后来通人之讪笑"的。我不是所谓"通人"，因此我不仅不"讪笑"他，反而要为他的敢于说话而拍掌。

还进一步表示：

> 我也"不顾当世及后来通人之讪笑"，把《再生缘》前十七卷仔细核校了，并主张把它铅印出来。

不难看出，两位大师对于《再生缘》的基本认识竟是如此的接近，哪里是什么施加"政治压力"或所谓"挑剔辩驳"！当然，郭沫若对陈端生思想的分析也有不同于陈寅恪之处，即认为陈端生的思想虽然在某种程度上超越了她的时代，但她的叛逆是有条件的：

> 她是挟封建道德以反封建秩序，挟爵禄名位以反男尊女卑，挟君威而不认父母，挟师道而不认丈夫，挟贞操节烈而违抗朝廷，挟孝悌力行而犯上作乱。

这或许是两位大师认识上的最不同之点。

5月下旬，郭沫若又从阿英处得到《再生缘》的初刻本。于是，以抄本为主，用三种本子核校。7月底，核校完毕。就这样，郭沫若把《再生缘》反复读了4遍。在核校和以后的一段时间，郭沫若又陆续发表了6篇有关《再生缘》作者陈端生的文章。弄清这6篇文章的基本内容，对于了解陈寅恪写《论再生缘校补记》

是十分必要的。因为不细读（或不知道）郭沫若的这些论文，便不知两位大师的基本认识，也就不明白陈寅恪为什么会写《论再生缘校补记》。

陈寅恪《论再生缘》的第一段文字称："衰年病目，废书不观，唯听读小说消日，偶至再生缘一书，深有感于其作者之身世，遂稍稍考证本末，草成此文。"全篇文字，以人们容易得见的上海古籍出版社出版的《寒柳堂集》计，共 77 页。其中，考陈端生之事迹，至论述其写《再生缘》之经过，共 56 页。论《再生缘》思想、结构、文词，10 页。有关梁德绳续撰《再生缘》，8 页。陈寅恪读此书别感，3 页。

郭沫若的后 6 篇文章，主要围绕陈端生的事迹进行考辨。其中，有赞同陈寅恪处，也有与陈寅恪存在分歧之点。

首先，郭沫若从《论再生缘》一文知道陈寅恪"没有看到《绘声阁初稿》"，便从这里入手，发现陈端生妹妹陈长生的诗题中多次出现"春田家姊"，考证这就是陈端生。同时，从《织素图》原诗推考出所谓"织素人"即陈端生，印证了陈寅恪说"织素人""舍陈端生莫属"是一个"很犀利的推断"。两人都认为《再生缘》第十七卷写成于乾隆四十九年。陈寅恪从"织素人"就是陈端生进一步推论"此年端生居浙江抑寓云南虽不能确言，鄙意此年端生似随父玉敦赴云南"。郭沫若则从第十七卷的音调、情绪和态度都有很大的转变来证明"看不出有什么写在云南的痕迹"，并从《绘声阁初稿》中寻出多项证据，证明此卷是在乾隆四十九年冬完稿的，写在浙江，陈端生并未随父到云南。随后，郭沫若又从阿英送来的《妆楼摘艳》中发现陈云贞《寄外》诗，对照《再生缘》，认为陈云贞就是陈端生。又从陈莲姐《寄外》题下附注"云贞会稽范秋塘室"句推论出，范秋塘即范菼，陈端生的丈夫应该是这个会稽范菼，而非陈寅恪所猜测的浙江秀水范璨之子那个范菼。集上述研究，写成《再谈〈再生缘〉的作者陈端生》，发表在 6 月 8 日《光明日报》上。

由陈云贞《寄外诗》引出《寄外书》的问题，郭沫若考证的
结果是：陈云贞《寄外诗》是真的，《寄外书》是假的。于是，
又写下《陈云贞〈寄外书〉之谜》的考证文章，仍然发表在《光
明日报》（6 月 29 日）上。

一面研究，一面校勘。中华书局以《再生缘》的三个本子核
校，最后再由郭沫若"决定去取"。核校完毕，郭沫若写了《序
〈再生缘〉前十七卷校订本》。序文是要随着《再生缘》前十七卷
校订本流传的，人们可以不问郭沫若与陈寅恪讨论《再生缘》的
文章，但凡要读《再生缘》一书，总要浏览一下序文。在这篇序
文中，人们看到的第一段文字是：

> 《再生缘》之被再认识，首先应该归功于陈寅恪教授。陈
> 教授在一九五四年写了《论再生缘》一文，他对于《再生
> 缘》前十七卷的作者陈端生，作了相当详细的考察，对于
> 《再生缘》的艺术价值评价极高。他认为弹词这种体裁，实事
> 上是长篇叙事诗，而《再生缘》是弹词中最杰出的作品，它
> 可以和印度、希腊的有名的大史诗相比。他很欣赏陈端生的
> 诗才，认为是"绝世才华"，其功力不亚于杜甫。

接着，郭沫若表示："我是看到陈教授这样高度的评价才开始
阅读《再生缘》的"，而且是"以补课的心情，来开始了《再生
缘》的阅读"。反复读了 4 遍，"每读一遍都感觉到津津有味，证
明了陈寅恪的评价是正确的"。对于这部"值得重视的文学遗产"
长久被人遗忘，"陈端生的存在也好像石沉大海一样"，郭沫若又
写下这样一段话：

> 无怪乎陈寅恪先生要那样地感伤而至于流泪："彤管声名

终寂寂……怅望千秋泪湿巾。"这不是没有理由的。好罢，就让我来弥补这项缺陷吧。如果能够找到初刻本或者抄本，我倒很愿意对于原书加以整理，使它复活转来。

这篇序文，先行正式发表在 1961 年 8 月 7 日的《光明日报》，海内外研究陈寅恪及《论再生缘》者不妨认真一读，不要轻信"郭沫若文未正式发表，不知究作何等语"的说法。

三个星期的出国访问和半个月的国内考察归来，见到《光明日报》发表白坚所写《陈云贞及其〈寄外书〉》一文，依据丁宴《山阳诗征》，认为陈云贞不是陈端生。郭沫若又写了《有关陈端生的讨论二三事》进行反驳，同时提到陈寅恪最初也曾怀疑过陈端生之夫"为乾隆年间才女陈云贞之夫，以罪遣戍伊犁之范秋塘。搜索研讨，终知非是"。对此，郭沫若认为这是陈寅恪"没有觉察到陈云贞《寄外书》是掺了水的二分真、八分假的赝鼎"。文章也发表在《光明日报》（10 月 5 日）上。

差不多同时，丁宴的后人丁志安写信给郭沫若，说发现古体《云贞曲》一首，从相信陈云贞即陈端生转而认为陈云贞不可能是陈端生了。郭沫若通过查找《云贞曲》初刻本，考定其诗句，更加认定《寄外书》二分真、八分假，陈云贞就是陈端生，便又在《光明日报》（10 月 22 日）上发表《关于陈云贞〈寄外书〉的一项新资料》一文。

1961 年 11 月上旬，郭沫若在杭州参观了陈端生出生地"句山樵舍"，感叹"樵舍句山在，伊人不可逢"。9 日，又到广州。11 月 15 日，雨，郭沫若第二次到中山大学看望陈寅恪。这一次面晤与前番相见，又别是一种情景。日记记述：

> 访陈寅恪，彼颇信云贞曲之枫亭为仙游县之枫亭。说舒四爷，举出《随园诗话》中有闽浙总督五子均充军伊犁事，

其第四子即可谓舒四爷。余近日正读《随园诗话》,却不记有此人。我提到"句山樵舍",他嘱查陈氏族谱。"壬水庚金龙虎斗,郭聋陈瞽马牛风。"渠闻此联解颐,谈约一小时,看来彼颇惬意。①

至此,再把两位大师的交往统统归结为马克思主义与资产阶级史学间的"龙虎斗",真可以引两位大师都熟悉的陆游的名句了:"耳边闲事有何极,正可付之风马牛。"② 这一"聋"一"瞽"是不会相信那些无中生有的议论的。

1961 年 12 月,《文汇报》刊出两篇关于陈端生的文章,提到《绘声阁续稿》和焦循《雕菰楼集》两部书。郭沫若认为这又为研究陈端生提供了"重要的新资料",于 1962 年 1 月 2 日在《羊城晚报》上发表《读了〈绘声阁续稿〉和〈雕菰楼集〉》。《绘声阁续稿》中《哭春田大姊》诗两首,"透露了陈端生死前的一些真实情况"。焦循《雕菰楼集》中所改古乐府体《云贞行》一首并序,从其内容推断:焦循"见到的是真的《寄外书》"。因此,郭沫若认为:"《绘声阁续稿》和《云贞行》的出现,对于陈云贞即陈端生之说不仅毫无抵触,反而为《寄外书》的写作和传播的年代提出了佐证。"

郭沫若这一系列论文的发表,使当时整个学术界更加瞩目于陈寅恪。郭沫若的第一篇文章发表后,中华书局总经理兼总编金灿然南下广州,曾专门拜访陈寅恪,希望将《论再生缘》一稿改定后交中华书局出版。中山大学校刊说,他"准备修改《再生缘弹词考》一书"。随后,《论再生缘》列入人民文学出版社出版计划。

写到这里,我们应该看一看陈寅恪的《论再生缘校补记》了。

---

① 据郭平英 1997 年 10 月 3 日致笔者信抄录的郭沫若 1961 年 11 月 15 日日记。
② 《剑南诗稿》第 82 卷《短歌行》。

首先应当提醒海内外读者,《论再生缘校补记》与《论再生缘校补记后序》是两篇并非同时写成的文字。① 余英时只拿《论再生缘校补记后序》大做文章,却绝口不谈《论再生缘校补记》的内容,是属于他本人无知,不知道《论再生缘校补记》为陈寅恪反驳郭沫若的上述文章而写,还是有意回避陈寅恪与郭沫若对于《再生缘》的基本认识是相通的这一真实呢?

陈寅恪写《论再生缘校补记》,确如其《后序》所言:

> 论再生缘一文……传播中外,议论纷纭。因而发见新材料,有为前所未知者,自应补正。兹辑为一编,附载简末,亦可别行。至于原文,悉仍其旧,不复改易,盖以存著作之初旨也。

"论再生缘一文……传播中外,议论纷纭",在当时主要指上述种种情况。郭沫若前后共发表7篇文章,除开《序〈再生缘〉前十七卷校订本》外,每篇都涉及一些"新材料"。所以陈寅恪说:"因而发见新材料,有为前所未知者,自应补正。"在《校补记》中,我们可以看到:

> 至道光时作西泠闺咏咏陈端生诗……今据长生绘声阁续稿"哭春田大姊"……由于传闻稍误,自应订正。(《寒柳堂集》第78页)
>
> 复次,今得见绘声阁初稿……及绘声阁续稿……始知范菼实以嘉庆元年授受大典恩赦获归。前所论范菼获归之年……既得此新证,自应更正。(《寒柳堂集》第90页)

---

① 前引《陈寅恪先生编年事辑》1954年2月、1964年10月都未明确说《校补记》的写定时间,只说了《校补记后序》的时间,应当加以区分。

这些都是受到郭沫若文章启发而得见新材料作出的更正。

何以知道陈寅恪一定了解郭沫若文章呢?

首先,郭沫若第二次拜访陈寅恪时,已在《光明日报》上正式发表6篇关于《再生缘》与陈端生的文章,一定会带去当面转送陈寅恪的。他的第7篇文章又就近在《羊城晚报》上发表,显然也是为了方便陈寅恪得知。①

其次,在内容与观点方面,请看《校补记》中的这些论述:

> 寅恪初疑陈云贞即陈端生,后来知其不然者,虽无积极之确据,但具强有力之反证。……唯云伯止言范菼"以科场事,为人牵累谪戍",而绝口不提及云贞寄外之书及诗以作材料,可知其始终不承认云贞与端生为一人也。(《寒柳堂集》,第78页)

这显然是针对郭沫若再三强调的"陈云贞就是陈端生"的结论的。

> 至莲姐之诗,尤为伪中之伪。……伪作之云贞寄外书及莲姐寄外诗,皆受当时此社会阶层之习俗影响所致,殊不足怪也。(《寒柳堂集》,第79页)

这更是针对郭沫若《再谈〈再生缘〉的作者陈端生》第四、五部分与《陈云贞〈寄外书〉之谜》的。

又,郭沫若的第一篇文章驳陈寅恪:

> 梁(楚生)续在道光元年确已脱稿,并不如陈寅恪所揣

---

① [补注] 此段文字为新增补。

想，"元"字是"九"字之讹。道光元年，梁楚生已五十一岁，故她在所续《再生缘》第二十卷中说："嗟我年将近花甲，二十年来未抱孙。"五十晋一，说为"将近花甲"也并不矛盾。

陈寅恪在《校补记》中更正道：

> 三益堂再生缘原本刻于道光元年。是"元"字非"九"字之误，应据以改正。但"花甲"即六十岁。五十一岁可言"开六秩"，而梁德绳以"近花甲"为言，未免有语病。若易"嗟我年将近花甲"为"嗟我今年开六秩"，则更妥适，不至令人疑惑耳。（《寒柳堂集》，第 95 页）

郭沫若论《再生缘》的最后一篇文章（《羊城晚报》，1962 年 1 月）中有这样的看法：

> 焦循是比较谨严的人，他的《云贞行》中有"郎戍伊犁城，妾住仙游县"句，与陈文述《云贞曲》中的句子完全相同。剽袭、雷同，是前人所最忌避的。……我倾向于相信：不是焦循先看到陈文述的《云贞曲》，然后撰成《云贞行》，而是陈文述先看到《云贞行》，然后撰成《云贞曲》。

所以，在《校补记》中，陈寅恪写下这样的驳论：

> 至于里堂之《云贞行》及云伯之《云贞曲》中俱有"郎戍伊犁城，妾住仙游县"之句，盖由二人同用一材料，自然符会，不必出于抄袭。（《寒柳堂集》，第 78 页）

　　陈寅恪在《校补记》中坚持的另一基本观点，即范焱是浙江秀水范璨之子，虽然所引材料自谓"疑窦百端"，但仍然"举其可疑之点，然后作假定之解释"。同时，对范焱科场获罪一案，亦表示"尚有可疑者"。这也是与郭沫若的一项重要分歧。

　　如果事情按照这种学术讨论的方式进行下去，我们或许在60年代可以看到陈寅恪《论再生缘》（包括《校补记》）的正式出版，这将成为两位大师交往中最为融洽的一幕。然而，事情并未如人愿。由于《再生缘》中有的地方写到"东征"，当时唯恐赞赏《再生缘》会影响与朝鲜的关系，于是《论再生缘》不允许出版。这何止禁住了陈寅恪的《论再生缘》，就连郭沫若投入那么大精力核校的《再生缘》前十七卷校订本也连带着不能出版了。

　　郭沫若曾经表示过要为陈寅恪的"敢于说话而拍掌"，也直接引录过陈寅恪《论再生缘》中最末的一首旧体诗"彤管声名终寂寂……怅望千秋泪湿巾"。而这首诗中"青秋金鼓又振振"句下原注为"《再生缘》叙朝鲜战争"。在当时的"政治形势"面前，郭沫若也无能为力使《再生缘》再生了。

　　出版无期，陈寅恪只感受到这一事实，却不知其背后的真相，1964年冬为已经"写定之《论再生缘校补记》作序"①，最后一段文字为："噫！所南心史，固非吴井之藏。孙盛阳秋，同是辽东之本。点佛弟之额粉，久已先干。裹王娘之脚条，长则更臭。知我罪我，请俟来世。"余英时说："知我"指海外，"罪我"指海内。那个年代，即1960—1964年，海外有过"议论纷纭"的情况吗？所谓"知"陈寅恪者，有过什么表示吗？倒是国内确实"议论纷纭"，陈寅恪基本上都了解，有得新证"自应更正"者，也有坚持己见进行反驳者。在当时，国

---

① 前引《陈寅恪先生编年事辑》，第165页。

内"知"陈寅恪而响应者，恐怕就要数郭沫若其人了。而"罪"陈寅恪者，非但"罪"了陈寅恪，在某种意义上也"罪及"了郭沫若。①

两位大师在世时，尚且自视其"龙虎斗"为"马牛风"；两位大师去世后，他人为何总想炒作这"龙虎斗"?!

郭沫若1967年为未能出版的《再生缘》
前十七卷校订本所写题记

五　李白族属起辩争

围绕李白的族属问题，两位大师之间也曾有过"笔墨官司"。

---

① ［补注］1967年10月23日在未能出版的《再生缘》前十七卷校订本前，郭沫若写下一则题记："观此书人物选姓颇有用意。书中三位主要人物，皇甫少华切黄字，梁素华切梁字，孟丽君切梦字，盖取《黄粱梦》为其主题也。此断非偶然。"

1935 年 1 月，陈寅恪发表《李太白氏族之疑问》，认为李白先世于隋末"谪居条支""被窜于碎叶"的说法，"其为依托，不待详辨"。又认为"太白生于西域，不生于中国"，"其人之本为西域胡人"①。

1940 年，李长之著书肯定唐人李阳冰、范传正的说法，论证李白生于碎叶。其书中特别写有这样一段文字：

> 我们就现在所知道的事实论，倘若像从前人所认为的李白是纯粹受本国文化教养而生长起来的，固然是粗疏，然而像现代人所猜想他是外国人的，也不免武断，我们现在对他只有一个最近事实的看法，便是认为他是"华侨"。②

1943 年，詹锳发表《李白家世考异》，赞同陈寅恪的观点，认为李白家世"或本胡商，入蜀之后，以多资渐成豪族"，"及游长安，为欲攀附宗枝，诡称凉后"③。

1950 年 7 月，陈寅恪发表《书唐才子传康洽传后》，既坚持《李太白氏族之疑问》中的观点，又进一步驳斥了李白先人为西凉后裔的说法④。1957 年，詹锳《李白诗论丛》出版，收入先前的《李白家世考异》。

60 年代末 70 年代初，郭沫若写《李白与杜甫》，虽然人们有种种猜测，但都缺乏可靠的根据或合乎情理的分析，这里不必多言。

郭沫若讨论李白出生问题，主要针对了陈寅恪、詹锳二人的说法。郭沫若的手稿和据手稿影印的《李白与杜甫》，都保留着这

① 《清华学报》第 10 卷第 1 期。又收《金明馆丛稿初编》，上海古籍出版社 1980 年版，第 272—280 页。

② 《道教徒的诗人李白及其痛苦》，香港商务印书馆 1940 年版，第 8 页。

③ 《国文月刊》第 24 期（1943 年）。

④ 上引《金明馆丛稿初编》，第 281—284 页。

样一段文字：

> 从各方面看来，要说李白是"西域胡人"，是万难说通
> 的。陈寅恪的说法，发表于一九三五年，我所见不广，不知
> 道有没有人反驳过它。但我最近看到一九五七年作家出版社
> 出版的詹锳著《李白诗论丛》，其中有《李白家世考异》一
> 篇，却完全肯定陈说，而且还为它找出了"旁证数则"。究竟
> 是怎样的"旁证"呢？有必要费点笔墨来加以检讨。

郭沫若所引詹锳"旁证"4 条，逐条进行驳论，共计 2400 余
字。这在人民文学出版社正式出版的《李白与杜甫》一书中被删
掉了。

下面，着重看一看郭沫若对陈寅恪的驳论。

陈寅恪根据《新唐书》卷 40《地理志四》安西大都护府下提
到"有保大军，屯碎叶城"，卷 43《地理志七下》羁縻州焉耆都
督府（有碎叶城）、条支都督府等隶安西都护府，便认为：

> 是碎叶、条支在唐太宗贞观十八年即西历六四四年平焉
> 耆，高宗显庆二年即西历六五七年平贺鲁，隶属中国政治势
> 力范围之后，始可成为窜谪罪人之地。若太白先人于杨隋末
> 世即窜谪如斯之远地，断非当日情势所能有之事实。其为伪
> 托，不待详辨。

郭沫若根据羁縻州焉耆都督府下"有碎叶城，调露元年，都
护王方翼筑"，提出驳论：

> 焉耆碎叶筑于高宗调露元年（六七九），不仅太宗贞观十
> 八年（六四四）平焉耆时还没有，即高宗显庆二年（六五

七）平贺鲁时也还没有。陈氏对于条支的地望，也置而未论。前提非常含混，而结论却十分武断。

除了碎叶筑城时间和条支地望陈寅恪置而未论外，郭沫若认为陈寅恪"武断"的地方主要是：不论李阳冰所说"中叶非罪，谪居条支"，还是范传正所说"一房被窜于碎叶"，都没有"因罪窜谪之意"。所以，他特别强调：

> 中央亚细亚在隋末即使尚未内附（其实在汉代，康居、月氏等地早已和汉室相通了），商旅往来有"丝绸之路"畅通，李白的先人要移居碎叶，有何不可能？而且在唐代也并不曾把伊犁附近作为"窜谪罪人之地"，唐代的窜谪之地主要是岭南或者贵州、四川，把伊犁作为窜谪地是清朝的事。陈氏不加深考，以讹传讹，肯定为因罪窜谪，他的疏忽和武断，真是惊人。①

另一重要分歧，陈寅恪根据《太白集》卷26《为宋中丞自荐表》所叙李白的年龄，推其诞生之岁，进一步推论"太白生于西域，不生于中国"，"是太白至中国后方改姓李也"，由此得出结论：

> 夫以一元非汉姓之家，忽来从西域，自称其先世于隋末由中国谪居于西突厥旧疆之内，实为一必不可能之事。则其人之本为西域胡人，绝无疑义矣。

郭沫若反驳说：

---

① ［补注］作为隋唐史研究大家，把中亚说成是唐代的贬谪之地，的确是不应该有的"疏忽和武断"，所以让郭沫若感到"真是惊人"。

　　陈寅恪认为当时西域和内地毫无关系，因而把西域和中国对立……

　　陈氏为了证成其说，他举出了三两个例子，表明"六朝隋唐时代蜀汉亦为西胡行贾区域"。但这和李白的先人或李白自己之必为"西域胡人"，有何逻辑上的必然性呢？

　　接着，郭沫若从李白的文化修养、对胡族的态度、其人相貌等方面反驳李白是"西域胡人"说。最后总结道：

　　因此，我们可以断言：陈寅恪关于李白"本为西域胡人"的说法，是毫无根据的。①

　　这中间，郭、陈二人也有认识相通之处，即陈寅恪认为"太白既诡托陇西李氏"，"以文饰其为凉武昭王后裔"，郭沫若也表示"李白所传授的家世传说，有的地方也不可尽信。例如，凉武昭王李暠九世孙之说便很成问题。首先是唐代的宗正寺不承认，其次是他自己也把握不定，往往自相矛盾。"

　　这样的辩论，在那没有学术气氛的年代，实可算得是一次真正的学术讨论了。然而，有一种说法，认为书中"毫不留情地""多次反复使用""陈氏不加深考，以讹传讹"，"疏忽和武断真是惊人"的句式，仍然"烙下不可能磨平的'龙虎斗'痕迹"。其实，使用类似句式者，并非郭沫若的专利，只要稍稍多看几篇早一点的学术争鸣文章，便不会少见多怪了。请看：

　　陈寅恪1935年3月所写《李德裕贬死年月及归葬传说辨证》一文，也是在开篇便指责"清代学者检书之疏忽"，随即便说

_____

　　①　上引《李白与杜甫》，见《郭沫若全集》历史编第4卷，第213—218页。

"若王氏（按：指王鸣盛）之臆改二年作三年，三年作四年，六十三作六十四，则诚可谓武断已甚耳"。①

又，上文所引李长之的论述，甚至没有直接的论争对象，也有"粗疏""武断"的用语。

再看郭沫若的一些争鸣文章。1950 年 3 月所写《读了〈记殷周殉人之史实〉》，说郭宝钧"在这项判断上虽然过分的谨慎，但在作别的判断上却一点也不谨慎"，"宝钧先生对于社会发展史虽然有了初步的接触，但从旧史学的束缚中并未得到充分的解脱。"②

又，《评〈离骚底作者〉》说朱东润"责备司马迁'疏忽'，那是不恰当的。倒是朱先生的考证实在是'疏忽'得有些惊人"，"如何竟'疏忽'到把这样的证据都看掉了"。《评离骚以外的屈赋》说朱东润该文"全篇充满着勇敢的独断……这样的考证是很成问题的，但也是有它的渊源。它的渊源是什么呢？就是胡适！"③

尽管郭沫若的上述论辩显得"毫不留情"，但从未被人们认为是什么"龙虎斗"性质的事情。

郭沫若在学术论争的文章中，有时用语未必恰当，他的意见也未必一定正确。但专门挑他和陈寅恪讨论中的用语，认为是"不可能磨平的'龙虎斗'痕迹"，这恐怕连陈寅恪本人也未必会同意。论争的表达方式、语言口气等固然要注意，但首先还是要看争论双方的观点、论据以及论证的内容。只看形式而不谈内容，是有意回避内容的是与否，还是根本看不懂两位大师所写学术文章？

＊　　　　　　＊　　　　　　＊

陈寅恪 1953 年拒绝出任历史研究二所所长，而且在给友人的诗中流露了对共产党的隔阂，这些情况是人所共知的。周恩来在

---

① 前引《金明馆丛稿二编》，第 8、10 页。
② 《郭沫若全集》历史编第 3 卷，第 81、83 页。
③ 两篇文章均收入《奴隶制时代》，人民出版社 1954 年版，第 149—150、154 页。

政务院的一次会议上讲，像陈寅恪这样的老一辈知识分子不了解
共产党是正常的。他愿意留在大陆，不去台湾，是一位爱国主义
者，我们要团结。①　郭沫若和陈寅恪两人的出身、经历、思想和性
格有很大不同，当然谈不上是莫逆之交。即便陈寅恪自比韩愈，
把郭沫若当作段文昌，因此就把他们之间的关系说成是积怨很深，
也不符合历史事实。陈寅恪是一位心地坦荡、性格耿直的学者，
那种挖空心思要在陈寅恪的诗文中发掘什么反对共产党的"密码
电报"，实际上是对陈寅恪形象的歪曲和糟蹋。我们应该用实事求
是的态度来还历史的本来面目，认认真真地阐释陈寅恪的学术思
想！研究郭沫若者，应了解陈寅恪；知陈寅恪者，亦当了解郭
沫若。

（1997 年 10 月 17 日）

　　[原题《郭沫若与陈寅恪："龙虎斗"与"马牛风"》，为
《文坛史林风雨路——郭沫若交往的文化圈》第十二章，浙江人民
出版社 1999 年版。1997 年 11 月 12 日《中华读书报》以"郭沫
若与陈寅恪晚年的'龙虎斗'"为题选登第四部分内容，1999 年 7
月 14 日《人民政协报》以"郭沫若与陈寅恪关于《再生缘》的
讨论"为题刊载第四部分全部内容。收入《公正评价郭沫若》
（中共中央党校出版社 1999 年版）时，编选者改题为《郭沫若与
陈寅恪关系考》]

---

　　①　据刘大年回忆，参见前引《郭沫若致陈寅恪》注释 [1]（二），《刘大年来往
书信选》上，第 99 页。

编 后 记

　　研究历史为了认识历史，认识历史为了创造历史。中国有悠久的历史和厚重的史学遗产，认识中国的历史需要系统地认识中国的史学遗产。编选这本论集，一是想告诉关心中国史学的中外读者，中国史学有着区别于异域史学的独特的理论体系、方法体系、实践体系和认知体系，唯有深入到中国的史学遗产之中，结合中国的历史实际，才有可能认清中国史学的完整体系；二是自我学术总结，提供点滴认识中国史学和中国历史的方法以及个人的治学心得。

　　这本论集从我研究中国史学史 30 多年发表的 160 多篇文字中选出 18 篇集结而成，总论 1 篇、传统史学 9 篇、20 世纪史学 8 篇。

　　总论，是关乎史学史学科体系的基本问题。根据 30 多年研究心得，结合《中国史学史》一书的增订改版，归纳出史学史学科研究应该包括的基本内容和中国传统史学的基本特点以及史学传统的利弊得失，特别强调中国史学与天地人文关系、考信与辨伪两项优良传统。

　　传统史学 9 篇，包括史学起源 2 篇，修史思想演变 2 篇，史学与经学、文学、佛教的关系各 1 篇，官制与选举各 1 篇，均为各家史学史论著所涉甚少或存在某些重要缺失的问题。

　　20 世纪前半纪众多史学大家研究的领域都在中国古代，研讨的史学问题都是中国古代史问题，只有从所讨论的中国古史问题入手，才能真正把握此间史学的实际。这部分 8 篇文字，面对脱离中国历史和中国史学实际，简单套用国外历史观念的倾向，偏重于结合中国史学实际进行综合研究和比较研究。总论 20 世纪前半纪史学 1 篇，与史学关系密切的两次论辩各 1 篇，唯物史观与其他历史观各 1 篇，新史料研究及其重要影响 2 篇，两位有影响的史学大家的学术异同及其交往 1 篇。

论集收录的 18 篇文字，与《隋唐五代史学》《民国史学述论稿》《龙虎斗与马牛风——论中国现代史学与史家》、增订版《中国史学史》几部著作，集中反映我对传统史学和 20 世纪史学的基本认识以及我本人的治学特点和学术风格。有些篇章仅是阶段性研究成果，有待进一步修订，但反映我写作时的认识。

此次编辑，对 18 篇中的错字作以订正，调整了部分引书的版本，并在篇末注明发表或出版情况。少数篇章加有［补注］，说明某些新的情况。发表或出版时被改动的地方，基本恢复原稿文字。

谢保成

2014 年 7 月 28 日